Sociologia e Antropologia do Direito

Ricardo Maurício Freire Soares

Sociologia e Antropologia do Direito

2ª edição
2022

Av. Paulista, 901, 3º andar
Bela Vista – São Paulo – SP – CEP: 01311-100

SAC   sac.sets@saraivaeducacao.com.br

DADOS INTERNACIONAIS DE CATALOGAÇÃO NA PUBLICAÇÃO (CIP)
VAGNER RODOLFO DA SILVA – CRB-8/9410

S676s   Soares, Ricardo Maurício Freire
         Sociologia e Antropologia do Direito / Ricardo Maurício Freire Soares. – 2. ed. – São Paulo : SaraivaJur, 2022.
         464 p.

         ISBN 978-65-5362-208-1 (Impresso)

         1. Direito. 2. Sociologia. 3. Antropologia. I. Título.

2021-4361   CDD 340.1
                                            CDU 34(301:572)

Índices para catálogo sistemático:

1. Direito : Sociologia e Antropologia   340.1
2. Direito : Sociologia : Antropologia   34(301:572)

Diretoria executiva	Flávia Alves Bravin
Diretoria editorial	Ana Paula Santos Matos
Gerência editorial e de projetos	Fernando Penteado
Novos projetos	Aline Darcy Flôr de Souza Dalila Costa de Oliveira
Gerência editorial	Isabella Sánchez de Souza
Edição	Marisa Amaro dos Reis
Produção editorial	Daniele Debora de Souza (coord.) Cintia Aparecida dos Santos Paula Brito
Arte e digital	Mônica Landi (coord.) Camilla Felix Cianelli Chaves Claudirene de Moura Santos Silva Deborah Mattos Guilherme H. M. Salvador Tiago Dela Rosa
Projetos e serviços editoriais	Daniela Maria Chaves Carvalho Emily Larissa Ferreira da Silva Kelli Priscila Pinto Klariene Andrielly Giraldi
Diagramação	Rafael Padovan
Revisão	Willians Calazans
Capa	Tiago Dela Rosa
Produção gráfica	Marli Rampim Sergio Luiz Pereira Lopes
Impressão e acabamento	Gráfica Paym

Data de fechamento da edição: 7-12-2021

Dúvidas? Acesse www.editorasaraiva.com.br/direito

Nenhuma parte desta publicação poderá ser reproduzida por qualquer meio ou forma sem a prévia autorização da Editora Saraiva. A violação dos direitos autorais é crime estabelecido na Lei n. 9.610/98 e punido pelo art. 184 do Código Penal.

CL   607465   CAE   790095

Ao Mestre Raffaele De Giorgi, pelas afetuosas e inesquecíveis lições de conhecimento e de humanidade.

"O tempo dá, o tempo tira ...
O tempo passa e a folha vira."

Mãe Stella de Oxóssi

Sumário

PARTE I – SOCIOLOGIA DO DIREITO

Capítulo 1 Contornos Epistemológicos da Sociologia do Direito 17
1. Noções introdutórias 17
2. Sociologia do Direito: conceito e objeto 17
3. Características da Sociologia do Direito 19
4. Métodos da Sociologia do Direito 22
5. As pesquisas de opinião pública 25
6. A efetividade e a legitimidade da normatividade jurídica como temas da Sociologia do Direito 26

Capítulo 2 Precursores da Sociologia do Direito 37
1. Noções introdutórias 37
2. A filosofia social antiga 37
3. A filosofia social medieval 45
4. A filosofia social moderna 48

Capítulo 3 As Vertentes Teóricas Fundamentais da Sociologia do Direito 55
1. Noções introdutórias 55
2. O positivismo científico de Augusto Comte e o surgimento da Sociologia 55
3. A Escola Objetiva Francesa de Émile Durkheim e o nascimento da Sociologia do Direito 58
4. O materialismo histórico-dialético de Karl Marx 61
5. O culturalismo sociológico de Max Weber 66
6. O funcionalismo sociológico de Niklas Luhmann: a nova vertente da Sociologia do Direito 69

7. A microfísica do poder de Michel Foucault 72
8. A teoria discursiva da ação comunicativa de Jürgen Habermas 79
9. A reflexão sobre a modernidade líquida de Zygmunt Bauman 86
10. As reflexões de Byung-Chul Han sobre a sociedade contemporânea e as novas tecnologias 97

Capítulo 4 Sociologismo Jurídico: a Projeção da Sociologia na Ciência Jurídica. 112

1. Noções introdutórias 112
2. A crise do positivismo legalista e o surgimento do sociologismo jurídico 112
3. Sociologismo jurídico: caracteres e teses fundamentais 116
4. O reconhecimento de um sistema jurídico incompleto e lacunoso como contribuição do sociologismo jurídico 118
5. O pluralismo das fontes estatais e das fontes não estatais do direito como contribuição do sociologismo jurídico 122
   - 5.1 Fontes do direito: conceito, acepções e tipologias 122
   - 5.2 Legislação 124
   - 5.3 Jurisprudência 125
   - 5.4 Doutrina 127
   - 5.5 Costume jurídico 128
   - 5.6 Negócio jurídico 130
   - 5.7 Poder normativo dos grupos sociais 131
6. A valorização da jurisprudência como contributo do Sociologismo Jurídico 132
7. A afirmação do objetivismo hermenêutico como contribuição do Sociologismo Jurídico 137
8. O reconhecimento de um direito alternativo como contributo do Sociologismo Jurídico 141
9. Balanço crítico do Sociologismo Jurídico 143

Capítulo 5 A Normatividade Ética, a Sociedade e o Direito 148

1. Noções introdutórias 148
2. A sociedade humana e a experiência normativa 148
3. Normas morais *versus* normas jurídicas: critérios distintivos 152

Capítulo 6 O Processo de Controle Social e o Direito 158

1. Noções introdutórias 158
2. Conceito de controle social 158
3. Tipologias de controle social 159

3.1 Controle social primário *versus* controle social secundário............ 159
3.2 Controle social preventivo *versus* controle social repressivo......... 159
4. Mecanismos de controle social... 160
5. Controle social e o papel do direito... 161
6. A ilicitude como objeto sociológico... 162
7. A sanção jurídica como fenômeno sociológico....................................... 164
8. A dicotomia sanções negativas *versus* sanções positivas.................. 167

Capítulo 7   O Processo de Mudança Social e o Direito........................... 172
1. Noções introdutórias... 172
2. A mudança social: significado sociológico.. 172
3. Tipologias de mudança social... 174
4. A conexão do direito com a mudança social.. 175

Capítulo 8   O Processo de Estratificação Social e o Direito................... 181
1. Noções introdutórias... 181
2. Conceito de estratificação social... 181
3. Modalidades de estratificação social.. 182
4. Estratificação social, ações afirmativas e direito de minorias............ 185
5. A estratificação social e o papel da ordem jurídica brasileira............ 189

Capítulo 9   A Evolução Social do Fenômeno Jurídico: os Perfis do Direito Moderno e do Direito Pós-Moderno... 193
1. Noções introdutórias... 193
2. A transição do direito moderno para o direito pós-moderno............. 193
3. Elementos da pós-modernidade jurídica.. 211

PARTE II — ANTROPOLOGIA DO DIREITO

Capítulo 10   Contornos Epistemológicos da Antropologia do Direito..... 221
1. Antropologia: conceito, objeto e finalidade.. 221
2. A relação da Antropologia com outras ciências..................................... 223
3. As subdivisões do saber antropológico.. 224
4. A Antropologia do Direito como vertente teórica da Antropologia Cultural... 225
5. Antropologia e Direito: a necessidade de um diálogo interdisciplinar.... 227
6. As dificuldades epistemológicas para a constituição científica da Antropologia do Direito.. 229

7. Caracteres da Antropologia do Direito 231
8. Os procedimentos etnológico e etnográfico como métodos específicos da Antropologia Geral e Jurídica 232
9. A pesquisa de campo como técnica de investigação antropológica geral e jurídica 234

Capítulo 11   A Cultura como Tema da Antropologia Geral e Jurídica 239
1. O conceito aberto e polissêmico de cultura 239
2. A dicotomia – cultura material *versus* cultura imaterial 241
3. As características da cultura 243
4. O fenômeno da mudança cultural 244
5. A diversidade e a relatividade das culturas humanas: a constatação do pluralismo e a necessária superação do etnocentrismo 246

Capítulo 12   O Direito como Objeto Cultural: uma Leitura Jurídico-Antropológica 253
1. O fenômeno jurídico como experiência cultural 253
2. O reconhecimento da dignidade da pessoa humana como base da experiência cultural do direito 260
3. A tutela ético-jurídica da dignidade da pessoa humana: da internacionalização dos direitos humanos à positivação constitucional dos direitos fundamentais 263
4. A dignidade da pessoa humana como expressão dos direitos fundamentais no Brasil 267
5. A proteção dos direitos fundamentais culturais no sistema jurídico brasileiro 271

Capítulo 13   Os Pioneiros da Antropologia do Direito 276
1. Os precursores da Antropologia Geral e Jurídica 276
2. A descoberta do novo mundo como impulso ao pensamento antropológico 278
3. A constituição do projeto iluminista da Antropologia 281
4. O período pós-revolucionário e os influxos no pensamento antropológico do século XIX 282
5. As referências para o surgimento e a formação da Antropologia do Direito 285

Capítulo 14   Vertentes Fundamentais da Antropologia do Direito: o Evolucionismo 291
1. O evolucionismo como vertente científica geral 291
2. O evolucionismo antropológico: conceito, caracteres e campos temáticos 292

3. Principais expoentes do evolucionismo antropológico 293
   Johann Jakob Bachofen (1815-1887) 293
   Lewis Henry Morgan (1818-1881) 294
   Henry James Sumner Maine (1822-1888) 295
   Edward Burnett Tylor (1832-1917) 296
4. Balanço crítico do evolucionismo antropológico 297

Capítulo 15 Vertentes Fundamentais da Antropologia do Direito: o Difusionismo Antropológico 303
1. O difusionismo: conceito, caracteres e campos temáticos 303
2. O pensamento de Franz Uri Boas (1858-1942) 304
   Marcel Mauss (1872-1950) 312
   Bronislaw Kasper Malinowski (1884-1942) 316
   Alfred Radcliffe-Brown (1881-1955) 322
3. Balanço crítico do difusionismo 307

Capítulo 16 Vertentes Fundamentais da Antropologia do Direito: o Funcionalismo 311
1. O funcionalismo: conceito, caracteres e campos temáticos 311
2. Principais cultores do funcionalismo antropológico 312
   Marcel Mauss (1872-1950) 312
   Bronislaw Kasper Malinowski (1884-1942) 316
   Alfred Radcliffe-Brown (1881-1955) 322
3. Balanço crítico do funcionalismo antropológico 326

Capítulo 17 Vertentes Fundamentais da Antropologia do Direito: o Estruturalismo 334
1. O estruturalismo: conceito, caracteres e campos temáticos 334
2. Pilares conceituais do estruturalismo antropológico 336
3. O pensamento estruturalista de Claude Lévi-Strauss (1908-2009) 337
4. Balanço crítico do estruturalismo antropológico 342

Capítulo 18 Vertentes Fundamentais da Antropologia do Direito: a Pós-Modernidade e as Novas Tendências da Antropologia do Direito 347
1. As tendências antropológicas pós-modernas: conceito, objeto e campos temáticos 347
2. Principais expoentes da antropologia geral e jurídica pós-moderna .. 351
   Clifford Geertz (1926-2006): a proposta de uma antropologia simbólico-interpretativa dos sistemas culturais 351

Max Gluckman (1911-1975) e Paul Bohannan (1920-2007): o debate universalismo *versus* relativismo das culturas humanas... 353

Laura Nader (1930): a análise antropológica dos meios alternativos de solução de conflitos sociais 357

Boaventura de Sousa Santos (1940): reflexões críticas sobre o pluralismo jurídico e as epistemologias do Sul 359

Stuart Hall (1932-2014): a problematização sobre a identidade cultural na pós-modernidade 368

Axel Honneth (1949): a luta pelo reconhecimento como expressão ética dos conflitos sociais 372

Nancy Fraser (1947): reconhecimento, redistribuição e paridade participativa 377

3. Balanço crítico da Pós-Modernidade Antropológica 382

Capítulo 19 A Decolonialidade como Projeto Inclusivo-Humanista-Pluralista da Antropologia Geral e Jurídica **391**

1. Colonialidade, colonialismo e modernidade: o pensamento decolonial como temática da pós-modernidade antropológica 391

2. Os contornos conceituais do pensamento decolonial 396

3. O pensamento decolonial como novo instrumental epistemológico para a pesquisa jurídico-antropológica das realidades latino-americana e brasileira 398

4. Os contributos da decolonialidade para a reconfiguração da Antropologia Geral e Jurídica pós-moderna 402

Questões de Sociologia e Antropologia do Direito: exercícios de fixação. 407

Referências da Parte I – Sociologia do Direito 435

Referências da Parte II – Antropologia do Direito 447

PARTE I

Sociologia do Direito

CAPÍTULO 1

Contornos Epistemológicos da Sociologia do Direito

1. NOÇÕES INTRODUTÓRIAS

Nesta parte da obra, pretende-se descrever os fundamentos científicos da Sociologia do Direito, situando-a no quadro geral dos saberes aplicados ao estudo do fenômeno jurídico. Para tanto, serão expostos o conceito, o objeto e as características do pensamento sociológico, a fim de propiciar uma melhor apreensão desta modalidade de conhecimento. Serão também examinados os métodos e os procedimentos de pesquisa utilizados pelos sociólogos que atuam na área jurídica. Ademais, merecerão especial atenção as temáticas da efetividade e da legitimidade das normas jurídicas.

2. SOCIOLOGIA DO DIREITO: CONCEITO E OBJETO

A Sociologia é uma ciência que estuda os modos de criação e organização das relações e instituições sociais, abordando as conexões recíprocas entre os indivíduos e a sociedade.

O conhecimento sociológico resulta de uma longa e gradativa evolução do pensamento humano, desde as primeiras formulações da filosofia social greco-latina até a constituição de um saber autônomo por meio do positivismo científico do século XIX.

A origem da Sociologia se mescla com os processos sociais e econômicos que há muito vinham se constituindo na Europa moderna, nos campos da ciência e da tecnologia, da organização política, dos meios e processos de trabalho, das formas de propriedade da terra e dos instrumentos de produção, da distribuição do poder e da riqueza entre as classes, e das tendências à secularização e à racionalização que se mostravam em todas as áreas da atividade humana. Foi desse torvelinho de transformações que brotou o pensamento sociológico com a doutrina positivista de Augusto Comte[1].

Com efeito, a Sociologia admite dois fatos básicos: os seres humanos são animais sociais, e não criaturas isoladas, e o comportamento dos seres humanos revela padrões regulares e repetitivos[2].

A Sociologia parte da premissa da sociabilidade inerente à condição humana, porquanto o ser humano figura como um animal social, cujas habilidades e virtudes somente se desenvolvem no seio de uma coletividade, visto que a existência reclama necessariamente a coexistência com outros agentes sociais.

Esta ciência focaliza o fato humano da convivência humana, estudando as regularidades padronizadas do comportamento social tal como existem em todas as partes da sociedade. Toma como objeto de estudo o fato das relações humanas: tudo o que contribui para a associação humana ou dela deriva é matéria para a reflexão sociológica[3].

Por sua vez, a Sociologia do Direito ou Sociologia Jurídica designa um ramo da Sociologia Geral que tem como objeto o estudo das relações concretas estabelecidas entre o Direito e a Sociedade.

Com efeito, a Sociologia do Direito enfoca dois problemas fundamentais: de um lado, o problema da sociedade no direito, isto é, dos comportamentos sociais conformes ou disformes em relação às normas da considerada realidade jurídica efetiva, que pode funcionar como indicador de um direito livre, latente, vivente ou em formação; de outro, o

---

[1] QUINTANEIRO, Tânia; BARBOSA, Maria Lígia de Oliveira; OLIVEIRA, Márcia Gardênia de. *Um toque de clássicos*: Durkheim, Marx e Weber. Belo Horizonte: UFMG, 1995. p. 12.
[2] CHINOY, Ely. *Sociedade*: uma introdução à sociologia. São Paulo: Cultrix, 1975. p. 4.
[3] FICHTER, J. H. *Sociologia*. São Paulo: Herder, 1972. p. 5.

problema do direito na sociedade, isto é, o da posição, função e objetivo do direito na sociedade vista em seu conjunto[4].

Trata-se, portanto, a Sociologia Jurídica de um saber que busca investigar a influência da sociedade na formação do direito, bem como o influxo do fenômeno jurídico no campo das relações humanas em sociedade. A Sociologia do Direito examina as *causas* (sociais) e os *efeitos* (sociais) das normas jurídicas. O objeto de análise é a "realidade jurídica", na tentativa de responder a três questões fundamentais: por que se cria uma norma ou um sistema jurídico inteiro? Quais são as consequências do direito na vida social? Quais são as causas sociais da "decadência" do direito, que se manifesta por meio do desuso e da abolição de certas normas ou mesmo da extinção de determinado sistema jurídico? Destarte, o jurista-sociólogo examina as relações entre o direito e a sociedade em três momentos: produção, aplicação e decadência da norma[5].

Nesse sentido, o Sociólogo do Direito estuda como os diversos fatores da realidade social influenciam o funcionamento das instituições jurídicas (*v.g.*, como as condições reais dos cidadãos interferem no acesso ao Poder Legislativo, ao Poder Executivo ou ao Poder Judiciário) e a criação das normas jurídicas (*e.g.*, como elementos econômicos, políticos, ideológicos e culturais podem ser traduzidos em leis, atos administrativos, decisões judiciais, contratos ou costumes jurídicos), bem como avalia de que forma a ordem jurídica, como complexo institucional e normativo de regulação da vida social, interfere na configuração das relações humanas na sociedade (*v.g.*, como o aumento do tributo pode influenciar o comportamento de contribuintes ou como a majoração da sanção penal no plano legislativo pode reduzir a ocorrência de certa categoria de crimes).

3. CARACTERÍSTICAS DA SOCIOLOGIA DO DIREITO

A Sociologia do Direito ou Sociologia Jurídica pode ser caracterizada como um saber científico, empírico, zetético e causal.

---

[4] TREVES, Renato. *Sociologia do direito*: origens, pesquisas e problemas. Barueri: Manole, 2004. p. 4.
[5] SABADELL, Ana Lucia. *Manual de sociologia jurídica*: introdução a uma leitura externa do direito. 2. ed. São Paulo: Revista dos Tribunais, 2002. p. 57.

É científica porque se apresenta como um conhecimento racional, sistemático, metódico e que se debruça sobre uma zona objetal específica: as conexões recíprocas existentes entre o fenômeno jurídico e a realidade social.

Quando se diz que a Sociologia é um estudo científico, não se quer dizer unicamente que se revela como um exercício intelectual ou como um modo particular de abordar certos fenômenos humanos. Trata-se de ambas as coisas simultaneamente, porém é, sobretudo, um corpo de conhecimentos acerca da sociedade. A palavra ciência necessariamente supõe que haja algo (objeto) que se estuda e que, ao mesmo tempo, exista um procedimento (método) de estudá-lo[6].

A Sociologia não se afigura como um conhecimento irracional, assistemático, ametódico, como sucede com o senso comum (conhecimento leigo), baseado na superficialidade de opiniões, desprovidas de comprovação e verificação por procedimentos metodológicos.

Por sua vez, a Sociologia Jurídica é empírica – vocábulo proveniente do grego *empeiria*, que significa *experiência* –, porque procura estudar o fenômeno jurídico como um fato social, inserido no *mundo do ser*, e não no *mundo do dever-ser*, realidade concreta das interações comportamentais, afastando-se de uma abordagem idealista ou metafísica.

Os pesquisadores da Sociologia do Direito trabalham de modo empírico para construir o seu conhecimento, pois, sem pesquisar a realidade social nas suas relações com o direito e sem experimentar diferentes caminhos de explicação, não se torna possível construir um saber teórico válido. Em outras palavras, não é possível confirmar ou invalidar os conceitos e as teorias aplicadas[7].

Quando se pretende, *v.g.*, estudar as razões sociais que explicam a improbidade administrativa dos agentes públicos no mundo real, embora proibido na esfera normativa da legislação brasileira, o Sociólogo do Direito desenvolve uma investigação empírica.

A seu turno, a Sociologia Jurídica é causal, porque se vale da causalidade (lógica do ser – Dado A, é B) para o estabelecimento dos liames

---

[6] FICHTER, J. H. Op. cit., p. 6.
[7] SABADELL, Ana Lucia. Op. cit., 2. ed., 2002, p. 163.

entre o fenômeno jurídico e a realidade social e posterior formulação de seus modelos teóricos, porém sem o rigor determinístico que a causalidade apresenta no terreno das Ciências Naturais.

Considerando a imprevisibilidade e o ineditismo decorrentes da liberdade ontológica do ser humano, pode-se afirmar que a causalidade empregada pela Sociologia do Direito apresenta uma natureza tendencial ou probabilística, ao enunciar tendência ou alta probabilidade de realização de determinadas condutas no mundo social e jurídico.

Os métodos das ciências humanas caracterizam-se por uma geral insegurança e as suas "leis" indicam tendências, e não uma relação absoluta entre causa e efeito. As ciências humanas trabalham com probabilidades e, muitas vezes, as suas leis revelam-se falsas. A afirmação do pesquisador de que o sistema penal é seletivo indica somente uma tendência, que pode mudar com o tempo e que, em todo caso, não oferece garantias absolutas de verdade e segurança na previsão[8].

Quando se afirma, e.g., que a pobreza influencia a criminalidade, não se pode considerar que todas as pessoas de baixa renda pratiquem delitos e que classes mais abastadas deixem de realizar crimes.

Ademais, a Sociologia Jurídica é zetética, porque busca refletir criticamente sobre as relações mantidas entre o ordenamento jurídico e a sociedade, por meio de constantes questionamentos para a formulação de suas leis científicas, não se coadunando com uma abordagem dogmática, que se revela refratária às indagações acerca da interação das normas e das instituições jurídicas no mundo social circundante.

A investigação zetética tem por característica fundamental a abertura constante para o questionamento infinito de todas as dimensões do fenômeno jurídico (valorização do aspecto-pergunta), diferentemente da perspectiva dogmática, que limita os juristas aos marcos da ordem normativa vigente, a qual lhes aparece como um dado ou ponto de partida inelutável de um estudo estrito do direito positivo (acentuação do aspecto-resposta), no sentido de que a ciência jurídica exige uma interrupção na possibilidade de indagação das ciências em geral. A tecnologia dogmatiza os seus pontos de partida e problematiza apenas a sua aplicabilidade

---

[8] Idem, ibidem.

na solução dos conflitos sociais, buscando possibilitar uma decisão e orientar uma ação humana[9].

Deveras, a disciplina Sociologia do Direito ou Sociologia Jurídica revela uma natureza essencialmente zetética, porquanto busca refletir criticamente sobre o fenômeno jurídico, de modo a propiciar uma conexão do sistema normativo do direito com os fatos sociais, diferentemente de um estilo de abordagem exclusivamente dogmático, que se limita a reproduzir os dogmas normativos do sistema jurídico, como premissas inquestionáveis de raciocínio, desvinculando a validade normativa dos atributos da efetividade (dimensão fática) e de legitimidade social (dimensão axiológica) do sistema jurídico.

Quando se intenta, v.g., explorar as causas sociais do descumprimento dos preceitos da Lei Seca pelos condutores de automóveis no trânsito, bem como as razões de sua não aceitação pela opinião pública, o Sociólogo do Direito problematiza a efetividade e a legitimidade do diploma legislativo.

4. MÉTODOS DA SOCIOLOGIA DO DIREITO

O vocábulo "método", oriundo do grego *methodos,* significa o caminho ou a via para o conhecimento. Na teoria do conhecimento (gnoseologia), métodos são procedimentos intelectuais que permitem ao sujeito cognoscente a apreensão das propriedades dos objetos do conhecimento humano. Como forma de conhecimento científico, a Sociologia Jurídica também utiliza diversas metodologias para estabelecer as conexões concretas da sociedade com o ordenamento jurídico.

O jurista-sociólogo não faz interpretação do direito e não emite juízos de valor sobre o direito em vigor. Ele adota uma perspectiva de observador, examinando a aplicação e os efeitos sociais do sistema jurídico. Por consequência, os métodos da Sociologia Jurídica são de cunho sociológico, voltados à observação das relações entre este sistema e a sociedade. Por meio do uso de técnicas e métodos adequados, o

---

[9] FERRAZ JUNIOR, Tercio Sampaio. *Introdução ao estudo do direito*: técnica, decisão e dominação. 5. ed. São Paulo: Atlas, 2007. p. 48.

jurista-sociólogo resguarda o caráter científico de seu trabalho. Assim, por exemplo, quando um estudioso indica que determinada lei carece de eficácia, tal conclusão deverá estar fundamentada em trabalhos de pesquisa, nos quais foram aplicados métodos e técnicas que garantem a validade relativa e provisória da conclusão[10].

Entre os diversos métodos aplicáveis pelo Sociólogo do Direito ao processo de apreensão da realidade social, merecem destaque os seguintes procedimentos cognitivos: indutivo, dedutivo, positivista, compreensivo, dialético, estruturalista, funcionalista e desconstrucionista.

O método indutivo está baseado na observação e na posterior sistematização dos dados particulares para a construção de modelos conceituais genéricos. Em outras palavras, significa dizer que, por meio da indução, o cientista parte da observação de situações particulares para a formulação de leis ou teorias dotadas de generalidade e, portanto, de aplicação universal.

Utiliza o método indutivo o Sociólogo do Direito que, *v.g.*, estuda o impacto da aplicação do modelo de polícia comunitária na redução dos índices de criminalidade em Bogotá, no Rio de Janeiro e em Salvador, oferecendo uma proposição genérica de política criminal.

O método dedutivo está baseado na aplicação dos modelos conceituais genéricos para experiências sociais particulares, utilizando-se assim de um raciocínio inverso ao da metodologia indutiva.

Vale-se do método dedutivo o Sociólogo do Direito que, *e.g.*, aplica a proposição genérica de política criminal acerca do modelo de polícia comunitária para uma nova comunidade específica, esperando extrair os mesmos resultados obtidos em Bogotá, no Rio de Janeiro e em Salvador.

O método positivista busca descrever objetivamente a realidade social, propiciando a exatidão do conhecimento sociológico, por meio da preservação do distanciamento entre sujeito e objeto, bem como da manutenção da neutralidade valorativa ou axiológica do cientista social.

Vale-se do método positivista o Sociólogo do Direito que, *e.g.*, estuda o problema da observância do princípio ético-jurídico da fidelidade

---

[10] SABADELL, Ana Lucia. Op. cit., 2. ed., 2002, p. 161.

partidária pelos políticos nacionais, abstraindo a sua condição de eleitor ou de cidadão brasileiro.

O método compreensivo está baseado na apreensão dos significados das ações e instituições sociais existentes em cada cultura. Nesse sentido, ao contrário da abordagem positivista, defende-se um conhecimento baseado na proximidade do cientista social com a sociedade e aberto às valorações sociais conferidas ao comportamento humano em cada cultura.

Utiliza o método compreensivo o Sociólogo do Direito que, *v.g.*, estuda *in loco* os aspectos religiosos da cultura islâmica para entender o sentido da desigualdade jurídica entre homens e mulheres no ordenamento jurídico iraniano.

O método dialético busca apreender a sociedade a partir da ótica dos conflitos existentes entre grupos sociais, examinando como essas contradições interferem na configuração normativa e institucional da ordem jurídica.

Vale-se do método dialético o Sociólogo do Direito que, *e.g.*, estuda como a Justiça do Trabalho atua na efetivação dos direitos trabalhistas no âmbito das relações conflituosas entre empregados e empregadores brasileiros.

O método estruturalista parte da premissa de que haveria uma estrutura única e imodificável de papéis ou funções sociais, a qual se repetiria nas mais diversas sociedades, embora com variadas fisionomias culturais.

Utiliza o método estruturalista o Cientista Social que, *v.g.*, procura constatar a similitude das normas costumeiras do direito de família de um povo indígena situado no interior do Amazonas com as normas positivadas no âmbito do Código Civil brasileiro.

O método funcionalista busca examinar as conexões entre o direito e a sociedade a partir da ideia de consenso. A ordem jurídica é, então, concebida como um instrumento normativo e institucional de pacificação e resolução dos conflitos sociais, enfatizando-se a harmonia, a segurança e a estabilidade das expectativas comportamentais na rede de interações humanas.

Utiliza-se do método dialético o Sociólogo do Direito que, *e.g.*, estuda como a transação penal dos Juizados Especiais Criminais logra pacificar os conflitos sociais nos casos de infrações de menor potencial ofensivo à sociedade.

Por derradeiro, o método desconstrutivista busca desmistificar os discursos de justificação e legitimação das estruturas de poder social. Nesse sentido, procura evidenciar a incoerência das concepções político-ideológicas que influenciam a fisionomia normativa e a atuação institucional no âmbito do ordenamento jurídico.

Utiliza o método desconstrutivista o Sociólogo do Direito que, *v.g.*, procura demonstrar o caráter meramente simbólico do discurso constitucional da liberdade da cidadania no Estado Democrático de Direito, quando, ao mesmo tempo, a Carta Magna estabelece a obrigatoriedade do voto, tolhendo a livre escolha dos cidadãos.

Deste modo, a depender da natureza e do objetivo da investigação sociológica a ser empreendida, qualquer um desses métodos, de modo isolado ou em conjunto, pode ser utilizado pelo Sociólogo do Direito, a fim de embasar o desenvolvimento de seus estudos e de suas pesquisas.

5. AS PESQUISAS DE OPINIÃO PÚBLICA

As pesquisas de opinião pública são técnicas utilizadas pelos Sociólogos do Direito para aferir o grau de conhecimento e o nível de satisfação dos agentes sociais com o conteúdo das normas ou com o padrão de atuação das instituições que pertencem ao mundo jurídico.

As pesquisas de opinião pública são muito utilizadas na Sociologia do Direito a fim de que sejam alcançados dois objetivos:

– Avaliar o grau de conhecimento do operador do direito acerca do sistema normativo (ex.: quando se indaga aos cidadãos quais são os direitos fundamentais previstos na Constituição) ou mesmo sobre o papel institucional de órgãos públicos (ex.: quando se pergunta aos agentes sociais se eles sabem as competências do Poder Judiciário, do Conselho Nacional de Justiça, do Ministério Público ou da Defensoria).

– Examinar o grau de legitimidade das instituições e das normas jurídicas perante os agentes sociais, perquirindo se elas são aceitas e consideradas justas pela sociedade. Ex.: quando se indaga a posição dos jurisdicionados sobre a atuação do Conselho Nacional de Justiça ou quando se pergunta ao cidadão sobre a importância da Lei Maria da Penha, do Estatuto do Idoso ou do Estatuto da Igualdade Racial.

Tais investigações podem ser desenvolvidas no contexto das diversas abordagens metodológicas, por meio da entrega de questionários/formulários e da realização de entrevistas com um dado grupo de amostragem.

6. A EFETIVIDADE E A LEGITIMIDADE DA NORMATIVIDADE JURÍDICA COMO TEMAS DA SOCIOLOGIA DO DIREITO

A Sociologia do Direito ou Sociologia Jurídica é um ramo da Sociologia Geral que procura estudar as relações existentes entre a sociedade e o ordenamento jurídico. Nesse sentido, busca examinar de que modo os fatores econômicos, políticos e ideológicos interferem na criação, interpretação e aplicação das normas jurídicas, bem como na atuação das instituições que se ocupam do direito. Do mesmo modo, estuda a influência que as normas e instituições jurídicas exercem sobre o conjunto da sociedade. Nessa última dimensão, torna-se possível visualizar a efetividade e a legitimidade como temas de interesse sociológico.

Para melhor entendimento do significado de efetividade e legitimidade, convém distinguir as noções de validade, vigência, incidência e vigor, como atributos das normas jurídicas.

A validade normativa é verificada por meio da correspondência vertical de uma norma jurídica inferior com uma norma jurídica superior, seja porque o conteúdo é compatível (validade material), seja porque foi produzida por um órgão competente, dentro do procedimento previamente estabelecido pela normatividade jurídica superior (validade formal). Uma norma jurídica que representa o fundamento de validade de outra norma jurídica é figurativamente designada como superior, por confronto com uma norma que é, em relação a ela, a inferior.

Com efeito, o direito regula sua própria criação, ou melhor, a criação de novas normas jurídicas, porquanto, entre a norma geral e a conduta individual, há de mediar uma norma individual que possibilitará a aplicação da norma geral ao caso concreto. O sistema jurídico estabelecerá o *que* deve ser posto (conteúdo) na norma jurídica, assim como prescreverá *quem* deve criá-la (competência) e *como* deve fazê-la (procedimento)[11].

Esta ideia de que o fenômeno jurídico engendra seu próprio sistema normativo está referida tanto no princípio estático-material quanto no princípio dinâmico-processual, os quais integram o arcabouço da teoria pura do direito de Hans Kelsen, cuja instrumentalidade se revela essencial para a fundamentação lógica da ciência jurídica.

O princípio estático-material e o princípio dinâmico-processual estão sempre presentes no ordenamento jurídico. Quando a norma fundamental pressuposta se limita a conferir poder a uma autoridade legisladora, essa mesma autoridade, ou outra por ela instituída, não só estabelece normas pelas quais delegam a outras autoridades legisladoras, mas também normas pelas quais se prescreve determinada conduta dos sujeitos subordinados às normas e das quais – como o particular do geral – podem ser deduzidas novas normas por meio de uma operação lógico--dedutiva[12].

Nesse sentido, a norma jurídica superior estabelece a matéria da norma jurídica inferior (o que deve ser prescrito), assim como prevê o órgão habilitado para produzi-la (quem deve prescrever) e o conjunto de ritos que devem ser seguidos para a criação da normatividade jurídica inferior (como deve ser prescrito).

A título exemplificativo, pode-se afirmar que não seria válida uma legislação produzida pela Assembleia Legislativa do Estado de São Paulo que previsse a adoção da pena de morte no Brasil. Não haveria validade material, pois o conteúdo da norma jurídica inferior violaria o conteúdo da norma jurídica superior, visto que o art. 5º da Constituição Federal de 1988 veda a adoção da pena capital no sistema jurídico brasileiro, salvo em caso de guerra declarada. De outro lado, esse diploma legal careceria de validade formal, porquanto, no federalismo brasileiro, somente o Congresso Nacional, órgão legislativo da União, tem competência para

---

[11] MACHADO NETO, Antônio Luís. *Compêndio de introdução à ciência do direito*. São Paulo: Saraiva, 1988. p. 335.

[12] KELSEN, Hans. *Teoria pura do direito*. 7. ed. Trad. João Baptista Machado. São Paulo: Martins Fontes, 2006. p. 220.

legislar sobre Direito Penal, por força do art. 22, I, da Constituição Federal de 1988, e não a Assembleia Legislativa do Estado de São Paulo, órgão legislativo de um Estado-membro da Federação brasileira.

A seu turno, entende-se por vigência o atributo normativo que expressa o tempo de validade da norma jurídica.

A vigência se afigura como uma qualidade da norma jurídica que diz respeito ao período que vai do momento em que ela entra em vigor, passando a ter força vinculante, até o em que é revogada ou que se esgota o prazo prescrito pelo sistema jurídico para a sua duração[13].

A vigência pode ser:

– determinada, quando o término da validade da norma jurídica é conhecido antecipadamente, como na hipótese das leis orçamentárias anuais, cuja vigência é de 1 ano de exercício fiscal, bem como no tocante às medidas provisórias, reguladas pelo art. 62 da Carta Magna de 1988, cuja atual sistemática contempla um prazo de vigência de 60 dias para sua conversão em lei, admitindo-se sua prorrogação uma única vez por igual período, totalizando, portanto, um período de 120 dias;

– indeterminada, quando não se pode precisar o término da validade normativa, permanecendo válidas as normas jurídicas até que sejam revogadas, total ou parcialmente, de forma tácita ou expressa, por outras normas jurídicas de igual ou superior hierarquia. Nesse sentido, pode-se afirmar que a Consolidação das Leis do Trabalho de 1943 apresenta vigência indeterminada, permanecendo ainda hoje vigentes muitos dos seus dispositivos normativos, visto que não se previu, antecipadamente, a cessação da validade.

Ademais, embora sejam noções correlatas, não se pode confundir o conceito de vigência com a definição de incidência.

Entende-se por incidência o nexo entre publicação e início da vigência de uma norma jurídica. Pode-se falar tanto de normas jurídicas de incidência imediata, cujo início da vigência coincide com a data de sua publicação, quanto de normas jurídicas de incidência mediata, cujo início

---

[13] FERRAZ JUNIOR, Tercio Sampaio. *Introdução ao estudo do direito...* cit., 2007, p. 203.

da vigência ocorre após a data de sua publicação, prevendo-se um lapso temporal de vacância normativa, conhecido pela ciência jurídica como *vacatio legis*.

Com efeito, justifica-se esse lapso temporal de *vacatio legis* por um imperativo sociológico: a internalização, pela sociedade, das novas regras de convivência humana. Desse modo, o órgão que produz a norma jurídica confere à comunidade jurídica um período para que ocorra a efetiva assimilação dos novos preceitos normativos, mormente quando se trata de alteração normativa substancial dos padrões de comportamento em sociedade.

É o que sucedeu com o atual Código Civil brasileiro, publicado em 2002 com início de vigência em 2003. No art. 2.044, o legislador civil estabeleceu que a referida codificação iniciaria sua vigência um ano após a sua publicação, prevendo-se, portanto, um prazo de *vacatio legis* de um ano, a fim de que a sociedade pudesse incorporar em seu cotidiano as novas normas jurídicas concernentes a institutos fundamentais da coexistência humana, tais como a personalidade, a capacidade, a empresa, o contrato, a propriedade, o matrimônio e a sucessão hereditária.

Por sua vez, vigor é o atributo das normas jurídicas que diz respeito a sua força vinculante, traduzindo, portanto, a impossibilidade de os sujeitos de direito subtraírem-se ao império dos seus efeitos jurídicos.

Com efeito, quando um diploma normativo está em vigor, a comunidade não pode se afastar da imperatividade da norma jurídica, que, ao regular as situações ocorridas durante a sua vigência, atribui um plexo bilateral de direitos e deveres jurídicos correlatos.

Sendo assim, vigência e vigor não são verdadeiros sinônimos, embora haja ainda grande confusão terminológica na legislação, na doutrina e na jurisprudência. Uma norma jurídica pode estar vigente e em vigor, mas pode continuar ostentando vigor mesmo depois do término de sua vigência.

Nesse último caso, é o que sucede, por exemplo, com a hipótese normativa da ultratividade da legislação penal excepcional ou temporária, prevista no art. 3º do Código Penal brasileiro de 1940, ao preceituar que a lei excepcional ou temporária, embora decorrido o período de sua duração ou cessadas as circunstâncias que a determinaram, aplica-se ao fato praticado durante sua vigência.

Apresentadas as definições de validade, vigência, incidência e vigor, torna-se possível agora examinar as temáticas da efetividade e da legitimidade da ordem jurídica, estritamente vinculadas à reflexão da Sociologia do Direito.

A eficácia normativa é aquele atributo normativo que designa a possibilidade concreta de produção dos efeitos jurídicos. O problema da eficácia de uma norma é o de ser ou não seguida pelas pessoas a quem é dirigida (os chamados destinatários da norma jurídica) e, no caso de violação, ser imposta por intermédio de meios coercitivos pela autoridade que a evocou.

Decerto, a eficácia figura como um atributo normativo que se relaciona com a produção concreta de efeitos, seja porque estão presentes as condições técnico-normativas exigíveis para sua aplicação, seja porque estão presentes as condições fáticas necessárias para sua observância, espontânea ou imposta, ou para a satisfação dos objetivos almejados[14].

Sendo assim, a eficácia de uma norma jurídica pode ser vislumbrada em duas acepções: a eficácia técnico-jurídica (aplicabilidade) e a eficácia social (efetividade).

De um lado, a eficácia técnico-jurídica, também conhecida como aplicabilidade, verifica-se toda vez que uma norma jurídica dispõe das condições normativas necessárias para a produção dos seus efeitos no universo jurídico, não dependendo sua eficácia da elaboração de uma posterior norma jurídica.

Sendo assim, considera-se plenamente aplicável a norma depreendida do art. 13 da Constituição Federal de 1988, ao preceituar que a língua portuguesa é o idioma oficial da República Federativa do Brasil. Tal preceito normativo produz seus efeitos jurídicos independentemente da ulterior produção da normatividade infraconstitucional.

De outro, resta comprometida a aplicabilidade da norma que se deduz do art. 153, VII, da Carta Magna pátria, ao estabelecer que compete à União instituir impostos sobre grandes fortunas, nos termos de lei complementar. Com efeito, a norma constitucional em comento só poderá produzir a amplitude dos seus efeitos jurídicos quando, enfim, for

---

[14] FERRAZ JUNIOR, Tercio Sampaio. *Introdução ao estudo do direito...* cit., 2007, p. 203.

elaborada a referida lei complementar, que fixará os elementos da relação tributária decorrentes da instituição e da cobrança do imposto sobre grandes fortunas.

Noutro passo, a eficácia social, também denominada efetividade, é aquele atributo normativo que assinala a correspondência da norma jurídica com a realidade circundante, designando a compatibilidade dos modelos normativos com os fatos sociais. Quando a norma jurídica se apresenta efetiva, os dispositivos normativos são assimilados e cumpridos concretamente pelos sujeitos de direito.

Por exemplo, valendo-se de uma argumentação *a contrario sensu*, pode-se afirmar que a Lei das Contravenções Penais carece de efetividade, porquanto, no art. 58, tipifica o jogo do bicho como contravenção penal. Não obstante a existência de proibição legal expressa, o jogo do bicho é explorado e praticado livremente por parcelas significativas da sociedade brasileira, sem que os contraventores venham a sofrer, no plano fático, quaisquer sanções pelas autoridades constituídas. Neste caso, a eficácia social ou efetividade do diploma legislativo resta seriamente comprometida.

Por derradeiro, a legitimidade é o atributo normativo que designa a cor-relação da norma jurídica com o valor socialmente aceito de justiça. A norma jurídica é considerada legítima quando a maioria da sociedade a considera justa em dadas circunstâncias histórico-culturais.

O problema da legitimidade diz respeito à correspondência entre a norma e os valores supremos ou finais que inspiram determinado ordenamento jurídico. Estudar o problema da justiça de uma norma jurídica requer o exame da sua aptidão para realizar as estimativas axiológicas de uma sociedade, fazendo convergirem o mundo ideal (plano do dever-ser) e o mundo real (plano do ser).

O problema de que se uma norma é justa ou não é um aspecto do contraste entre o mundo ideal e o mundo real, entre o que deve ser e o que é: norma justa é aquela que deve ser; norma injusta é aquela que não deveria ser. Pensar sobre o problema da justiça ou não de uma norma equivale a pensar sobre o problema da correspondência entre o que é real e o que é ideal[15].

---

[15] BOBBIO, Norberto. *Teoria da norma jurídica*. Bauru: Edipro, 2003. p. 46.

Desde a antiguidade clássica até as discussões travadas no mundo contemporâneo, direito e justiça são termos que costumam estar profundamente associados. Isto porque, entre os diversos anseios fundamentais do ser humano, destaca-se a busca incessante pelo justo, seja na orientação das condutas individuais, seja na organização coletiva da vida em sociedade.

A ideia de justiça, independentemente da tomada de posição, costuma remeter a uma complexidade de expectativas que tornam difícil sua conceituação. Conhecendo a pluralidade de perspectivas em que se desdobra a ideia de justiça, podem-se constatar, no curso da história do pensamento ocidental, inúmeras concepções sobre o justo e o injusto, que emergem do interminável debate travado em torno do tema[16].

O surgimento da problemática do justo, como objeto de especulação, foi resultado de uma multimilenar evolução histórica. A partir do instante em que o ser humano buscou situar-se perante a divindade de modo autônomo, o supremo poder dos deuses passou a ser questionado. Antes desse momento de autoconsciência espiritual, o justo permanecia enclausurado no âmbito divino, apresentando-se como algo objetivo, independente da subjetividade humana. Doravante, a história da justiça passou a se desenvolver por meio de uma dialética permanente entre o que há de subjetivo e o que há de objetivo na experiência social.

A ideia de justiça não pode ser imobilizada nos quadros rígidos de um conceito inflexível. As oscilações pela qual tem passado, na linha do tempo, indicam que ela se plasma em moldes forjados pelo ambiente histórico, político e social. O justo, não raro, transforma-se em injusto, e vice-versa. A evolução jurídico-social dos povos conhece inúmeras mudanças desta natureza[17].

Sendo assim, a justiça nunca se põe como um problema isolado, válido em si e por si, porque sempre se acha em essencial correlação com outros da mais diversa natureza, desde os filosóficos aos religiosos, dos sociais aos políticos, dos morais aos jurídicos, conforme o demonstra sua vivência ao longo da história, estando sempre inserida em distintos conjuntos de interesses e de ideias.

---

[16] BITTAR, Eduardo Carlos Bianca. *Curso de filosofia do direito*. São Paulo: Atlas, 2001. p. 429.
[17] GOMES, Orlando. *A crise do direito*. São Paulo: Max Limonad, 1955. p. 41.

Por sua vez, o debate sobre a legitimidade do ordenamento jurídico remete à necessidade de fundamentar o direito em padrões valorativos ou em estimativas sociais, perquirindo a possibilidade de materialização da justiça. O direito justo é, portanto, sinônimo de direito legítimo, porque capaz de espelhar, em certo ambiente histórico-cultural, os valores tendentes à concretização do valor do justo numa dada comunidade humana.

Seguindo a lição de Miguel Reale[18], pode-se dizer que o direito, como experiência ética de harmonização dos comportamentos humanos, é concebido como uma atualização crescente de justiça, por meio da realização de valores que, no plano histórico-cultural, possibilitem a afirmação de cada ser humano segundo as virtudes socialmente aceitas. Todo direito deve ser, portanto, uma tentativa de direito justo, o que evidencia a dimensão do calor e o sentido humanístico da vida jurídica[19].

O problema da justiça é o da correspondência ou não da norma jurídica aos valores últimos ou finais que inspiram um dado ordenamento jurídico. Examinar se uma norma jurídica é justa ou injusta equivale a verificar o contraste entre o mundo ideal e o mundo real, na dimensão axiológica do direito.

A indissociabilidade entre direito e justiça se afigura tão evidente que nenhum homem pode sobreviver numa situação em que a justiça, como sentido unificador de seu universo moral, restar destruída, pois a carência de sentido do justo torna a vida insuportável[20].

No plano existencial, deve-se reconhecer que a justiça dá ao direito um significado que lhe confere a própria razão de existir, visto que se afirma, correntemente, que o direito deve ser justo ou, caso contrário, não teria sentido a obrigação de respeitar os seus preceitos ou comandos normativos.

O direito positivo realiza a justiça na medida em que corresponde à intuição dos valores levada a efeito pela comunidade como um todo, processando-se tal correspondência por intermédio da institucionalização

---

[18] REALE, Miguel. *Lições preliminares de direito*. 23. ed. São Paulo: Saraiva, 1996. p. 700.
[19] Idem, ibidem.
[20] FERRAZ JUNIOR, Tercio Sampaio. *Introdução ao estudo do direito*: técnica, decisão e dominação. 2. ed. São Paulo: Atlas, 1994. p. 351.

de bens jurídicos, isto é, de situações e de alternativas de comportamento consideradas justas[21].

Nesse compasso, não basta ao jurista somente verificar se a norma jurídica apresenta validade, por ter sido produzida de acordo com a normatividade jurídica superior, conforme os parâmetros imputativos de validade material e de validade formal que regulam a sua criação, ao estabelecer o que deve ser prescrito (conteúdo), quem deve prescrever (competência) e como deve ser prescrito (procedimento) o comando normativo.

A aceitabilidade social de uma norma jurídica não se confunde com a exclusividade da concepção de validez formal, porquanto os diferentes tipos de critérios axiológicos desempenham um papel importante e decisivo na dogmática jurídica e na jurisprudência, pelo que, comumente, deixa de ser cumprida a norma jurídica que, embora formalmente válida, não responda ao sistema de valores socialmente aceito[22].

Neste sentido, além do exame técnico da validez formal da normatividade jurídica, é indispensável que o jurista vislumbre a dimensão axiológica do direito, de modo a constatar se o fenômeno jurídico se revela justo, por apresentar algum grau de legitimidade.

Ao longo da evolução do pensamento jurisfilosófico, o problema da legitimidade de um direito justo e as variações sobre a justiça foram vislumbrados, basicamente, de duas formas. A primeira, como a busca de uma estrutura universal e racional que legitima o direito e o reconhece como ilegítimo. A segunda, como a constatação de que a consideração de um direito legítimo repousa num sentimento subjetivo, irracional e, portanto, incognoscível.

A primeira vertente, entendida como a busca de uma estrutura universal e racional para o direito justo, encontra a sua expressão mais emblemática no jusnaturalismo, ao oferecer o direito natural como a fórmula perene e imutável de justiça, subordinando a validade à legitimidade da ordem jurídica.

---

[21] ADEODATO, João Maurício. *Filosofia do direito*: uma crítica à verdade na ética e na ciência. São Paulo: Saraiva, 2005. p. 158.
[22] AARNIO, Aulis. *Lo racional como razonable*: un tratado sobre la justificación jurídica. Madrid: Centro de Estudios Constitucionales, 1991. p. 83.

A segunda corrente, que faz residir a procura por um direito justo num sentimento subjetivo e arbitrário, costuma ser o caminho percorrido pelas variadas manifestações de positivismo jurídico, ao rejeitar o debate racional sobre a justiça, subordinando o problema da legitimidade à validade normativa.

Com o ressurgimento das teorizações sobre a justiça, na segunda metade do século XX, a Filosofia do Direito, por meio da consolidação de um paradigma pós-positivista, passou a formular novas propostas de compreensão do significado de um direito justo, buscando compatibilizar as exigências de validade e de legitimidade da ordem jurídica.

Como exemplo ilustrativo de tudo quanto foi exposto, pode-se dizer que a legislação tributária que regula a instituição e cobrança do imposto de renda não é considerada legítima para a maioria da sociedade brasileira, por não realizar o valor da justiça fiscal no âmbito da realidade socioeconômica do país, onerando excessivamente os contribuintes, mormente aqueles que integram a chamada classe média.

Deste modo, o estudo da efetividade e da legitimidade das normas e das instituições jurídicas permite explorar a conexão do direito com a sociedade, oportunizando a compreensão das dimensões fática e axiológica do fenômeno jurídico no plano real e concreto das interações comportamentais na trama das relações sociais.

SINOPSE

A Sociologia é uma ciência que estuda os modos de criação e organização das relações e instituições sociais, abordando as conexões recíprocas entre os indivíduos e a sociedade.

A Sociologia parte da premissa da sociabilidade inerente à condição humana, porquanto o ser humano figura como um animal social, cujas habilidades e virtudes somente se desenvolvem no seio de uma coletividade, visto que a existência reclama necessariamente a coexistência com outros agentes sociais.

Por sua vez, a Sociologia do Direito ou Sociologia Jurídica designa um ramo da Sociologia Geral que tem como objeto o estudo das relações concretas estabelecidas entre o Direito e a Sociedade.

A Sociologia do Direito ou Sociologia Jurídica pode ser caracterizada como um saber científico, empírico, zetético e causal.

Na teoria do conhecimento (gnoseologia), métodos são procedimentos intelectuais que permitem ao sujeito cognoscente a apreensão das propriedades dos objetos do conhecimento humano.

Como forma de conhecimento científico, a Sociologia Jurídica também utiliza diversas metodologias para estabelecer as conexões concretas da sociedade com o ordenamento jurídico.

As pesquisas de opinião pública são técnicas utilizadas pelos Sociólogos do Direito para aferir o grau de conhecimento e o nível de satisfação dos agentes sociais com o conteúdo das normas ou com o padrão de atuação das instituições que pertencem ao mundo jurídico.

Entre os diversos métodos aplicáveis pelo Sociólogo do Direito ao processo de apreensão da realidade social merecem destaque os seguintes procedimentos cognitivos: indutivo, dedutivo, positivista, compreensivo, dialético, estruturalista, funcionalista e desconstrucionista.

O estudo da efetividade e da legitimidade das normas e das instituições jurídicas permite explorar a conexão do direito com a sociedade, oportunizando a compreensão das dimensões fática e axiológica do fenômeno jurídico no plano real e concreto das interações comportamentais na trama das relações sociais.

CAPÍTULO 2

Precursores da Sociologia do Direito

1. NOÇÕES INTRODUTÓRIAS

Nesta parte da obra, pretende-se oferecer uma visão panorâmica das contribuições da filosofia social que embasaram o surgimento da Sociologia Geral e da Sociologia do Direito no século XIX. Para tanto, serão examinadas, ainda que em apertada síntese, as principais referências doutrinárias da filosofia social antiga, da filosofia social medieval e da filosofia social moderna, demonstrando-se como foram sendo gradativamente lançadas as sementes do pensamento sociológico.

2. A FILOSOFIA SOCIAL ANTIGA

A Sociologia Geral e a Sociologia do Direito, como modalidades de conhecimento, não podem ser apartadas das condições histórico-sociais da coexistência humana. O pensamento sociológico brotou e se desenvolveu como produto do fluxo histórico das transformações ocorridas nas sociedades.

Com efeito, a Sociologia Geral e a Jurídica assumem posição peculiar na constituição intelectual do mundo moderno, porquanto os pioneiros e fundadores dessas disciplinas se caracterizam menos pelo exercício de atividades teóricas socialmente diferenciadas, que pela participação mais ou menos ativa das grandes correntes de opinião dominantes em cada época, seja no terreno da reflexão ou da propagação das ideias, seja no terreno da ação engajada[1].

Sendo assim, a formação lenta e contínua da Sociologia Geral e Jurídica decorreu das exigências sociais da vida humana, que impuseram, tanto ao pensamento prático quanto ao teórico, tarefas demasiado complexas para as formas mais rudimentares de conhecimento.

Torna-se possível traçar, como recurso metodológico, uma linha do pensamento social do Ocidente, partindo das contribuições mais remotas da civilização grega, cruzando a Idade Média e a Renascença, para desembocar na Idade Moderna, quando começa a despontar um conhecimento que será denominado Sociologia no século XIX[2].

Decerto, o berço do pensamento social se encontra na Grécia antiga. É certamente nos sofistas, que trouxeram a preocupação da então incipiente especulação filosófica para os problemas humanos, que vamos encontrar os primeiros antepassados diretos de um tratamento crítico e empírico do direito.

O pensamento sofista surge em um momento de descrença nas potencialidades da razão humana. Os sofistas eram céticos e relativistas, não acreditando, portanto, na capacidade racional do ser humano de alcançar verdades absolutas.

Diante da crise imanente ao pensamento, os sofistas eram a expressão de uma justificada desconfiança da razão, resultante da multiplicidade e da contrariedade das várias respostas que a questão ontológica havia proporcionado à filosofia pré-socrática. Isso desmoralizava, aos olhos dos sofistas, a pretensão de unidade da verdade universal que toda a filosofia, e em particular a pré-socrática, sempre ostentou.

Outra crise a que se achava vinculado o movimento sofístico era o colapso do sistema social de vida helênico, com a transição da aristocracia para a democracia na Grécia do século V a.C., abrindo margem para questionamentos sobre a pretensa perfeição das instituições políticas e

---

[1] CASTRO, Ana Maria de; DIAS, Edmundo Fernandes. *Introdução ao pensamento sociológico*. São Paulo: Centauro, 2005. p. 12.
[2] CASTRO, Celso Pinheiro de. *Sociologia do direito*. São Paulo: Atlas, 1985. p. 25.

sobre a justiça das leis da pólis grega, sementes importantes para uma futura abordagem sociológica do direito.

Os sofistas dedicavam-se ao conhecimento da retórica, o qual passou a ser mercantilizado, especialmente para as famílias nobres e abastadas. Como professores itinerantes, cobravam os sofistas pelo ensino ministrado, o que lhes rendeu críticas contundentes, desferidas, sobretudo, por Sócrates e por Platão[3].

Os temas abordados pelos sofistas estavam intimamente ligados à política e à democracia gregas, envolvendo o debate sobre o direito, a justiça, a equidade e a moral. Para os sofistas, não importava a verdade intrínseca da tese propugnada, mas, ao revés, o próprio processo de convencimento, ainda que a proposição fosse errônea. A verdade figurava como um dado relativo, dependendo, portanto, da capacidade de persuasão do orador.

Neste sentido, os sofistas se apresentavam como a maior expressão do relativismo filosófico, porque não acreditavam na capacidade humana de conhecer as coisas, ao duvidar da potencialidade cognitiva do ser humano e sustentar que ele não estava apto a alcançar a verdade.

Essa crise da razão humana descambou para a crise social, pois, se o ser humano não poderia alcançar a verdade, as instituições político-jurídicas da pólis grega não poderiam alcançar a verdade e, portanto, a justiça plena, lançando-se as sementes da Sociologia. Sendo assim, ao valorizar o poder do discurso, a retórica sofística desemboca na relativização da lei e da justiça na sociedade, situando-a no plano do provável, do possível ou do convencional.

Posteriormente, o desenvolvimento da filosofia social se processou ao lume das decisivas contribuições do humanismo socrático, do idealismo platônico e do realismo aristotélico, os quais correspondem ao período ático da filosofia grega, considerado como a idade de ouro da cultura humana.

O estudo do pensamento socrático é realizado, sobretudo, em face de sua oposição ao movimento dos sofistas. Enquanto Sócrates

---

[3] MACHADO NETO, Antônio Luís. *Sociologia do direito natural*. Salvador: Progresso, 1957. p. 14.

sustentava a obediência às leis e praticava seus ensinamentos de forma gratuita, os sofistas, por outro lado, ensinavam o desprezo às leis e cobravam pelas suas exposições. Sendo assim, Sócrates entendia que o ceticismo sofista era temerário, visto que não permitia a correta orientação acerca do sentido da ética e do bem.

O humanismo socrático se serve da maiêutica como método de questionamento. Sócrates faz perguntas e sempre dá a impressão de buscar uma lição no interlocutor. As indagações formuladas por Sócrates levam o interlocutor a descobrir as contradições de seus pensamentos e a profundidade de sua ignorância. Ele não acreditava ser possível ao indivíduo conhecer a realidade objetiva se desconhecesse a si mesmo, pelo que a formação ética demandaria a busca pelo conhecimento e pela felicidade.

Enquanto os sofistas sustentaram a efemeridade e a contingência das leis variáveis no tempo e no espaço, Sócrates empenhou-se em restabelecer, para a cidade, o império do ideal cívico, liame indissociável entre indivíduo e sociedade. Sendo assim, onde estivesse a virtude, estariam a justiça e, pois, a felicidade, independente dos julgamentos humanos. Possui tal confiança no saber e na verdade que está firmemente convencido de que os injustos e os maus não passam de ignorantes. Se conhecessem verdadeiramente a justiça, eles a praticariam, pois ninguém é, voluntariamente, mau, divisando o saber como o caminho da elevação espiritual.

Sendo assim, coube a Sócrates aprofundar a orientação antropocêntrica da filosofia social grega, ao situar a vida humana como o centro da especulação filosófica. Além disso, desenvolveu um instrumental de reflexão crítica da sociedade – a maiêutica (o parto de ideias), capaz de possibilitar uma abordagem crítica da estrutura político-jurídica de Atenas e do mundo grego, prenunciando, portanto, o surgimento da Sociologia Jurídica.

Na evolução da filosofia social, adquire também especial relevo o idealismo platônico, expresso, sobretudo, na obra denominada *República*. Platão foi o mais fervoroso discípulo de Sócrates e responsável pela criação da doutrina ou teoria das ideias. Segundo o idealismo platônico, o mundo sensível não passaria de um conjunto de meras sombras das verdades perfeitas e imutáveis, presentes no mundo metafísico e transcendental das ideias.

Para ele, a justiça ideal expressa a hierarquia harmônica das três partes da alma – a sensibilidade, a vontade e o espírito. Ela também se encontra em cada uma das virtudes particulares: a temperança nada mais é do que uma sensibilidade regulamentada segundo a justiça; a coragem é a justiça da vontade; e a sabedoria é a justiça do espírito. De outro lado, a justiça política revela uma harmonia semelhante à da justiça do indivíduo.

A política de Platão divisa a seguinte estratificação social: os artesãos, dos quais a justiça exige a temperança; os militares, dos quais a justiça reclama a coragem; os chefes, dos quais a justiça demanda sabedoria. Sendo assim, desponta a justiça como a imperativa adequação da conduta humana à ordem ideal do cosmos, constituindo ela a lei suprema da sociedade organizada como Estado.

O idealismo platônico serviu de base para a construção da imagem do filósofo-rei, enquanto governante dotado de profundo conhecimento da filosofia. Platão procurou demonstrar a veracidade dessas informações, começando a lecionar para Dionísio de Siracusa, que posteriormente tornou-se um déspota. Tinha aprendido na dura experiência de Siracusa que nem os filósofos como eles chegavam ao governo, nem os tiranos como Dionísio logravam obter a mínima disposição para a especulação filosófica.

A grande tríade filosófica grega se completou com a contribuição aristotélica, a qual também embasou, de modo significativo, o desenvolvimento do pensamento sociológico.

Podemos encontrar, em numerosos aspectos de seus escritos, notadamente na obra denominada *Política*, traços reveladores de um empirismo realístico no tratamento das leis e da organização do governo, que se recomendam ao reconhecimento dos estudiosos atuais da Sociologia Jurídica. Aristóteles reuniu cerca de 158 Constituições de povos antigos como material empírico para ele próprio realizar as induções de sua filosofia social.

A subordinação da ideia de justiça a uma prévia visão do universo e da vida pode ser também encontrada nos ensinamentos de Aristóteles, a quem coube estabelecer parâmetros ainda hoje utilizados para a compreensão do problema da justiça nas sociedades humanas.

Embora fosse discípulo de Platão, o mundo platônico do conhecimento sensível e das ideias puras foi rejeitado por Aristóteles, visto que, segundo ele, as ideias seriam imanentes às coisas, como essências conformadoras da matéria, pelo que somente por abstração a matéria existiria desprovida de forma. Dentro de sua perspectiva realista, os objetos somente poderiam ser conhecidos por meio da unidade estabelecida entre a forma e a matéria.

Para ele, a justiça é inseparável da pólis e, portanto, da vida em comunidade. Sendo o homem um animal político, defluiria sua necessidade natural de convivência e de promoção do bem comum. A pólis grega figura, pois, como uma necessidade humana, cuidando da existência humana, assim como o organismo precisa cuidar de suas partes vitais.

Na visão aristotélica, essas premissas fundamentam a necessidade de regulação da vida social por meio da lei, respeitando os critérios da justiça. Apresenta-se a justiça como uma virtude, adquirida pelo hábito, com a reiteração de ações em determinado sentido. Trata-se da busca pelo justo meio, contraposto ao vício da injustiça, por excesso ou por defeito.

A classificação aristotélica segue o princípio lógico de estabelecer as características ou propriedades do geral, para depois analisar os casos particulares. Distingue, inicialmente, dois tipos de justo político: o justo natural e o justo legal. O justo natural expressa uma justiça objetiva imutável e que não sofre a interferência humana. Já o justo legal é a lei positiva que tem sua origem na vontade do legislador e que sofre a variação espaço-temporal.

Existem, ainda, a justiça geral e a justiça particular. De um lado, a justiça geral figura como a virtude da observância da lei, o respeito à legislação ou às normas convencionais instituídas pela pólis. Tem como objetivo o bem comum, a felicidade individual e coletiva. A justiça geral corresponde ao que se entende por justiça legal. Por outro lado, a justiça particular tem por objetivo realizar a igualdade entre o sujeito que age e o sujeito que sofre a ação. Refere-se ao outro singularmente, no tratamento entre as partes.

A seu turno, a justiça particular divide-se em justiça distributiva e justiça corretiva. A justiça distributiva consiste na distribuição ou repartição de bens, cargos, deveres, responsabilidades e honrarias, segundo os méritos de cada um, configurando uma igualdade geométrica ou proporcional. Por sua vez, a justiça corretiva visa ao restabelecimento do equilíbrio rompido entre os indivíduos, que pode ocorrer de modo voluntário, a exemplo dos acordos e contratos, ou de modo involuntário, como nos delitos em geral.

Nesta forma de justiça, surge a necessidade de intervenção de uma terceira pessoa, que deve decidir sobre as relações mútuas e o eventual descumprimento de acordos ou de cláusulas contratuais. O juiz, segundo Aristóteles, passa a personificar a noção do justo.

Ademais, Aristóteles divide a justiça corretiva em duas categorias: a justiça comutativa, que significa a reciprocidade das trocas dentro da malha social, como os contratos, adquirindo natureza essencialmente preventiva, já que a justiça prévia iguala as prestações recíprocas; e a justiça reparativa, que implica o retorno ao *status quo ante*, buscando reprimir a injustiça, reparar os danos e aplicar punições.

Acrescente-se, ainda, a importante função desempenhada pela equidade no estudo da filosofia de Aristóteles. Na visão aristotélica, cabe à equidade adequar a lei ao caso particular e concreto. Para ele, a justiça e a equidade são a mesma coisa, embora a equidade seja a melhor resposta para uma situação específica. O que cria o problema é o fato de o equitativo ser justo, mas não o justo segundo a lei, e, isto sim, um corretivo da justiça legal. A razão é que toda lei é de ordem geral, mas não é possível fazer uma afirmação universal que seja correta a certos aspectos particulares.

No período pós-socrático, a filosofia grega passa a ser dominada pela preocupação humanística centralizada no problema da moral. As magnas questões metafísicas são agora ultrapassadas pela preocupação com a felicidade do homem. Despontam, assim, as correntes do epicurismo e do estoicismo.

Para o epicurismo, o critério único da verdade do conhecimento radicaria na sensação ou na percepção imediata evidente. Neste sentido, o critério supremo da ética seria a evidência do prazer e o da moralidade, o sentimento. Assim, a moral tem por objeto a felicidade humana, a qual não se confunde com o gozo grosseiro dos sentidos. O prazer epicurista é a ausência de dor. No contexto da moral epicurista, a virtude não é um fim, mas o meio de o atingir, pois o fim é o prazer tranquilo.

A justiça, como virtude, participa desse mesmo caráter. Assim, ela é instrumento, e não a medida do que deve caber a cada um, porém o meio de evitar a dor, jamais prejudicando a quem quer que seja. A justiça consiste em conservar-se longe da possibilidade de causar dano a outrem ou de sofrê-lo. O meio técnico de tornar efetiva essa moral do prazer tranquilo consiste no direito justo, cujo escopo é prescrever as ações que propiciem a felicidade ao maior número de pessoas, e vedar, em contrapartida, as ações prejudiciais.

Por sua vez, segundo o estoicismo, o único bem do homem é a virtude, concebida como fim, e não como meio, sendo o vício o único mal. Ambos são absolutos, isto é, não admitem graduações intermediárias. A posse de uma virtude implica a de todas e constitui a sabedoria; e a prática de um vício torna o seu autor réu de todos. O homem deve dominar as paixões, sobrepondo a elas a razão, e, assim, alcançar a impassibilidade absoluta, a apatia.

A concepção jusnaturalista que se construiu na doutrina estoica retoma a noção do *logos*. A razão universal que rege todas as coisas está presente em cada homem, sem distinções; como parte da natureza cósmica, o homem é racional, do que se infere a existência de um direito natural universalmente válido e baseado na razão, o qual não se confunde com o direito posto pelo Estado.

Deste modo, o fundamento da ética e de todo o conceito de justiça reside na ordenação cósmico-natural. A ética estoica caminha no sentido de postular a independência do homem com relação a tudo que o cerca (*ataraxia*), mas, ao mesmo tempo, no sentido de afirmar seu profundo atrelamento a causas e regularidades universais. Daí advém o direito natural, fundado na reta razão, que ordena a conduta humana. Observando-se a natureza das coisas, o ser humano haverá de atingir um grau de afinidade e harmonia com as leis divinas que regem o todo.

Do ponto de vista da filosofia social, o pensamento pós-socrático acaba por fundamentar uma concepção mais cosmopolita do homem, adaptada à nova realidade do Estado-Império, cristalizando a ideia do direito natural que irá impregnar a Roma antiga. A jurisprudência romana se desenvolve, então, sob a égide da doutrina do direito natural, na esteira das concepções herdadas do pensamento clássico[4].

Em Roma, as ideias, mais ou menos difusas na moral estoica, de que os postulados da razão teriam força e alcance universais encontraram ambiência favorável à sua aplicação prática. O direito natural passa a ser,

---

[4] REALE, Miguel. *Teoria tridimensional do direito*. São Paulo: Saraiva, 1994. p. 627.

então, concebido como a própria natureza baseada na razão, traduzida em princípios de valor universal.

Decerto, os grandes jurisconsultos romanos, especialmente Cícero, eram orientados pelo estoicismo, pelo que o humanismo estoico passou a conceber o dever e a determinar a escolha da atitude racionalmente mais aceitável para a edificação de uma ordem justa. Para Cícero, existiria uma verdadeira lei: a reta razão conforme a natureza, difusa em todos e sempre eterna.

Nesta definição, o jurisconsulto identifica a razão com a lei natural, centralizando as tendências estoicas à fundamentação racional de uma visão cosmopolita do direito e da justiça, inaugurando um direito natural racionalista, oposto à fundamentação metafísica da antiga tradição pré-socrática. Essa lei, consubstanciada na razão, fundamentava não só o *jus naturale*, como também o *jus civile* e o *jus gentium*, não havendo, portanto, oposição entre as três expressões do direito, porquanto cada uma delas traduziria determinações graduais do mesmo princípio da *reta ratio*.

Sendo assim, no mundo romano, o direito se desenvolve em consonância com o pensamento estoico, conferindo ênfase à natureza, que devia ser obedecida necessariamente. Os romanos, notadamente com Cícero, oferecem a ideia de *ratio naturalis*, isto é, a conexão íntima entre a natureza e a razão que deve nortear a organização da vida social.

3. A FILOSOFIA SOCIAL MEDIEVAL

Na Idade Média, a filosofia social se desenvolve sob a decisiva influência do cristianismo. A doutrina cristã veio introduzir novas dimensões ao problema da lei e da justiça na sociedade, mediante uma abordagem teocêntrica.

A justiça humana é tradicionalmente identificada como uma justiça transitória e sujeita ao poder temporal. Para o cristianismo, todavia, não é nela que reside necessariamente a verdade, mas na vontade divino--transcendental, que age de modo absoluto, eterno e imutável[5].

---

[5] NADER, Paulo. *Filosofia do direito*. Rio de Janeiro: Forense, 2000. p. 117.

Com o advento do cristianismo, ocorreu uma verdadeira revolução da subjetividade, prevalecendo a atitude ou a disposição de ser justo sobre a aspiração de ter uma ideia precisa de justiça. Continua esta, porém, a ser vista em um quadro superior de ideias, já agora subordinado a uma visão teológica, a partir do princípio de um Deus criador, do qual emana a harmonia do universo.

No período medieval, o jusnaturalismo apresentava um conteúdo teológico, pois os fundamentos do direito natural eram a inteligência e a vontade divina, pela vigência do credo religioso e o predomínio da fé. Os princípios imutáveis e universais do direito natural podiam ser sintetizados na fórmula segundo a qual o bem deve ser feito, daí advindo os deveres dos homens para consigo mesmos, para com os outros homens e para com Deus.

As demais normas, construídas pelos legisladores, seriam aplicações destes princípios às contingências da vida, *v.g.*, do princípio jusnatural de que o homem não deve lesar o próximo, decorreria a norma positivada que veda os atos ilícitos. Segundo o jusnaturalismo teológico, o fundamento dos direitos naturais seria a vontade de Deus: o direito positivo deveria estar em consonância com as exigências perenes e imutáveis da divindade.

Podem ser identificados dois grandes movimentos partidários de uma filosofia social baseada no jusnaturalismo teológico: a patrística e a escolástica.

Patrística é o nome que se utiliza para designar o pensamento filosófico desenvolvido pelos Padres da Igreja Católica ou Santos Padres, entre os séculos II e VI. Por meio de suas especulações filosóficas, procuraram explicar os dogmas da religião católica. Percebe-se, na patrística, que a filosofia se apresenta como alicerce da teologia. Entre os Santos Padres, destacam-se Tertuliano, Latâncio, Santo Ambrósio, São João Crisóstomo e, principalmente, Santo Agostinho.

Santo Agostinho, indubitavelmente, é o maior expoente da patrística e um dos mais célebres pensadores de todas as épocas. As contribuições e formulações agostinianas são vastas e relevantes para a filosofia social, mormente aquelas expostas na obra *Cidade de Deus*. Inicialmente, trata de dois conceitos de Estado: o conceito helênico pagão, que corresponde à *civitas* terrena, e o conceito cristão, que corresponde à *civitas caelestis*. A primeira, povoada por homens vivendo no mundo (Estado Pagão); a segunda, composta por almas libertas do pecado e próximas de Deus. O homem deve procurar o estabelecimento da cidade celeste (submissão do Estado à Igreja).

A respeito da doutrina geral da lei, difere a *lex aeterna* da *lex naturalis*. Deus é o autor da lei eterna, enquanto a lei natural é a manifestação daquela no coração do homem. Portanto, a lei natural é a lei eterna transcrita na alma do homem, em razão do seu coração, também chamada lei íntima. A lei humana deve derivar da lei natural, do contrário não será autêntica. Preceito humano injusto não é a lei.

Conforme a visão de Santo Agostinho, o legislador deve procurar não só restringir tudo que perturbe a ordem das coisas, como também ordenar o que favoreça esta ordem. A lei humana tem por fim o governo dos homens, a manutenção da paz entre eles; enquanto a lei eterna e a natural se referem ao campo da moralidade. No que se refere à justiça, Santo Agostinho compartilha da definição de Cícero, segundo a qual a justiça é a tendência da alma de dar a cada o que é seu.

Por sua vez, a escolástica tem seu início marcado pela anexação de Grécia e Roma por Carlos Magno ao Império Franco. Nessa época, a característica denunciante da genialidade dos homens transparecia pelo equilíbrio entre a razão e a fé, o qual fora alcançado por Santo Tomás de Aquino ao demonstrar que fé e razão são diferentes caminhos que levam ao verdadeiro conhecimento. Por seus grandes trabalhos intelectuais, o Doutor Angélico foi considerado o maior pensador da doutrina escolástica.

Na obra *Suma Teológica*, ao tratar da justiça, Tomás de Aquino afirma que esta pode ser vista como uma virtude geral, uma vez que, tendo por objeto o bem comum, ordena a este os atos das outras virtudes. Como cabe à lei ordenar para o bem comum, tal justiça é chamada de justiça legal. Por meio dela, o homem se harmoniza com a lei que ordena os atos de todas as virtudes para o bem comum. Assim, a justiça legal é, na verdade, uma virtude particular cujo objeto próprio é o bem comum. Todavia, comanda todas as outras virtudes, sendo denominada também justiça geral.

Santo Tomás de Aquino admite uma diversidade de leis: a lei divina revelada ao homem, a lei humana, a lei eterna e a lei natural; contudo, não as considera como compartimentos estanques. A lei eterna é a razão oriunda do divino que coordena todo o universo, incluindo o homem, enquanto a lei natural figura como o reflexo da lei divina existente no homem.

Para Santo Tomás de Aquino, por ser a lei natural proveniente da eterna disposição divina, ela é soberana, participando, assim, do absoluto poder divino, não cabendo ao homem modificá-la ou anulá-la, nem desconhecê-la.

Na visão tomista, divide-se ainda o direito natural em duas categorias. A primeira seria o direito natural estritamente dito, relacionado às exigências da natureza dos animais. À outra categoria pertenceria o direito das gentes, formado pelas normas de ação derivadas dos princípios da lei natural, conhecidos por todos os homens. Para ele, a ordem jurídica não deve restringir-se, apenas, a um conjunto de normas, visto que está fundado na virtude da justiça. Idealizava que um governo justo seria aquele no qual o soberano almejasse o bem da comunidade.

4. A FILOSOFIA SOCIAL MODERNA

A Idade Moderna foi o período mais propício para a consolidação da filosofia social, que viria a desembocar na conformação da Sociologia Geral e do direito, enquanto saberes autônomos e voltados para a descrição da realidade social.

Quando o homem do Renascimento produziu uma inversão antropocêntrica na compreensão do mundo, vendo-o a partir de si mesmo, e não mais a partir de Deus, o estudo da sociedade sofreu uma marcante inflexão racional.

Com o advento da Idade Moderna, surge o pensamento fecundo de Nicolau Maquiavel, que pode ser considerado um pioneiro das ciências sociais modernas. Em sua obra magna (*O príncipe*), Maquiavel propõe a dessacralização dos estudos sociais, buscando, assim, o estudo das articulações concretas entre a sociedade e o direito. Descreve os modos efetivos de aquisição, exercício e perda do poder político, bem como os seus reflexos no mundo do direito.

O realismo maquiavélico contribuiu para uma abordagem mais secularizada do exercício do poder nas sociedades humanas. Seu pensamento é relevante para o espírito sociológico, porque o gênio florentino evidenciou que os processos políticos apresentavam as imperfeições e as assimetrias típicas da própria natureza humana, sendo guiados por uma ética voltada para a consecução de fins, independentemente da legitimidade dos meios.

Com efeito, Nicolau Maquiavel conseguiu dessacralizar a autoridade governamental e o correlato processo de criação e de instrumentalização das leis para interesses políticos, apontando o caminho racional da reflexão crítica para o tratamento da realidade social e do fenômeno jurídico.

Posteriormente, a evolução da Sociologia do Direito foi impulsionada pelos expoentes de uma filosofia social fundada no jusnaturalismo racionalista. Decerto, a concepção do jusnaturalismo teológico foi, gradativamente, substituída, a partir do século XVII, em face do processo de secularização da vida social, por uma doutrina jusnaturalista subjetiva e racional, que busca seus fundamentos na identidade de uma razão humana universal.

No âmbito da presente concepção jusnaturalista, a natureza do ser humano foi concebida de diversas formas: genuinamente social; originariamente individualista; ou decorrente de uma racionalidade prática e inata. Na visão de pensadores como Grotius, Pufendorf e Locke, a natureza humana seria genuinamente social, enquanto, sob a perspectiva de pensadores como Hobbes e Rousseau, a natureza humana seria vislumbrada como originariamente individualista e, portanto, refratária à noção de sociabilidade como atributo da vida humana[6].

No jusnaturalismo dos séculos XVII e XVIII, desponta a obra de Grotius, considerado o pai do Direito Internacional, ao formular a distinção entre *jus naturale* e *jus voluntarium*. O direito natural seria o ditame da justa razão destinado a moralidades dos atos, segundo a natureza racional do homem. O direito voluntário seria posto pela família (direito familiar), pelo Estado (direito civil ou positivo) e pela comunidade internacional, para regular as relações entre povos e Estados (*jus inter gentes*).

Para Grotius, o direito natural figuraria como o ditame da razão, indicando a necessidade ou repugnância moral, inerente a um ato, por causa da sua conveniência ou inconveniência à natureza racional e social do homem. Afastando o conhecimento de fundamentos teológicos,

---

[6] DINIZ, Maria Helena. *Compêndio de introdução à ciência do direito*. São Paulo: Saraiva, 2005. p. 38-39.

percebeu que o senso social, peculiar à inteligência humana, é fonte do direito positivo, a orientar a criação do Estado e da sociedade civil. Os preceitos do justo e do injusto continuariam válidos, porque racionais, mesmo considerada a inexistência de Deus.

A seu turno, segundo Pufendorf, a *lex naturalis* não seria a voz interior da natureza humana, como sugeria Grotius, mas decorreria de forças exteriores, ligando os homens em sociedade. As prescrições do direito natural pressupunham a natureza decaída do ser humano, pelo que todo o ordenamento jurídico teria uma função imperativa, estabelecendo proibições em prol da dignidade da pessoa humana. Da *imbecillitas* – o desamparo da solidão – decorreria a *socialitas* – a necessidade natural do homem de conviver no seio da sociedade.

Por sua vez, John Locke afirma que a lei natural fundaria o direito positivo. Só o pacto social sanaria as deficiências do estado de natureza, instaurando o governo do estado civil ou político, com três poderes. Caberia ao Estado liberal-democrático garantir os direitos naturais, mormente o direito à propriedade privada, sob pena de quebra da relação de fidúcia entre governantes e governados e do consequente exercício de um direito de revolução pelos particulares.

Na visão de Thomas Hobbes, cuja obra fundamental foi *Leviatã*, o ser humano, no estado de natureza, teria o direito de tudo fazer e ter, não havendo distinção entre o justo e o injusto. Para Hobbes, as leis naturais são normas morais que incutem no ser humano o desejo de assegurar sua autoconservação e defesa por uma ordem político-social garantida por um poder coercitivo absoluto – o Estado-Leviatã, superando a luta permanente de todos os agentes sociais – o homem como lobo do próprio homem.

Para Hobbes, portanto, o contrato social somente pode ter por escopo a preservação da ordem e da paz graças à hipertrofia do poder estatal. Por tais motivos, a justiça é concebida como constante fidelidade ao Estado-Leviatã, cujo poder desmesurado resultou da abdicação voluntária de parcelas da liberdade individual para a organização da sociedade humana.

Por sua vez, para o filósofo suíço J. J. Rousseau[7], em sua obra magna, o ser humano seria naturalmente bom, cabendo à sociedade civil orga-

---

[7] ROUSSEAU, Jean-Jacques. *Do contrato social*. Trad. Pietro Nassetti. São Paulo: Martin Claret, 2006.

nizar-se por meio de um contrato social, capaz de espelhar uma ordem justa e submetida à vontade geral, infalível e corretamente constituída.

Segundo ele, o contrato social figuraria como base de uma democracia representativa, buscando assegurar o livre exercício de direitos individuais a todos que decidam conviver na comunidade.

Dentro da concepção contratualista do direito, o autor mais democrático é Rousseau, o qual deposita o direito nas mãos do povo, que pode modelá-lo segundo a sua livre vontade. O autor afirma que os homens estabelecem um pacto social para evitar a injustiça e a guerra. Discordando de Hobbes, entende, porém, que é o povo que deve fazer e aplicar as suas leis[8].

Neste sentido, na visão de Rousseau, a vontade geral é uma vontade de pactuar e de formar uma sociedade civil que saiba preservar direitos inatos ao homem, anteriores à celebração do pacto social. A lei seria, portanto, a expressão da vontade geral da sociedade, exteriorizada pelos representantes do povo nos parlamentos nacionais.

Diferentemente de Thomas Hobbes, que confere todo o poder ao monarca absoluto, J. J. Rousseau considera a lei como uma declaração pública e solene da vontade geral sobre um objeto de interesse comum, por meio da qual se exteriorizam decisões da coletividade.

A filosofia social moderna ainda se enriqueceria com os contributos do filósofo francês Charles Louis de Secondât, barão de La Brède e de Montesquieu, notabilizado como o teórico da tripartição dos poderes, que inspirou as Constituições norte-americana e francesa da época. Com célebre livro[9], o ilustre pensador nos oferece a primeira grande obra a versar sobre o processo de nomogênese jurídica a partir de fatores naturais e sociais.

Como o direito era, em meados do século XVIII, tido pelos racionalistas como expressão dos mandamentos universais da razão humana ou

---

[8] SABADELL, Ana Lucia. *Manual de sociologia jurídica*: introdução a uma leitura externa do direito. 2. ed. São Paulo: Revista dos Tribunais, 2002. p. 15.

[9] MONTESQUIEU, Charles de Secondat, Baron de. *O espírito das leis*: as formas de governo, a federação, a divisão dos poderes, presidencialismo *versus* parlamentarismo. Introdução, tradução e notas de Pedro Vieira Mota. São Paulo: Saraiva, 1996.

como resultado do contrato social e da vontade do rei, o estudo de Montesquieu sobre as causas sociais da diversidade das legislações constitui uma verdadeira revolução teórica, abrindo uma senda para a pesquisa sociológica do direito e da política[10].

Com efeito, Montesquieu torna o tema das leis um objeto especial de considerações causais de espírito generalizador, evidenciando a influência de fatores naturais (clima, solo, geografia) e sociais (costume, cultura, estrutura econômica, organização política) na conformação das diferentes legislações dos povos, antecipando, já no século XVIII, o objeto e a perspectiva metodológica que caracterizam a Sociologia Geral e Jurídica.

SINOPSE

Decerto, o berço do pensamento social se encontra na Grécia antiga. É certamente nos sofistas, que trouxeram a preocupação da então incipiente especulação filosófica para os problemas humanos, que vamos encontrar os primeiros antepassados diretos de um tratamento crítico e empírico do direito.

Sendo assim, coube a Sócrates aprofundar a orientação antropocêntrica da filosofia social grega, ao situar a vida humana como o centro da especulação filosófica. Além disso, desenvolveu um instrumental de reflexão crítica da sociedade – a maiêutica (o parto de ideias), capaz de possibilitar uma abordagem crítica da estrutura político-jurídica de Atenas e do mundo grego, prenunciando, portanto, o surgimento da Sociologia Jurídica.

Na evolução da filosofia social, adquire também especial relevo o idealismo platônico, expresso, sobretudo, na obra denominada *República*. Platão foi o mais fervoroso discípulo de Sócrates e responsável pela criação da doutrina ou teoria das ideias. Segundo o idealismo platônico, o mundo sensível não passaria de um conjunto de meras sombras das verdades perfeitas e imutáveis, presentes no mundo metafísico e transcendental das ideias.

A grande tríade filosófica grega se completou com a contribuição aristotélica, a qual também embasou, de modo significativo, o desenvolvimento do pensamento sociológico.

---

[10] SABADELL, Ana Lucia. Op. cit., 2. ed., 2002, p. 18.

Podemos encontrar, em numerosos aspectos de seus escritos, notadamente na obra denominada *Política*, traços reveladores de um empirismo realístico no tratamento das leis e da organização do governo, que se recomendam ao reconhecimento dos estudiosos atuais da Sociologia Jurídica. Aristóteles reuniu cerca de 158 Constituições de povos antigos como material empírico para ele próprio proceder às induções de sua filosofia social.

Na Roma Antiga, o direito se desenvolve em consonância com o pensamento estoico, conferindo ênfase à natureza, que devia ser obedecida necessariamente. Os romanos, notadamente com Cícero, oferecem a ideia de *ratio naturalis*, isto é, a conexão íntima entre a natureza e a razão que deve nortear a organização da vida social.

Na Idade Média, a filosofia social se desenvolve sob a decisiva influência do cristianismo. A doutrina cristã veio introduzir novas dimensões ao problema da lei e da justiça na sociedade, mediante uma abordagem teocêntrica.

Podem ser identificados dois grandes movimentos partidários de uma filosofia social baseada no jusnaturalismo teológico: a patrística e a escolástica.

Santo Agostinho, indubitavelmente, é o maior expoente da patrística e um dos mais célebres pensadores de todas as épocas. As contribuições e formulações agostinianas são vastas e relevantes para a filosofia social, mormente aquelas expostas na obra *Cidade de Deus*. Inicialmente, trata de dois conceitos de Estado: o conceito helênico pagão, que corresponde à *civitas* terrena, e o conceito cristão, que corresponde à *civitas caelestis*. A primeira, povoada por homens vivendo no mundo (Estado Pagão); a segunda, composta por almas libertas do pecado e próximas de Deus. O homem deve procurar o estabelecimento da cidade celeste (submissão do Estado à Igreja).

Na obra *Suma Teológica*, ao tratar da justiça, Tomás de Aquino afirma que esta pode ser vista como uma virtude geral, uma vez que, tendo por objeto o bem comum, ordena a este os atos das outras virtudes. Como cabe à lei ordenar para o bem comum, tal justiça é chamada de justiça legal. Por meio dela, o homem se harmoniza com a lei que ordena os atos de todas as virtudes para o bem comum. Assim, a justiça legal é, na verdade, uma virtude particular cujo objeto próprio é o bem comum. Todavia, comanda todas as outras virtudes, sendo denominada também justiça geral.

A Idade Moderna foi o período mais propício para a consolidação da filosofia social, que viria a desembocar na conformação da Sociologia Geral e do direito, como saberes autônomos e voltados para a descrição da realidade social.

Por sua vez, John Locke afirma que a lei natural fundaria o direito positivo. Só o pacto social sanaria as deficiências do estado de natureza, instaurando o governo do estado civil ou político, com três poderes. Caberia ao Estado liberal-democrático garantir os direitos naturais, mormente o direito à propriedade privada, sob pena de quebra da relação de fidúcia entre governantes e governados e do consequente exercício de um direito de revolução pelos particulares.

Na visão de Thomas Hobbes, cuja obra fundamental foi *Leviatã*, o ser humano, no estado de natureza, teria o direito de tudo fazer e ter, não havendo distinção entre o justo e o injusto. Para Hobbes, as leis naturais são normas morais que incutem no ser humano o desejo de assegurar sua autoconservação e defesa por uma ordem político-social garantida por um poder coercitivo absoluto – o Estado-Leviatã, superando a luta permanente de todos os agentes sociais – o homem como lobo do próprio homem.

Por sua vez, para o filósofo suíço J. J. Rousseau[11], o ser humano seria naturalmente bom, cabendo à sociedade civil organizar-se por meio de um contrato social, capaz de espelhar uma ordem justa e submetida à vontade geral, infalível e corretamente constituída. Segundo ele, o contrato social figuraria como base de uma democracia representativa, buscando assegurar o livre exercício de direitos individuais a todos que decidam conviver na comunidade.

Neste sentido, na visão de Rousseau, a vontade geral é uma vontade de pactuar e de formar uma sociedade civil que saiba preservar direitos inatos ao homem, anteriores à celebração do pacto social. A lei seria, portanto, a expressão da vontade geral da sociedade, exteriorizada pelos representantes do povo nos parlamentos nacionais.

A filosofia social moderna ainda se enriqueceria com os contributos do filósofo francês Charles Louis de Secondât, barão de La Brède e de Montesquieu, notabilizado como o teórico da tripartição dos poderes, que inspirou as Constituições norte-americana e francesa da época. Com seu célebre livro[12], o ilustre pensador nos oferece a primeira grande obra a versar sobre o processo de nomogênese jurídica a partir de fatores naturais e sociais.

---

[11] ROUSSEAU, Jean-Jacques. Op. cit.
[12] MONTESQUIEU, Charles de Secondat, Baron de. Op. cit.

CAPÍTULO 3

As Vertentes Teóricas Fundamentais da Sociologia do Direito

1. NOÇÕES INTRODUTÓRIAS

Nesta parte da obra, pretende-se descrever os contornos teóricos das vertentes fundamentais da Sociologia do Direito.

Inicialmente, será examinado como o positivismo científico de Augusto Comte possibilitou a formação do pensamento sociológico, influenciando a Escola Objetiva Francesa de Émile Durkheim, movimento doutrinário responsável pelo delineamento autônomo da Sociologia do Direito.

Ademais, serão abordados os contributos do materialismo histórico-dialético de Karl Marx e do culturalismo de Max Weber.

Posteriormente, será dada atenção ao funcionalismo sociológico de Niklas Luhmann, como um novo e instigante campo de estudos e pesquisas para a Sociologia do Direito.

2. O POSITIVISMO CIENTÍFICO DE AUGUSTO COMTE E O SURGIMENTO DA SOCIOLOGIA

Coube a Augusto Comte (1798-1857), ilustre pensador francês, propor a Sociologia como um saber científico capaz de descrever objetivamente os processos de organização dos seres humanos em sociedade.

Entre as obras principais de Augusto Comte, merecem destaque as seguintes: *Curso de filosofia positiva; Discurso sobre o espírito positivo; Sistema de política positiva; Síntese subjetiva.*

A Sociologia do século XIX marca, incontestavelmente, o momento da reflexão dos agentes sociais sobre eles próprios, pelo que o fenômeno social é problematizado, com seu caráter equívoco, ora como uma relação essencial entre os indivíduos, ora como uma realidade substancial e independe das subjetividades. Ela também exprime a proposta epistemológica de que o conhecimento científico deve oferecer aos seres humanos o controle da sociedade, história e cultura, com base no modelo objetivo das ciências naturais.

Com efeito, a primeira corrente de pensamento sociológico, propriamente dita, foi o positivismo científico, delineado por Augusto Comte, que concebeu a Sociologia como uma nova ciência para explicar, com exatidão, a vida humana em sociedade[1].

O positivismo era uma doutrina cientificista que acreditava na ciência como a única via para o alcance da verdade, espelhando o momento das grandes descobertas científicas trazidas pela Revolução Industrial.

Na visão de Comte, o modelo de ciência verdadeiro seria o modelo das ciências experimentais, baseado na análise indutiva dos fenômenos naturais ou sociais, na preservação da neutralidade valorativa e na busca do distanciamento do cientista em face do objeto do conhecimento. Nesse sentido, o modelo das ciências naturais poderia ser empregado no campo das ciências sociais, inclusive para a nascente Sociologia.

Segundo ele, a ciência positivista permitiria um controle absoluto das forças naturais e sociais, possibilitando a realização de uma plena felicidade material e espiritual. Daí se pode entender a célebre frase de Comte: "Saber para prever, prever para prover".

Augusto Comte formulou uma importante lei sociológica de evolucionismo linear e intelectualista: a lei dos três estados da sociedade humana.

---

[1] COSTA, Maria Cristina Castilho. *Sociologia*: introdução à ciência da sociedade. São Paulo: Moderna, 1987. p. 42.

O primeiro estado de evolução social seria o teológico, caracterizado pela ênfase na religião como um conhecimento irracional e abstrato. O segundo estado seria o metafísico, marcado pela ênfase na filosofia, como modalidade de um conhecimento racional e abstrato. O terceiro estado alcançado pelas sociedades europeias do século XIX seria o científico, marcado pela primazia da ciência, a qual permitiria um conhecimento racional e concreto capaz de oferecer verdades absolutas.

Para Augusto Comte, a Sociologia seria uma ciência enciclopédica que englobaria todos os conhecimentos aplicados à sociedade, despontando a economia, a ciência política, a antropologia e o próprio direito como meras ramificações do conhecimento sociológico.

Apresentava-se a Sociologia, também, como uma espécie de "física social" capaz de descrever com neutralidade e distanciamento os padrões das interações humanas no mundo social. Seria, assim, um saber tecnocrático que ofereceria respostas absolutas para a organização social pelos poderes constituídos, possibilitando a formulação e execução de políticas públicas para o planejamento e para a organização perfeita da sociedade.

Segundo ele, o fenômeno jurídico, seja como teoria, seja como prática social, só se revelaria necessário até a etapa do estágio metafísico. No estágio científico, o direito, a moral e a religião desapareceriam porque a ciência supriria todas as necessidades éticas, ao trazer o pleno progresso material e espiritual.

Decerto, a Sociologia, na obra de Augusto Comte, nasceu, em estado de hostilidade ao direito, vislumbrando o fenômeno jurídico como uma manifestação da etapa metafísica e, posteriormente, desaparecendo no período positivo ou científico, quando a humanidade teria um aparato de controle social que seria científico (política positiva), e não mais metafísico (direito).

Sendo assim, embora Augusto Comte tenha sido o pai da Sociologia Geral, não dedicou ele, em seus estudos, grande atenção ao desenvolvimento de uma específica Sociologia do Direito, o que somente ocorreria mais tarde com a Escola Objetiva Francesa, fundada por Émile Durkheim.

Examinando-se criticamente o positivismo científico de Augusto Comte, pode-se afirmar, em favor do ilustre pensador francês, que ele teve o mérito de fundamentar as bases científicas da Sociologia, tornando-a um saber científico autônomo diante da filosofia social precedente, demonstrando a instrumentalidade desse novo conhecimento sociológico para a organização da vida social pelos poderes públicos.

O positivismo científico de Augusto Comte sofre, contudo, refutações à luz da teoria do conhecimento contemporânea, visto que a ciência não logrou a previsão absoluta das forças naturais e sociais, frustrando as expectativas de um conhecimento exato e invariável.

Ademais, se torna muito difícil conceber uma Sociologia neutra e distante do objeto da investigação científica, visto que o sociólogo pertence à própria realidade social estudada, não conseguindo afastar completamente suas impressões pessoais e pendores subjetivos.

Por fim, alerta-se para o risco de um etnocentrismo na formulação da lei dos três estados, ao propiciar uma pretensa hierarquização de culturas com base na forma do conhecimento prevalecente nas sociedades.

3. A ESCOLA OBJETIVA FRANCESA DE ÉMILE DURKHEIM E O NASCIMENTO DA SOCIOLOGIA DO DIREITO

Embora Comte possa ser considerado o pai da Sociologia Geral, inclusive por tê-la assim batizado no plano etimológico, Émile Durkheim (1858-1917) costuma ser apontado como um de seus primeiros grandes teóricos e mentor da própria Sociologia do Direito.

A Sociologia somente começou a se consolidar como disciplina acadêmica e a inspirar rigorosos procedimentos de pesquisa a partir das reflexões de Émile Durkheim, um pensador liberal-democrata que estava disposto a levar à frente os ideais revolucionários de 1789. O positivismo foi a corrente de pensamento que teve maior influência sobre o método de investigação que ele erigiu como mais adequado para a coleta de dados, a fim de que a Sociologia lograsse ultrapassar os obstáculos impostos pelas noções vulgares e pela afetividade[2].

Decerto, a Sociologia do Direito se inicia no final do século XIX com um movimento intelectual denominado "Escola Objetiva Francesa". Seu

---

[2] QUINTANEIRO, Tânia; BARBOSA, Maria Lígia de Oliveira; OLIVEIRA, Márcia Gardênia de. *Um toque de clássicos*: Durkheim, Marx e Weber. Belo Horizonte: UFMG, 1995. p. 13.

maior expoente foi um importante discípulo de Augusto Comte, Émile Durkheim, o qual pode ser considerado o pai da Sociologia Jurídica.

A fundação definitiva da Sociologia do Direito teve que aguardar o movimento renovador do comtismo, que a Escola Objetiva Francesa, composta por Durkheim e seus discípulos, como Fauconnet, Davy e Duguit, iria empreender, para vir à tona como um campo específico de estudos sociológicos[3].

Durkheim propõe a aplicação do modelo positivista, ao sustentar que os fatos sociais são realidades objetivas, que devem ser tratadas como se fossem coisas[4].

Na visão de Durkheim, a sociedade seria uma realidade substancial objetiva, distinta, portanto, da figura do indivíduo. O fato social, na visão de Durkheim, é exterior aos indivíduos e coercitivo, no sentido de que condiciona a liberdade humana dos indivíduos às necessidades coletivas.

Para ele, o direito seria o fato social mais coercitivo, porque a ordem jurídica, por meio da previsão abstrata de sanções patrimoniais e pessoais, projetaria um maior receio ou temor no psiquismo dos agentes sociais, prevenindo a ocorrência de infrações éticas como a ilicitude.

Em outra obra, Durkheim[5] aprofunda o estudo da coercitividade dos fatos sociais, ao demonstrar como as práticas suicidas apresentam uma origem social, resultando da pressão exercida pela realidade social sobre os indivíduos.

Outro aspecto de grande relevância do pensamento de Durkheim diz respeito ao seu estudo sobre o fenômeno da solidariedade na obra[6]. Para ele, a solidariedade seria, na verdade, um modo de organização dos indivíduos em sociedade. A sociedade primitiva seria caracterizada pela solidariedade mecânica (predomínio do todo coletivo sobre os indivíduos),

---

[3] MACHADO NETO, Antônio Luís. *Sociologia jurídica*. São Paulo: Saraiva, 1987. p. 166.
[4] DURKHEIM, Émile. *As regras do método sociológico*. 1. ed. São Paulo: Martin Claret, 2001 (obra clássica, publicada pela primeira vez em 1895).
[5] DURKHEIM, Émile. *O suicídio*. 2. ed. São Paulo: Martins Fontes, 2001 (obra clássica, publicada pela primeira vez em 1897).
[6] DURKHEIM, Émile. *A divisão social do trabalho*. São Paulo: Martins Fontes, 1995.

havendo uma ênfase no Direito Penal (natureza punitiva), com a imposição de sanções pessoais (exemplos: morte, banimento).

Com o incremento da divisão do trabalho e a repartição das funções sociais, as sociedades mais avançadas conheceriam um novo modelo de solidariedade: a solidariedade orgânica, caracterizada pelo predomínio dos indivíduos em face da coletividade. Em tais sociedades, haveria uma ênfase do Direito Civil (natureza restitutiva), com a imposição mais frequente de sanções patrimoniais (exemplo: indenização).

A Escola Objetiva Francesa foi também constituída por outros ilustres discípulos de Durkheim, tais como Paul Fauconnet, Georges Davy e Léon Duguit.

Paul Fauconnet desenvolveu o estudo acerca da evolução da responsabilidade penal coletiva e objetiva para a responsabilidade penal individual e subjetiva, porque não havia nas sociedades primitivas uma preocupação com a individualização da pena, tampouco importava identificar a autoria do delito.

Conforme os ensinamentos de Fauconnet, qualquer integrante do grupo social do infrator poderia sofrer o peso da sanção penal. Nas sociedades mais complexas, a responsabilidade penal passa a depender da identificação da autoria, da verificação do grau de culpabilidade e da aferição da imputabilidade, como decorrência da afirmação do indivíduo no cenário das sociedades de solidariedade orgânica.

Por sua vez, Georges Davy examinou a evolução do *status* para o contrato como decorrência do fenômeno da solidariedade. Segundo ele, nas sociedades primitivas, regidas pela solidariedade mecânica, as obrigações e os direitos já estariam preestabelecidos pelos costumes da comunidade. Tais patamares jurídicos precederiam os indivíduos e não poderiam ser modificados pela vontade individual.

Segundo Davy, com a afirmação do individualismo no cenário social, resultante da solidariedade orgânica, a vontade humana se tornou capaz de criar novos patamares de obrigações e direitos. O contrato se tornou, assim, um instrumento normativo capaz de gerar, modificar e extinguir obrigações e direitos.

A seu turno, Léon Duguit investigou, valendo-se dos estudos de Durkheim acerca da solidariedade, a transição do direito estrutural para o direito funcional. Segundo ele, nas sociedades de solidariedade orgânica, os direitos subjetivos não seriam apenas faculdades para a realização de interesses privados, devendo, portanto, cumprir funções sociais para garantir a própria dinâmica interna das sociedades humanas.

Para Léon Duguit, como cada indivíduo cumpre com uma função na solidariedade orgânica, o direito subjetivo cumpriria uma função relevante para a coletividade. Esse pensamento influenciou o direito público, como se verifica na incorporação do princípio da função social da propriedade nas Constituições sociais do início do século XX.

Examinando-se criticamente o pensamento de Émile Durkheim, pode-se asseverar, em favor desse grande pensador francês, que ele teve o mérito de definir a autonomia científica da Sociologia do Direito no quadro geral dos saberes humanos. Ademais, o seu fecundo estudo sobre o fenômeno da solidariedade e de suas conexões com o direito revela-se bastante válido para a compreensão das transformações ocorridas na ordem jurídica no Ocidente, que se tornou gradativamente menos repressiva e mais restitutiva.

Em sentido contrário, argumenta-se que Émile Durkheim enfatizou excessivamente a dimensão coercitiva do direito, sem considerar a possibilidade de a ordem jurídica influenciar os comportamentos humanos sem a imposição do medo da determinação de uma sanção negativa, por meio, por exemplo, das chamadas sanções positivas ou premiais. Ademais, a partir de um paradigma multicultural, pode-se afirmar que o direito nem sempre é o fato social mais coercitivo, porquanto, em muitas sociedades orientais, cede o fenômeno jurídico seu posto de instância ética mais coercitiva para a moralidade religiosa.

4. O MATERIALISMO HISTÓRICO-DIALÉTICO DE KARL MARX

O materialismo histórico e dialético é uma proposta teórica de apreensão da evolução histórica da humanidade a partir de uma interpretação economicista. Foi uma concepção desenvolvida pelo maior expoente do socialismo científico do final do século XIX, Karl Marx (1818-1883), no contexto da crise do capitalismo industrial, com a exploração dos trabalhadores e o comprometimento da sua dignidade humana.

O socialismo científico se coloca num meio-termo entre o anarquismo e o socialismo utópico. O socialismo científico não nega a necessidade do poder, pois este deveria ser exercido pelos trabalhadores, e, por outro lado, Marx descreve objetivamente, com rigor científico, como o sistema capitalista de produção se alimenta da produção do trabalho e, consequentemente, da exploração do trabalhador.

Com efeito, Karl Marx se afastou da filosofia idealista alemã e concentrou os seus esforços em compreender os seres humanos como agentes movidos por suas necessidades materiais e inseridos no devir histórico, investigando as leis que governam a sociedade moderna, assim como acreditando ser possível contribuir, por meio da ação revolucionária, para a superação da opressão de classes gerada pelo capitalismo.

Entre as obras principais de Karl Marx, merecem destaque as seguintes: *A situação da classe trabalhadora na Inglaterra; Manuscritos econômico-filosóficos; A ideologia alemã; Miséria da filosofia; Manifesto comunista; Contribuição à crítica da economia política; O capital.*

Embora o pensamento marxista não possa ser considerado estritamente sociológico, lançou as bases para explicar a vida social a partir do modo como os homens produzem socialmente sua existência por meio do trabalho[7].

O materialismo proposto por Marx é histórico porque ele estuda a evolução das sociedades humanas (comunismo primitivo, sociedade antiga, sociedade medieval, sociedade moderna, ditadura do proletariado, comunismo evoluído). É também dialético porque, na visão marxista, o motor da história seria a luta entre as classes sociais (os proprietários dos meios de produção e os trabalhadores – escravos, servos ou assalariados).

Karl Marx aponta que a História é um processo ordenado, produto da atividade humana, e que as formas sociais determinam a consciência do homem, e não o contrário. Como o modo de produzir se altera em consequência dos resultados acumulados do trabalho, as relações sociais

---

[7] QUINTANEIRO; Tânia; BARBOSA, Maria Lígia de Oliveira; OLIVEIRA, Márcia Gardênia de. Op. cit., p. 12.

necessárias para levar a efeito a produção também se alteram e, do mesmo modo, as concepções que justificam e interpretam essas relações[8].

A premissa básica é a compreensão da estrutura social composta por duas instâncias: a infraestrutura econômica e a superestrutura política e ideológica. Na visão ortodoxa do marxismo, a infraestrutura econômica influenciaria a superestrutura política e ideológica, ou seja, a economia plasmaria o Estado, o direito, a moral, a religião, a ideologia; todas as instituições sociais teriam uma matriz econômica. A economia seria um fator preponderante das relações sociais. O conflito de classes sociais refletiria a história no âmbito da infraestrutura econômica.

O Direito, como estrutura normativa de controle social das condutas humanas, seria influenciado pela economia. Na visão marxista, o sistema econômico seria a mola-mestra da história, pelo que todos os demais fenômenos culturais não passariam de simples reflexos superestruturais das forças armazenadas pelas relações materiais de produção das riquezas em dada sociedade.

Marx nos ensina que os homens travam em sociedade relações necessárias e independentes de sua vontade; essas relações são as de produção, solidárias do grau de desenvolvimento social. Esse conjunto de relações forma a infraestrutura econômica da sociedade, que constitui a base real à qual se eleva a superestrutura jurídica, política e ideológica. Sendo assim, admite-se que o modo de vida econômico, o estilo de produção de bens, condiciona toda a vida social, política e intelectual das sociedades.

A chamada infraestrutura econômica (modo de produção de riquezas) influenciaria a superestrutura político-ideológica (moral, religião, Direito e Estado). Nesse sentido, os fenômenos sociais da superestrutura político-ideológica reproduziriam a luta entre as classes sociais travada no âmbito da infraestrutura econômica. O Estado seria um aparelho institucional de violência organizada a serviço das elites econômicas. O Direito seria uma ordem normativa que tutelaria os interesses das classes dominantes e legitimaria o uso da força contra as classes dominadas.

---

[8] FORACCHI; Marialice Mencarini; MARTINS, José de Souza. *Sociologia e sociedade*: leituras de introdução à sociologia. Rio de Janeiro: LTC, 1992. p. 4.

Tendo como base o binômio infraestrutura econômica (modo de produção de riquezas) e superestrutura político-ideológica (moral, religião, Direito e Estado), seria possível vislumbrar uma evolução histórico-dialética das sociedades humanas, por meio das seguintes fases: comunismo primitivo, sociedade antiga, sociedade medieval, sociedade moderna, ditadura do proletariado e comunismo evoluído.

O comunismo primitivo seria, segundo Marx, a fase inicial de evolução das sociedades humanas, caracterizada na inexistência de propriedade privada e, consequentemente, de classes sociais.

A sociedade de classes seria o modelo social surgido com o aparecimento da propriedade privada, que diferenciaria proprietários e trabalhadores. Marx concorda com Rousseau no tocante ao crescimento demográfico e a complexidade da vida social se apresentarem como fatores que contribuíram para o aparecimento da propriedade privada.

A sociedade antiga (Oriente, Grécia, Roma) seria o primeiro modelo da sociedade de classes, sendo o modo de produção da economia o escravagismo, baseado na exploração do trabalho escravo.

A sociedade medieval seria uma sociedade de classes baseada no modo de produção feudal. O feudalismo seria um modo de produção baseado na valorização da terra como fonte de riqueza e na exploração do trabalho serviu. A luta entre classes sociais seria travada entre senhores e servos.

A sociedade moderna teria surgido com o advento do capitalismo. Em sua primeira fase, o capitalismo comercial, baseado no comércio de produtos e serviços, teria propiciado o acúmulo de capital necessário para o surgimento do capitalismo industrial. Nesta segunda fase, o conflito capital *versus* trabalho assalariado se intensificaria por meio da contradição entre os industriais e os operários nas unidades de produção conhecidas como fábricas.

Para Karl Marx, a Revolução Socialista seria um movimento de transformação social levado a cabo pela massa proletária. Marx acreditava que os operários se organizariam em sindicatos para tomar o poder político das classes dominantes. Eles promoveriam a quebra da legalidade e se apropriariam da estrutura do Estado para coletivizar a propriedade, pondo fim às classes sociais. Estaria, assim, implementada a ditadura do proletariado.

Na fase da ditadura do proletariado, as normas e instituições jurídicas seriam utilizadas para a supressão das classes sociais e para a eliminação da propriedade privada. Vale dizer que a ditadura do proletariado seria a transição entre a Revolução Socialista e o comunismo evoluído.

O comunismo evoluído seria a fase final de evolução dos povos, quando não mais existiriam a propriedade privada e a contradição entre as classes sociais.

Com efeito, constata-se que o pensamento de Karl Marx está em íntima conexão com os interesses e aspirações da classe trabalhadora na Europa do século XIX, pois, segundo ele, o conhecimento científico da realidade só teria sentido se tivesse como meta a transformação da realidade, não sendo possível separar a teoria da prática, uma vez que a verdade histórica se verificaria no plano da ação e da prática social[9].

Examinando-se o vasto acervo teórico do materialismo histórico-dialético de Karl Marx, podem ser elencadas críticas positivas e negativas:

Dentre as críticas positivas, merecem destaque as seguintes:

– Marx teve a primazia de demonstrar como os fatores econômicos influenciam a configuração do Estado e do direito, espelhando a luta entre as classes sociais;

– Marx teve o mérito de descrever estruturalmente como o sistema capitalista se apropria da exploração do trabalho humano por meio da mais-valia e da alienação do trabalhador no processo produtivo;

– o materialismo histórico e dialético ofereceu elementos para a própria revisão do modelo jurídico-liberal-individualista-burguês, enfatizando a necessidade da realização da justiça social. Exemplo disso foi o surgimento do Direito do Trabalho, sob a influência da teoria marxista.

Dentre as críticas negativas, merecem registro as seguintes:

– os conflitos sociais não podem ser compreendidos apenas com uma interpretação econômica (unilateralismo economicista). Isso

---

[9] TOMAZI, Nelson Dácio. *Iniciação à sociologia*. São Paulo: Atual Ed., 1993. p. 10.

sucede porque os conflitos sociais decorrem de fatores políticos, ideológicos e culturais;

- as revoluções socialistas, segundo o modelo marxista, deveriam emergir em sociedades de capitalismo industrial, o que não se verificou na realidade. A Revolução Russa de 1917, por exemplo, ocorreu num país ainda semifeudal;

- a ditadura do proletariado seria uma fase meramente transitória até que o comunismo evoluísse. Ocorre, contudo, que, nas experiências reais de socialismo, tais ditaduras se perpetuaram, convertendo-se em regimes autocráticos que ofenderam as liberdades básicas do ser humano;

- a tese marxista do desaparecimento da propriedade privada no comunismo evoluído implicaria o fim do Estado e do direito, como instrumentos de dominação classista. Essa tese merece críticas porque toda sociedade conhece alguma forma de ordenação jurídico-política da vida social;

- a noção de consciência de classe se revela metafísica, e não materialista, não logrando explicar como os intelectuais burgueses se sensibilizariam com a luta dos trabalhadores;

- a teoria marxista não consegue explicar satisfatoriamente as mudanças operadas pelo capitalismo pós-industrial, no contexto atual da globalização.

Eis, portanto, as principais contribuições do materialismo histórico-dialético de Karl Marx para a Sociologia do Direito.

5. O CULTURALISMO SOCIOLÓGICO DE MAX WEBER

Coube ao pensador alemão Max Weber (1864-1920) inaugurar o culturalismo sociológico, uma corrente sociológica assentada em pilares científicos contrários à tradição positivista inaugurada por Augusto Comte e desenvolvida por Émile Durkheim.

Entre as obras principais do pensamento weberiano, merecem destaque as seguintes: *Ciência e política:* duas vocações; *Economia e sociedade; História geral da economia; A ética protestante e o espírito do capitalismo.*

A contribuição doutrinária de Max Weber se revela bastante vasta e passa pela discussão metodológica das ciências humanas e dos conceitos sociológicos, percorrendo ainda os variados caminhos da história econômica, das questões religiosas e dos processos burocráticos[10].

O pensamento weberiano se desenvolveu num contexto histórico bastante peculiar. A industrialização da Alemanha era retardatária em relação à da Inglaterra e à da França, faltando-lhe uma burguesia economicamente forte, politicamente audaz e com prestígio social, a qual acabou por ensaiar uma reação contra certos aspectos do capitalismo industrial que se vinha instalando no país. Os intelectuais da época, a exemplo de Max Weber, eram críticos da sociedade racionalizada, burocratizada e desencantada que fora moldada pelo sistema capitalista de produção[11].

Para Max Weber, o indivíduo deveria ser considerado a unidade de análise dos estudos sociológicos, por ser ele o único que poderia definir os fins para os seus atos, pelo que o ponto de partida da Sociologia seria a compreensão das ações dos indivíduos, atuando e vivenciando situações sociais com determinadas motivações e intenções[12].

Do ponto de vista epistemológico, o culturalismo sociológico de Max Weber critica o positivismo científico, afastando as exigências de neutralidade axiológica e de distanciamento do sociólogo perante a sociedade, admitindo a necessidade de construção de um paradigma científico centrado na estrutura de valorações humanas numa dada cultura.

Decerto, Max Weber afirma o caráter significativo dos fenômenos humanos e o método compreensivo que se lhes deve aplicar, sustentando que as ciências culturais e, particularmente, a Sociologia não são ciências de puros significados ideais, mas, em verdade, ciências que versam sobre a realidade concreta da vida humana em sociedade[13].

Com efeito, na visão weberiana, o sociólogo deveria mergulhar no oceano de cada cultura para apreender o significado de cada ação social.

---

[10] Idem, ibidem, p. 11.
[11] QUINTANEIRO, Tânia; BARBOSA, Maria Lígia de Oliveira; OLIVEIRA, Márcia Gardênia de. Op. cit., p. 13-14.
[12] TOMAZI, Nelson Dácio. Op. cit., p. 11.
[13] MACHADO NETO, Antônio Luís. *Sociologia jurídica*, cit., p. 35.

Para tanto, propõe o uso do método compreensivo pelo sociólogo geral e do direito.

Max Weber sustentará o envolvimento do cientista social na apreensão dos significados de cada cultura, pois, para ele, a pesquisa histórico-social, baseada no esforço interpretativo das fontes, revela-se essencial para a compreensão das sociedades humanas[14].

Uma das contribuições mais importantes de Max Weber para a Sociologia do Direito diz respeito ao seu estudo acerca do papel da lei na consolidação do capitalismo moderno. Ao examinar as conexões entre a economia e a sociedade, Max Weber demonstra como a legislação, como direito escrito e racional, diferentemente da fluidez e da subjetividade propiciadas pelos costumes, contribuiu para atender as exigências de previsibilidade, objetividade e estabilidade das operações econômicas do capitalismo.

No campo da Sociologia das Religiões, Max Weber estuda, ainda, a influência do protestantismo no desenvolvimento do capitalismo moderno. Diferentemente do catolicismo, que condenava a riqueza e a usura, a religião protestante teria enfatizado outros valores, tais como a valorização do trabalho, a afirmação da riqueza como um sinal divino e o isolamento social. Tais valores fortaleceram o acúmulo capitalista.

Ademais, o pensamento weberiano formula uma instigante teoria da legitimidade, diferenciando três tipos de legitimidade como formas de justificação e estabilização das relações de poder, que poderiam manifestar-se de modo isolado ou estar presentes concomitantemente em dado contexto político-social: a carismática, a tradicional e a legal-burocrática.

A legitimidade carismática seria baseada no carisma dos governantes, cujo personalismo, não raro, sobrepujaria as instituições. Ex.: regimes nazistas e fascistas.

A legitimidade tradicional estaria calcada na força dos costumes políticos, que incutiria a crença de sua relevância social na consciência dos governados. Ex.: o que sucede na Inglaterra, onde se respeita a monarquia como um repositório das tradições e um símbolo da unidade nacional.

A legitimidade legal-burocrática, baseada no respeito aos procedimentos estabelecidos pela lei nas modernas democracias representativas, que

---

[14] COSTA, Maria Cristina Castilho. Op. cit., p. 62.

formalizam o modo de escolha dos governantes. Ex.: eleição de um presidente por meio do processo eleitoral estabelecido na legislação brasileira.

Deste modo, a teoria weberiana se constitui em um instrumento essencial para se compreenderem o Estado contemporâneo, os movimentos sociais e os vários tipos de ações coletivas, ou, ainda, as mais sutis formas de distinção presentes no mundo moderno, seja qual for o seu princípio fundador[15].

6. O FUNCIONALISMO SOCIOLÓGICO DE NIKLAS LUHMANN: A NOVA VERTENTE DA SOCIOLOGIA DO DIREITO

Ao longo do século XX, a teoria do direito sofre novos aperfeiçoamentos, em contato com as mais recentes contribuições das Ciências Sociais. O exemplo mais emblemático continua sendo o funcionalismo sociológico, que encontra sua mais acabada expressão na teoria dos sistemas preconizada por Niklas Luhmann (1927-1998).

Na visão luhmanniana, o direito se afigura como um sistema comunicativo de natureza autopoiética, voltado para o controle da complexidade e da contingência da sociedade de risco, por meio da estabilização das expectativas normativas do comportamento humano.

A teoria dos sistemas deve poder tudo explicar (universalidade), inclusive o próprio ato de teorizar (reflexividade), o que faz explicando tudo como sendo sistema (autorreferência), e o que não configura esse sistema – o ambiente. Por sua vez, o sistema autopoiético é autônomo, porque o que nele se passa não é determinado por nenhum componente do meio circundante, mas por sua própria organização sistêmica[16].

Esta autonomia do sistema pressupõe sua clausura, pois os elementos interagem por meio dele próprio. A seu turno, o sistema jurídico se propõe a reduzir a complexidade do ambiente, absorvendo a contingência da intersubjetividade humana e garantindo a generalização

---

[15] QUINTANEIRO, Tânia; BARBOSA, Maria Lígia de Oliveira; OLIVEIRA, Márcia Gardênia de. Op. cit., p. 151.
[16] LUHMANN, Niklas. *El derecho de la sociedad*. México: Universidad Iberoamericana, 2002. p. 380.

congruente de expectativas comportamentais, a fim de fornecer uma imunização simbólica de expectativas contra outras possibilidades sociais de conduta humana.

O sistema jurídico integra o sistema imunológico das sociedades, imunizando-as de conflitos surgidos já em outros sistemas sociais. Isto não é feito pela negação dos conflitos, mas com os conflitos, assim como os sistemas vivos se imunizam das doenças com seus germes. Para tanto, a complexidade da vida social, com sua extrema contingência, é reduzida pela construção de uma pararrealidade, codificada a partir do esquema binário Direito/Não Direito ou Lícito/Ilícito[17].

O sistema jurídico demarca, assim, seu próprio limite, autorreferencialmente, na complexidade do meio ambiente, definindo o que dele faz parte, seus elementos, que ele, e só ele, como autônomo, produz, ao conferir-lhes validade normativa e significado jurídico às comunicações humanas que nele se realizam.

Para a constituição deste sistema autopoiético, o direito necessita também da formação de unidades procedimentais. O direito se mantém autônomo perante os demais sistemas sociais, na medida em que continua operando com seu próprio código, e não por critérios oferecidos por algum dos outros sistemas (economia, moral, política e ciência).

Ao mesmo tempo, o sistema jurídico há de realizar o seu acoplamento estrutural com outros sistemas sociais, para o que desenvolve cada vez mais procedimentos de reprodução jurídica (*e.g.*, procedimentos legislativos, administrativos, judiciais e contratuais).

Por sua vez, a sociedade aparece concebida como um sistema autopoiético de comunicação, ou seja, um sistema caracterizado pela organização autorreprodutiva e circular de atos de comunicação. A partir desse circuito comunicativo geral e no seio do sistema social, novos e específicos circuitos comunicativos vão se gerando e desenvolvendo[18].

O sistema jurídico tornou-se, assim, um subsistema social funcionalmente diferenciado graças ao desenvolvimento de um código binário

---

[17] GUERRA FILHO, Willis S. *Autopoiese do direito na sociedade pós-moderna*. Porto Alegre: Livraria do Advogado, 1997a. p. 63.

[18] TEUBNER, Gunther. *O direito como sistema autopoiético*. Lisboa: Fundação Calouste Gulbenkian, 1993, p. 12.

próprio (legal/ilegal), que, operando como centro de gravidade de uma rede circular e fechada de operações sistêmicas, garante a originária autorreprodução recursiva de seus elementos básicos e a sua autonomia em face dos restantes subsistemas que perfazem a rede comunicativa da sociedade humana.

Por sua vez, no plano do conhecimento, a teoria do direito figuraria como o lugar no qual seriam produzidos, planificados, controlados e geridos os mecanismos racionais de solução para os problemas postos ao sistema jurídico, contribuindo para o funcionamento estável da ordem jurídica.

A teoria do direito, na visão luhmanniana, apresenta-se como uma forma de racionalidade que fornece ao sistema do direito os instrumentos e as indicações para a autorregulação e o guia das seleções de soluções capazes de controlar a estabilidade do sistema jurídico, amparando a tomada de decisões racionais pelos aplicadores da ordem jurídica[19].

Ademais, Niklas Luhmann trata, ainda, do problema da justiça como elemento do sistema jurídico autopoiético, esvaziando-lhe o significado ético, para emprestar-lhe o papel de unidade que operacionaliza o sistema jurídico, destinada a atuar como uma fórmula de contingência capaz de asseverar a manutenção da consistência dos processos decisórios.

A legitimidade das normas desponta, assim, como uma ilusão funcionalmente necessária, cabendo à justiça legitimar a decisão selecionada no campo das opções hermenêuticas possíveis. Diante da exigência de clausura operativa do sistema, torna-se irrelevante o debate acerca do conteúdo intrínseco dos argumentos éticos que justificam as decisões.

Do ponto de vista interno do sistema jurídico, a justiça não é um ideal, tampouco um valor, mas uma condição do funcionamento da ordem jurídica que descreve o nível de consistência das decisões, pois, como sustenta Luhmann, a justiça não é forma de perfeição ou de necessidade, mas fórmula de contingência[20].

A tarefa dos tribunais consiste, portanto, em observar a consistência de decisões anteriores, a fim de que a interpretação possa reduzir o nível

---

[19] DE GIORGI, Raffaele. *Scienza del diritto e legittimazione*. Lecce: Pensa Multimedia, 1998. p. 260.
[20] DE GIORGI, Raffaele. *Temi di filosofia del diritto*. Lecce: Pensa Multimedia, 2006. p. 229.

de complexidade social, garantindo a estabilidade das expectativas sobre os comportamentos humanos em sociedade.

A autonomia do sistema não é, então, nada mais do que o operar conforme o próprio código. Pressuposto que à positividade do direito é inerente não apenas a supressão da determinação imediata do direito pelos interesses, vontades e critérios políticos dos donos do poder, mas também a neutralização moral do sistema jurídico, torna-se irrelevante, para Luhmann, uma teoria da justiça como critério exterior ou superior do sistema jurídico: todos os valores que circulam no discurso geral da sociedade são, após a diferenciação de um sistema jurídico, ou juridicamente irrelevantes, ou valor próprio do direito[21].

Com efeito, no âmbito da concepção sistêmica de Niklas Luhmann, a justiça trataria, pelo lado externo do sistema jurídico, da abertura cognitiva adequada aos elementos morais, econômicos, políticos do ambiente e, pelo ângulo interno, da capacidade de reprodução autopoiética do direito, por meio da permanente busca pela consistência dos processos decisórios realizados pelas instituições jurídicas na sociedade.

7. A MICROFÍSICA DO PODER DE MICHEL FOUCAULT

Michel Foucault (1926-1984) foi um importante filósofo, professor e escritor francês, que revolucionou o estudo das ciências sociais do século XX. O seu pensamento foi influenciado por expoentes como Marx, Freud, Bachelard, Lacan, Heidegger, Nietzsche, Blanchot, Jean Hyppolite, Louis Althusser, Deleuze e Derrida.

Qualificado pelos críticos contemporâneos, ora como pós-moderno, ora como estruturalista, Michel Foucault negou veementemente todos os rótulos intelectuais e as tentativas de enquadramento em correntes intelectuais específicas.

Dentre as suas principais obras, merecem destaque: *História da loucura*; *O nascimento da clínica*; *As palavras e as coisas*; *A arqueologia do saber*; *Vigiar e punir*; *Microfísica do poder*; *A verdade e as formas jurídicas*; e *História da sexualidade*.

---

[21] NEVES, Marcelo C. P. *A constitucionalização simbólica*. São Paulo: Acadêmica, 1994. p. 122.

Do ponto de vista metodológico, Michel Foucault[22] utilizou os métodos arqueológico e genealógico para o desenvolvimento de seus estudos e pesquisas sobre a sociedade. Pelos métodos arqueológico e genealógico tornou-se possível buscar um novo olhar sobre os acontecimentos, a fim de possibilitar uma aproximação com a verdade pela análise e desconstrução do discurso e pela busca de descontinuidades no percurso histórico.

O método arqueológico procura estabelecer a constituição dos saberes, privilegiando as inter-relações discursivas e sua articulação com as instituições, a fim de responder como os saberes aparecem e se modificam. A metodologia arqueológica pode ser definida assim como uma reescrita daquilo que já foi escrito. A abordagem arqueológica abandona a busca de uma origem, pelo que a tentativa hermenêutica de encontrar um fundamento anterior, por trás ou além da história, enquanto se situa na história, pode ser refutada. Sua tarefa é descrever as regras que orientam as práticas discursivas, questionando permanentemente as verdades postas.

Por sua vez, o método genealógico pode ser considerado como a análise das razões dos saberes, pretendendo explicar sua existência e suas transformações, situando-o como uma peça da dinâmica das relações de poder. A genealogia se opõe assim ao método histórico tradicional, porquanto sua finalidade é verificar a singularidade dos eventos, explorando as descontinuidades e singularidades dos acontecimentos ocorridos no plano fático. A abordagem genealógica é, portanto, bastante minudente, afastando-se de pretensas significações ideais dos eventos históricos.

Durante sua profícua trajetória intelectual, influenciou saberes diversos como a história, o direito, a sociologia e a antropologia, ao enfatizar o estudo sobre o fenômeno do poder, bem como suas implicações no conhecimento, na subjetividade, no controle social e na organização das instituições sociais. Embora antes dele diversos outros doutrinadores já tivessem debatido a relação entre poder, conhecimento e sociedade, mas, indubitavelmente, a abordagem foucaultiana revelou-se única e inovadora no panorama intelectual do ocidente.

---

[22] FOUCAULT, Michel. *Microfísica do poder*. Organização, introdução e revisão técnica de Renato Machado. 26. ed. São Paulo: Graal, 2013. p. 50.

Inicialmente, cumpre ressaltar que Michel Foucault[23] não acreditava que o poder figurasse como uma parte ou lugar específico da existência. Ao contrário, o poder seria a própria base das interações comportamentais, perfazendo uma cadeia na qual as relações humanas se manifestariam concretamente nos mais diversos setores da convivência social.

Deveras, ao conceberem o poder como algo localizado, uniforme e não relacional, os pensadores tradicionais acabaram por privilegiar o estudo das grandes instituições sociais, daqueles que obviamente exercem poder, a exemplo do Estado. Por sua vez, ao pensar o poder como algo sempre plural e relacional, Michel Foucault buscou demonstrar como o poder se encontra presente em espaços muitas vezes inimaginados, tais como a ciência, a loucura e a sexualidade.

Sendo assim, o poder deveria ser examinado como algo que circula, funciona e se estrutura em rede. Os indivíduos exercem e veiculam o poder, bem como sofrem seu influxo, desde o âmbito macroscópico estatal, até o plano microscópico dos agrupamentos humanos intermediários. Os agentes sociais estariam, no polo ativo, exercitando o poder, ou na polaridade passiva, sofrendo os efeitos de sua incidência no campo das relações humanas.

No âmbito desta verdadeira microfísica do poder, o fenômeno potestativo estaria relacionado à sociedade disciplinar, havendo uma malha de poderes periféricos, exercidos em pequenos núcleos sociais por meio da aplicação de técnicas disciplinares que docilizariam os corpos das pessoas, adestrando-as para o desempenho de atividades diversas.

Com efeito, a família, a empresa, a escola, a igreja, a caserna, a fábrica, a penitenciária e o hospital seriam instituições disciplinares, integradas ou não ao Estado, nas quais suas respectivas autoridades exercitariam poderes moleculares, aplicando esta permanente e integrada modelagem dos corpos, bem como subjugando aqueles indivíduos que estivessem na condição de liderados.

---

[23] FOUCAULT, Michel. *Microfísica do poder*. Organização, introdução e revisão técnica de Renato Machado. 26. ed. São Paulo: Graal, 2013. p. 15.

Michel Foucault descreveu as formas de certas práticas das instituições em relação aos indivíduos, destacando a grande semelhança nos modos de tratamento dado ou infligidos aos grandes grupos de indivíduos que constituem os limites do grupo social: os loucos, os prisioneiros, os estrangeiros, os soldados e as crianças. Eles têm em comum o fato de serem vistos com desconfiança e excluídos por uma regra em confinamento em instalações seguras, especializadas, construídas e organizadas em modelos semelhantes inspirados no modelo monástico; instalações que ele chamou de instituições disciplinares, por exemplo, asilos, presídios, quartéis e escolas.

Por outro lado, Michel Foucault também não concordava com a ideia de que haveria formas de poder mais significativas do que as outras, como se a violência e a dominação pudessem se reduzir a um único modelo. Na verdade, como o fenômeno potestativo está presente em tudo o que o ser humano realiza, pelo que existem múltiplos modos de exercício do poder.

A seu turno, Michel Foucault também não concordava com a tese de que, nas relações de poder, há alguns sujeitos que detêm a força e a dominação, enquanto outros são meramente passivos, oprimidos e violentados. Ao revés, o poder é sempre relacional e biunívoco, pelo que onde há poder, há resistência: onde se exerce o poder, se constituem também contrapoderes, os quais se insurgem e reagem contra a liderança considerada normal e legítima.

Em seu propósito de investigar os mecanismos da dominação, Foucault formulou uma teoria acerca do biopoder, forma de exercício do poder associado à vida e considerado dominante em nossa sociedade atual.

A melhor forma de compreender o biopoder é compará-lo com o modo de exercício do poder tipicamente vigente antes dele, a saber, o chamado poder de morte ou direito de soberania. De fato, nas sociedades absolutistas e pré-capitalistas, o rei concentrava todo o poder político e tinha total domínio sobre seus súditos.

O soberano não tinha, todavia, um controle cotidiano da vida de seus súditos, normatizando o que deveriam fazer ou não. Ao contrário, a força do soberano não se mostrava através da vida, mas, em verdade, através da morte, seja quando ele condenava alguém à pena capital, eliminando tal pessoa diretamente, seja quando ele enviava um súdito à guerra. O direito de soberania, exercido pelos reis, era, portanto, um poder que controlava a vida, exercendo sua dominação pelo enfraquecimento e pela extinção das forças vitais do indivíduo.

Com a industrialização, o ritmo da produtividade aumentou exponencialmente, não sendo mais possível que os trabalhadores mantivessem o ritmo de trabalho antigo. Tornou-se imperioso que os funcionários fossem mais proativos, céleres e eficientes, a fim de acompanharem o ritmo das máquinas.

Ao revés, o biopoder, em todas as suas manifestações concretas, objetiva sempre potencializar a vida humana, fortalecer a saúde do indivíduo, para que este se torne mais produtivo, aumentando a vitalidade dos indivíduos para melhor controlá-los.

Eis a razão pela qual o século XIX tornou-se o século do exercício do biopoder por força de uma série de eventos e de temas, a saber: a formação da biologia, o controle de natalidade, o genocídio nazista, o debate sobre a homossexualidade, a discussão acerca do racismo, a preocupação com saúde e a reflexão sobre o envelhecimento.

Ao contrário do direito de soberania, que se exercia pela violência física e pela extinção da vida do indivíduo, o biopoder se manifesta mediante o controle detalhado e eficiente de gestos, atitudes, comportamentos, hábitos e discursos. O modo como o biopoder se exerce é através das normas e dos procedimentos, através da lógica da disciplinarização dos corpos, enquanto realidade concreta dos indivíduos. O poder passa a ter como objeto o corpo humano não para suplicia-lo, mutilá-lo, mas para aprimorá-lo, adestrá-lo.

Segundo Michel Foucault[24], o panoptismo social seria a base da organização de uma sociedade baseada na rotinização comportamental imposta por disciplina. O símbolo da sociedade disciplinar seria o panóptico, um paradigma de prisão, idealizado pelo filósofo Jeremy Bentham na segunda metade do século XIX. A arquitetura deste modelo prisional permitia que os carcereiros não mais precisassem transitar por entre os

---

[24] FOUCAULT, Michel, *Vigiar e punir*: história da violência nas prisões. 31. ed. Petrópolis: Vozes, 2006. p. 11.

corredores para fiscalizar os presos. A torre de vigilância seria posta no centro de um círculo, em cujas extremidades estariam situadas as celas. Logo, sem o uso de violência física, apenas pelo controle coercitivo, o panóptico permitia um domínio minudente dos comportamentos dos presos. Transpondo para a totalidade da vida social, pode-se afirmar que os indivíduos viveriam sob a égide de um constante e sutil monitoramento panóptico, propiciado pelo exercício de um poder disciplinar.

A disciplina consiste no conjunto de técnicas pelas quais os sistemas de poder vão ter por alvo e resultado os indivíduos em sua singularidade. Para individualizar a pessoa, utiliza-se do exame, que é a vigilância permanente, classificatória, que permite distribuir os indivíduos, julgá-los, medi-los, localizá-los para utilizá-los ao máximo.

Com efeito, a disciplina é uma técnica de poder que implica um controle perpétuo e constante dos indivíduos, que busca gerir a vida dos homens, controlá-los em suas ações para que seja possível e viável utilizá-los ao máximo, aproveitando suas potencialidades e utilizando um sistema de aperfeiçoamento gradual e contínuo de suas capacidades e aptidões. O exercício do poder disciplinar implica o fenômeno da normalização, que significa tornar normal, regularizar e padronizar as condutas humanas em sociedade.

O poder disciplinar atua, portanto, no plano econômico, como instrumento potencializador das forças produtivas e da capacidade do corpo no exercício de determinadas atividades, aumentando a sua utilidade máxima. De outro lado, no plano político, promove a diminuição de sua capacidade de revolta, de resistência, de luta, de insurreição contra as ordens do poder, neutralização dos efeitos de contrapoder, tornar os agentes sociais dóceis politicamente. A coação disciplinar estabelece no corpo o elo coercitivo entre uma aptidão aumentada e uma dominação acentuada.

Por sua vez, o exercício do poder disciplinar compreenderia diversas dimensões, a saber: a organização do espaço, técnica de distribuição dos indivíduos através da inserção dos corpos em um espaço individualizado, isolado, fechado e hierarquizado, a fim de que sejam desempenhadas funções diferentes segundo o objetivo específico exigido; o controle do tempo, que estabelece uma sujeição do corpo ao tempo, com o objetivo de produzir o máximo de rapidez e o máximo de eficácia; a vigilância, enquanto monitoramento coercitivo das condutas humanas; e o registro contínuo de conhecimento, baseado na anotação e na transferência de informações, a partir de observações sobre atitudes, ações, falas para os patamares mais elevados da hierarquia do poder.

No tocante à relação entre conhecimento e poder, Michel Foucault afirma que todo poder é uma forma de conhecimento e todo conhecimento é uma modalidade de poder, referindo-se ao estabelecimento da autoridade daquele que sabe. Trata-se aqui da noção do poder-saber.

Através dos métodos da arqueologia e genealogia, verifica-se que o conhecimento não faz parte de sua essência. O saber é contranatural e contra instintivo. O conhecimento desponta como uma relação de dominação, pelo que o estabelecimento da verdade não se restringe à correspondência a qualquer objeto, figurando como fruto de uma construção social. A operacionalização do poder tem como requisito a utilização ou produção de um conhecimento, o qual extrapola o campo da ciência propriamente dita, pois é possível expressar-se pelos sensos comuns ou saberes vulgares.

O poder emerge como produtor de individualidade. O indivíduo figura como um produto do poder e do saber. Não há relação de poder sem constituição de um campo de saber, como também, reciprocamente, todo saber constitui novas relações de poder. A ação sobre o corpo, o adestramento do gesto, a regulação do comportamento, a normalização do prazer, a interpretação do discurso, com o objetivo de separar, comparar, distribuir, avaliar, hierarquizar, fazem com que apareça o ser humano individualizado como produção do poder e objeto de saber das ciências humanas.

Sendo assim, não há relações de poder sem a constituição correlata de um campo de saber, nem há saber que não suponha e constitua, ao mesmo tempo, relações de poder. Portanto, é preciso considerar que o sujeito cognoscente, os objetos e as tipologias de conhecimento decorrem das implicações históricas do poder-saber. Logo, não seria a atividade do sujeito de conhecimento que produziria um saber útil ou resistente ao poder, mas, em verdade, os processos que o perpassam é que determinam as formas e os temas possíveis do conhecimento.

Para Michel Foucault[25], a lei é uma verdade construída de acordo com as necessidades do poder. O sistema socioeconômico vigente

---

[25] FOUCAULT, Michel. *A verdade e as formas jurídicas*. 3. ed. Rio de Janeiro: NAU, 2002. p. 10.

precisa, para se estabelecer e se manter, de uma justificação formal e abstrata que permita que os indivíduos não percebam sua artificialidade e converta suas regras em verdade universal. As normas jurídicas figuram como respostas do poder para essa necessidade de produção de verdades na realidade social. O ordenamento jurídico resulta de uma construção social que expressa relações de poder, nada tendo a ver com um valor universal de justiça.

8. A TEORIA DISCURSIVA DA AÇÃO COMUNICATIVA DE JÜRGEN HABERMAS

Jürgen Habermas (1929), eminente filósofo e sociólogo germânico, desponta como um dos maiores intelectuais da atualidade. O seu pensamento e sua produção intelectual se vinculam à tradição da Escola de Frankfurt e ao Pragmatismo Contemporâneo.

No início de sua vida acadêmica, lecionou no Instituto de Pesquisa Social da Escola de Frankfurt, filiando-se intelectualmente à chamada teoria crítica. Jürgen Habermas realizou então várias pesquisas sobre temas da sociedade contemporânea, aproximando-se de novas interpretações sobre o marxismo. Ele é considerado como um representante da segunda geração da Escola de Frankfurt.

No final da década de 1960, Jürgen Habermas passou a lecionar na conceituada New School for Social Research, tradicional instituição que teve ilustres expoentes no seu quadro docente, como a filósofa Hannah Arendt, o economista John Maynard Keynes e o antropólogo Claude Lévi--Strauss. Ao retornar para Alemanha, lecionou no Instituto Max Planck e na Universidade Johann Wolfgang von Goethe, até aposentar-se em 1994.

Embora próximo aos pensadores da Escola de Frankfurt, Jürgen Habermas também tinha divergências e desenvolveu um pensamento intelectual próprio.

Com efeito, Adorno e Horkheimer apresentaram uma crítica ao que chamaram de razão instrumental, que designava o uso antiético da razão e a instrumentalização da ciência para objetivos contrários à dignidade humana. Essa razão instrumental teria implantado uma espécie de lógica tecnicista de barbárie, a qual desencadeou as guerras, os genocídios e as práticas de destruição da natureza.

Ao revés, Jürgen Habermas propõe a ideia de uma racionalidade comunicativa como uma proposta de emancipação do ser humano, que seria um instrumento cognitivo amplo, capaz de compreender a descrição da realidade, a manifestação de valores, a expressão dos sentimentos e o desenvolvimento dos processos comunicativos.

Sendo assim, Jürgen Habermas[26] desenvolve a teoria discursiva da ação comunicativa, modelo racional de interação comportamental, por meio do uso da argumentação e da expansão do debate público, com vista à obtenção de consensos. Os estudos de Habermas focam na ação comunicativa como forma de apreensão do conhecimento, da ética, da política, da economia e do direito.

Deveras, a comunicação é a primeira e mais importante instância de uma sociedade humana, por ser ela que permite a sociabilidade e a racionalização. O uso da linguagem permite a dinâmica das interações humanas, a eticidade e a compreensão mútua das mensagens permutadas entre os mais diversos agentes sociais. Tal modelo de ação comunicativa oportuniza a construção de acordos no espaço público, sem coerção física, mas pela força do melhor argumento.

Por sua vez, Jürgen Habermas[27] sustenta que esta interação se daria na esfera pública, espaço de discussão que incluiria diversos grupos sociais e agentes estatais, transcendendo o âmbito estatal para alcançar qualquer espaço de interação e discussão existente nos escaninhos da realidade social.

De outro lado, a ação comunicativa deveria ser balizada por algumas pretensões: inteligibilidade, como facilidade na compreensão; verdade, como embasamento em informações consistentes; sinceridade, enquanto lealdade exposição de ideias; correção normativa, enquanto conformidade com normas e valores. Tais condições permitiriam uma situação ideal de comunicação.

---

[26] HABERMAS, Jürgen. *Teoría de la acción comunicativa*: racionalidad de la acción y racionalización social. Madrid: Taurus, 1987. p. 15.
[27] HABERMAS, Jürgen. *Mudança estrutural da esfera pública*: investigações quanto a uma categoria da sociedade burguesa. Rio de Janeiro: Tempo Brasileiro, 1984. p. 13.

Deveras, a ação comunicativa, enquanto processo dialógico, livre e racional, revela-se extremamente relevante para a consolidação da democracia, possibilitando fundamentação ética das ações individuais e o convencimento esclarecido das pessoas sobre a legitimidade de uma dada conduta.

Com efeito, a partir da sua teoria da ação comunicativa, Jürgen Habermas[28] desenvolve as suas reflexões sobre o regime democrático de cunho deliberativo, a qual se constituiria e se aperfeiçoaria pelos procedimentos decisórios da coletividade, que propiciam a coexistência dos diferentes atores e a participação de diversos grupos na produção de normas sociais.

Ao longo do seu transcurso histórico, a sociedade ocidental foi moldada com base na construção de discursos hegemônicos, com a vontade da maioria sendo prevalecente sobre as aspirações das minorias. Tradicionalmente, mesmo perante o reconhecimento formal de uma igualdade formal de direitos, as regras morais e jurídicas espelhariam os valores, visões de mundo e desejos de uma dada cultura majoritária.

Por sua vez, Jürgen Habermas[29] ressalta que a ausência de um canal de interlocução que permitisse às minorias participarem da normatização ética poderia gerar conflitos em razão da repressão e desprezo à sua cultura e às suas demandas por ampliação de direitos. Para Habermas, uma norma ética só seria legitimamente válida se fosse fruto de amplo debate público, sendo imprescindível a inclusão do outro e correlato o reconhecimento da pluralidade para a formação de sociedades plenamente democráticas.

Para alcançar este desiderato, ele defende que haja amplo debate público para a produção do consenso, enquanto base axiológica comum pela qual os indivíduos conciliam interesses e pretensões em busca de seus respectivos objetivos. Este debate livre e racional permite a construção de uma democracia que tenha como método a deliberação. A

---

[28] HABERMAS, Jürgen. *Direito e democracia*: entre facticidade e validade. Rio de Janeiro: Tempo Brasileiro, 1997. v. 1. p. 15.

[29] HABERMAS, Jürgen. *A inclusão do outro*: estudos de teoria política. São Paulo: Loyola, 2002. p. 11.

legitimidade da tomada de decisões políticas resultaria de abrangente e inclusiva discussão pública, envolvendo os diferentes segmentos e indivíduos potencialmente afetados pelo processo decisório.

Sendo assim, o modelo comunicativo de democracia deliberativa buscaria aproximar diferentes grupos e agentes sociais através da obtenção do consenso, mediante o uso do discurso e do exercício da argumentação na esfera pública, a fim de propiciar uma normatização justa, porque capaz de harmonizar os diferentes interesses e valores de uma sociedade plural.

No que se refere ao mundo jurídico, Jürgen Habermas[30] apresenta uma concepção doutrinária própria, a qual se afasta tanto do positivismo jurídico, que situa o direito apenas no plano normativo, quanto das correntes realistas, que o entendem apenas a partir da facticidade. Haveria, nas sociedades atuais, uma tensão interna entre a positividade do direito e a pretensão de legitimidade da ordem jurídica, condição necessária para sua validade no Estado Democrático de Direito. A tensão externa ocorreria entre a capacidade sempre parcial do direito de modificar a realidade e a normatividade das normas jurídicas, que não podem depender da completa efetividade para a preservação da validade da ordem jurídica.

Neste sentido, a teoria da ação comunicativa faz com que o princípio do discurso converta-se no eixo fundamental do próprio regime democrático, porquanto a legitimidade das normas jurídicas somente pode ser atingida através de procedimentos de validação discursiva.

Decerto, emerge uma nova concepção acerca da relação entre Direito e Moral. A razão prática, guia de uma conduta exclusivamente individual, é substituída pela razão comunicativa, a qual não admite uma instância de fundamentação última para orientar diretamente a ação humana. Ocorre a substituição do normativismo imediato da razão prática pelo normativismo mediato da razão comunicativa, mormente em face da necessidade de observância do princípio do discurso para a criação das normas jurídicas.

Resta, pois, superado o modelo tradicional da filosofia da consciência que sustenta uma normatividade prescritiva para o comportamento. Afasta-se então a possibilidade de o direito positivo fundar-se no direito natural de cunho racional, visto que as leis dependem do consenso

---

[30] HABERMAS, Jürgen. *Direito e democracia*: entre facticidade e validade. Rio de Janeiro: Tempo Brasileiro, 1997. v. 1. p. 15.

construído entre todos os sujeitos envolvidos no exercício de uma racionalidade comunicativa.

Deveras, a compreensão procedimentalista do direito pretende demonstrar que os pressupostos comunicativos e as condições do processo de formação democrática da vontade são a única fonte de legitimação. Tal visão revela-se incongruente com a ideia segundo a qual o direito positivo pode deduzir sua legitimidade de um direito superior, mas também com a vertente empirista que nega qualquer modalidade de legitimação que ultrapasse a contingência das decisões que engendram normas jurídicas.

Neste contexto, a normatividade da razão comunicativa opera-se mediatamente, após um consenso discursivamente estabelecido, com a prevalência daquele argumento mais racional. No mundo do direito, ocorre o mesmo processo comunicativo, mas a normatividade jurídica deve ser necessariamente respeitada pelos sujeitos. As expectativas decorrentes do consenso são substituídas pelo monopólio estatal da força, ante a possibilidade de punição do descumprimento da ordem jurídica. Os agentes sociais, na condição de coautores do ordenamento jurídico, sofrerão uma sanção em caso de violação do direito posto.

Com efeito, a legitimação do direito se manifesta quando os próprios cidadãos são os produtores das normas jurídicas, segundo a ideia de autodeterminação dos povos ou soberania política. O fenômeno jurídico não deve ser considerado uma instância externa aos cidadãos.

Para Jürgen Habermas[31], o procedimento legislativo de institucionalização da vontade democrática dos cidadãos deve atender duas exigências: as liberdades comunicativas devem propiciar uma esfera normativa que mostre as diretrizes dos discursos públicos a serem institucionalizados juridicamente; e os procedimentos tendentes a afastar a contingência de decisões arbitrárias devem ser implantados.

Quanto aos equívocos normativos, existe a possibilidade de a norma jurídica remanescer injusta, consagrar a arbitrariedade e instituir a

---

[31] HABERMAS, Jürgen. *Direito e democracia*: entre facticidade e validade. Rio de Janeiro: Tempo Brasileiro, 1997. v. 1. p. 59.

violência, e por isso perder a legitimidade; ou, ao contrário, pode-se admitir a sua falibilidade e consagrar-se a revisão dos preceitos jurídicos.

Logo, o ordenamento jurídico há de se instituir pela prevalência do melhor argumento e, em face da tensão entre facticidade e validade no Direito, a norma jurídica somente se institui com legitimidade quando expressa a vontade discursiva dos cidadãos, já que não mais satisfazem explicações fundadas em explicações metafísicas.

Por sua vez, as normas jurídicas e as normas morais podem ser consideradas cooriginárias, pois não se invoca o fundamento de uma destas instâncias, buscando a normatividade da outra. Em seu nascedouro, Direito e Moral mantêm relação de simultaneidade. Em seu procedimento, todavia, a relação é de complementaridade recíproca. A simultaneidade genética autonomiza a normatividade jurídica da normatividade moral, através de um discurso deontologicamente neutro, que garante neutralidade normativa imediata para o Direito. A complementariedade pelo procedimento, por sua vez, confere à Moral uma projeção para além de suas fronteiras éticas, garantindo a abertura da ordem jurídica ao mundo moral.

Noutro giro, Jürgen Habermas[32] sustenta que a modernidade se afasta da eticidade tradicional quando passa ao nível de fundamentação pós-convencional, no qual se abandonam certezas não problematizáveis advindas da metafísica ou da força da tradição. A Moral assume a natureza de um procedimento argumentativo, o qual culmina com a prevalência das normas fundadas no argumento mais racional consensualmente estabelecido. Estas normas morais não têm obrigatoriedade, salvo se houver apelo para a relação com a ordem jurídica, isto é, desde que tais normas tenham também *status* jurídico, pois somente as normas jurídicas são obrigatórias, sob pena de aplicação da sanção na hipótese de sua ofensa.

Por integrar as esferas cultural e institucional, o Direito se revela capaz de minimizar a distância entre o ideal e o real através de uma complementaridade procedimental. Compete a ele fazer a transição desse saber cultural do universal para o particular, concretizando a norma em fato através de sua atuação. Ao fazer isso, o sujeito se encontra sob o pesado fardo de exigências cognitivas, motivacionais e organizacionais.

---

[32] HABERMAS, Jürgen. *Direito e democracia*: entre facticidade e validade. Rio de Janeiro: Tempo Brasileiro, 1997. v. 1. p. 148.

Essas exigências são aliviadas à medida que o agente social passa a viver sob a égide do Direito, o qual se incumbe de preservar a necessária integração social.

Para Jürgen Habermas[33], a indeterminação comportamental resolve-se pelo Direito como fonte mediata para a constituição da normatividade, pois o legislador decide quais normas valem no mundo jurídico e os tribunais resolvem, de forma razoável e definitiva para todas as partes, a disputa sobre a aplicação de normas válidas, porém carentes de interpretação. Assim haveria o alívio dos sujeitos quanto aos fardos de definição do que é justo ou injusto. O sistema jurídico afasta das pessoas o ônus de definição dos critérios de julgamento do que é justo ou injusto. Sob o ângulo da complementaridade entre direito e moral, o processo legislativo, a jurisprudência e o trabalho da doutrina jurídica oferecem um alívio para o indivíduo, retirando o peso da formação de um juízo moral próprio.

Logo, a consequência daí decorrente é que, com a eliminação dessa incerteza cognitiva diante da juridificação das normas, opera-se a passagem do saber para a ação. A exigência motivacional, por sua vez, surge quando a normatividade originária do acordo comunicativo é incapaz de gerar um consenso. O comportamento tido como correto pode não obter adesão, em face do pluralismo e do multiculturalismo das sociedades atuais. Em face da incerteza motivacional decorrente do dissenso para agir conforme as normas discursivamente estabelecidas, o Direito é chamado para aliviar o sujeito moral da exigência motivacional, diante da possibilidade de aplicação de sanção, que reprime comportamentos desviantes.

Ademais, Jürgen Habermas[34] concede um lugar de destaque à sanção jurídica, já que a autorização especial para o uso da força decorre da legitimidade que fundamenta as normas jurídicas diante da observância do princípio discursivo. Por outro lado, a execução da imputabilidade dos deveres morais apela para uma cadeia organizacional que permite levar a contento tal obrigação. Essa exigência organizacional é satisfeita pela institucionalização de normas jurídicas fundadas num ordenamento logicamente encadeado, com a ideia de plenitude sistemática, pois as

---

[33] HABERMAS, Jürgen. *Direito e democracia*: entre facticidade e validade. Rio de Janeiro: Tempo Brasileiro, 1997. v. 1. p. 152.

[34] HABERMAS, Jürgen. *Direito e democracia*: entre facticidade e validade. Rio de Janeiro: Tempo Brasileiro, 1997. v. 1. p. 155.

normas jurídicas suprem as próprias lacunas e apontam para uma solução jurídica de qualquer tema que possa vir a ser questionado.

Deste modo, a efetiva participação dos cidadãos nos processos de validação discursiva está em conformidade com a noção de Estado Democrático de Direito, pois autoriza a tomada de decisões considerando todos os interesses envolvidos, com o adequado equilíbrio decorrente de procedimentos discursivos abertos à prevalência da argumentação mais racional. A normatividade jurídica se apresenta como criação e reflexo da produção discursiva de todos os afetados pelo ordenamento jurídico. A posição de destinatários das normas jurídicas é substituída pela posição de coautores, através de procedimentos que contemplem os assuntos a serem discutidos e garantam a força do melhor argumento racional representativo da vontade democrática.

Por fim, saliente-se que Direito e Moral mantêm um nexo de simultaneidade em sua origem, que garante uma neutralidade normativa imediata para o ordenamento jurídico, e, por outro lado, uma relação de complementaridade recíproca em seu procedimento, com o que resta garantida a abertura da ordem jurídica ao mundo moral. A institucionalização do Direito alivia o peso de justificação própria do universo moral, pois a jurisdicização das normas permite a passagem do saber para a ação, com a possibilidade de a sanção jurídica punir eventuais condutas desviantes.

9. A REFLEXÃO SOBRE A MODERNIDADE LÍQUIDA DE ZYGMUNT BAUMAN

Zygmunt Bauman (1925-2017) foi um filósofo, sociólogo, professor e escritor polonês. Sua obra influencia estudos em sociologia, filosofia e psicologia. É considerado um dos maiores intelectuais do século XXI. Ao longo de sua intensa trajetória intelectual, lecionou em importantes instituições, tais com a Universidade de Varsóvia, a Universidade de Tel Aviv e a Universidade de Leeds, tendo publicado dezenas de artigos e livros.

Ao examinar os resultados da globalização e da modificação das relações sociais, econômicas, políticas e culturais, após o fim da Segunda Guerra Mundial, Zygmunt Bauman passou a refletir criticamente sobre os contornos, os paradoxos e os descaminhos da chamada pós-modernidade ou modernidade tardia no mundo ocidental.

Segundo ele, este novo período histórico não representava uma cisão com a modernidade, mas, em verdade, uma continuação da modernidade vivenciada de maneira diversa, sendo então denominada de modernidade líquida em contraponto à chamada modernidade sólida.

A modernidade sólida seria definida pela confiança na rigidez das instituições e na solidificação das relações humanas, com reflexos na configuração do conhecimento e das organizações sociais.

Ao revés, o modelo da modernidade líquida, oposto ao paradigma da modernidade sólida, seria caracterizado pela maleabilidade, fluidez e capilaridade das condutas e instituições humanas. A modernidade líquida revela-se, portanto, maleável, interferindo na fisionomia da ciência, da técnica e dos vínculos intersubjetivos da sociedade contemporânea.

Conforme Zygmunt Bauman[35], o derretimento dos sólidos, traço permanente da modernidade, adquiriu, portanto, um novo sentido, e, mais que tudo, foi redirecionado a um novo alvo, e um dos principais efeitos desse redirecionamento foi a dissolução das forças que poderiam ter mantido a questão da ordem e do sistema na agenda política. Os sólidos que estão para ser lançados no cadinho e os que estão derretendo neste momento, o momento da modernidade fluida, são os elos que entrelaçam as escolhas individuais em projetos e ações coletivas, isto é, os padrões de comunicação e coordenação entre as políticas de vida conduzidas individualmente, de um lado, e, de outro, as ações políticas de coletividades humanas.

Deveras, esta noção de liquidez decorreria do fato de que os líquidos não apresentam uma forma, moldando-se aos recipientes nos quais estão contidos, diferentemente dos sólidos que são rígidos e precisam sofrer uma tensão de forças para moldar-se a novas estruturas. Os fluidos movem-se facilmente, escorrem, transbordam e preenchem vazios nos espaços.

Sendo assim, Zygmunt Bauman[36] desenvolve o conceito de modernidade líquida e diz respeito a uma nova época em que as relações sociais,

---

[35] BAUMAN, Zygmunt. *Modernidade líquida*. Tradução: Plínio Dentzien. Rio de Janeiro: Zahar, 2001. p. 12.
[36] BAUMAN, Zygmunt. *Modernidade líquida*. Tradução: Plínio Dentzien. Rio de Janeiro: Zahar, 2001. p. 15.

econômicas e de produção são frágeis, fugazes e maleáveis, como os líquidos. O conceito opõe-se ao conceito de modernidade sólida, quando as relações eram solidamente estabelecidas, tendendo a serem mais fortes e duradouras.

Sob o prisma da Sociologia Geral e Jurídica, Zygmunt Bauman examina temas relevantes para a compreensão da liquidez da sociedade contemporânea, tais como: as noções de tempo e espaço; as relações humanas; a individualidade; a liberdade; o trabalho; a comunidade; a identidade; e o medo.

Com efeito, a vida humana esteve alicerçada nos pilares do passado e do futuro, transitando no caminho entre a durabilidade e transitoriedade, mas, ao revés, viver no contexto da modernidade líquida implica assumir responsabilidades e gerir o momento instantâneo, em seu tempo e espaço únicos.

Os espaços se apresentariam como lugares em que se atribuem significados, sejam eles de consumo, de vivência ou outro lugar no qual as pessoas lhe atribuam algum sentido. Por sua vez, os espaços vazios se afigurariam justamente como um fenômeno contrário, onde não há um significado atribuído a eles. O espaço seria o que se pode percorrer em certo tempo, e o tempo seria o que se precisa para percorrê-lo.

No âmbito da modernidade líquida, o desenvolvimento das novas tecnologias faz com que caibam cada vez mais coisas dentro do tempo, com eventos simultâneos, rápidos e conjugados. A rapidez do tempo desvaloriza a ideia de espaço físico, onde as pessoas se reuniam, trabalhavam e conviviam. A urgência de deslocar-se a algum lugar é substituída pela busca do espaço virtual, no qual o sujeito pode ir a qualquer lugar no momento que assim almejar.

Deste modo, tempo e espaço são emancipados de seus grilhões estanques e sólidos, tornando-se relativos, efêmeros e mutáveis. A existência se converte numa experiência instantânea e infinita, com múltiplas possibilidades a serem realizadas numa fração de tempo e na miniaturização dos componentes para caberem mais em menos espaço.

Por sua vez, as relações humanas ficaram extremamente abaladas com o surgimento da modernidade líquida. A noção de conexão toma o lugar de relacionamento, pois o que se passa a desejar a partir de então é algo que possa ser acumulado em maior número, mas com superficialidade suficiente para se desligar a qualquer momento. Os vínculos de amizade e os relacionamentos amorosos são substituídos por conexões, as quais, a qualquer momento, podem ser desfeitas.

As conexões estabelecidas entre os agentes sociais se tornam laços banais e eventuais, mormente no universo virtual. As pessoas buscam assim ampliar o número de conexões eletrônicas com pretensos amigos e colegas, pois, quanto maior a quantidade, mais valorizada será na malha artificial dos vínculos sociais contemporâneos.

Zygmunt Bauman define as relações humanas como vínculos inconstantes. Há uma desconfiança na fidelidade do outro e uma indisposição em construir-se parcerias duráveis e sólidas. O rompimento de relações é definido como morte metafórica ou morte de terceiro grau.

As relações são fundamentadas no medo da exclusão. Nunca se sabe de onde virá o golpe, quem se cansará primeiro dos compromissos incômodos e difíceis ou encontrará relações mais promissoras. Tanto antes quanto depois dessa morte metafórica, o tempo é fragmentado e descontínuo, o rompimento não atrasa o fluxo da vida, tampouco o interrompe. A fragilidade dos vínculos humanos permite que eles não sejam temidos ou difíceis de manter-se e que seu desligamento não seja tão doloroso, mas também trazem a insegurança da possibilidade de exclusão.

Na modernidade líquida, as redes sociais, os aplicativos e a internet mudaram completamente as relações humanas, servindo de instrumento para a intensificação do amor líquido. Não se busca mais uma companhia amorosa, mas, ao revés, uma conexão hedonista baseada na obtenção do prazer a qualquer custo, mesmo que haja a necessidade de coisificar os sujeitos. A banalização da amizade e do namoro é reflexo desse modo de vida que prioriza o consumo e objetifica as pessoas.

A seu turno, Zygmunt Bauman coloca a individualização como marca registrada da sociedade, mostrando sua ambivalência no sentido de conferir autonomia aos indivíduos e, ao mesmo tempo, insegurança, ao torná-los responsáveis pelo futuro e pelo sentido de suas vidas sem uma determinação social externa.

Na modernidade sólida, a liberdade individual era tolhida e controlada por uma força maior simbolizada na figura onipotente e onipresente do Estado, enquanto ente controlador e disseminador de normas a serem seguidas por todos os agentes sociais.

Na modernidade líquida, cabe ao indivíduo descobrir e potencializar suas capacidades intelectuais e físicas, aproveitando-as do melhor modo possível para sua autorrealização, com a máxima eficiência possível.

A individualidade traz em si uma competitividade mais agressiva, onde o indivíduo está só e depende somente de si mesmo para fazer suas escolhas, pensamentos e comportamentos, ao invés de unificar uma condição humana regida pela cooperação e solidariedade. A felicidade e a segurança passaram a ser buscadas individualmente. A solidão é substituída pela busca do outro de maneira utilitária e pontual.

O aumento da desigualdade torna-se parte integrante de uma concepção de felicidade humana e de vida confortável, assim como da estratégia ditada por essa concepção, passando a ser contempladas e usufruídas apenas como privilégios. A própria obsessão pela segurança é compartilhada com maior intensidade pelo grupo de privilegiados que dispõe de mais meios de garantir a proteção, e a temida violência humana é fomentada pelas desigualdades estabelecidas e crescentes.

Com efeito, Zygmunt Bauman sustenta que a individualização configura-se enquanto troca dos valores da liberdade e da segurança. Ele discute a temática da liberdade, quando questiona se ela seria uma bênção, no sentido de que o indivíduo pode agir conforme os seus pensamentos e desejos, ou uma maldição, já que recai sobre ele a responsabilidade por suas condutas.

Na modernidade líquida, o sujeito passa do estado de agente passivo para o agente ativo, que questiona e reflete sobre as ações e razões dos eventos, bem como sobre os impactos da ação individual sobre a sociedade e vice-versa.

O principal objetivo da teoria crítica era a defesa da autonomia e da liberdade de escolha e do direito de ser e permanecer diferente. O indivíduo vai e vem em liberdade e está aberto aos questionamentos e reflexões, ele flui pela sociedade, tempo e espaço, pode reclamar ao sentir-se prejudicado, reivindicar direitos, porém é também responsabilizado pelas ações e reações decorrentes de seus atos.

Segundo ele, existem duas características que fazem a forma de modernidade nova e diferente, uma que relata sobre a modernidade como um caminho infindável de oportunidades, desejos, realizações a serem perseguidas continuamente. A segunda crença fala sobre a mudança da desregulamentação e a privatização das tarefas e deveres modernizantes, ou seja, a tarefa apropriada ao coletivo, simbolizado na figura da sociedade, sofre uma fragmentação para o indivíduo. A responsabilidade mais uma vez recai sobre o indivíduo que escolhe que caminho trilhar e o modelo a ser seguido ao invés de seguir normas preestabelecidas por governos ou líderes impostos.

A distância entre a individualidade como fatalidade e a individualidade como capacidade realista e prática de autoafirmação está diminuindo. O indivíduo aprende a expressar-se de maneira adequada com o meio exterior e procura influenciar o meio para alcançar seus objetivos econômicos, políticos e culturais.

Outro ponto de debate é sobre distinção entre a autonomia formal e a autonomia substancial. Para o primeiro, significa não ter ninguém para culpar sobre os seus fracassos e desilusões a não ser a si mesmo, enquanto o indivíduo de fato é o que ganha controle sobre seus destinos e toma as decisões que assim deseja. Para que seja, todavia, uma autonomia de fato, é necessário que seja um cidadão. O espaço privado está colonizando o espaço público, onde o indivíduo de fato age e interage com o todo ao seu redor.

Como bem refere Zygmunt Bauman[37], esperava-se que o perigo viesse e os golpes desferidos do lado público, sempre pronto a invadir e colonizar o privado, o subjetivo, o individual. Muito menos atenção foi dada aos perigos que se ocultavam no estreitamento e esvaziamento do espaço público e à possibilidade da invasão inversa: a colonização da esfera pública pela esfera privada. E, no entanto, essa eventualidade subestimada se tornou hoje o principal obstáculo à emancipação, que em seu estágio presente só pode ser descrita como a tarefa de transformar a autonomia individual formal numa autonomia substancial.

---

[37] BAUMAN, Zygmunt. *Modernidade líquida*. Tradução: Plínio Dentzien. Rio de Janeiro: Zahar, 2001. p. 62.

Deveras, a liberdade concedida em troca da segurança torna-se sensação por meio do consumo. A busca por proteção é materializada em mercadorias pela manipulação do medo da morte como gerador de lucro. O próprio consumo em si pode provocar sensação de liberdade, já que o capital permite várias escolhas de locomoção e aquisição de bens.

A lógica do consumo substituiu a lógica da moral, pelo que as pessoas passaram a ser fortemente analisadas não pelo que elas são, mas pelo que elas compram. A ideia de compra também adentrou nas relações sociais, e as pessoas passaram a comprar afeto e atenção. Tudo precisa ser feito por conta própria e a ironia reside no fato de que ir às compras é um ato que encerra em si próprio a atividade individualizada de comprar.

Como sustenta Zygmunt Bauman[38], ter e apresentar em público coisas que portam a marca e/ou logotipo certos e foram obtidas na loja certa é basicamente uma questão de adquirir e manter a posição social que eles detêm ou a que aspiram. A posição social nada significa a menos que tenha sido socialmente reconhecida, ou seja, a menos que a pessoa em questão seja aprovada pelo tipo certo de agrupamento humano.

Nesta conjuntura, a satisfação instantânea é a única maneira de sufocar o sentimento de insegurança, recolocada aqui, não a única, mas sim uma das formas para dominar o sentimento de insegurança, haja vista que existem outros subterfúgios a serem aplicados no campo da psicologia com esse intuito.

O código em que a política de vida está inserida deriva da pragmática de comprar, ou seja, o ter é muito mais que o ser. O indivíduo procura a autoafirmação quando passa a ter bens e produtos para sobressair-se diante das demais pessoas da sociedade. O desejo é ilimitado, quando o indivíduo alcança um patamar, imediatamente almeja outro maior e assim por diante. A modernidade líquida é pautada por uma sociedade de consumo, estimulada por outras áreas como o marketing e a propaganda.

Em relação ao corpo do consumidor, há uma distinção que é descrita quanto à saúde e a aptidão, ou seja, a saúde é a condição na qual o

---

[38] BAUMAN, Zygmunt. *Confiança e medo na cidade*. Rio de Janeiro: Zahar, 2009. p. 21.

indivíduo é capaz de executar uma determinada função, seja física, como carregar um fardo, ou psíquica, como realizar a operação financeira de um caixa de supermercado. A aptidão vai além da saúde, no sentido de que estar apto significa ter um corpo flexível, ajustável e resiliente. Diz respeito a quebrar todas as normas e superar todos os padrões estabelecidos.

Com efeito, a identidade do ser é aquela em que o indivíduo tenta solidificar o fluido, sendo definida quando se compartilham as mesmas coisas, como se fosse uma marca, a busca pelo eterno e o imutável. A identidade é única e individual e somente pode ser consolidada quando se adquire o objeto que todo mundo compra.

O consumidor entra em conflito pela amplitude das escolhas que estão disponíveis ao seu redor. A angústia da tomada de decisão correta frente às diversas alternativas, a responsabilidade do indivíduo livre pela sua decisão e o risco assumido fazem o processo do consumo cíclico e interminável.

Na modernidade líquida, o consumo e o *status* são expressivamente dotados de uma carga simbólica muito mais nítida do que era na modernidade sólida. O sujeito é objetificado pelo capitalismo, tornando-se apenas o que ele consome, e não mais o que ele é.

Associa-se então o prazer momentâneo oferecido pelo consumo à felicidade. Como esse prazer é rapidamente passageiro, o sujeito sente a necessidade de buscá-lo constantemente, na tentativa de alcançar a felicidade.

Na modernidade sólida, o capitalismo seguia certa ordem, ou seja, significa monotonia, regularidade, repetição e previsibilidade. Um exemplo é o caso do fordismo, que em seu apogeu representou um modelo de industrialização, de regulamentação e de acumulação. Os empregados eram contratados apenas para uma função, limitando suas potenciais habilidades e capacidades de desenvolvimento. O modelo do fordismo era um sistema que se autorreproduzia, orientado pela ordem, gerando uma nova engenharia social.

Na modernidade líquida, o progresso está inserido, não é mais considerado uma medida temporária ou transitória que conduz a realização duradoura do bem-estar e viver, mas sim um desafio e uma necessidade perpétua e infindável de permanecer vivo e bem.

Como o tempo é escasso e instantâneo, o progresso precisa ser consumido e usufruído com a rapidez que o momento exige, antes mesmo que o outro progresso se faça perceber. Numa vida guiada pelo preceito da flexibilidade, as estratégias e planos de vida só podem ser de curto prazo.

A relação do trabalho sofre profundas modificações. O mundo laboral, antes com planejamentos de longo prazo, como, por exemplo, o trabalho numa mesma empresa até sua aposentadoria, passa a ser palco de movimentos de curto prazo, nos quais o trabalhador articula e planeja algo em torno de perspectivas futuras, seguindo o fluxo das relações e processos sociais.

A modernidade líquida condensa as incertezas quanto ao futuro e ao planejamento a longo prazo, a insegurança estabelecida nas relações e a falta de garantias entre as partes. A flexibilidade de ir e vir, o espaço virtual, a mobilidade e o desengajamento unilateral conferem liquidez à vida laboral.

Decerto, no panorama do desemprego estrutural, ninguém se sente suficientemente seguro ou amparado, ou seja, a flexibilidade é o termo que rege os novos tempos. Assim, a satisfação instantânea é perseguida, ao contrário do adiamento dela, uma oportunidade não aproveitada é uma oportunidade perdida.

Por sua vez, a ideia de comunidade remete a um passado longínquo, ou melhor, a um resquício de utopia sobre um bem viver em harmonia entre os vizinhos e os demais que nos circundam, seguindo as melhores regras de convívio. Pode-se dizer que comunidade é uma versão compacta do viver junto, onde haveria compartilhamento de responsabilidade das ações e das respectivas consequências, a exemplo de condomínios, cidades, países e nações.

Neste sentido, a comunidade ideal seria um mundo que oferece tudo que se precisa para levar uma vida significativa e compensatória, sendo importante para o indivíduo participar do meio e interagir com ele, mesmo que haja a dicotomia entre liberdade do indivíduo e as mínimas regras estabelecidas.

Como bem refere Zygmunt Bauman[39], a comunidade seria afirmada por compromisso de longo prazo, de direitos inalienáveis e obrigações inabaláveis, que, graças à sua durabilidade prevista, pudesse ser tratada como variável dada no planejamento e nos projetos de futuro. E os compromissos que tornariam ética a comunidade seriam do tipo do compartilhamento fraterno, reafirmando o direito de todos a um seguro comunitário contra os erros e desventuras que são os riscos inseparáveis da vida individual. Aquilo que os sujeitos formais, mas decididamente não aqueles presentes no plano fático, provavelmente vislumbram na comunidade é uma garantia de certeza, segurança e proteção, as três qualidades que mais lhes fazem falta nos afazeres da vida e que não podem obter quando isolados e dependendo dos recursos escassos que dispõem em privado.

Na modernidade líquida, a comunidade implica ausência de compromissos de longo prazo, praticando-se o distanciamento mental e moral e a fuga do sentimento e da construção de intimidade. Todas as outras pessoas, com seus diferentes modos de vida, são evitadas e vistas como intrusas. Há a redução das possibilidades de encontro com a diferença, de enfrentamento de um desafio cultural. Nesse contexto, o eu é construído com base nas preferências e possibilidades de consumo: você é aquilo de que gosta e é capaz de comprar.

As comunidades também são consumidas e não se perpetuam para além da utilidade que exercem. São flexíveis, sua criação e desmantelamento partem de escolhas, e estas não devem prejudicar ou impedir que outras decisões sejam tomadas.

As comunidades consumidas tornam-se o lugar de expulsar a diferença e fugir dos estranhos, ao passo que são pautadas por relações sociais pragmáticas e não possessivas, simultaneamente, densas e fugazes, delimitadas por necessidades específicas e fadadas ao rompimento assim que essas necessidades forem satisfeitas. O medo difuso é personificado nos estranhos, e estes se tornam combatíveis enquanto categorias específicas ou simplesmente enquanto diferença.

Na paisagem da modernidade líquida, a comunidade pode ser entendida como um *cloakroom*, ante a existência de laços frouxos, mutáveis e efêmeros. Metaforicamente, o espectador deixa suas roupas e regras

---

[39] BAUMAN, Zygmunt. *Comunidade*: a busca por segurança no mundo atual. Rio de Janeiro: Jorge Zahar Ed., 2003. p. 68.

utilizadas na rua e se veste de acordo com a ocasião do espetáculo e assume novas regras durante o tempo daquela apresentação. A comunidade de carnaval dissipa, todavia, as energias de impulsos de sociabilidade ao invés de condensar, e assim contribui para a perpetuação da solidão. O indivíduo conquista uma liberdade de ação e pensamento, na busca contínua de realização e autoafirmação.

Quando a comunidade resta toldada pela modernidade, emerge a noção de identidade. A identidade é a substituta da comunidade. Apesar de que nenhuma das duas está disponível no mundo da individualização e privatização que ultrapassa as fronteiras do localizado. A comunidade e a identidade passam a ser livremente imaginadas como um antídoto passageiro contra o terror da insegurança pessoal e social. A identidade deixa de aparecer como sucedânea, mostrando-se como alternativa perante a decadência da comunidade. Identidade significa ser diferente, com as singularidades que a integram e caracterizam.

Por sua vez, o medo é definido como ignorância da ameaça e do que deve ser feito. Ele desenvolve o conceito de medo secundário, um medo, sempre reatualizado social e culturalmente, que norteia o comportamento do indivíduo havendo ou não uma ameaça direta. Esse sentimento, também chamado de derivado, provoca a sensação de vulnerabilidade ao perigo e de insegurança e é facilmente desvinculado das ameaças que inicialmente o causaram, ou seja, é um medo descolado da realidade, que gera insegurança e ansiedade mesmo em se tratando de situações hipotéticas.

Na modernidade líquida, há a fragmentação do medo primário da morte em incontáveis preocupações e a sua incorporação no fluxo da vida cotidiana, já que a ideia de morte foi desvinculada de seu sentido religioso de passagem para outra vida e de eternidade. Essa inserção do medo primário na preocupação cotidiana torna-o totalizante e primordial nas escolhas a serem feitas e na própria constituição do comportamento.

A tutela contra os infortúnios individuais, antes delegada ao Estado Social de Direito ou às Comunidades, torna-se responsabilidade dos indivíduos, acarretando a fragilização dos vínculos humanos, a inconsistência das lealdades comunais e a modificabilidade dos pactos sociais.

Sendo assim, os indivíduos buscam soluções isoladas para problemas produzidos socialmente e são encorajados a priorizarem sua segurança pessoal. A busca individual por quaisquer objetivos e o não pertencimento a um grupo levam à desconfiança da possível solidariedade alheia e até à crença de que a maleficência compõe a intenção dos outros.

Com efeito, o medo derivado, enquanto norteador do comportamento, leva os indivíduos a estarem sempre alerta quanto aos riscos. Pelo fato de o medo estar difuso, ele pode ser encontrado em qualquer parte, até na conduta de outros agentes sociais. Todos se tornam estranhos em potencial, porquanto nunca é possível prever-se totalmente a intenção alheia, a exemplo da xenofobia nutrida por povos de países centrais contra migrantes de outras nacionalidades.

Logo, a segurança é identificada no autoisolamento, e a satisfação da necessidade de relações sociais é mediada pela tecnologia que possibilita um contato não necessariamente delimitado num espaço presencial comum, contribuindo para o aumento da virtualização dos vínculos humanos,

Deste modo, o medo derivado, enquanto uma estrutura mental estável, afigura-se determinante do comportamento. Ao dissociar o medo da ameaça direta, somando-se ao fato de estar secularizado e diluído nas preocupações cotidianas, esta nova expressão de temor torna-se totalizante, refletindo no comportamento dos indivíduos como constante estado de alerta em relação às circunstâncias mais diversas e também em relação aos sujeitos que se tornam estranhos, à medida que remanescem desconhecidas suas reais intenções.

10. AS REFLEXÕES DE BYUNG-CHUL HAN SOBRE A SOCIEDADE CONTEMPORÂNEA E AS NOVAS TECNOLOGIAS

Byung-Chul Han (1959) desponta como um importante filósofo e cientista social sul-coreano no cenário do pensamento contemporâneo. Atualmente, figura como professor de Filosofia e Estudos Culturais na Universidade de Berlim.

Ele é autor de inúmeros trabalhos, dentre eles: *Sociedade do cansaço; Sociedade da transparência; Psicopolítica; Agonia de Eros; No enxame; Aroma do tempo;* e *A expulsão do outro.*

Influenciado por pensadores como Martin Heidegger, Jean-Paul Sartre, Michel Foucault, Nietzsche, Gilles Deleuze, Hannah Arendt, Walter Benjamin e Giorgio Agamben, Byung-Chul Han examina os problemas que acometem o sujeito na sociedade contemporânea, a fim de compreender como o capitalismo atual tem interferido diretamente na convivência humana, em áreas como o controle social, a liberdade, o desempenho, o trabalho, o capitalismo informacional, as novas tecnologias, as redes sociais e as patologias psíquicas.

Neste sentido, Byung-Chul Han[40] analisa o período das patologias dos micro-organismos e sua rápida transição para uma era das doenças neuronais que afetam a mente humana, diferenciando a violência viral, típica das sociedades do passado, em face da violência neuronal, presente nas sociedades do presente.

Com efeito, a violência viral seria caracterizada pelos atributos da alteridade e da negatividade da repressão, restando demarcada por uma perspectiva patológica das enfermidades que condicionam o corpo social, dentro de um esquema imunológico que demarcaria as esferas interna e externa, respectivamente, os campos de atuação do amigo e do inimigo, restando, pois, provocada pela estranheza daquilo que é diverso.

Ao revés, a violência neuronal decorre do excesso de positividade, estando ligada à subjetividade, resultando na superprodução, no superdesempenho e na supercomunicação. A violência neuronal deflui, portanto, de uma autoexploração, ante uma individualidade pretensamente livre que sofre por não poder fracassar e que se alimenta da ambição de eficiência. Ela está relacionada com o aumento expressivo de doenças psíquicas, tais como a depressão, o transtorno de personalidade limítrofe, a hiperatividade e a síndrome de *burnout*.

Com efeito, ocorreu um deslocamento do sujeito de obediência, moldado pela sociedade das instituições disciplinares, em direção ao sujeito do desempenho, o qual figura como um agente que eliminou a alteridade e vive num ambiente desprovido de diferenças. Tal sujeito do desempenho torna-se responsável por sua produção, porquanto ele figura como o artífice de seu próprio êxito.

Sendo assim, o controle social é disseminado por meio de uma modelagem comportamental que faz com que o próprio indivíduo se

---

[40] HAN, Byung-Chul. *Sociedade do cansaço*. Tradução: Enio Giachini. Petrópolis: Vozes, 2015. p. 20.

fiscalize. O inconsciente social transmuta-se do dever para o poder, porquanto a positividade do poder torna-se mais eficiente que a negatividade do dever. Se a antiga sociedade disciplinar gerava doentes e infratores, com seu complexo de vigilância heterônoma e de repressão, a sociedade do desempenho resta formada por sujeitos pretensamente livres, mas depressivos e fracassados.

Deveras, o sujeito de desempenho não se submete ao trabalho compulsório, pois ele é um empreendedor de si, desvinculando-se da negatividade das ordens de outro ator social. A liberdade que este outro indivíduo proporciona, contudo, não resulta em verdadeira emancipação, porquanto esta liberdade acaba por se converter em novas coações comportamentais, como se houvesse um suposto alargamento das possibilidades das condutas humanas.

Logo, a sociedade do desempenho produz novas e constantes obrigações. Trata-se de uma organização social na qual o próprio mestre se tornou escravo do trabalho. Cada indivíduo carrega consigo seu próprio campo de trabalho forçado. O mesmo sujeito encarna os papéis sociais de prisioneiro e de guarda, bem como de vítima e de carrasco.

Byung-Chul Han[41] sustenta que os atuais padrões de relacionamento estão baseados no excesso de informações, estímulos e impulsos, havendo, por conseguinte, uma ênfase em multitarefas e uma ausência de vida contemplativa, baseada no tédio e na abertura criativa. Trata-se de uma proposta teórica que revitaliza a contemplação, ao oferecer resistência aos estímulos imediatos, opressivos e invasivos que brotam da sociedade.

Com efeito, a sociedade do desempenho produz cansaço e esgotamento excessivos, provocando reiterados abalos físicos e, sobretudo, psíquicos nos agentes sociais. Tais eventos apresentam-se como experiências solitárias, individualizadas e isoladas, não inspirando, tampouco capacitando, os sujeitos para atuarem no plano das relações intersubjetivas.

Considerando este panorama, Byung-Chul Han[42] busca compreender diversas dimensões da vida humana naquilo que ele denomina como

---

[41] HAN, Byung-Chul. *Sociedade do cansaço*. Tradução: Enio Giachini. Petrópolis: Vozes, 2015. p. 31.

[42] HAN, Byung-Chul. *Sociedade da transparência*. Tradução: Enio Giachini. Petrópolis: Vozes, 2017. p. 12.

sociedade transparente. Diante do vazio existencial que assola os indivíduos, tais sujeitos se convertem em seres plenamente incompletos. A completude resultaria da busca permanente pela luz e pela transparência do outro agente social, apesar de esse outro sujeito, na maioria das vezes, perseguir o igual e afigurar-se idêntico a quem o procura.

Decerto, a transparência é uma coação sistêmica que se apodera de todos os fatos sociais e os submete a uma transformação profunda. O discurso de transparência alcança os indivíduos, propondo mais vigilância e mais controle, admitidas como condições necessárias para a convivência entre os próprios sujeitos. Um desses desassossegos estaria presente no medo de estar perdendo algo do que estivesse acontecendo no universo virtual, o que justifica o medo da falta de informação e a compulsão pela preservação das conexões com a internet e as redes sociais.

Neste sentido, Byung-Chul Han[43] reflete de que forma as novas tecnologias digitais compartilhadas mundialmente podem transformar hábitos e homogeneizar as estruturas de diferenciação nas sociedades, tendo em vista o contexto de uma globalização capitalista hiperinformacional e hiperconsumista.

Indubitavelmente, os modos pelos quais as sociedades consomem as plataformas e os aplicativos do mundo eletrônico permitem modelar os comportamentos dos indivíduos que nelas vivem e influenciar o próprio processo de sociabilidade. O sistema capitalista necessita da existência de uma similitude entre as relações sociais construídas pelos indivíduos, visto que não funcionaria adequadamente se os sujeitos fossem diferentes. O capitalismo exige a superação das diferenças entre as pessoas, pois quanto mais estas forem idênticas, mais célere será a circulação do capital, das mercadorias e da informação, fazendo com que todos se tornem semelhantes enquanto consumidores.

Com base nas mensagens trocadas nas redes sociais e nos demais espaços virtuais, são produzidos dados quantificáveis que possibilitam vislumbrar tendências, a partir do uso de algoritmos e de *big data*, os quais padronizam e controlam os agentes sociais. Os recursos da informática e

---

[43] HAN, Byung-Chul. *Sociedade da transparência*. Tradução: Enio Giachini. Petrópolis: Vozes, 2017. p. 23

da estatística permitem que operações avançadas consigam monitorar os perfis e os hábitos diários dos sujeitos, seja enquanto clientes, seja enquanto cidadãos. Os indivíduos são então transformados num mero conjunto de dados para o mercado e para a arena política, conforme os enquadramentos funcionais típicos do mundo digital.

Sendo assim, Byung-Chul Han[44] examina como os entrecruzamentos virtuais podem se tornar problemáticos, as redes e fluxos eletrônicos logram identificar e prever o que os sujeitos desejam, direcionando-os para o consumo em massa. Isto acaba por influenciar as escolhas individuais e assimilá-las por meio da vigilância, exercida a partir dos rastros de ações realizadas no âmbito da internet, organizando-se extensivos arquivos sobre as opções e preferências de consumo dos agentes sociais. A apropriação desses dados nos espaços públicos e privados impacta diretamente os modos de atuação dos indivíduos.

Deveras, as tecnologias digitais produzem um efeito homogeneizante nas relações sociais, prevalecendo a narrativa do igual, nova forma que a sociedade transparente utiliza para fiscalizar seus agentes, modelando-os por intermédio da transparência e da vigia mútuas. As relações humanas são reduzidas a conexões, nas quais os indivíduos acham o próprio reflexo de si, já que se tem a possibilidade de excluir aquilo que eventualmente contrarie suas expectativas de comportamento.

Conforme assinala Byung-Chul Han[45], tornamo-nos seres operacionais, acabando por nos converter em elementos funcionais do processo de exibição de nossas vidas, porquanto os sujeitos são induzidos a uma exposição contínua. A necessidade de aclaramento pressupõe uma transparência recíproca, onde a sociedade submete os indivíduos a se adequarem a um comportamento uniforme, para que alimente a satisfação de compartilhar parcelas selecionadas de suas vidas pessoais no universo virtual. Assim, permite-se que a vigilância mútua se intensifique e que ela seja usada para iluminar diariamente as existências individuais.

Sendo assim, o desejo da luz homogeneizadora que torna tudo único em nosso convívio diferencia-se da luz metafísica que sempre gerou

---

[44] HAN, Byung-Chul. *Sociedade da transparência*. Tradução: Enio Giachini. Petrópolis: Vozes, 2017. p. 42.

[45] HAN, Byung-Chul. *Sociedade da transparência*. Tradução: Enio Giachini. Petrópolis: Vozes, 2017. p. 53.

hierarquias, oposições e distinções ao longo do transcurso histórico, a partir de instâncias que obrigam, prometem ou proíbem, como a divindade ou a razão. Esta nova luz das tecnologias digitais é, todavia, mais penetrante e nivela os acontecimentos e pessoas, orientando novas configurações sociais.

Para Byung-Chul Han[46], a luz e as trevas afiguram-se igualmente originárias e mutuamente ligadas, pelo que toda positividade resta assim desprovida de fundamento metafísico. A transparência atual não surge através de uma fonte de luz, mas, antes disto, projeta uma radiação sem luz, que, em vez de esclarecer, tudo penetra e uniformiza.

Sendo assim, manifesta-se o chamado inferno do igual, vale dizer, uma homogeneização dos comportamentos pela necessidade de transparência, já que os eventos e os sujeitos são despojados de suas particularidades, transformando-se em meros objetos de uma sociedade de consumo ilimitado. A cultura converte-se então numa mercadoria padronizada a ser consumida.

Na visão de Byung-Chul Han[47], as pessoas deixam de usufruir o significado do exercício da paciência, pois os eventos se tornam ultrapassados em instantes. O desejo passa a ser realizado sem a mínima contemplação, devido ao ritmo célere de transformações. Por isso, a sociedade transparente condena o segredo e o suspense, vivenciados como sensações negativas pelos componentes do grupo social.

A sociedade da transparência é também, por assim dizer, uma sociedade pornográfica, porquanto, tal como um corpo nu, tudo resta descoberto, despojado e despido. O mundo virtual se torna o lugar cativo para a valorização permanente do próprio ego e para a exposição das vantagens adquiridas, porquanto os indivíduos querem tudo compartilhar, inclusive as suas próprias relações intersubjetivas. Cada sujeito se torna o seu próprio objeto de publicidade.

Neste contexto, verifica-se que o indivíduo perde a capacidade de focar no desejo, no prazer e na sedução, porquanto a sociedade

---

[46] HAN, Byung-Chul. *Sociedade da transparência*. Tradução: Enio Giachini. Petrópolis: Vozes, 2017. p. 60.

[47] HAN, Byung-Chul. *Sociedade da transparência*. Tradução: Enio Giachini. Petrópolis: Vozes, 2017. p. 68.

transparente potencializa a exposição contínua de pessoas e acontecimentos. A hipervisibilidade dissolve o segredo e o mistério.

Logo, a sociedade transparente afasta todos os rituais e as cerimônias, porque tais procedimentos figuram como óbices à plena operacionalidade dos ciclos da informação, da comunicação e da produção. Tudo que está submetido a um processo lento resta expurgado. As práticas humanas são aceleradas a qualquer custo, a fim de acompanhar o fluxo febricitante das mudanças sociais.

Como consequência deste estado de coisas, Byung-Chul Han[48] descreve a formação de um verdadeiro panóptico digital, que pressupõe uma vigilância e controle recíprocos dos sujeitos, onde cada um e todos fiscalizam todos e cada um. A peculiaridade deste panóptico digital reside no fato de que os próprios indivíduos colaboram constantemente na sua construção e na sua conservação, à medida que os próprios agentes sociais se exibem e se desnudam nos espaços virtuais propiciados pelo uso das novas tecnologias de informação.

Ao contrário do que sucede no panóptico convencional da sociedade disciplinar, descrito por Jeremy Bentham e por Michel Foucault, no qual os indivíduos observavam os outros sem serem vistos, agindo de um modo quando sabiam que estavam sendo vigiados e de outra forma quando não tinham esta percepção, o panóptico digital seria marcado pela dinâmica de uma supervisão comum e de uma vigilância recíproca, baseadas no consentimento prévio dos agentes sociais.

Neste contexto, o exibicionismo e o voyeurismo alimentam o referido panóptico digital. O controle social se efetiva quando os sujeitos se desnudam não por conta de uma coação externa, mas, em verdade, por força de uma necessidade gerada por si mesmo. O temor de renúncia à esfera privada cede à necessidade de exibição sem quaisquer pudores, conduzindo à dissolução das singularidades e à uniformização dos comportamentos humanos.

SINOPSE

Coube a Augusto Comte (1798-1857), ilustre pensador francês, propor a Sociologia como um saber científico capaz de descrever

---

[48] HAN, Byung-Chul. *Sociedade da transparência*. Tradução: Enio Giachini. Petrópolis: Vozes, 2017. p. 73.

objetivamente os processos de organização dos seres humanos em sociedade.

O positivismo era uma doutrina cientificista que acreditava na ciência como a única via para o alcance da verdade, espelhando o momento das grandes descobertas científicas trazidas pela Revolução Industrial.

Na visão de Comte, o modelo de ciência verdadeiro seria o modelo das ciências experimentais, baseado na análise indutiva dos fenômenos naturais ou sociais, na preservação da neutralidade valorativa e na busca do distanciamento do cientista em face do objeto do conhecimento. Nesse sentido, o modelo das ciências naturais poderia ser empregado no campo das ciências sociais, inclusive para a nascente Sociologia.

Por sua vez, a Sociologia do Direito se inicia no final do século XIX com um movimento intelectual denominado "Escola Objetiva Francesa". Seu maior expoente foi um importante discípulo de Augusto Comte, Émile Durkheim, o qual pode ser considerado o pai da Sociologia Jurídica.

A Escola Objetiva Francesa foi também constituída por outros ilustres discípulos de Durkheim, tais como Paul Fauconnet, Georges Davy e Léon Duguit.

O materialismo histórico e dialético é uma proposta teórica de apreensão da evolução histórica da humanidade a partir de uma interpretação economicista. Foi uma concepção desenvolvida pelo maior expoente do socialismo científico do final do século XIX, Karl Marx (1818-1883), no contexto da crise do capitalismo industrial, com a exploração dos trabalhadores e o comprometimento da sua dignidade humana.

A chamada infraestrutura econômica (modo de produção de riquezas) influenciaria a superestrutura político-ideológica (moral, religião, Direito e Estado). Nesse sentido, os fenômenos sociais da superestrutura político-ideológica reproduziriam a luta entre as classes sociais travada no âmbito da infraestrutura econômica. O Estado seria um aparelho institucional de violência organizada a serviço das elites econômicas. O Direito seria uma ordem normativa que tutelaria os interesses das classes dominantes e legitimaria o uso da força contra as classes dominadas.

Coube ao pensador alemão Max Weber (1864-1920) inaugurar o culturalismo sociológico, uma corrente sociológica assentada em pilares científicos contrários à tradição positivista inaugurada por Augusto Comte e desenvolvida por Émile Durkheim.

Do ponto de vista epistemológico, o culturalismo sociológico de Max Weber critica o positivismo científico, afastando as exigências de neutralidade axiológica e de distanciamento do sociólogo perante a sociedade, admitindo a necessidade de construção de um paradigma científico centrado na estrutura de valorações humanas numa dada cultura.

Ao longo do século XX, a teoria do direito sofre novos aperfeiçoamentos, em contato com as mais recentes contribuições das Ciências Sociais. O exemplo mais emblemático continua sendo o funcionalismo sociológico, que encontra sua mais acabada expressão na teoria dos sistemas preconizada por Niklas Luhmann.

Na visão luhmanniana, o direito se afigura como um sistema comunicativo de natureza autopoiética, voltado para o controle da complexidade e da contingência da sociedade de risco, por meio da estabilização das expectativas normativas do comportamento humano.

Michel Foucault foi um importante filósofo, professor e escritor francês, que revolucionou o estudo das ciências sociais do século XX. O seu pensamento foi influenciado por expoentes como Marx, Freud, Bachelard, Lacan, Heidegger, Nietzsche, Blanchot, Jean Hyppolite, Louis Althusser, Deleuze e Derrida.

Do ponto de vista metodológico, Michel Foucault utilizou os métodos arqueológico e genealógico para o desenvolvimento de seus estudos e pesquisas sobre a sociedade. Pelos métodos arqueológico e genealógico tornou-se possível buscar um novo olhar sobre os acontecimentos, a fim de possibilitar uma aproximação com a verdade pela análise e desconstrução do discurso e pela busca de descontinuidades no percurso histórico.

Durante sua profícua trajetória intelectual, influenciou saberes diversos como a história, o direito, a sociologia e a antropologia, ao enfatizar o estudo sobre o fenômeno do poder, bem como suas implicações no conhecimento, na subjetividade, no controle social e na organização das instituições sociais.

Deveras, ao conceberem o poder como algo localizado, uniforme e não relacional, os pensadores tradicionais acabaram por privilegiar o estudo das grandes instituições sociais, daqueles que obviamente exercem poder, a exemplo do Estado. Por sua vez, ao pensar o poder como algo sempre plural e relacional, Michel Foucault buscou demonstrar como o poder se encontra presente em espaços muitas vezes inimaginados, tais como a ciência, a loucura e a sexualidade.

No âmbito desta verdadeira microfísica do poder, o fenômeno potestativo estaria relacionado à sociedade disciplinar, havendo uma malha de poderes periféricos, exercidos em pequenos núcleos sociais por meio da aplicação de técnicas disciplinares que docilizariam os corpos das pessoas, adestrando-as para o desempenho de atividades diversas.

Com efeito, a família, a empresa, a escola, a igreja, o quartel, a fábrica, a penitenciária e o hospital seriam instituições disciplinares, integradas ou não ao Estado, nas quais suas respectivas autoridades exercitariam poderes moleculares, aplicando esta permanente e integrada modelagem dos corpos, bem como subjugando aqueles indivíduos que estivessem na condição de liderados.

A disciplina consiste no conjunto de técnicas pelas quais os sistemas de poder vão ter por alvo e resultado os indivíduos em sua singularidade. Para individualizar a pessoa, utiliza-se do exame, que é a vigilância permanente, classificatória, que permite distribuir os indivíduos, julgá-los, medi-los, localizá-los, para utilizá-los ao máximo.

Com efeito, a disciplina é uma técnica de poder que implica um controle perpétuo e constante dos indivíduos, que busca gerir a vida dos homens, controlá-los em suas ações para que seja possível e viável utilizá-los ao máximo, aproveitando suas potencialidades e utilizando um sistema de aperfeiçoamento gradual e contínuo de suas capacidades e aptidões. O exercício do poder disciplinar implica o fenômeno da normalização, que significa tornar normal, regularizar e padronizar as condutas humanas em sociedade.

Em seu propósito de investigar os mecanismos da dominação, Foucault formulou uma teoria acerca do biopoder, forma de exercício do poder associado à vida e considerado dominante em nossa sociedade atual.

Ao revés, o biopoder foi constituído não para diminuir a vitalidade dos indivíduos, mas, isto sim, para aumentá-la e fortalecê-la. De fato, o biopoder, em todas as suas manifestações, objetiva sempre potencializar a vida humana, fortalecer a saúde do indivíduo, para que este se torne mais produtivo.

No tocante à relação entre conhecimento e poder, Michel Foucault afirma que todo poder é uma forma de conhecimento e todo conhecimento é uma modalidade de poder, referindo-se ao estabelecimento da autoridade daquele que sabe. Trata-se aqui da noção do poder-saber.

Através dos métodos da arqueologia e genealogia, verifica-se que o conhecimento não faz parte de sua essência. O saber é contranatural e contrainstintivo. O conhecimento desponta como uma relação de dominação, pelo que o estabelecimento da verdade não se restringe à correspondência a qualquer objeto, figurando como fruto de uma construção social. A operacionalização do poder tem como requisito a utilização ou produção de um conhecimento, o qual extrapola o campo da ciência propriamente dita, pois é possível expressar-se pelos sensos comuns ou saberes vulgares.

Por sua vez, Jürgen Habermas, eminente filósofo e sociólogo germânico, desponta como um dos maiores intelectuais da atualidade. O seu pensamento e sua produção intelectual se vinculam à tradição da Escola de Frankfurt e ao Pragmatismo Contemporâneo.

No início de sua vida acadêmica, lecionou no Instituto de Pesquisa Social da Escola de Frankfurt, filiando-se intelectualmente à chamada teoria crítica. Jürgen Habermas realizou então várias pesquisas sobre temas da sociedade contemporânea, aproximando-se de novas interpretações sobre o marxismo. Ele é considerado como um representante da segunda geração da Escola de Frankfurt.

Jürgen Habermas propõe a ideia de uma racionalidade comunicativa como uma proposta de emancipação do ser humano, que seria um instrumento cognitivo amplo, capaz de compreender a descrição da realidade, a manifestação de valores, a expressão dos sentimentos e o desenvolvimento dos processos comunicativos.

Ele desenvolve a teoria discursiva da ação comunicativa, modelo racional de interação comportamental, por meio do uso da argumentação e da expansão do debate público, com vista à obtenção de consensos. Os estudos de Habermas focam na ação comunicativa como forma de apreensão do conhecimento, da ética, da política, da economia e do direito.

Deveras, a comunicação é a primeira e mais importante instância de uma sociedade humana, por ser ela que permite a sociabilidade e a racionalização. O uso da linguagem permite a dinâmica das interações humanas, a eticidade e a compreensão mútua das mensagens permutadas entre os mais diversos agentes sociais. Tal modelo de ação comunicativa oportuniza a construção de acordos no espaço público, sem coerção física, mas pela força do melhor argumento.

A ação comunicativa, enquanto processo dialógico, livre e racional, revela-se extremamente relevante para a consolidação da democracia, possibilitando fundamentação ética das ações individuais e o convencimento esclarecido das pessoas sobre a legitimidade de uma dada conduta.

A partir da sua teoria da ação comunicativa, Jürgen Habermas desenvolve as suas reflexões sobre o regime democrático de cunho deliberativo, a qual se constituiria e se aperfeiçoaria pelos procedimentos decisórios da coletividade, que propiciam a coexistência dos diferentes atores e a participação de diversos grupos na produção de normas sociais.

No que se refere ao mundo jurídico, Jürgen Habermas apresenta uma concepção doutrinária própria, a qual se afasta tanto do positivismo jurídico, que situa o direito apenas no plano normativo, quanto das correntes realistas, que o entendem apenas a partir da facticidade. Haveria, nas sociedades atuais, uma tensão interna entre a positividade do direito e a pretensão de legitimidade da ordem jurídica, condição necessária para sua validade no Estado Democrático de Direito.

A tensão externa ocorreria entre a capacidade sempre parcial do direito de modificar a realidade e a normatividade das normas jurídicas, que não podem depender da completa efetividade para a preservação da validade da ordem jurídica.

A teoria da ação comunicativa faz com que o princípio do discurso converta-se no eixo fundamental do próprio regime democrático, porquanto a legitimidade das normas jurídicas somente pode ser atingida através de procedimentos de validação discursiva.

A efetiva participação dos cidadãos nos processos de validação discursiva está em conformidade com a noção de Estado Democrático de Direito, pois autoriza a tomada de decisões considerando todos os interesses envolvidos, com o adequado equilíbrio decorrente de procedimentos discursivos abertos à prevalência da argumentação mais racional. A posição de destinatários das normas jurídicas é substituída pela posição de coautores, através de procedimentos que contemplem os assuntos a serem discutidos e garantam a força do melhor argumento racional representativo da vontade democrática.

O Direito e Moral manteriam um nexo de simultaneidade em sua origem, que garante uma neutralidade normativa imediata para o ordenamento jurídico, e, por outro lado, uma relação de complementaridade recíproca em seu procedimento, com o que resta garantida a abertura da ordem jurídica ao mundo moral. A institucionalização do Direito alivia o peso de justificação própria do universo moral, pois a jurisdicização das normas permite a passagem do saber para a ação, com a possibilidade de a sanção jurídica punir eventuais condutas desviantes.

De outro lado, Zygmunt Bauman foi um filósofo, sociólogo, professor e escritor polonês. Sua obra influencia estudos em sociologia, filosofia e psicologia. É considerado um dos maiores intelectuais do século XXI.

Ao examinar os resultados da globalização e da modificação das relações sociais, econômicas, políticas e culturais, após o fim da Segunda Guerra Mundial, Zygmunt Bauman passou a refletir criticamente sobre os contornos, os paradoxos e os descaminhos da chamada pós-modernidade ou modernidade tardia no mundo ocidental.

Segundo ele, este novo período histórico não representava uma cisão com a modernidade, mas, em verdade, uma continuação da modernidade vivenciada de maneira diversa, sendo então denominada de modernidade líquida em contraponto à chamada modernidade sólida.

A modernidade sólida seria definida pela confiança na rigidez das instituições e na solidificação das relações humanas, com reflexos na configuração do conhecimento e das organizações sociais.

Ao revés, o modelo da modernidade líquida, oposto ao paradigma da modernidade sólida, seria caracterizado pela maleabilidade, fluidez e capilaridade das condutas e instituições humanas. A modernidade líquida revela-se, portanto, maleável, interferindo na fisionomia da ciência, da técnica e dos vínculos intersubjetivos da sociedade contemporânea.

Deveras, esta noção de liquidez decorreria do fato de que os líquidos não apresentam uma forma, moldando-se aos recipientes nos quais estão contidos, diferentemente dos sólidos, que são rígidos e precisam sofrer uma tensão de forças para moldar-se a novas estruturas. Os fluidos movem-se facilmente, escorrem, transbordam e preenchem vazios nos espaços.

Sob o prisma da Sociologia Geral e Jurídica, Zygmunt Bauman examina temas relevantes para a compreensão da liquidez da sociedade contemporânea, tais como: as noções de tempo e espaço; as relações humanas; a individualidade; a liberdade; o trabalho; a comunidade; a identidade; e o medo.

Por derradeiro, cumpre referir o pensamento de Byung-Chul Han, importante filósofo e cientista social sul-coreano, no cenário do pensamento contemporâneo. Atualmente, figura como professor de Filosofia e Estudos Culturais na Universidade de Berlim.

Byung-Chul Han examina os problemas que acometem o sujeito na sociedade contemporânea, a fim de compreender como o capitalismo atual tem interferido diretamente na convivência humana, em áreas como o controle social, a liberdade, o desempenho, o trabalho, o capitalismo informacional, as novas tecnologias, as redes sociais e as patologias psíquicas.

Com efeito, ele analisa o período das patologias dos micro-organismos e sua rápida transição para uma era das doenças neuronais que afetam a mente humana, diferenciando a violência viral, típica das sociedades do passado, em face da violência neuronal, presente nas sociedades do presente.

Com efeito, a violência viral seria caracterizada pelos atributos da alteridade e da negatividade da repressão, restando demarcada por uma perspectiva patológica das enfermidades que condicionam o corpo social, dentro de um esquema imunológico que demarcaria as esferas interna e externa, respectivamente, os campos de atuação do amigo e do inimigo, restando, pois, provocada pela estranheza daquilo que é diverso.

Ao revés, a violência neuronal decorre do excesso de positividade, estando ligada à subjetividade, resultando na superprodução, no superdesempenho e na supercomunicação. A violência neuronal deflui, portanto, de uma autoexploração, ante uma individualidade pretensamente livre que sofre por não poder fracassar e que se alimenta da ambição de eficiência. Ela está relacionada com o aumento expressivo de doenças psíquicas, tais como a depressão, o transtorno de personalidade limítrofe, a hiperatividade e a síndrome de *burnout*.

Ocorre um deslocamento do sujeito de obediência, moldado pela sociedade das instituições disciplinares, em direção ao sujeito do desempenho, o qual figura como um agente que eliminou a alteridade e vive num ambiente desprovido de diferenças. Tal sujeito do desempenho torna-se responsável por sua produção, porquanto ele figura como o artífice de seu próprio êxito.

Sendo assim, o controle social é disseminado por meio de uma modelagem comportamental que faz com que o próprio indivíduo se fiscalize. O inconsciente social transmuta-se do dever para o poder, porquanto a positividade do poder torna-se mais eficiente que a negatividade do dever. Se a antiga sociedade disciplinar gerava doentes e infratores, com seu complexo de vigilância e de repressão, a sociedade do desempenho resta formada por sujeitos pretensamente livres, mas depressivos e fracassados.

Byung-Chul Han sustenta que os atuais padrões de relacionamento estão baseados no excesso de informações, estímulos e impulsos, havendo, por conseguinte, uma ênfase em multitarefas e uma ausência de vida contemplativa, baseada no tédio e na abertura criativa. Trata-se de uma proposta teórica que revitaliza a contemplação, ao oferecer resistência aos estímulos imediatos, opressivos e invasivos que brotam da sociedade.

Com efeito, a sociedade do desempenho produz cansaço e esgotamento excessivos, provocando reiterados abalos físicos e, sobretudo, psíquicos nos agentes sociais. Tais eventos apresentam-se como experiências solitárias, individualizadas e isoladas, não inspirando, tampouco capacitando, os sujeitos para atuarem no plano das relações intersubjetivas.

Considerando este panorama, Byung-Chul Han procura compreender diversas dimensões da vida humana naquilo que ele denomina como sociedade transparente. Diante do vazio existencial que assola os indivíduos, tais sujeitos se convertem em seres plenamente incompletos. A completude resultaria da busca permanente pela luz e pela transparência do outro agente social, apesar de esse outro sujeito, na maioria das vezes, perseguir o igual e afigurar-se idêntico a quem o procura.

Decerto, a transparência é uma coação sistêmica que se apodera de todos os fatos sociais e os submete a uma transformação profunda. O discurso de transparência alcança os indivíduos, propondo mais vigilância e mais controle, admitidas como condições necessárias para a convivência entre os próprios sujeitos. Um desses desassossegos estaria presente no medo de estar perdendo algo do que estivesse acontecendo no universo virtual, o que justifica o medo da falta de informação e a compulsão pela preservação das conexões com a internet e as redes sociais.

Byung-Chul Han discute de que forma as novas tecnologias digitais compartilhadas mundialmente podem transformar hábitos e homogeneizar as estruturas de diferenciação nas sociedades, tendo em vista o contexto de uma globalização capitalista hiperinformacional e hiperconsumista.

CAPÍTULO 4

Sociologismo Jurídico: a Projeção da Sociologia na Ciência Jurídica

1. NOÇÕES INTRODUTÓRIAS

Nesta parte da obra, pretende-se enfocar o Sociologismo Jurídico como um movimento intelectual que representou a projeção mais evidente do pensamento sociológico no terreno da ciência jurídica. Para tanto, inicialmente, será abordado como o Sociologismo Jurídico nasce a partir do colapso das teses preconizadas pelo positivismo legalista, cuja maior expressão foi a Escola de Exegese, na França pós-revolucionária.

Ademais, serão apresentados os caracteres do Sociologismo Jurídico com ênfase para alguns de seus principais contributos, a saber: o reconhecimento de um sistema jurídico incompleto e lacunoso; a valorização da jurisprudência como fonte jurídica e a afirmação do objetivismo hermenêutico no campo da teoria/prática da interpretação do direito.

Por fim, será realizado um exame crítico da concepção sociologista no campo da ciência jurídica.

2. A CRISE DO POSITIVISMO LEGALISTA E O SURGIMENTO DO SOCIOLOGISMO JURÍDICO

A expressão "positivismo jurídico" não deriva do positivismo filosófico, embora no século XIX tenha havido uma associação. Tanto é verdade que o primeiro surge na Alemanha e o segundo, na França. Tal expressão deriva da locução "direito positivo", contraposta à expressão "direito natural".

A concepção do positivismo jurídico nasce quando o direito positivo passa a ser considerado direito no sentido próprio. Ocorre a redução de todo o direito a direito positivo, e o direito natural é excluído da categoria de juridicidade. O acréscimo do adjetivo "positivo" passa a ser um pleonasmo. O positivismo jurídico é aquela doutrina segundo a qual não existe outro direito senão o positivo.

O positivismo legalista pode ser estudado sob três aspectos:

a) como um modo de abordagem do direito;

b) como uma teoria do direito;

c) como uma ideologia do direito[1].

O primeiro problema diz respeito ao modo de abordar o direito. Para o positivismo jurídico, o direito é um fato, e não um valor. O jurista deve estudá-lo do mesmo modo que o cientista estuda a realidade natural, vale dizer, abstendo-se de formular juízos de valor. Deste comportamento deriva uma teoria formalista da validade do direito. Com efeito, esta se funda em critérios que concernem unicamente à sua estrutura formal, prescindindo do seu conteúdo ético. Neste sentido, o debate sobre a justiça sofre um profundo esvaziamento ético, visto que a formalização do atributo da validez normativa afasta o exame da legitimidade da ordem jurídica.

No segundo aspecto, encontramos algumas teorizações do fenômeno jurídico. O positivismo jurídico, como teoria, resta baseado em seis concepções fundamentais:

a) teoria coativa do direito, em que o direito é definido em função do elemento da coação, pelo que as normas valem por meio da força;

b) teoria legislativa do direito, em que a lei figura como a fonte primacial do direito;

---

[1] BOBBIO, Norberto. *O positivismo jurídico*: lições de filosofia do direito. São Paulo: Ícone, 1999a. p. 131.

c) teoria imperativa do direito, em que a norma é considerada um comando ou imperativo;

d) teoria da coerência do ordenamento jurídico, que considera o conjunto das normas jurídicas, excluindo a possibilidade de coexistência simultânea de duas normas antinômicas;

e) teoria da completude do ordenamento jurídico, que resulta na afirmação de que o juiz pode sempre extrair das normas explícitas ou implícitas uma regra para resolver qualquer caso concreto, excluindo a existência de lacunas no direito;

f) teoria da interpretação mecanicista do direito, que diz respeito ao método da ciência jurídica, pela qual a atividade do jurista faz prevalecer o elemento declarativo, sobre o produtivo ou criativo do direito.

No terceiro aspecto, trata-se de uma ideologia do direito que impõe a obediência à lei, nos moldes de um positivismo ético. O positivismo como ideologia apresentaria uma versão extremista e uma moderada. A versão extremista caracteriza-se por afirmar o dever absoluto de obediência à lei, como tal. Tal afirmação não se situa no plano teórico, mas no plano ideológico, pois não se insere na problemática cognoscitiva referente à definição do direito, mas numa dimensão valorativa, relativa à determinação do dever das pessoas.

Assim como o jusnaturalismo, o positivismo extremista identifica ambas as noções de validade e de justiça da lei. Enquanto o primeiro deduz a validade de uma lei da sua justiça, o segundo deduz a justiça de uma lei de sua validade. O direito justo se torna uma mera decorrência lógica do direito válido.

Por outro lado, a versão moderada afirma que o direito tem um valor, como tal, independente do seu conteúdo, mas não porque, como sustenta a versão extremista, seja sempre por si mesmo justo, pelo simples fato de ser válido, mas porque é o meio necessário para realizar certo valor, o da ordem. Logo, a lei é a forma mais perfeita de manifestação da normatividade jurídica, visto que se afigura como a fonte do direito que melhor realiza a ordem.

Para o positivismo ético, o direito, portanto, tem sempre um valor, mas, enquanto para sua versão extremista trata-se de um valor final, a estimativa suprema de justiça, para a moderada trata-se de um valor instrumental, ao priorizar a ordem como condição axiológica para a realização dos demais valores jurídicos.

Entre as diversas manifestações do positivismo legalista no Ocidente, afora o Pandectismo Alemão e a Escola Analítica Inglesa, merece especial destaque a chamada Escola de Exegese, surgida na França no início do século XIX, reunindo eminentes juristas (Proudhon, Blondeau, Bugnet, Laurent, Marcadè, Demolombe, Pothier, Duranton), os quais se ocupavam de comentar a codificação napoleônica, por meio de interpretações meramente literais da nova legislação.

Historicamente, a defesa da legalidade pela Escola de Exegese, no momento posterior à Revolução Francesa, representava uma reação clara ao antigo regime absolutista e semifeudal, marcando, assim, o triunfo do racionalismo iluminista, a valorização do liberalismo individualista-burguês e o apogeu do modo de produção capitalista.

Em apertada síntese, pode-se afirmar que a Escola de Exegese sustentou as seguintes teses:

- culto ao texto da lei (legalismo estrito);

- apologia da codificação das leis como racionalização perfeita da ordem jurídica e realização concreta dos ideais perenes do direito natural;

- identificação do direito positivo com o direito legal (a lei como fonte jurídica exclusiva);

- defesa do monismo jurídico (o direito como produto único do Estado-Legislador);

- crença na perfeição racional do legislador; afirmação da completude (ausência de lacunas) e da coerência (ausência de antinomias) do sistema legal;

- modelo subjetivista da interpretação jurídica (ênfase na vontade do legislador como referencial hermenêutico);

- predominância do método gramatical para o desenvolvimento de uma interpretação meramente literal da lei;

- concepção mecanicista da atuação do magistrado (juiz neutro aos valores e escravo da lei);

– neutralização política do Poder Judiciário; e redução da aplicação do direito a um mero silogismo lógico-dedutivo.

Apesar do inegável avanço dogmático propiciado pela Escola de Exegese, mormente no campo do Direito Privado, com a formulação de conceitos, teorias e classificações de incontestável utilidade prática, essa corrente positivista acabou valorizando demasiadamente a lei, desprezando as demais fontes estatais e não estatais do direito, além de reduzir o magistrado à condição de mero autômato, no momento tão crucial da interpretação e aplicação da norma jurídica, quando se requer também o exame das dimensões de legitimidade e efetividade do fenômeno jurídico.

3. SOCIOLOGISMO JURÍDICO: CARACTERES E TESES FUNDAMENTAIS

O Sociologismo Jurídico pode ser enquadrado como um movimento intelectual de contestação ao positivismo legalista, surgido no final do século XIX, no contexto histórico da Revolução Industrial, como uma proposta de fundamentação da ciência jurídica conforme o modelo empírico e causal preconizado por Augusto Comte, o pai de uma nova ciência: a Sociologia.

O Sociologismo Jurídico se espraiou por todo o mundo ocidental, projetando-se em diversas correntes de pensamento, tais como: o utilitarismo de Jeremy Bentham (Inglaterra); o teleologismo de Rudolf Ihering; o sociologismo de Eugen Ehrlich; a jurisprudência de interesses de Philipp Heck (Alemanha); o realismo pragmático de Oliver Holmes e a jurisprudência sociológica de Roscoe Pound e de Benjamin Cardoso (Estados Unidos); a livre investigação científica de François Geny (França) e escola de Upsala, formada por Axel Hägerström, Karl Olivecrona e Alf Ross (Escandinávia).

A ciência do direito passa a ser entendida como um mero departamento da Sociologia, ciência enciclopédica dos fatos sociais, que se incumbiria de estudar o direito no plano do ser (mundo real), e não mais na dimensão do dever-ser normativo (mundo ideal), valorizando assim as conexões diretas das normas jurídicas com os fatores econômicos, políticos e ideológicos que constituem a realidade social. Dentre as teses

fundamentais do Sociologismo Jurídico, podem ser elencados os seguintes elementos teóricos comuns:
- oposição ao formalismo e ao abstracionismo conceitual do positivismo legalista;
- tratamento do direito como fato social observável no mundo concreto segundo as leis de casualidade empírica (lógica do ser);
- conversão da ciência do direito numa verdadeira Sociologia Jurídica, ocupada com o estudo das relações biunívocas entre normas e fatos sociais;
- negação do direito natural e de qualquer proposta de fundamentação metafísica da ordem jurídica;
- afirmação de que as regularidades comportamentais permitem induzir a norma social regente (o "ser" desemboca em "dever-ser");
- ênfase depositada na dimensão de efetividade ou eficácia social da normatividade jurídica;
- investigação das necessidades e interesses subjacentes às relações jurídicas, porquanto o direito é visto como produto dialético que resulta dos conflitos sociais, e não como reflexo espontâneo e consensual de costumes populares;
- reconhecimento da possibilidade do fenômeno da "revolta dos fatos contra os códigos", com o comprometimento da validade jurídica pela influência do costume *contra legem*;
- denúncia, no plano hermenêutico, das deficiências semânticas da linguagem jurídica, tais como a vagueza, a ambiguidade e a textura aberta dos modelos normativos;
- negação da completude e da perfeição racional do sistema legislativo;
- defesa do pluralismo (coexistência das fontes estatais com as fontes não estatais do direito), à medida que se vislumbra o fenômeno jurídico como um produto da sociedade globalmente considerada, e não como uma ordem normativa produzida e imposta somente pelo Estado;
- valorização da jurisprudência, mormente nas correntes anglo-americanas, como fonte capaz de expressar, diferentemente da lei, um direito mais vivo, concreto e atual;

- afirmação do modelo hermenêutico objetivista, baseado no método sociológico de interpretação do direito;
- reconhecimento de um direito alternativo.

Pela importância destes aspectos, convém examiná-los de modo mais minudente nos tópicos seguintes.

4. O RECONHECIMENTO DE UM SISTEMA JURÍDICO INCOMPLETO E LACUNOSO COMO CONTRIBUIÇÃO DO SOCIOLOGISMO JURÍDICO

A ciência jurídica depara-se com o problema das lacunas, seja no sentido restrito do ordenamento legal, seja no sentido mais amplo do direito como um todo. Neste plano de análise, coloca-se o problema lógico da completude do sistema de normas, para saber se o direito tem a propriedade peculiar de não deixar nenhum comportamento sem qualificação jurídica. A questão da lacuna deve ser abordada também, com base num segundo ângulo, como um problema de ordem processual, pois surge somente no momento da aplicação normativa a determinado caso, para o qual, aparentemente ou realmente, não há norma específica.

A concepção do ordenamento jurídico como sistema envolve o problema de saber se este tem a propriedade peculiar de qualificar normativamente todos os comportamentos possíveis ou se, eventualmente, podem ocorrer condutas para as quais a ordem jurídica não oferece a devida qualificação. Trata-se, assim, da questão da completude ou incompletude dos sistemas normativos, também conhecida como o problema das lacunas do sistema jurídico[2].

No tocante ao problema da completude do sistema jurídico, podem ser, portanto, visualizadas duas grandes correntes teóricas: uma formada por aqueles que defendem um sistema jurídico fechado (completo) e, pois, desprovido de lacunas jurídicas; outra, por aqueles que visualizam um sistema jurídico aberto (incompleto), e, consequentemente, lacunoso.

---

[2] FERRAZ JUNIOR, Tercio Sampaio. *Introdução ao estudo do direito*: técnica, decisão e dominação. 5. ed. São Paulo: Atlas, 2007. p. 218.

O principal argumento em favor da completude do sistema jurídico consiste na utilização sistêmica do axioma lógico, segundo o qual "tudo o que não está juridicamente proibido, está juridicamente permitido", pelo que não haveria conduta humana que não estivesse disciplinada, direta ou indiretamente, pela normatividade jurídica.

Há doutrinadores que, por sua vez, situam o problema das lacunas jurídicas no campo da jurisdição, considerando a atuação do julgador ante a proibição do *non liquet*. Os doutrinadores negam, assim, a existência de lacunas, visto que o magistrado nunca poderia eximir-se de julgar, alegando a falta ou a obscuridade da lei. Ao decidir um caso concreto, o juiz já estaria criando uma norma individualizada para o conflito de interesses e, portanto, oferecendo a resposta normativa capaz de preencher uma lacuna provisória e de garantir a completude do sistema jurídico.

Salvo melhor juízo, com base nos aportes do paradigma sociologista, parece melhor aceitar a ideia de que o sistema jurídico figura como uma ordem aberta, porque o legislador não pode prever, tal como se fosse um oráculo divino, a dinâmica das relações sociais. Decerto, o direito é um fenômeno histórico-cultural, submetido, portanto, às transformações que ocorrem no campo mutável e dinâmico dos valores e dos fatos que compõem a realidade social.

Deve ser recusada a concepção de uma plenitude hermética do ordenamento jurídico, pois o direito espelha uma realidade dinâmica, que abrange normas, fatos e valores. Logo, o sistema jurídico revela-se aberto, porque composto de subsistemas normativos, fático e valorativo, apresentando lacunas quando ocorre a quebra de isomorfia entre os referidos elementos que compõem o fenômeno jurídico[3].

À luz do Sociologismo Jurídico, considerando-se aberto ou incompleto o sistema jurídico, pode-se verificar, assim, a existência de diferentes espécies de lacunas jurídicas, a saber: as lacunas normativas; as lacunas fáticas e as lacunas valorativas.

A lacuna normativa se configura toda vez que inexiste um conjunto normativo regulando expressamente um dado campo da interação do

---

[3] DINIZ, Maria Helena. *Compêndio de introdução à ciência do direito*. São Paulo: Saraiva, 2005. p. 503.

comportamento humano em sociedade, como sucede com a punição de crimes virtuais e com a realização do comércio eletrônico no Brasil, campos ainda carentes de uma regulação normativa expressa e minudente.

A lacuna fática ocorre quando as normas jurídicas deixam de ser cumpridas pelos agentes da realidade social, evidenciando o fenômeno da revolta dos fatos contra o sistema jurídico, o que ocorre com o descumprimento da legislação brasileira, que exige dos estabelecimentos bancários o respeito ao consumidor, a fim de que ele não aguarde mais do que 15 minutos nas extensas filas bancárias.

A lacuna valorativa se verifica quando a norma jurídica vigente não é valorada como justa pela maioria dos integrantes de uma sociedade humana, não estando em conformidade com os valores socialmente aceitos, o que sucede, por exemplo, com a norma que estabelece a obrigatoriedade do voto, prevista no art. 14 da Constituição Federal de 1988, a qual se afigura injusta para muitos brasileiros, por se revelar axiologicamente incongruente com o valor da liberdade cívica, pilar para a consolidação de qualquer regime político democrático.

Saliente-se que a constatação e o preenchimento de lacunas jurídicas são questões correlatas e independentes. Correlatas, porque o preenchimento pressupõe a constatação, que, por sua vez, reclama o uso de instrumentos integradores. Independentes, porque pode haver constatação sem preenchimento possível, assim como preenchimento acompanhado de novas constatações, como uma espécie de criação contínua do direito pelo hermeneuta.

Nesse sentido, pode-se afirmar que o sistema jurídico é lacunoso, mas ele mesmo oferece mecanismos para preencher as suas próprias lacunas. Trata-se dos chamados instrumentos de integração do direito, a saber: a analogia; os costumes; os princípios jurídicos; e a equidade.

No sistema jurídico brasileiro, são previstos expressamente esses instrumentos de integração jurídica, havendo referências à utilização da analogia, dos costumes, dos princípios jurídicos e da equidade em diversos dispositivos normativos.

Com efeito, o art. 4º da Lei de Introdução às Normas do Direito Brasileiro estabelece que, quando a lei for omissa, o juiz decidirá o caso de acordo com a analogia, os costumes e os princípios gerais de direito.

A seu turno, o art. 140 do Novo Código de Processo Civil pátrio preceitua que o juiz não se exime de decidir sob a alegação de lacuna ou obscuridade do ordenamento jurídico, só julgando por equidade nos casos previstos em lei.

Fincadas tais premissas, convém ainda examinar o significado dos instrumentos de integração do direito: a analogia; os costumes; os princípios jurídicos; e a equidade.

A analogia é a aplicação de uma norma jurídica que regula determinado caso concreto a outra situação fática semelhante. Para integrar a lacuna, o intérprete recorre, preliminarmente, à analogia, que consiste em aplicar, a um caso não contemplado de modo direto ou específico por uma norma jurídica, uma norma prevista para uma hipótese distinta, mas semelhante ao caso não contemplado. Trata-se de um procedimento que envolve a constatação empírica de que existe uma semelhança entre fatos e um juízo de valor que justifica a relevância das semelhanças. É o que ocorre quando se aplicam as disposições do Código Civil que regulam os contratos celebrados na realidade concreta às avenças firmadas no universo virtual da rede mundial de computadores.

Os costumes, além de figurarem como fonte do direito, podem se apresentar como elemento de integração da lei, especialmente quando a norma legal expressamente autorize a utilização da norma consuetudinária para o preenchimento da lacuna legislativa. É o que ocorre com a menção normativa à função hermenêutica dos usos consuetudinários, feita pelo art. 113 do atual Código Civil brasileiro, ao preceituar que os negócios jurídicos devem ser interpretados conforme a boa-fé e os usos do lugar de sua celebração.

Afora sua reconhecida força normativa direta e vinculante, os princípios jurídicos despontam como cânones éticos, implícitos ou expressos no direito, que apontam para a realização dos valores e finalidades maiores da ordem jurídica, potencializando a tomada de decisões mais justas, mormente nas hipóteses de lacunas valorativas. É o que sucede com a aplicação do princípio implícito da insignificância, nos crimes de bagatela no Direito Penal, ou com a utilização dos princípios da função social do contrato ou da boa-fé objetiva, outrora implícitos e, hoje, expressos no texto normativo do Direito Privado brasileiro, respectivamente, nos arts. 421 e 422 do atual Código Civil.

Por derradeiro, a equidade consiste no ideal do justo empiricamente concretizado, implicando a aplicação prudente, pelo julgador, do seu sentimento de justiça, ao observar as singularidades de um dado caso concreto. Enseja, assim, a preferência por uma interpretação mais humana e benigna da norma jurídica, com a calibração teleológica das possibilidades hermenêuticas. É o que ocorre, por exemplo, com o art. 2º da já referida lei brasileira de arbitragem, que autoriza expressamente o uso do juízo equitativo na resolução extrajudicial de certos conflitos de interesses.

Deste modo, à luz do Sociologismo Jurídico, o conceito de lacuna pode ser considerado, em larga medida, um recurso argumentativo da ciência jurídica, cuja finalidade é permitir a busca de uma decisão mais efetiva na sociedade, superando o conflito entre a dura literalidade da lei (*dura lex, sed lex*) e as exigências peculiares de justiça, conferindo ao intérprete a possibilidade de se valer de fatores extranormativos da realidade social, mediante o uso valorativo dos instrumentos integradores.

Desde os primórdios da coexistência social, o ser humano nunca deixou de interrogar-se sobre si mesmo e sobre a sua finalidade existencial. A reflexão acerca da condição do indivíduo na sociedade, bem como a elaboração de um saber oriundo desses questionamentos, revela-se tão remotas quanto a própria humanidade, tendo ocorrido nas mais diversas regiões do mundo. Daí adveio o projeto de formação de uma ciência antropológica ocupada com a produção cultural dos agentes sociais, cujo processo histórico que se consolidou com o advento da era moderna.

5. O PLURALISMO DAS FONTES ESTATAIS E DAS FONTES NÃO ESTATAIS DO DIREITO COMO CONTRIBUIÇÃO DO SOCIOLOGISMO JURÍDICO

5.1 Fontes do direito: conceito, acepções e tipologias

O estudo das espécies de normas jurídicas está estreitamente vinculado ao problema das fontes do direito, existindo, por isso mesmo, a necessidade de investigar a origem ou nascedouro social do fenômeno jurídico. Isso decorre da própria etimologia do vocábulo "fonte", oriundo do latim *fons*, que designa o lugar do surgimento da água ou nascente.

Uma das tarefas fundamentais do jurista é determinar o que é o direito em cada caso concreto, quais normas são jurídicas e quais não são. Para isso, basta-lhe aplicar os critérios que cada sistema jurídico estabelece para fixar como se produzem as normas jurídicas e como podem ser conhecidas. Essas maneiras de as normas jurídicas se manifestarem são chamadas de fontes do direito[4].

A expressão "fontes do direito" revela-se polissêmica, pois comporta diversos significados, podendo ser utilizada, pelos cultores da ciência jurídica, tanto numa acepção material quanto num sentido formal.

As fontes materiais do direito são os elementos econômicos, políticos e ideológicos que perfazem uma dada realidade social, interferindo na produção, interpretação e aplicação da normatividade jurídica, visto que tais elementos sociais oferecem a matéria-prima para a confecção normativa do sistema jurídico.

As fontes materiais do direito não são, portanto, o direito positivo, mas tão somente o conjunto de valores e de circunstâncias sociais que, constituindo o antecedente natural do direito, contribuem para a formação do conteúdo das normas jurídicas que, por isso, têm sempre a configuração determinada por esses fatores, os quais encerram as soluções que devem ser adotadas na aplicação da normatividade jurídica[5].

Por sua vez, as fontes formais do direito correspondem aos modos de surgimento e de manifestação da normatividade jurídica propriamente dita, mediante os quais o jurista conhece e descreve o fenômeno jurídico, por meio da positivação institucional dos elementos econômicos, políticos e ideológicos que compõem a estrutura geral de uma sociedade e influenciam o sistema jurídico. Essas fontes jurídicas são consideradas formais, porquanto conferem forma ao direito, formulando as normas jurídicas válidas.

As referidas fontes jurídicas designam os processos ou meios em virtude dos quais as normas jurídicas se positivam com força obrigatória, implicando a existência de uma estrutura de poder, pois a gênese de qualquer espécie de normatividade jurídica só ocorre em virtude da

---

[4] LATORRE, Angel. *Introdução ao direito*. Coimbra: Almedina, 2002. p. 67.
[5] DINIZ, Maria Helena. Op. cit., p. 285.

interferência de um centro estatal ou social de poder, o qual, diante de um complexo de fatos e valores, opta por uma dada solução normativa com características de objetividade[6].

Afastando-se da tese do monismo jurídico, que sustenta a exclusividade de um direito criado pelo Estado, e adotando-se a tese do pluralismo jurídico, à luz da concepção sociologista, podem ser vislumbradas tanto fontes jurídicas estatais, produzidas por órgãos do Estado, tais como a legislação ou a jurisprudência, como também fontes jurídicas não estatais, gestadas pelo conjunto dos agentes sociais, e.g., a doutrina, o costume jurídico, o negócio jurídico e o poder normativo dos grupos sociais.

5.2 Legislação

A legislação pode ser definida como um conjunto de normas de direito escrito (*jus scriptum*), dotadas de generalidade, abstração e obrigatoriedade, que emanam da vontade de um parlamento ou, excepcionalmente, de outra autoridade competente do Estado. Do ponto de vista etimológico, o termo "lei" origina-se do latim *lex*, o qual deriva do verbo *lego*, que expressa as ações de "ligar" ou "falar".

Trata-se de um ato normativo que comporta as seguintes características: apresenta a forma escrita, porque corporificado num texto; é primário, porquanto tem fundamento direto na Constituição – Lei de Organização Fundamental do Estado; revela o atributo da generalidade, porque se destina a toda a comunidade jurídica, regulando o amplo conjunto das relações sociais; é abstrato, por não disciplinar uma situação jurídica concreta; e afigura-se complexo, visto que exige a fusão das vontades do Poder Legislativo e do Poder Executivo para se aperfeiçoar e produzir seus efeitos jurídicos.

Nas sociedades contemporâneas, a lei figura como a mais importante das espécies normativas que integram o catálogo das fontes formais do direito, nomeadamente nos ordenamentos jurídicos de tradição romano--germânica (*civil law*), como sucede com o sistema jurídico brasileiro.

No âmbito do sistema romanista, a lei prepondera como o centro do direito ocidental, seguindo uma tradição inaugurada após a revolução

---

[6] REALE, Miguel. *Lições preliminares de direito*. 23. ed. São Paulo: Saraiva, 1996. p. 141.

liberal-individualista-burguesa ocorrida na França durante o século XVIII, quando a legislação passou a ser considerada a única expressão do direito nacional, subordinando, de forma mais ou menos acentuada, as demais fontes jurídicas[7].

As normas legislativas apresentam a nota da generalidade em face da abstração de conteúdo (previsão abstrata de hipóteses normativas) e da sua impessoalidade, por alcançarem toda a comunidade jurídica (indefinição dos destinatários). Podem ser elaboradas por um parlamento ou mesmo pelo Chefe do Poder Executivo, a fim de disciplinar os direitos e deveres jurídicos dos agentes sociais.

Para que sejam produzidas as normas legislativas, torna-se necessário observar o chamado processo legislativo, que se afigura como o conjunto de dispositivos normativos que disciplinam o procedimento a ser observado pelos órgãos competentes na elaboração dos diplomas legislativos.

5.3 Jurisprudência

Entende-se por jurisprudência aquela fonte formal e estatal do direito que expressa o conjunto das decisões reiteradas de juízes e tribunais, as quais formam um padrão interpretativo capaz de inspirar a realização de futuros julgamentos sobre casos similares. A jurisprudência pode ser considerada um verdadeiro costume produzido pelo Poder Judiciário (*usus fori*).

Ao lado dos costumes, a jurisprudência é considerada a principal fonte do direito nos sistemas jurídicos anglo-saxônicos (*common law*), embora seja também largamente utilizada nos sistemas jurídicos romano-germânicos da atualidade (*civil law*).

Decerto, nas sociedades contemporâneas, o magistrado não pode ser reduzido à condição subalterna de um mero aplicador mecânico e neutro das regras emanadas pelo legislador, como propugnava a doutrina positivista, mas, em verdade, deve ser reconhecido como um verdadeiro criador de um direito vivo e atual, ao explicitar o sentido e o alcance da normatividade jurídica perante os conflitos de interesses.

---

[7] VENOSA, Sílvio de Salvo. *Introdução ao estudo do direito*. São Paulo: Atlas, 2006. p. 122.

Criando ou não direito novo, com base nas normas vigentes, o certo é que a jurisdição é uma das forças determinantes da experiência jurídica. Se os precedentes jurisprudenciais não exercem, nos países de tradição romanística, o papel por eles desempenhado na experiência do *commom law,* nem por isso é secundária sua importância. O seu alcance aumenta dia a dia, como resultado da pletora legislativa e pela necessidade de ajustar as normas legais às peculiaridades das relações sociais[8].

Nos países que adotam o sistema jurídico desvinculado da fonte legal *(common law),* como sucede nos Estados Unidos, o direito é revelado por meio da utilização sucessiva dos precedentes pelo Poder Judiciário, enquanto repositório de normas singulares que consubstanciam as decisões judiciais tomadas no passado sobre situações concretas semelhantes. Observa-se, assim, que o precedente judicial desempenha relevante papel nos regimes anglo-americanos de *common law,* equiparando-se, em larga medida, à função assumida pela legislação nos sistemas romano-germânicos de *civil law.*

Com efeito, o direito norte-americano adotou a doutrina do *stare decisis,* que atribui eficácia geral e vinculante às decisões da Suprema Corte. *Stare decisis* origina-se da expressão latina *stare decisis et non quieta movere,* que significa: "Ficar com o que foi decidido e não movimentar aquilo que estiver em repouso". A decisão da Suprema Corte americana gera, portanto, um precedente, com força vinculante, de modo a assegurar que, no futuro, um caso similar venha a ser decidido da mesma forma.

A teoria dos precedentes possibilita que casos idênticos sejam julgados da mesma forma pelo Poder Judiciário, evitando a tomada de decisões contraditórias e a projeção de uma insegurança jurídica. Logo, uma decisão judicial do passado, cujos motivos foram expostos, deve ser aplicada em casos similares e futuros em que caiba a mesma fundamentação, e somente novas e persuasivas razões poderão admitir uma decisão que não seja similar às decisões antecedentes.

No ordenamento jurídico americano, em que pese a declaração de inconstitucionalidade no modelo incidente operar *inter partes,* aplica-se

---

[8] REALE, Miguel. *Lições preliminares de direito* cit., 23. ed., 1996, p. 169.

diretamente sobre essas decisões a teoria dos precedentes (*stare decisis*), assegurando a eficácia obrigatória e geral das decisões da Suprema Corte americana, como imperativo de segurança jurídica e estabilidade social.

No âmbito do atual direito ocidental, inclusive no âmbito brasileiro, não há como negar que a jurisprudência desponta como genuína fonte jurídica, suplementando e aperfeiçoando a própria legislação, o que se constata mediante a aplicação frequente, nos mais diversos ramos jurídicos, de súmulas, meios persuasivos ou obrigatórios de uniformização jurisprudencial que corporificam as proposições hermenêuticas que decorrem da jurisprudência assentada dos tribunais sobre assuntos controvertidos.

5.4 Doutrina

Etimologicamente, o vocábulo "doutrina" deriva do latim *doctrina*, que, por sua vez, decorre do verbo *docere* – lecionar ou ensinar. No plano jurídico, a doutrina figura como aquela fonte formal e não estatal do direito que se forma pelo conjunto de obras (livros, artigos científicos, comentários da legislação e da jurisprudência) e pareceres (opiniões fundamentadas sobre questões controvertidas) produzidos por conceituados juristas, exprimindo, assim, a vasta produção teórica da ciência jurídica.

A doutrina deflui da atividade científico-jurídica, vale dizer, dos estudos realizados pelos juristas, na análise e sistematização das normas jurídicas, na elaboração das definições dos conceitos jurídicos, na interpretação das leis, facilitando e orientando a tarefa de aplicar o direito, e na apreciação da legitimidade da ordem normativa, adequando-as aos fins que o direito deve perseguir, emitindo juízos de valor sobre o conteúdo do direito positivo, apontando a necessidade e a oportunidade de reformas jurídicas[9].

Pela sua própria natureza teórica, a doutrina vem a ser, historicamente, a última fonte jurídica a surgir no quadro geral das fontes do direito. Ao longo dos séculos, podem ser vislumbrados momentos nos quais os sistemas jurídicos adotaram a doutrina como principal fonte formal do direito. Em Roma, o Imperador Adriano chegou a atribuir força

---

[9] DINIZ, Maria Helena. Op. cit., p. 336.

obrigatória à opinião de certos jurisconsultos, quando, ao elaborarem pareceres fundamentados (*responsa*), fossem concordantes durante certo tempo (*communis opinio doctorum*).

Outrossim, o renascimento do Direito Romano na Idade Média acarretou a criação da figura do Doutor em Direito (*Doctor Iuris*), cujo prestígio intelectual o habilitava a ensinar nas Universidades e a emitir pareceres, influenciando a produção de normas jurídicas. Além disso, algumas legislações modernas, a exemplo das Ordenações Afonsinas em Portugal, admitiram expressamente a doutrina como fonte subsidiária da legislação.

Embora alguns autores não considerem a doutrina como fonte do direito, por carecer de força vinculante e obrigatória na disciplina do comportamento humano, a doutrina cada vez mais contribui para a evolução dos sistemas jurídicos contemporâneos. Decerto, tanto o legislador quanto o magistrado encontram, nas obras dos grandes jurisconsultos, os elementos teóricos indispensáveis para a feitura e para o aperfeiçoamento da legislação e da jurisprudência. Isso sucede porque a doutrina oferece o chamado argumento de autoridade (*argumentum ab auctoritate*), que justifica, retoricamente, uma dada opção hermenêutica no campo da interpretação e aplicação do direito.

Decerto, além de possibilitar a sistematização lógica do ordenamento jurídico, a doutrina contribui, no plano prático da experiência jurídica, para facilitar a tarefa de criação, interpretação e aplicação do direito, exercendo também uma relevante função crítica, ao propor a reforma das instituições jurídicas, como sucedeu, por exemplo, com a formulação da teoria da imprevisão contratual, da teoria do abuso de direito ou da teoria da função social da propriedade, que reformularam o modo de compreensão do direito liberal-individualista-burguês do Ocidente.

5.5 Costume jurídico

Do ponto de vista etimológico, a palavra "costume" origina-se do termo latino *consuetudo,* a indicar uma regra de comportamento que nasce de certos hábitos sociais. No plano jurídico, entende-se por costume o conjunto de práticas sociais reiteradas, acrescidas da convicção de sua necessidade jurídica, que serve para a disciplina bilateral das relações humanas.

Os costumes jurídicos, diferentemente da legislação, não apresentam forma escrita *(jus non scriptum)*. Geralmente, as normas costumeiras nascem espontaneamente no campo da moralidade social, adquirindo, gradativamente, uma natureza jurídica, ao reconhecer, de um lado, os direitos subjetivos e, de outro, ao exigir o cumprimento obrigatório de deveres jurídicos correlatos pelos membros da comunidade jurídica.

Decerto, afirmar que um costume se torna válido devido a sua eficácia equivaleria a sustentar que um comportamento se faz jurídico pelo simples fato de ser constantemente reiterado pelos agentes sociais. Nota-se, em vez disso, que não basta que um comportamento seja efetivamente seguido pelo grupo social para que se torne um costume jurídico. É imperioso que o que se chama "validade", ou seja, aquele comportamento constante que constitui o *conteúdo* do costume, receba uma *forma* jurídica, ou venha a ser acolhido em determinado sistema jurídico, como comportamento obrigatório, isto é, cuja violação implica uma sanção.

Para que um costume se converta em fonte do direito, dois requisitos são essenciais: um de ordem objetiva ou material (*corpus*), que expressa o uso continuado, a exterioridade, a percepção tangível de uma conduta humana; outro de ordem subjetiva ou imaterial (*animus*), que traduz a consciência coletiva da obrigatoriedade jurídica da prática social (*opinio iuris vel necessitatis*), o que diferencia o costume jurídico de outras práticas reiteradas, como as religiosas ou as morais[10].

Por certo, o costume é a mais antiga fonte de direito, tendo surgido com os povos primitivos ágrafos. Originariamente, a instância de poder social responsável por dizer o direito tomou a forma espontânea e difusa do costume. Após essa fase de descentralização legislativa e jurisdicional, seguiu-se um momento de centralização jurisdicional, passando a função de magistrado a ser exercida pelos mais idosos. Com a centralização legislativa, ao lado de quem expressará o costume imemorial, surge quem ditará o direito novo, o legislador, que ratificará ou revogará essa prática consuetudinária, pelo que a lei passará à condição de fonte do direito mais relevante.

Durante a Idade Média, como decorrência da descentralização do poder, propiciada pela queda do Império Romano e pelas invasões

---

[10] VENOSA, Sílvio de Salvo. Op. cit., p. 122.

bárbaras, o costume territorial dos feudos e reinos europeus tornou-se altamente relevante para a configuração do fenômeno jurídico. Com a redescoberta do Direito Romano e a formação da Escola de glosadores em Bolonha, no século XII, tem início a derrocada do direito consuetudinário medieval. A formação das monarquias nacionais, o avanço econômico do capitalismo e a ascensão do racionalismo moderno marcam, no campo das fontes jurídicas, a gradativa proeminência da lei em detrimento dos costumes.

O contraste entre o direito costumeiro e o direito estatal foi expresso pelo advento das codificações dos séculos XVIII e XIX, por meio das quais o chamado direito comum foi absorvido pelo direito estatal. Inobstante a quase inteira assimilação do direito costumeiro pelo direito positivado estatal, manteve-se, contudo, a tradição dos povos anglo-saxões, especialmente na Inglaterra e nos Estados Unidos, pela qual o direito se revela muito mais pelos costumes e pela jurisprudência do que pela produção legislativa dos parlamentos.

No tocante às relações com as fontes legislativas, os costumes podem ser: *secundum legem*, quando oferecem suporte para a criação ou interpretação de uma lei; *praeter legem*, quando convivem pacificamente com a legislação, tendo por finalidade preencher as lacunas do texto legal; e, por fim, *contra legem*, quando se revelam frontalmente contrários aos preceitos legais, como normas consuetudinárias ab-rogatórias que promovem o desuso da lei na sociedade.

Em que pese a menor relevância do costume como fonte formal do direito contemporâneo, mormente nos sistemas jurídicos que orbitam ao derredor da lei escrita, essa espécie normativa ainda revela influência em determinados ramos jurídicos, tais como o Direito Internacional Público e o Direito Comercial, despontando, nesse último campo, o uso do cheque pré-datado como um exemplo inconteste de uso da norma consuetudinária no sistema jurídico brasileiro.

5.6 Negócio jurídico

Entende-se por negócio jurídico aquela fonte formal e não estatal do direito que traduz um conjunto de normas particulares e individualizadas, decorrentes de certos acordos de vontades, capazes de estabelecer direitos e deveres jurídicos para os agentes sociais envolvidos numa dada relação jurídica.

Sendo assim, o negócio jurídico expressa uma autorregulamentação volitiva dos interesses particulares, que se origina do reconhecimento, pelo sistema jurídico, da autonomia privada dos sujeitos de direito, como sucede, por exemplo, na celebração das diversas modalidades de contratos no Direito Civil, Consumerista ou Comercial, bem como na elaboração das convenções coletivas pelos Sindicatos no Direito do Trabalho.

Indivíduos e grupos exercitam um poder negocial, dando nascimento a formas ou modelos jurídicos de ação, que os vinculam à prática dos direitos e deveres acordados. Tais avenças, geralmente, ajustam-se a modelos legislativos, nada impedindo, contudo, que as partes constituam estruturas negociais atípicas, que não correspondam aos tipos normativos elaborados pelo legislador.

Nas sociedades capitalistas atuais, dinamizadas pelo assombroso ritmo das transformações econômicas, adquire enorme relevo o chamado poder negocial, como força geradora de normas jurídicas individualizadas e particulares que vinculam os agentes privados da relação jurídica, potencializando o desenvolvimento das operações e atividades do mercado capitalista[11].

5.7 Poder normativo dos grupos sociais

O poder normativo dos grupos sociais é aquela fonte formal e não estatal do direito que se refere à prerrogativa conferida pelo sistema jurídico aos grupos sociais para elaborarem seus próprios ordenamentos jurídicos, submetidos, contudo, ao sistema jurídico geral posto pelo Estado.

Não é apenas o poder estatal que produz normas de direito. As normas jurídicas também são gestadas por associações de pessoas que se situam dentro das fronteiras de um Estado, cabendo à sociedade política reconhecer a validade da disciplina normativa das instituições menores. Uma norma jurídica só apresentará juridicidade se estiver apoiada

---

[11] REALE, Miguel. *Lições preliminares de direito* cit., 23. ed., 1996, p. 179.

na ordenação da sociedade política, ensejando, de um lado, o pluralismo de ordenações jurídicas e, de outro, a unidade da ordem normativa[12].

Para tanto, deve-se reconhecer que não somente os órgãos estatais produzem direito, mas todo o conjunto de agrupamentos humanos que perfazem o conjunto global da sociedade. Recusa-se, assim, a estrita visão monista de uma produção normativa unicamente estatal do direito, em favor do reconhecimento de um novo paradigma de criação pluralista do fenômeno jurídico.

Sob a égide, ainda, do pluralismo jurídico, podem ser vislumbrados exemplos de manifestação do poder normativo dos grupos sociais como fontes jurídicas, tais como os regulamentos elaborados dentro das empresas, os estatutos de associações esportivas ou religiosas e as convenções criadas pelos moradores nos condomínios privados.

6. A VALORIZAÇÃO DA JURISPRUDÊNCIA COMO CONTRIBUTO DO SOCIOLOGISMO JURÍDICO

Uma das teses mais defendidas pelo Sociologismo Jurídico é a valorização da jurisprudência como fonte de um fenômeno jurídico mais real, concreto e atualizado com as novas demandas sociais.

Decerto, o termo "jurisprudência" é polissêmico, visto que pode designar tanto o conhecimento científico do direito quanto indicar uma das manifestações da normatividade jurídica, integrante da categoria conhecida como "fontes do direito".

Para os limites da presente obra, o vocábulo "jurisprudência" deve ser entendido na segunda acepção, como a reiteração de julgamentos num mesmo sentido, capaz de criar um padrão normativo tendente a influenciar futuras decisões judiciais.

A jurisprudência se forma mediante o labor interpretativo dos tribunais, no exercício de sua função específica. Interpretando e aplicando o direito positivo, é irrecusável a importância do papel dos tribunais na formação do direito, sobretudo porque se lhes reconhece, modernamente, o

---

[12] DINIZ, Maria Helena. Op. cit., p. 334.

poder de preencher as lacunas do ordenamento jurídico no julgamento de casos concretos[13].

Sendo assim, a jurisprudência é tradicionalmente situada como uma fonte formal e estatal do direito. Diz-se que é formal porque a jurisprudência veicula, em seus condutos institucionais, o complexo de dados econômicos, políticos e ideológicos que se afiguram como fontes materiais do direito. Por sua vez, afirma-se a sua natureza estatal, ante a constatação de que as normas jurisprudenciais são produzidas por um órgão do Estado: o Poder Judiciário.

Nos sistemas anglo-saxônicos de *common law*, marcados pela força dos costumes e dos precedentes judiciais, a jurisprudência é considerada, ainda, uma fonte direta e imediata do direito, enquanto nos sistemas romano-germânicos de *civil law*, caracterizados pela primazia da lei, a jurisprudência é vislumbrada, pela maioria dos estudiosos, como uma fonte indireta ou mediata do direito.

Este entendimento decorre das próprias especificidades de tais sistemas jurídicos. No *common law*, o precedente judicial sempre teve força preponderante na aplicação do direito, adquirindo relevo a doutrina do *stare decisis*. O efeito vinculante do precedente judicial decorre do próprio funcionamento do sistema, encontrando-se arraigado na própria compreensão da atividade jurisdicional. A seu turno, no *civil law*, esse papel preponderante é assumido pela lei, como ponto de partida para a compreensão do direito, desempenhando a jurisprudência uma função subsidiária.

Revela-se controvertida a inclusão da jurisprudência entre as fontes do direito nos sistemas romanísticos. De um lado, encontram-se aqueles que, partindo da ideia de que os juízes e tribunais apenas devem julgar de acordo com o direito já expresso por outras fontes, dele não se podem afastar; de outro, os que entendem que os próprios juízes e tribunais, por meio de suas decisões, dão expressão às normas jurídicas até então declaradas por qualquer das outras fontes[14].

---

[13] GOMES, Orlando. *A crise do direito*. São Paulo: Max Limonad, 1955.
[14] CINTRA; Antonio Carlos de Araújo; GRINOVER, Ada Pellegrini; DINAMARCO, Cândido Rangel. *Teoria geral do processo*. 14. ed. São Paulo: Malheiros, 1997. p. 92.

Não obstante persistir aceso debate sobre a normatividade da jurisprudência, quer parecer-nos que a sua condição de fonte do direito não pode ser negligenciada, seja nos sistemas anglo-saxônicos de *common law*, seja nos sistemas romano-germânicos de *civil law*. Isto porque, no âmbito do processo decisório, os julgadores criam uma norma jurídica para o caso concreto, o que permite asseverar o papel criativo e construtivo do magistrado, no desenvolvimento da interpretação jurídica, bem como atribuir à jurisprudência a condição de fonte do direito, como modo de manifestação da normatividade jurídica.

A norma jurídica é produzida para ser aplicada a um caso concreto. Essa aplicação se dá mediante a formulação de uma decisão judicial, uma sentença, que expressa a norma de decisão. Este, que está autorizado a ir além da interpretação tão somente como produção das normas jurídicas, para dela extrair normas de decisão, é aquele a quem Kelsen chama de intérprete autêntico: o juiz[15].

Não há, pois, como negar que a jurisprudência seja, inclusive, fonte imediata e direta do direito, mesmo nos sistemas romanísticos. Primeiro, porque veicula a interpretação e aplicação da norma positiva, dando-lhe inteligência e precisando o alcance do direito em tese; segundo, porque aplica os princípios gerais, a equidade, a analogia, na falta de uma norma específica e explícita; e, por último, porque tem uma força construtiva e preservativa da uniformidade dos julgados e da unidade do direito.

No sistema jurídico brasileiro, o reconhecimento de que a jurisprudência pode figurar como fonte direta e imediata do direito é fortalecido à medida que se constata a sua progressiva aproximação ao paradigma anglo-saxônico do *common law* nas últimas décadas, como se depreende dos seguintes fenômenos: a consagração do poder normativo da Justiça do Trabalho; o aprimoramento dos mecanismos de uniformização jurisprudencial; o prestígio das súmulas dos tribunais superiores, mormente daquelas oriundas do Supremo Tribunal Federal; a previsão legal da súmula impeditiva de recurso; e a positivação constitucional da súmula vinculante, sob a inspiração da doutrina conhecida como *stare decisis*.

---

[15] GRAU, Eros Roberto. *Ensaio e discurso sobre a interpretação:* aplicação do direito. São Paulo: Malheiros, 2002. p. 18.

Tudo isso contribui para a reflexão sobre a relevância da criação judicial da ordem jurídica, que possibilita a ocorrência cada vez mais frequente do fenômeno sociológico das mudanças jurisprudenciais.

O reconhecimento da mudança jurisprudencial só se afigura possível com a constatação de que a jurisprudência desponta como fonte de direito justo, capaz de acompanhar as exigências axiológicas da sociedade. Considerando-se o direito como um fenômeno histórico-cultural e o sistema jurídico como sistema aberto à realidade social, deve-se reconhecer o papel criativo e construtivo do julgador, bem como a capacidade das decisões judiciais de engendrarem uma normatividade jurídica antenada com os valores comunitários.

Decerto, as técnicas de interpretação judicial da lei variam conforme a ideologia que guia a atividade do juiz e o modo como este concebe o seu papel e a sua missão, a concepção dele do direito e suas relações com o Poder Legislativo. O papel do juiz, porém, foi concebido de maneiras bastante diversas através dos tempos.

Os tribunais não devem ser fixos; devem sê-lo os julgamentos, a tal ponto que não sejam estes, jamais, senão um texto preciso da lei, sendo os juízes apenas a boca que pronuncia as palavras da lei. Entendia-se, portanto, que o juiz deveria aplicar literalmente a lei. Tradicionalmente, na mentalidade dos juízes, especialmente nos sistemas de *civil law*, prevalecia a aplicação mecânica da lei, evitando-se, na interpretação, questões valorativas[16].

As teorias contemporâneas sobre interpretação jurídica abandonaram essa posição, justificando esse papel construtivo do juiz, como fundamento para a realização da justiça. Logo, a lei passa a ser apenas uma referência, dela devendo o juiz extrair a interpretação que melhor se ajuste ao caso concreto, ainda que, para tanto, tenha de construir um novo entendimento sobre a lei. É forçoso reconhecer a vitalidade da interpretação construtiva dos juízes e tribunais, pelo que a hermenêutica ganha, hoje, mais vigor diante da rapidez com que a realidade social se

---

[16] MONTESQUIEU, Charles de Secondat, Baron de. *O espírito das leis*: as formas de governo, a federação, a divisão dos poderes, presidencialismo *versus* parlamentarismo. Introdução, tradução e notas de Pedro Vieira Mota. São Paulo: Saraiva, 1996. p. 171.

transforma, atrelada à realização axiológica de um direito potencialmente mais justo.

Existem duas ideologias capazes de orientar a interpretação judicial: a estática, ancorada na visão do legalismo clássico; e a dinâmica, baseada claramente nos influxos do Sociologismo Jurídico[17].

Com efeito, a ideologia estática da interpretação jurídica tem como valores básicos a certeza e a estabilidade, que são os chamados valores estáticos. Segundo essas pautas axiológicas, a norma jurídica deve possuir um significado imutável, determinado pela vontade do legislador, de modo que se devem utilizar somente as interpretações sistemática e literal, já que o conteúdo da norma é aquele positivado, que não pode sofrer alterações em nome da garantia dos mencionados valores.

A seu turno, a ideologia dinâmica da interpretação jurídica considera que a interpretação é atividade que adapta o direito às necessidades presentes e futuras da vida social. Segundo essa concepção ideológica, portanto, a interpretação é atividade criadora. Neste sentido, há criação normativa judicial porque:

a) as decisões judiciais, como as dos órgãos legislativos, possuem uma eficácia geral;

b) as decisões dos juízes são normas individuais;

c) a decisão judicial supõe a criação de uma norma geral que serve de justificação à sentença e que é produto da interpretação;

d) em determinados casos (exemplo: lacunas ou antinomias), os juízes, no processo de decisão judicial, formulam normas novas, não vinculadas a textos normativos preexistentes.

Decerto, a decisão judicial não decorre da pura aplicação da lei a um dado caso concreto. Assumindo a opção pela ideologia dinâmica, o ato de interpretar o direito figura como uma atividade valorativa, que revela a convicção do hermeneuta sobre a situação de fato e sobre a norma jurídica. O juiz, quando interpreta o direito, jamais é neutro. Ele está revelando o seu conjunto de valores, que serve de inspiração para a descoberta da regra ou do princípio jurídico adequados ao caso concreto.

---

[17] GRAU, Eros Roberto. Op. cit., p. 112.

A prática judicial tem demonstrado que, em muitas circunstâncias, a interpretação jurídica, adaptando a lei à realidade social, conduz a uma decisão mais justa. Gradativamente, esse papel construtivo do juiz está ganhando vigor, porquanto o magistrado exerce função criadora, uma vez que reconstrói o fato e pondera as circunstâncias relevantes, escolhendo a norma a ser aplicada de modo mais justo.

Exemplos de mudança jurisprudencial não faltam na história do direito brasileiro, a revelar o papel criativo dos juízes e tribunais: admissão da ideia de inconstitucionalidade por omissão; reconhecimento do furto famélico, por meio da relativização da legalidade estrita pelo princípio da insignificância; consolidação da possibilidade do exercício abusivo dos direitos subjetivos; relativização da autonomia da vontade pela adoção da teoria da imprevisão; utilização dos princípios da boa-fé e do enriquecimento sem causa nas relações privadas; reconhecimento da sociedade de fato, antes mesmo da regulamentação legislativa da união estável; tutela da união homoafetiva; aplicação dos institutos da guarda compartilhada e dos alimentos gravídicos, antes mesmo da criação dos respectivos marcos legais.

7. A AFIRMAÇÃO DO OBJETIVISMO HERMENÊUTICO COMO CONTRIBUIÇÃO DO SOCIOLOGISMO JURÍDICO

Outra concepção propugnada pelo Sociologismo Jurídico é a afirmação do objetivismo hermenêutico em matéria de interpretação e aplicação das leis.

Deveras, o transcurso histórico da hermenêutica jurídica vem sendo marcado pela polarização entre o subjetivismo e o objetivismo. Trata-se de grande polêmica relativa ao referencial que o intérprete do direito deva seguir para desvendar o sentido e o alcance dos modelos normativos, especialmente das normas legais: a vontade do legislador (*voluntas legislatoris*) ou a vontade da lei (*voluntas legis*).

Decerto, a referida dicotomia apresenta conotação ideológica, visto que o subjetivismo tende ao autoritarismo, por privilegiar a figura do legislador, enquanto o objetivismo favorece o anarquismo, pelo predomínio de uma suposta equidade do intérprete. Ademais, enquanto a doutrina subjetivista é defendida no ambiente pós-revolucionário, a doutrina objetivista costuma ser utilizada no momento que antecede a revolução, quando sucede a relativização do direito positivo vigente.

É precisamente no debate que envolve a vontade do legislador (*voluntas legislatoris*) versus a vontade da lei (*voluntas legis*) que começa a problemática central da teoria jurídica da interpretação.

Com efeito, a indagação fulcral para a compreensão da temática consiste em saber se o conteúdo objetivo da lei e, consequentemente, o último escopo da interpretação são determinados e fixados por meio da vontade do legislador original, ou, ao contrário, se o conteúdo objetivo da lei tem autonomia em si mesmo e nas suas palavras, como vontade da lei, enquanto sentido objetivo que é independente do querer subjetivo do mesmo legislador histórico. Eis a indagação fulcral para a compreensão do tema[18].

Sendo assim, a corrente subjetivista pondera que o escopo da interpretação é estudar a vontade histórico-psicológica do legislador expressa na norma. A interpretação deve verificar, de modo retrospectivo, o pensamento do legislador estampado no modelo normativo.

De outro lado, a vertente objetivista preconiza que, na interpretação do direito, deve ser vislumbrada a vontade da lei, que, como sentido objetivo, independe do querer subjetivo do legislador. A norma jurídica seria a vontade transformada em palavras, uma força objetivada independente do seu autor. O sentido incorporado no modelo normativo se apresentaria mais rico do que tudo o que o seu criador concebeu, porque suscetível de adaptação aos fatos e valores sociais.

Neste sentido, a depender do referencial hermenêutico utilizado, a interpretação do direito modulará a própria expressão do discurso jurídico, valorizando a ordem, com a adoção do subjetivismo, ou a mudança, quando iluminada pelo objetivismo.

A interpretação jurídica amplia a eficácia retórica do direito, que é uma linguagem do poder e de controle social. Dependendo da técnica adotada, a interpretação pode exercer uma função estabilizadora ou

---

[18] ENGISCH, Karl. *Introdução ao pensamento jurídico*. Lisboa: Fundação Calouste Gulbenkian, 1988. p. 170.

renovadora da ordem jurídica, já que a ordem jurídica pode ser vista como uma combinação de estabilidade e movimento, não recusando as mutações sociais.

Sendo assim, o direito pretende ser simultaneamente estável e mutável. Todavia, é preciso ressaltar que a segurança perfeita significaria a absoluta imobilidade da vida social, enfim, a impossibilidade da vida humana. Por outro lado, a mutabilidade constante, sem um elemento permanente, tornaria impossível a vida social. Por isso, o direito deve assegurar, apenas, uma dose razoável de ordem e organização social, de tal modo que essa ordem satisfaça o sentido de justiça e dos demais valores por ela implicados[19].

Combinando a exigência de segurança com o impulso incessante por transformação, a hermenêutica jurídica contemporânea se inclina, pois, para a superação do tradicional subjetivismo – *voluntas legislatoris*, em favor de um novo entendimento do objetivismo – *voluntas legis*, realçando o papel do intérprete na exteriorização dos significados da ordem jurídica.

Com base neste redimensionamento do modelo objetivista, pode-se afirmar que o significado jurídico não está à espera do intérprete, como se o objeto estivesse desvinculado do sujeito cognoscente – o hermeneuta. Isto porque conhecimento é um fenômeno que consiste na apreensão do objeto pelo sujeito, não do objeto propriamente dito, em si e por si, mas do objeto como objeto do conhecimento.

O objeto do conhecimento, portanto, é, de certo modo, uma criação do sujeito, que nele põe ou supõe determinadas condições para que possa ser percebido. Nessa perspectiva, não tem sentido referir um conhecimento das coisas em si mesmas, mas apenas de um conhecimento de fenômenos, isto é, de coisas já recobertas por aquelas formas, que são condições de possibilidade de todo conhecimento. Em virtude da função constitutiva do sujeito no âmbito da relação ontognoseológica, não se poderá isolar o intérprete do objeto hermenêutico.

---

[19] ANDRADE, Christiano José de. *O problema dos métodos da interpretação jurídica*. São Paulo: Revista dos Tribunais, 1992. p. 19.

Na acepção mais plena, o sentido não existe, apenas, do lado do texto, nem somente do lado do intérprete, mas como um evento que se dá em dupla trajetória: do texto (que se exterioriza e vem à frente) ao intérprete; e do intérprete (que mergulha na linguagem e a revela) ao texto. Esse duplo percurso sabe da distância que separa texto e intérprete e, nessa medida, sabe que ambos, ainda quando juntos, ocultam-se (velamento) e se mostram (desvelamento). Longe de sugerir metáforas forçadas, a relação entre texto e intérprete lembra muito a que se estabelece entre músico e instrumento musical: sem a caixa de ressonância de um violino, suas cordas não têm nenhum valor, e essas e aquela, sem um violinista, não têm nenhuma utilidade[20].

Logo, o conhecimento dos objetos culturais também não se identifica com o objeto desse conhecimento, o que se impõe, com mais força, na apreensão da cultura humana, à medida que, sendo realidades significativas do espírito, exigem maior criatividade do sujeito para se revelarem em toda plenitude.

O significado objetivo dos modelos normativos é, em larga medida, uma construção dos sujeitos da interpretação jurídica, com base em dados axiológicos extraídos da realidade social. Toda norma se exprime na interpretação que lhe atribui o aplicador. O sentido da norma legal se regenera de modo contínuo, como numa gestação infinita. A interpretação jurídica permite transcender aquilo que já começou a ser pensado pelo legislador, de modo a delimitar a real vontade da lei.

A questão não é, então, saber se o intérprete deve ser médium ou cientista, se pratica obra jurídica ou política, nem se a interpretação participa da criação ou da aplicação das normas jurídicas. Isso depende somente da liberdade que se lhe reconhece ou da fidelidade que se lhe impõe com referência ao direito positivo[21].

Observa-se, assim, que a lei só adquire um sentido com a aplicação que lhe é dada e que o poder assim reconhecido ao intérprete

---

[20] PASQUALINI, Alexandre. Hermenêutica: uma crença intersubjetiva na busca da melhor leitura possível. In: BOUCAULT, Carlos E. de Abreu; RODRIGUEZ, José Rodrigo (Org.). *Hermenêutica plural*. São Paulo: Martins Fontes, 2002. p. 171.
[21] BERGEL, Jean-Louis. *Teoria geral do direito*. São Paulo: Martins Fontes, 2001. p. 320.

atesta a fragilidade da ordem normativa: nenhum preceito da lei, diz-se ainda, recebe seu sentido de um âmago legislativo; torna-se significativo com a aplicação que lhe é dada e graças à interpretação jurídica que esta implica.

Deste modo, a doutrina subjetivista sustenta que toda a interpretação é uma compreensão do pensamento do legislador, desde o aparecimento da norma, ressaltando o papel do aspecto genético.

De outro lado, a doutrina objetivista, influenciada pelo Sociologismo Jurídico, defende uma interpretação atualizada da norma jurídica, ressaltando o papel preponderante dos aspectos estruturais em que a norma vigora na realidade e das técnicas hermenêuticas adequadas para sua captação no conjunto dos fatos e valores de uma sociedade.

8. O RECONHECIMENTO DE UM DIREITO ALTERNATIVO COMO CONTRIBUTO DO SOCIOLOGISMO JURÍDICO

Sob a designação de direito alternativo, abriga-se um conjunto de ideias que problematiza as premissas fundamentais do saber jurídico positivista: a cientificidade, a objetividade, a neutralidade, a estatalidade e a completude do direito positivo. Trata-se de um paradigma teórico, crítico e especulativo, que decorre diretamente do Sociologismo Jurídico.

Sendo assim, a teoria crítica do direito alternativo enfatiza o caráter ideológico do sistema jurídico, equiparando-o a um discurso político de legitimação do poder. O fenômeno jurídico surgiria, em todas as sociedades organizadas, como a institucionalização dos interesses dominantes e da manutenção da hegemonia de uma dada classe social. Em nome das noções de racionalidade, ordem e justiça, restaria ocultada a dominação entre as classes sociais, disfarçada por uma linguagem pretensamente neutra.

Podem ser vislumbrados, na compreensão do direito alternativo, os planos do instituído sonegado, do instituído relido e do instituinte negado. No plano do instituído sonegado, também chamado de positividade combatida, verifica-se a luta contra a superposição da razão instrumental neoliberal à racionalidade formal, que nega a efetividade dos princípios constitucionais e legais. A seu turno, no plano do instituído relido, também denominado uso alternativo do direito, verifica-se a utilização da hermenêutica alternativa, direcionada a todos os operadores do direito, buscando uma nova interpretação das normas jurídicas, de forma mais compatível com a realidade, com base no juízo de equidade e na sua finalidade social. Por sua vez, o plano do instituinte negado corresponde ao direito alternativo em sentido estrito, pressupondo a opção contrária ao direito dominante, oficial ou dogmático, que se caracteriza como um ordenamento legalmente organizado e fundado no monopólio da produção e legitimação das normas jurídicas[22].

Outra tese fundamental do pensamento jurídico alternativo consiste na admissão de que o direito possa não estar integralmente contido na lei, tendo condição de existir independentemente da positivação estatal, devendo o intérprete buscar a justiça, ainda quando não a encontre corporificada na legislação. Ao priorizar uma análise crítica do direito estatal, questionando as estratégias de neutralização da dogmática jurídica e privilegiando a transformação social em detrimento da permanência das instituições jurídicas, o movimento do direito alternativo pretende gestar uma ordem normativa mais legítima, desformalizada e descentralizada.

O discurso crítico do direito alternativo denuncia o caráter fetichizado da cultura jurídica e enfatiza a função alienante das teorias jurídicas na constituição dos efeitos da lei sobre a sociedade. A partir dessa constatação, o discurso crítico considera que as funções que o direito (a lei) cumpre na sociedade não podem ser concebidas à margem dos saberes que o constituem. Assim, o saber jurídico deve ser analisado como parte de uma estrutura coercitiva do direito, ou seja, a instância que permite elaborar as significações não manifestas (ideológicas) dos textos legais[23].

De outro lado, procura-se refletir, a partir do direito alternativo, sobre a atuação concreta dos novos sujeitos sociais, para determinar o espaço político no qual se desenvolvem as práticas sociais que enunciam

---

[22] ARRUDA JÚNIOR, Edmundo Lima de. *Lições de direito alternativo II*. São Paulo: Acadêmica, 1992. p. 159-160.

[23] WARAT, Luis Alberto. *Filosofia do direito*: uma introdução crítica. São Paulo: Moderna, 1996. p. 66.

direitos, bem como para investigar a natureza jurídica do sujeito coletivo capaz de elaborar um projeto político de transformação social e de superação das condições de espoliação do homem pelo homem. Daí advém a noção de pluralismo jurídico, que se manifesta toda vez que, no mesmo espaço, coexistem mais de uma ordem jurídico-normativa, desenvolvendo processos sociais de ordenamento jurídico alternativo como opção ao legalismo positivista, ao formular propostas mais concretas e legítimas de construção de um direito pós-moderno.

Um sistema jurídico-normativo é alternativo, a respeito de outro dominante, quando a efetividade de suas normas, vale dizer, as condutas que motiva, é proibida no sistema dominante, como delitos, faltas, contravenções e descumprimentos em geral, pelo que o direito alternativo significa reconhecer a existência de um fenômeno plural de convivência dialética entre diferentes ordens jurídicas[24].

Diante de tudo quanto foi exposto, o movimento do direito alternativo, em suas diversas acepções, demonstra que o fenômeno jurídico não se manifesta somente no Estado, por meio da elaboração das leis, mas, em verdade, afigura-se como um conjunto de normas produzido pela sociedade civil, pelo que a realização do direito justo não seria o monopólio do Estado, mas, ao revés, a expressão viva e plural das lutas travadas pelos indivíduos e grupos na realidade social e dos embates econômicos, políticos e ideológicos.

9. BALANÇO CRÍTICO DO SOCIOLOGISMO JURÍDICO

Fazendo uma apreciação das teses preconizadas pelo Sociologismo Jurídico, pode-se afirmar que o movimento sociologista merece aplausos por diversos motivos.

Em primeiro lugar, o Sociologismo Jurídico demonstra a íntima relação do direito com o mundo dos fatos sociais, afastando o conhecimento jurídico, a exemplo do que sucedera com o historicismo, da tendência idealista, abstrata e normativista do positivismo legalista.

---

[24] CORREAS, Oscar. *Pluralismo jurídico, alternatividad y derecho indígena*. México: Fontamara, 2003. p. 37.

Ademais, o Sociologismo Jurídico logra realçar a importância da efetividade das normas jurídicas, demonstrando que a validade formal e material das normas jurídicas não assegura necessariamente o cumprimento efetivo de seus preceitos na realidade social, sem o qual a ordem jurídica perde a capacidade de se concretizar no cotidiano social.

Não obstante o quanto exposto, muitas críticas podem ser levantadas ao Sociologismo Jurídico, em face das seguintes razões:

- a valorização da dimensão fática do direito não ofereceria a segurança e a objetividade necessárias ao funcionamento do Estado Democrático de Direito;

- a relativização da legalidade potencializaria a fragmentação da sociedade; a subordinação ao modelo teórico da Sociologia comprometeria a autonomia científica do conhecimento jurídico;

- o modelo sociologista abriria espaço para a instrumentalização político-ideológica do direito;

- a perspectiva sociologista confundiria a causalidade (lógica do ser) com a imputação (lógica do dever-ser) no plano da teoria do conhecimento;

- a abordagem sociologista confundiria a efetividade com a validade no campo dos atributos das normas jurídicas.

SINOPSE

Entre as diversas manifestações do positivismo legalista no Ocidente, afora o Pandectismo Alemão e a Escola Analítica Inglesa, merece especial destaque a chamada Escola de Exegese, surgida na França no início do século XIX, reunindo eminentes juristas (Proudhon, Blondeau, Bugnet, Laurent, Marcadè, Demolombe, Pothier, Duranton), os quais se ocupavam de comentar a codificação napoleônica, por meio de interpretações meramente literais da nova legislação.

Apesar do inegável avanço dogmático propiciado pela Escola de Exegese, mormente no campo do Direito Privado, com a formulação de conceitos, teorias e classificações de inegável utilidade prática, essa corrente positivista acabou valorizando demasiadamente a lei, desprezando as demais fontes estatais e não estatais do direito, além de reduzir o magistrado à condição de mero autômato, no momento tão crucial da interpretação e aplicação da norma jurídica, quando se requer também o exame das dimensões de legitimidade e efetividade do fenômeno jurídico.

O Sociologismo Jurídico pode ser enquadrado como um movimento intelectual de contestação ao positivismo legalista, surgido no final do século XIX, no contexto histórico da Revolução Industrial, como uma proposta de fundamentação da ciência jurídica conforme o modelo empírico e causal preconizado por Augusto Comte, o pai de uma nova ciência: a Sociologia.

O Sociologismo Jurídico se espraiou por todo o mundo ocidental, projetando-se em diversas correntes de pensamento, tais como: o utilitarismo de Jeremy Bentham (Inglaterra); o teleologismo de Rudolf Ihering; o sociologismo de Eugen Ehrlich; e a jurisprudência de interesses de Philipp Heck (Alemanha); o realismo pragmático de Oliver Holmes e a jurisprudência sociológica de Roscoe Pound e de Benjamin Cardoso (Estados Unidos); a livre investigação científica de François Geny (França) e escola de Upsala, formada por Axel Hägerström, Karl Olivecrona e Alf Ross (Escandinávia).

A ciência do direito passa a ser entendida como um mero departamento da Sociologia, ciência enciclopédica dos fatos sociais, que se incumbiria de estudar o direito no plano do ser (mundo real), e não mais na dimensão do dever-ser normativo (mundo ideal), valorizando assim as conexões diretas das normas jurídicas com os fatores econômicos, políticos e ideológicos que constituem a realidade social.

Considerando aportes do paradigma sociologista, aceita-se a ideia de que o sistema jurídico figura como uma ordem aberta, porque o legislador não pode prever, tal como se fosse um oráculo divino, a dinâmica das relações sociais. Decerto, o direito é um fenômeno histórico-cultural, submetido, portanto, às transformações que ocorrem no campo mutável e dinâmico dos valores e dos fatos que compõem a realidade social.

Com base no Sociologismo Jurídico, o conceito de lacuna pode ser considerado, em larga medida, um recurso argumentativo da ciência jurídica, cuja finalidade é permitir a busca de uma decisão mais efetiva na sociedade, superando o conflito entre a dura literalidade da lei (*dura lex, sed lex*) e as exigências peculiares de justiça, conferindo ao intérprete a possibilidade de se valer de fatores extranormativos da realidade social, mediante o uso valorativo dos instrumentos integradores.

Afastando-se da tese do monismo jurídico, que sustenta a exclusividade de um direito criado pelo Estado, e adotando-se a tese do pluralismo jurídico, à luz da concepção sociologista, podem ser vislumbradas tanto fontes jurídicas estatais, produzidas por órgãos do Estado, tais como a legislação ou a jurisprudência, como também fontes jurídicas não estatais, gestadas pelo conjunto dos agentes sociais, e.g., a doutrina, o costume jurídico, o negócio jurídico e o poder normativo dos grupos sociais.

Deve-se reconhecer que não somente os órgãos estatais produzem direito, mas todo o conjunto de agrupamentos humanos que perfazem o conjunto global da sociedade. Recusa-se, assim, a estrita visão monista de uma produção normativa unicamente estatal do direito, em favor do reconhecimento de um novo paradigma de criação pluralista do fenômeno jurídico.

Sob a égide, ainda, do pluralismo jurídico, podem ser vislumbrados exemplos de manifestação do poder normativo dos grupos sociais como fontes jurídicas, tais como os regulamentos elaborados dentro das empresas, os estatutos de associações esportivas ou religiosas e as convenções criadas pelos moradores nos condomínios privados.

Uma das teses mais defendidas pelo Sociologismo Jurídico é a valorização da jurisprudência como fonte de um fenômeno jurídico mais real, concreto e atualizado com as novas demandas sociais.

A doutrina subjetivista sustenta que toda a interpretação é uma compreensão do pensamento do legislador, desde o aparecimento da norma, ressaltando-se o papel do aspecto genético. De outro lado, a doutrina objetivista, influenciada pelo Sociologismo Jurídico, defende uma interpretação atualizada da norma jurídica, ressaltando o papel preponderante dos aspectos estruturais em que a norma vigora na realidade e das técnicas hermenêuticas adequadas para sua captação no conjunto dos fatos e valores de uma sociedade.

O movimento do direito alternativo, em suas diversas acepções, demonstra que o fenômeno jurídico não se manifesta somente no Estado, por meio da elaboração das leis, mas, em verdade, afigura-se como um conjunto de normas produzido pela sociedade civil, pelo que a realização do direito justo não seria o monopólio do Estado, mas, ao revés, a expressão viva e plural das lutas travadas pelos indivíduos e grupos na realidade social e dos embates econômicos, políticos e ideológicos.

O Sociologismo Jurídico demonstra a íntima relação do direito com o mundo dos fatos sociais, afastando o conhecimento jurídico, a exemplo do que sucedera com o historicismo, da tendência idealista, abstrata e normativista do positivismo legalista. Ademais, logra realçar a importância da efetividade das normas jurídicas, demonstrando que a validade formal e material das normas jurídicas não assegura necessariamente o cumprimento efetivo de seus preceitos na realidade social, sem o qual a ordem jurídica perde a capacidade de se concretizar no cotidiano social.

Muitas críticas podem ser levantadas, contudo, ao Sociologismo Jurídico, em face das seguintes razões: a valorização da dimensão fática do direito não ofereceria a segurança e a objetividade necessárias ao funcionamento do Estado Democrático de Direito; a relativização da legalidade potencializaria a fragmentação da sociedade; a subordinação ao modelo teórico da Sociologia comprometeria a autonomia científica do conhecimento jurídico; o modelo sociologista abriria espaço para a instrumentalização político-ideológica do direito; a perspectiva sociologista confundiria a causalidade (lógica do ser) com a imputação (lógica do dever-ser) no plano da teoria do conhecimento; e a abordagem sociologista confundiria a efetividade com a validade no campo dos atributos das normas jurídicas.

CAPÍTULO 5

A Normatividade Ética, a Sociedade e o Direito

1. NOÇÕES INTRODUTÓRIAS

Nesta parte da obra, pretende-se destacar os modelos normativos de organização da vida social, desde as normas técnicas até as diversas modalidades de normas éticas – normas de etiqueta, morais e jurídicas. Serão também examinados, com maior minudência, os critérios científicos que permitem diferenciar as normas morais das jurídicas, tendo em vista a melhor compreensão do papel do direito como ordem normativa de regulação dos comportamentos na sociedade humana.

2. A SOCIEDADE HUMANA E A EXPERIÊNCIA NORMATIVA

As sociedades humanas, diferentemente das outras sociedades de seres vivos, não são regidas por um rígido determinismo biológico, porquanto o ser humano transcende o plano das vivências exclusivamente instintivas. Sendo assim, torna-se necessário organizar um sistema de controle social capaz de harmonizar a convivência das diversas esferas de liberdade individual e regular as interações da conduta humana.

Cada grupo humano e indivíduo singular, enquanto almeja objetivos a atingir, estipula também os meios mais adequados, ou aqueles que julga mais adequados para atingi-los. A relação meio/fim dá, geralmente, origem a regras de conduta do tipo: se você quer atingir o objetivo A, *deve* praticar a ação B. Eis, portanto, a natureza imputativa da normatividade social: um conjunto de estruturas de dever-ser que orienta o comportamento humano[1].

Nesse sentido, são produzidas normas sociais que estabelecem as pautas de dever-ser comportamental, prescrevendo qual deve ser o comportamento socialmente aceito e qual a punição aplicada na hipótese de descumprimento dos preceitos normativos que são estabelecidos pela sociedade.

Do ângulo da normatividade social, a conduta humana pode figurar como objeto de duas considerações: ética e técnica. Neste último prisma temático, estaremos sempre que considerarmos qualquer ato no sentido oposto ao temporal, isto é: dos fins para os meios. Se, ao revés, a consideração da conduta seguir o sentido temporal – dos meios para os fins –, teremos uma consideração ética. Para o campo ético, a escolha do meio não tem por objeto sua maior eficácia, mas, em verdade, a sua maior adequação aos valores sociais.

As normas técnicas buscam disciplinar o comportamento humano de modo axiologicamente neutro, priorizando a realização de certos fins em detrimento dos meios empregados pelo agente social, tendo em vista a otimização dos resultados *(v.g.*, normas da ABNT para o enquadramento formal dos trabalhos científicos).

Por sua vez, as normas éticas regulam a conduta humana de modo a preservar o valor do justo, priorizando o uso de meios socialmente legítimos para a realização de um comportamento que materialize uma dada finalidade. As normas éticas integram uma categoria genérica que comporta, ainda, as normas de etiqueta, as morais e as jurídicas.

As normas de etiqueta são pautas comportamentais que disciplinam certos hábitos de polidez ou decoro no tratamento com as pessoas ou com as coisas, regulando aspectos éticos de menor relevância para a vida social, visto que a sociedade sobrevive sem essas normas de trato social, por exemplo, as normas para uso de talheres no jantar.

---

[1] BOBBIO, Norberto. *Teoria da norma jurídica*. Bauru: Edipro, 2003. p. 26.

O descumprimento de uma norma de etiqueta configura uma descortesia, gerando uma sanção social de índole difusa. Essa punição social é considerada difusa porque todo e qualquer ator social pode aplicá-la por meio de manifestações concretas de ostracismo (sorriso, olhar, silêncio, gesto), não havendo, portanto, monopólio ou exclusividade institucional na aplicação desse expediente sancionatório. Outra característica da chamada sanção difusa reside na sua natureza espontânea, porque brota do seio das relações humanas, sem que seja possível prever, antecipadamente, o seu conteúdo e a sua intensidade como reação social à descortesia.

As normas morais são cânones de comportamento que disciplinam aspectos éticos mais relevantes para o convívio grupal. Os valores regulados pela moral já traduzem uma maior importância no sentido de assegurar o equilíbrio e a coesão da sociedade. A falta de cumprimento de uma norma moral configura uma imoralidade, forma mais grave de infração social, oportunizando também a aplicação de uma sanção de natureza difusa, geralmente mais contundente que aquela punição oriunda de uma mera descortesia. É o que sucede quando um grupo de amigos exclui do convívio grupal um indivíduo reconhecido como um mentiroso contumaz, em face de seu comportamento imoral.

Como se verifica do exposto, a sanção difusa apresenta diversos graus de gravidade. Parte-se da pura e simples reprovação para chegar-se até a eliminação do grupo, que pode consistir em alguma forma de isolamento no interesse próprio do grupo ou em uma verdadeira expulsão. A forma mais grave dessa modalidade de sanção social é o linchamento, que é uma típica sanção de grupo, expressão daquela forma primitiva, espontânea e irrefletida de vingança pelo grupo social.

Os defeitos da sanção difusa, aplicada nas situações de descortesia e de imoralidade, são representados pela incerteza do seu êxito, pela inconstância da sua aplicação e pela falta de medida na relação entre violação e resposta. Esses inconvenientes decorrem do fato de que este tipo de sanção não é institucionalizado, ou seja, não é regulado por normas fixas, precisas, cuja execução esteja confiada estavelmente a alguns membros do grupo, expressamente designados para isto.

De outro lado, as normas jurídicas são normas sociais que correspondem ao chamado "mínimo ético", visto que, ao disciplinarem a interação do comportamento humano em sociedade, estabelecem os padrões de conduta e os valores indispensáveis para a sobrevivência de um dado grupo social. Isso ocorre porque o direito está situado na última fronteira do controle social, configurando o núcleo duro das instâncias de normatividade ética, atuando a sanção jurídica quando o espírito transgressor ingressa na zona mais restrita do juridicamente proibido, pois, sendo a vida humana a expressão de uma liberdade essencial, tudo que não está juridicamente proibido está juridicamente permitido.

Do tipo de agrupamento social depende a conformação de sua ordem jurídica, destinada a satisfazer as necessidades essenciais do indivíduo e da coletividade, dirimindo possíveis conflitos de interesses e assegurando a justa e equilibrada continuidade das relações sociais, pois onde houver uma sociedade humana sempre haverá o fenômeno jurídico, tal como se pode depreender do tradicional e sábio brocardo latino: *ubi societas, ibi jus* – onde existe sociedade, existe o direito[2].

Por sua vez, o descumprimento de uma norma jurídica gera uma ilicitude, a mais grave forma de infração social, quando comparada com a descortesia e com a imoralidade. A sanção oriunda de uma ilicitude apresenta natureza organizada, porque já está previamente determinada no sistema jurídico-normativo, ao contrário do que sucede com a mencionada sanção difusa.

Ademais, o Estado (Poder Judiciário, Administração Pública ou Parlamento) detém o monopólio da aplicação da sanção jurídica (indenização por perdas e danos, multa, privação de liberdade, suspensão de direitos políticos), enquanto a sanção difusa pode ser aplicada por qualquer agente social, diante das manifestações de descortesia ou de imoralidade.

Saliente-se, ainda, a natureza histórico-cultural dos padrões de normatividade ética, porquanto as noções de cortesia, moralidade e licitude podem variar no tempo e no espaço. É o que sucede com a poligamia, aceita pelos parâmetros éticos de sociedades orientais islâmicas e, ao revés, condenada como imoralidade e ilicitude em muitas sociedades ocidentais de base judaico-cristã.

---

[2] GUSMÃO, Paulo Dourado de. *Introdução ao estudo do direito*. Rio de Janeiro: Forense, 2003. p. 31.

Ademais, as esferas comportamentais reguladas pelas normas de etiqueta, normas morais e normas jurídicas não estão isoladas, sendo possível, por exemplo, que uma mesma conduta humana seja reprovada tanto pela moral quanto pelo direito. Muitas proibições morais são também proibições jurídicas.

É o que ocorre com a proibição de matar. Estabelecida, comumente, no âmbito dos Códigos Penais do Ocidente, como um preceito normativo que, uma vez descumprido, configura o crime de homicídio, o ato de matar outrem é passível de punição organizada pelo Estado, sem prejuízo da aplicação de uma sanção difusa pelo conjunto da opinião pública, pois esse comportamento revela-se também imoral, por violar uma prescrição moral internalizada pela sociedade judaico-cristã a partir do reconhecimento da importância ético-valorativa do Decálogo Bíblico.

3. NORMAS MORAIS *VERSUS* NORMAS JURÍDICAS: CRITÉRIOS DISTINTIVOS

No plano da Sociologia do Direito, torna-se importante aprofundar a diferenciação entre dois principais tipos de normatividade ética: as normas morais e as normas jurídicas.

A análise comparativa entre a ordem moral e a jurídica é importante não apenas quando indica os pontos de distinção, mas também quando destaca os focos de convergência, pois a compreensão cabal do direito não pode prescindir do exame dos intricados problemas que essa matéria apresenta para o estudioso da ciência jurídica, mormente ao constatar-se que direito e moral não se excluem por completo, mas, ao revés, mutuamente se complementam e se influenciam no plano ético[3].

Embora existam muitos pontos de confluência das normas morais com as normas jurídicas, pode-se afirmar que a moral se manifesta, prevalentemente, como uma instância de normatividade ética de natureza autônoma, interior, unilateral e menos coercitiva do que o direito, tutelada por meio de um conjunto de sanções difusas aplicadas pela opinião pública; enquanto o direito figura como uma instância de normatividade

---

[3] NADER, Paulo. *Introdução ao estudo do direito*. Rio de Janeiro: Forense, 2003. p. 33.

ética de natureza heterônoma, exterior, bilateral e mais coercitiva do que os padrões de moralidade social, protegida por um complexo institucional de sanções organizadas, que são aplicadas pelo Estado.

Fincadas essas premissas, convém decompor analiticamente os elementos que justificam a distinção entre a moral e o direito, à luz dos seguintes binômios: autonomia *versus* heteronomia; interioridade *versus* exterioridade; unilateralidade *versus* bilateralidade; menor grau de coercitividade *versus* maior grau de coercitividade; sanção difusa *versus* sanção organizada.

As normas morais se revelam como instâncias autônomas de normatização do agir humano, porque o sujeito moral ostenta a prerrogativa de orientar-se conforme a sua vontade. Nesse sentido, o sujeito moral adere ou não ao preceito da moralidade, não podendo ser obrigado por outrem a se comportar em conformidade com os padrões morais. As normas jurídicas são heterônomas, uma vez que impostas por um ente distinto do indivíduo (como no caso de uma lei produzida pelo Estado), independentemente da vontade do sujeito de direito. Logo, a norma jurídica deve ser acatada sem a prévia concordância dos agentes sociais.

De outro lado, as normas morais se dirigem para as dimensões interiores da existência humana, porque regulam a consciência individual. No plano das normas morais, a sanção é puramente interior. A única consequência desagradável da violação de uma norma moral seria o sentimento de culpa, um estado de incômodo, de perturbação ou de angústia. Daí a razão pela qual o mau pensamento pode ser uma imoralidade, cuja sanção deve se manifestar como remorso ou arrependimento. A seu turno, as normas jurídicas necessitam de comportamentos exteriores para serem aplicadas. Essa é a razão pela qual os crimes, para serem punidos, exigem a materialização de certos comportamentos, não se podendo sancionar a mera cogitação de um delito na mente do criminoso. A sanção jurídica é, portanto, externa, produzindo efeitos no plano empírico dos fatos ou fenômenos sociais.

As normas morais são unilaterais, porque estão destinadas à disciplina do comportamento de um indivíduo isolado. Decerto, a conduta humana pode ser vislumbrada em interferência subjetiva (o fazer e o omitir de um mesmo sujeito) – ângulo da moral – ou visualizada em interferência intersubjetiva (correlação entre o fazer de um e o impedir de outro ou de outros seres humanos) – perspectiva do direito. Saliente-se que só a sanção jurídica é exigível, o que significa poder atualizar-se por meio da via judicial. O dever moral não pode ser, portanto, exigido compulsoriamente por outro agente social. Logo, não se pode obrigar alguém, por exemplo, a conceder esmolas, para seguir um preceito de moralidade cristã.

As normas jurídicas são bilaterais, porque regulam sempre uma relação intersubjetiva. O direito enfoca a conduta em sua interferência intersubjetiva (correlação entre o fazer de um e o impedir de outro). Daí que a norma jurídica mencione não apenas o dever que tem um sujeito, mas um dever perante o outro sujeito, que tem, portanto, o direito, a faculdade de exigir-lhe a prestação.

Em toda relação jurídica, é possível identificar um sujeito ativo, titular da faculdade de exigir um dever jurídico, e um sujeito passivo, obrigado ao cumprimento deste mesmo dever jurídico. Este pode ser exigido institucionalmente, por meio da instauração de um processo administrativo ou jurisdicional, quando se propõe uma ação, o que ocorre, por exemplo, quando o credor (sujeito ativo) promove a execução judicial de uma dívida assumida pelo devedor (sujeito passivo).

As normas morais são, geralmente, menos coercitivas do que as normas jurídicas, atuando no psiquismo do potencial infrator de modo menos contundente, já que o temor da aplicação de uma sanção moral é menor que a aflição gerada pela possibilidade de materialização de uma sanção jurídica.

As normas jurídicas são, geralmente, mais coercitivas do que as normas morais, atuando no psiquismo do potencial infrator de modo mais contundente, já que o temor da aplicação de uma sanção jurídica é maior que a aflição gerada pela possibilidade de materialização de uma sanção moral. Na maioria das vezes, é preferível praticar um pecado (imoralidade religiosa) a realizar uma ilicitude, que pode acarretar um maior constrangimento ao indivíduo, seja de natureza patrimonial (indenização por perdas e danos), seja de natureza pessoal (privação da liberdade).

Inicialmente, as sanções impostas pelas normas morais apresentam-se difusas, porque se originam do descumprimento da moralidade social e são aplicadas por todo e qualquer indivíduo, de forma espontânea e concreta, sem que se possa antecipar o seu conteúdo e a sua intensidade.

Por sua vez, as sanções impostas pelas normas jurídicas são organizadas, porque o Estado detém o monopólio da aplicação da sanção jurídica conforme o devido processo legal. Essa sanção jurídica está prevista institucionalmente no sistema normativo do direito positivo, podendo ser conhecido de antemão o seu conteúdo pelos agentes sociais.

Deste modo, qualquer sujeito de direito pode, antecipadamente, saber qual deve ser a sanção jurídica a ser aplicada na hipótese de furto – o ato de subtrair, para si ou para outrem, coisa alheia móvel – visto que o art. 155 do Código Penal vigente estatui, abstratamente, a pena de reclusão, de 1 (um) a 4 (quatro) anos, e multa.

SINOPSE

As sociedades humanas, diferentemente das outras sociedades de seres vivos, não são regidas por um rígido determinismo biológico, porquanto o ser humano transcende o plano das vivências exclusivamente instintivas. Sendo assim, torna-se necessário organizar um sistema de controle social capaz de harmonizar a convivência das diversas esferas de liberdade individual e regular as interações da conduta humana.

Nesse sentido, são produzidas normas sociais que estabelecem as pautas de dever-ser comportamental, prescrevendo qual deve ser o comportamento socialmente aceito e qual deve ser a punição aplicada na hipótese de descumprimento dos preceitos normativos que são estabelecidos pela sociedade.

Do ângulo da normatividade social, a conduta humana pode figurar como objeto de duas considerações: ética e técnica. Neste último prisma temático, estaremos sempre que considerarmos qualquer ato no sentido oposto ao temporal, isto é: dos fins para os meios. Se, ao revés, a consideração da conduta seguir o sentido temporal – dos meios para os fins –, teremos uma consideração ética. Para o campo ético, a escolha do meio não tem por objeto sua maior eficácia, mas, em verdade, a sua maior adequação aos valores sociais.

As normas técnicas buscam disciplinar o comportamento humano de modo axiologicamente neutro, priorizando a realização de certos fins em detrimento dos meios empregados pelo agente social, tendo em vista a otimização dos resultados.

Por sua vez, as normas éticas regulam a conduta humana de modo a preservar o valor do justo, priorizando o uso de meios socialmente legítimos para a realização de um comportamento que materialize uma dada finalidade. As normas éticas integram uma categoria genérica que comporta, ainda, as normas de etiqueta, as normas morais e as normas jurídicas.

As normas de etiqueta são pautas comportamentais que disciplinam certos hábitos de polidez ou decoro no tratamento com as pessoas ou com as coisas, regulando aspectos éticos de menor relevância para a vida social, visto que a sociedade sobrevive sem essas normas de trato social, por exemplo, as normas para uso de talheres no jantar.

O descumprimento de uma norma de etiqueta configura uma descortesia, gerando uma sanção social de índole difusa. Essa punição social é considerada difusa porque todo e qualquer ator social pode aplicá-la por meio de manifestações concretas de ostracismo (sorriso, olhar, silêncio, gesto), não havendo, portanto, monopólio ou exclusividade institucional na aplicação desse expediente sancionatório. Outra característica da chamada sanção difusa reside na sua natureza espontânea, porque brota do seio das relações humanas, sem que seja possível prever, antecipadamente, o seu conteúdo e a sua intensidade como reação social à descortesia.

As normas morais são cânones de comportamento que disciplinam aspectos éticos mais relevantes para o convívio grupal. Os valores regulados pela moral já traduzem uma maior importância no sentido de assegurar o equilíbrio e a coesão da sociedade. A falta de cumprimento de uma norma moral configura uma imoralidade, forma mais grave de infração social, oportunizando também a aplicação de uma sanção de natureza difusa, geralmente mais contundente que aquela punição oriunda de uma mera descortesia. É o que sucede quando um grupo de amigos exclui do convívio grupal um indivíduo reconhecido como um mentiroso contumaz, em face de seu comportamento imoral.

De outro lado, as normas jurídicas são normas sociais que correspondem ao chamado "mínimo ético", visto que, ao disciplinarem a interação do comportamento humano em sociedade, estabelecem os padrões de conduta e os valores indispensáveis para a sobrevivência de um dado grupo social. Isso ocorre porque o direito está situado na última fronteira do controle social, configurando o núcleo duro das instâncias de normatividade ética, atuando a sanção jurídica quando o espírito transgressor ingressa na zona mais restrita do juridicamente proibido, pois, sendo a vida humana a expressão de uma liberdade essencial, tudo que não está juridicamente proibido está juridicamente permitido.

Por sua vez, o descumprimento de uma norma jurídica gera uma ilicitude, a mais grave forma de infração social, quando comparada com a descortesia e com a imoralidade. A sanção oriunda de uma ilicitude apresenta natureza organizada, porque já está previamente determinada no sistema jurídico-normativo, ao contrário do que sucede com a mencionada sanção difusa.

Embora existam muitos pontos de confluência das normas morais com as normas jurídicas, pode-se afirmar que a moral se manifesta, prevalentemente, como uma instância de normatividade ética de natureza autônoma, interior, unilateral e menos coercitiva do que o direito, tutelada por meio de um conjunto de sanções difusas aplicadas pela opinião pública; enquanto o direito figura como uma instância de normatividade ética de natureza heterônoma, exterior, bilateral e mais coercitiva do que os padrões de moralidade social, protegida por um complexo institucional de sanções organizadas, que são aplicadas pelo Estado.

CAPÍTULO 6

O Processo de Controle Social e o Direito

1. NOÇÕES INTRODUTÓRIAS

Nesta parte da obra, pretende-se examinar o controle social como tema fundamental para a Sociologia do Direito. Para tanto, serão apresentados o conceito, as tipologias e os mecanismos de atuação do sistema de controle social, enfocando-se preferencialmente o papel desempenhado pela ordem jurídica. Outrossim, será demonstrado como a ilicitude e as sanções jurídicas, negativas e positivas, articulam-se nos processos sociológicos de controle das ações humanas em sociedade.

2. CONCEITO DE CONTROLE SOCIAL

O controle social é um processo sociológico de modelagem dos comportamentos humanos e de adequação da personalidade individual aos cânones socialmente aceitos. Trata-se, portanto, do processo de construção da dimensão social da vida humana, que se desenvolve por meio de diversas instituições e de variadas instâncias normativas.

O controle social constitui um tema central da Sociologia. O termo aparece em estudos sociológicos no final do século XIX, quando se examinaram os meios que aplica a sociedade para pressionar o indivíduo a adotar um comportamento conforme os valores e cânones sociais, para, dessa forma, garantir uma convivência humana equilibrada e pacífica[1].

Com efeito, o processo de controle social acompanha os diversos momentos da coexistência humana em sociedade, desde o nascimento até a morte do indivíduo, definindo e estimulando padrões comportamentais, cuja violação implicará o estabelecimento de punições para as infrações ou condutas desviantes.

3. TIPOLOGIAS DE CONTROLE SOCIAL

O controle social pode ser classificado por meio das seguintes categorias:

3.1 Controle social primário *versus* controle social secundário

O controle social primário é aquele controle exercido pelos primeiros agrupamentos humanos que conformam a existência individual, nas etapas iniciais de socialização. Caracteriza-se pela informalidade e pelo apego às emoções nas interações comportamentais. Ex.: o controle social exercido no âmbito familiar das relações interpessoais entre pais e filhos.

O controle social secundário é aquele exercido por agrupamentos humanos maiores, que conformam a existência individual, nas etapas mais avançadas de socialização. Caracteriza-se pela formalidade e pela institucionalização dos padrões de interação comportamental. Ex.: o controle social exercido no âmbito estatal das relações entre governantes e governados.

3.2 Controle social preventivo *versus* controle social repressivo

O controle social preventivo abarca o conjunto de mecanismos que a sociedade oferece para evitar a ocorrência de infrações éticas (ex.:

---

[1] SABADELL, Ana Lucia. *Manual de sociologia jurídica*: introdução a uma leitura externa do direito. 4. ed. São Paulo: Revista dos Tribunais, 2008. p. 149.

descortesia, imoralidade ou ilicitude), a fim de induzir a adequação do comportamento aos cânones socialmente aceitos. Para isso, se vale tanto da coercitividade gerada pelas normas sociais (ameaça psicológica de aplicação de uma sanção-castigo) como também do uso de sanções positivas de natureza premial (recompensas ou estímulos que a sociedade fornece para potencializar os comportamentos socialmente aceitos).

O controle social repressivo abarca o conjunto de mecanismos que a sociedade oferece para repreender as infrações éticas já consumadas, por meio da imposição coativa de sanções-castigo, as quais podem constranger o patrimônio (sanções patrimoniais) ou a pessoa (sanções pessoais) do próprio infrator nas hipóteses de descortesia, imoralidade ou ilicitude.

4. MECANISMOS DE CONTROLE SOCIAL

O sistema de controle social apresenta dois mecanismos básicos: a socialização e as sanções normativas.

A socialização é o processo de assimilação de valores, visões de mundo e padrões comportamentais pelos agentes sociais. O homem, desde o nascimento até a morte, passa por esse processo sociológico. A socialização é a base do controle social, ou seja, é o processo de introjetar valores e padrões de conduta.

Opera, portanto, a socialização com a conformação da personalidade individual, viabilizando a permanente internalização de valores, crenças e padrões de conduta. A socialização ensina, portanto, o indivíduo a antecipar as expectativas sociais quanto ao próprio comportamento, possibilitando a adequação das suas ações aos cânones socialmente aceitos.

É por meio dessa antecipação de expectativas que as pessoas podem fazer o que a sociedade almeja. A socialização jamais poderá ser integral ou absoluta, visto que a vida humana é essencialmente liberdade e que esta já está incrustada em todo ser.

Por sua vez, as sanções normativas complementam o mecanismo de socialização. Tais sanções são aplicadas quando há a prática de comportamentos que transgridam a uma norma ético-social. A própria sociedade se incumbe de aplicar a sanção. A transgressão a uma norma de etiqueta corresponde a uma descortesia; a transgressão a uma norma moral corresponde a uma imoralidade; a transgressão a uma norma jurídica corresponde a um ilícito. Em todas essas situações, será aplicada uma sanção de natureza difusa ou organizada.

5. CONTROLE SOCIAL E O PAPEL DO DIREITO

O direito está situado na última fronteira do controle social, configurando o núcleo duro das instâncias de normatividade ética, atuando a sanção jurídica quando o espírito transgressor ingressa na zona mais restrita do juridicamente proibido, pois, sendo a vida humana a expressão de uma liberdade essencial, tudo que não está juridicamente proibido está juridicamente permitido.

O direito é, portanto, o modo mais formal do controle social formal, pois sua função é a de socializador em última instância, já que sua presença e sua atuação só se fazem necessárias quando as anteriores barreiras que a sociedade ergue contra a conduta antissocial foram ultrapassadas, superando as condições de mera descortesia, simples imoralidade, até alcançar o nível mais grave do ilícito[2].

Por sua vez, o descumprimento de uma norma jurídica gera uma ilicitude, a mais grave forma de infração social, quando comparada com a descortesia e com a imoralidade. A sanção oriunda de uma ilicitude apresenta natureza organizada, porque já está previamente determinada no sistema jurídico-normativo, ao contrário do que sucede com a mencionada sanção difusa.

O controle social é exercido pelo direito, primeiramente, por meio da prevenção geral, aquela coação psicológica ou intimidação exercida sobre todos, mediante a ameaça de uma pena para o transgressor da norma. Em segundo lugar, o controle é também realizado pela repressão, com a segregação do transgressor do meio social, ou a aplicação de uma pena pecuniária, indenizatória, para ter, da próxima vez que se sentir inclinado a transgredir a norma jurídica, maior estímulo no sentido de ajustar sua conduta às condições existenciais[3].

---

[2] MACHADO NETO, Antônio Luís. *Sociologia jurídica*. São Paulo: Saraiva, 1987. p. 166.
[3] CAVALIERI FILHO, Sérgio. *Programa de sociologia jurídica*. Rio de Janeiro: Forense, 2004. p. 85.

Ademais, saliente-se que o Estado (Poder Judiciário, Administração Pública ou Parlamento) detém o monopólio da aplicação da sanção jurídica (indenização por perdas e danos, multa, privação de liberdade, suspensão de direitos políticos), enquanto a sanção difusa pode ser aplicada por qualquer agente social, diante das manifestações de descortesia ou de imoralidade.

6. A ILICITUDE COMO OBJETO SOCIOLÓGICO

A ilicitude é aquele elemento da relação jurídica que designa a conduta humana do sujeito passivo que se revela contrária ao dever jurídico, previsto abstratamente na norma jurídica e exigido bilateralmente pelo sujeito ativo que tituwlariza um dado direito subjetivo.

Uma norma jurídica prescreve o que deve ser, mas aquilo que deve ser não corresponde sempre ao que é no plano das interações comportamentais da sociedade. Se a ação humana real não corresponde à ação prescrita no modelo normativo, afirma-se que a norma jurídica foi violada pelo infrator. À violação desse preceito da normatividade jurídica dá-se o nome de ilícito[4].

Durante muito tempo, a ciência jurídica enxergou o ilícito como a manifestação do antidireito, afastando a ilicitude do campo próprio das especulações do jurista. Partia-se da concepção da norma jurídica como comando ou imperativo, desde que o positivismo legalista do século XIX utilizou a nota da coatividade para caracterizar a ordem jurídica.

No século XX, coube a Hans Kelsen[5] objetar a tese do imperativismo normativo, com a sua formulação da norma jurídica não mais como um imperativo, mas, isto sim, como duplo juízo hipotético: "Dada a não prestação, deve ser sanção" – o preceito primário que enuncia a ilicitude – e "Dado um fato temporal, deve ser prestação" – o preceito secundário que expressa a licitude.

Foi com base nisso que o egologismo existencial logrou situar o ilícito como resultado da não prestação ou do inadimplemento do dever jurídico, abrindo margem para a sua consequência – a sanção.

---

[4] BOBBIO, Norberto. *Teoria da norma jurídica*. Bauru: Edipro, 2003. p. 152.
[5] KELSEN, Hans. *Teoria pura do direito*. 4. ed. São Paulo: Martins Fontes, 1994.

Enquanto Hans Kelsen exacerbou a importância da ilicitude no direito, elemento constante do raciocínio jurídico fundamental – o preceito primário ("Dada a não prestação, deve ser sanção"), Carlos Cossio incluiu o ilícito como uma das possibilidades de manifestação da liberdade humana, ao lado da licitude, a saber: "Dado um fato temporal, deve ser prestação pelo sujeito obrigado em face do sujeito pretensor (licitude)" ou "Dada a não prestação, deve ser sanção pelo funcionário obrigado em face da comunidade pretensora (ilicitude)".

Com a negação kelseniana ao imperativismo normativo, foi possível a colocação intrassistemática do ilícito como elemento do raciocínio que pensa a relação jurídica, vale dizer, como condição imputativamente enlaçada à sanção, ressalvando-se, contudo, o exagero da teoria pura do direito de considerar a ilicitude como a *ratio essendi* do próprio fenômeno jurídico[6].

No tocante ao tema, a dogmática jurídica procura oferecer critérios distintivos entre a ilicitude penal e a ilicitude civil. Sucede que não há critérios universais, sendo preferível entender o caráter histórico condicionado desta dicotomia, afigurando-se a utilidade da visão sociológica de Émile Durkheim sobre o tema.

Com efeito, sustenta o grande mestre da Escola Objetiva Francesa que a transição da ilicitude penal para a ilicitude civil pode ser compreendida com base no aumento da divisão social do trabalho e da especialização funcional nas sociedades ocidentais.

Decerto, nas sociedades primitivas, regidas pela solidariedade mecânica, a consciência coletiva prevaleceria sobre o indivíduo, assumindo o direito uma feição prevalentemente repressiva. O ilícito seria uma nódoa a ser apagada do tecido social, sendo utilizadas sanções penais de exclusão social, *v.g.*, banimento e pena de morte.

Com o crescimento demográfico e o incremento da divisão social do trabalho, as sociedades mais avançadas não poderiam prescindir da individualização dos atores sociais, adquirindo o direito uma fisionomia mais restitutiva, porque voltada para a restauração do estado anterior à

---

[6] MACHADO NETO, Antônio Luís. *Compêndio de introdução à ciência do direito*. São Paulo: Saraiva, 1988. p. 184.

lesão do bem jurídico, sendo aplicadas, em sua maioria, sanções civis, *e.g.*, indenização de perdas e danos.

7. A SANÇÃO JURÍDICA COMO FENÔMENO SOCIOLÓGICO

Entende-se por sanção uma consequência desagradável da ofensa a um dever ético, cujo fim é prevenir a violação ou, no caso em que a violação seja verificada, eliminar as consequências nocivas do ato infrator. O fim da sanção é a eficácia da normatividade social, ou, em outras palavras, a sanção é um expediente para se conseguir que as normas sejam menos violadas ou que as consequências da violação sejam menos graves.

No campo da ciência do direito, a sanção figura como um dos elementos integrantes da relação jurídica, designando a consequência atribuída pelo sistema jurídico à prática da ilicitude pelo sujeito passivo, seja por meio da imposição de um constrangimento pessoal ao praticante do ilícito, seja pela aplicação de um constrangimento patrimonial ao infrator.

Quando a ação humana real não corresponde à ação prescrita, afirma-se que a norma jurídica foi violada, despontando a sanção jurídica como a resposta à violação desse preceito normativo, que configura a ilicitude. Todo sistema normativo do direito admite, assim, a possibilidade dessa violação e um conjunto de expedientes sancionatórios para fazer frente a essa modalidade de infração social.

Com o objetivo de evitar os inconvenientes da sanção moral interna, isto é, sua escassa eficácia, e os da sanção externa difusa, sobretudo a falta de proporção entre violação e resposta, o grupo social institucionaliza a sanção, ou seja, além de regular os comportamentos dos cidadãos, regula a reação aos comportamentos contrários. Esta sanção se distingue da moral por ser externa, isto é, por ser uma resposta de grupo, e da social por ser institucionalizada, isto é, por ser regulada, em geral, com as mesmas formas e por meio das mesmas fontes de produção das regras primárias[7].

Do ângulo sociojurídico, é possível conceber o direito como instrumento de controle social e de modelagem dos comportamentos humanos. Além da socialização – processo de internalização subjetiva de valores,

---

[7] BOBBIO, Norberto. *Teoria da norma jurídica*, cit., p. 159.

crenças ou padrões de conduta –, dispõem a sociedade e as respectivas agências de controle social de sanções para reprimir a conduta desviante, visto que a socialização integral não é possível (liberdade ontológica da vida humana).

As sanções aplicadas pela agência de controle (família, igreja, escola, empresa, Estado) decorrem da infração às regras de convivência social (normas de etiqueta, normas morais e jurídicas). Enquanto a descortesia e a imoralidade são sancionadas difusamente de modo espontâneo, a ilicitude é sancionada de forma organizada. Isto porque, desde que a humanidade se afastou dos expedientes da vingança privada, da ordália e do talião, o Estado moderno ocidental dispõe de um aparato judicante autorizado a aplicar e impor inexoravelmente as sanções jurídicas.

O sentido de uma cominação é que um mal será aplicado sob determinados pressupostos; o sentido da ordem jurídica é que certos males devem, sob certos pressupostos, ser aplicados, que – numa fórmula mais genérica – determinados atos de coação devem, sob determinadas condições, ser executados. Os atos de coação estatuídos pela ordem jurídica são chamados de sanções, pois o direito figura como uma ordem coativa, não no sentido de que ele produz coerção psíquica, mas no sentido de que estatui atos coativos, designadamente a privação coercitiva da vida, da liberdade, de bens econômicos e outros, como consequência dos pressupostos por ele estabelecidos[8].

A noção de sanção jurídica está associada ao significado de coerção (elemento psicossocial de antecipação dos elementos aflitivos da sanção) e ao sentido de coação (atualização do expediente sancionatório pelo emprego da força). Decerto, o direito positivo congrega coerção e coação, notando-se, na evolução jurídica, a ênfase à coercitividade. Isto porque, ao nível da coerção, o constrangimento da liberdade permite a atuação preventiva do controle social, dispensando o emprego da violência legítima do Estado.

Durkheim já afirmava que o direito figura como o fato social mais coercitivo. Hoje, reconhece-se o valor da coerção como modalidade de

---

[8] KELSEN, Hans. *Teoria pura do direito*. 7. ed. Trad. João Baptista Machado. São Paulo: Martins Fontes, 2006. p. 48.

violência simbólica, na condição de elemento mais eficaz de adequação comportamental, o que se observa na adoção ampla, pelas sociedades contemporâneas, do modelo do *panopticum* (*e.g.*, monitoramento eletrônico do comportamento humano), imaginado pelo utilitarismo de Bentham e estudado mais recentemente na vasta obra de Michel Foucault.

No tocante à classificação das sanções jurídicas, a ciência do direito costuma promover a diferenciação entre sanções não coativas, que dispensam o uso da força (*v.g.*, direito de retenção, exceção de contrato não cumprido ou as chamadas sanções premiais, que figuram como certos estímulos oferecidos pelo direito para prevenir e inibir as infrações sociais, a exemplo do livramento condicional e da isenção tributária), e coativas, que reclamam a utilização da força, podendo ser difusas, quando a força for aplicada pelos particulares (*e.g.*, legítima defesa), ou mesmo organizadas, quando a força for aplicada institucionalmente pelo Estado (*e.g.*, aplicação de uma pena privativa de liberdade), desde que a civilização humana superou a fase primitiva da autodefesa e da vingança privada.

Pode-se afirmar que, se há coincidência entre o dever da sanção e o dever primário de cuja não prestação resultou a sanção, teremos a execução forçosa (*v.g.*, penhora do patrimônio pelo credor em face do inadimplemento de uma dívida). Caso não haja coincidência entre o dever da sanção e o dever primário de cuja não prestação resultou a sanção, teremos a indenização (*e.g.*, inadimplemento de uma obrigação de fazer) e o castigo (*v.g.*, aplicação de uma pena de cerceamento da liberdade diante do delito de homicídio), sempre que houver a impossibilidade objetiva de restaurar a situação jurídica ao estado anterior à não prestação do dever jurídico pelo sujeito passivo[9].

Por fim, ressalte-se, ainda, a persistência do debate doutrinário acerca da possibilidade de existência de normas jurídicas sem sanções. Existem juristas que, seguindo a tradição do Direito Romano, admitem a existência de normas jurídicas sem sanções. Com efeito, além das normas perfeitas (sanção-nulidade), menos que perfeitas (sanção-castigo), mais que perfeitas (sanção-nulidade + sanção-castigo), existiriam ainda as normas imperfeitas, desprovidas de sanção jurídica, como aquelas que disciplinam as obrigações naturais, *e.g.*, dívida de jogo. Ao revés, há quem

---

[9] MACHADO NETO, Antônio Luís. *Compêndio de introdução à ciência do direito*, cit., p. 193.

venha a negar esta possibilidade, considerando que a norma jurídica, como ente lógico, não poderia prescindir de um dos seus elementos constitutivos: a sanção.

8. A DICOTOMIA SANÇÕES NEGATIVAS *VERSUS* SANÇÕES POSITIVAS

O estudo acerca do papel desempenhado pelas sanções na sociedade humana afigura-se extremamente relevante para a compreensão do funcionamento do sistema de controle social, do qual faz parte a ordem jurídica.

O controle social se operacionaliza por meio de sanções negativas e positivas, especificadas durante o processo de socialização e seus mecanismos, que agem desde cedo para incutir na personalidade valores e modelos normativos, conformando a capacidade individual de estabelecer juízos éticos no âmbito do convívio grupal[10].

As sanções negativas, também chamadas de sanções-castigo, são aquelas punições, difusas ou organizadas, que a sociedade impõe coativamente para aqueles que praticam infrações éticas (descortesia, imoralidade ou ilicitude), acarretando um constrangimento patrimonial – Ex. 1: indenização por perdas e danos por meio de uma sanção civil – ou constrangimento físico – Ex. 2: privação da liberdade por meio de uma sanção penal.

Logo, as sanções negativas ou sanções-castigo integram a dimensão repressiva do sistema de controle social.

As sanções positivas, também denominadas sanções premiais, são aqueles benefícios, difusos ou organizados, que a sociedade oferece aos agentes sociais para inibir a ocorrência de condutas socialmente desviantes, evitando, deste modo, pela atribuição de recompensas, a configuração de infrações éticas (descortesia, imoralidade ou ilicitude). Podem ser elencadas as seguintes sanções positivas ou premiais no âmbito jurídico: livramento condicional e delação premiada no Direito Penal e Processual Penal; isenção fiscal no Direito Tributário; ou o desconto de prestações cumpridas antes do vencimento no Direito contratual.

---

[10] SCURO NETO, Pedro. *Sociologia geral e jurídica*. São Paulo: Saraiva, 2004. p. 199.

Destarte, atuam as sanções positivas ou premiais na dimensão preventiva do sistema de controle social.

SINOPSE

O controle social é um processo sociológico de modelagem dos comportamentos humanos e de adequação da personalidade individual aos cânones socialmente aceitos. Trata-se, portanto, do processo de construção da dimensão social da vida humana, que se desenvolve por meio de diversas instituições e de variadas instâncias normativas.

O controle social primário é aquele controle exercido pelos primeiros agrupamentos humanos que conformam a existência individual, nas etapas iniciais de socialização. Caracteriza-se pela informalidade e pelo apego às emoções nas interações comportamentais. Ex.: o controle social exercido no âmbito familiar das relações interpessoais entre pais e filhos.

A seu turno, o controle social secundário é aquele controle exercido por agrupamentos humanos maiores, que conformam a existência individual, nas etapas mais avançadas de socialização. Caracteriza-se pela formalidade e pela institucionalização dos padrões de interação comportamental. Ex.: o controle social exercido no âmbito estatal das relações entre governantes e governados.

O controle social preventivo abarca o conjunto de mecanismos que a sociedade oferece para evitar a ocorrência de infrações éticas (ex.: descortesia, imoralidade ou ilicitude), a fim de induzir a adequação do comportamento aos cânones socialmente aceitos. Para isso, se vale tanto da coercitividade gerada pelas normas sociais (ameaça psicológica de aplicação de uma sanção-castigo) como também do uso de sanções positivas de natureza premial (recompensas ou estímulos que a sociedade fornece para potencializar os comportamentos socialmente aceitos).

Por sua vez, o controle social repressivo abarca o conjunto de mecanismos que a sociedade oferece para repreender as infrações éticas já consumadas, por meio da imposição coativa de sanções-castigo, as quais podem constranger o patrimônio (sanções patrimoniais) ou a pessoa (sanções pessoais) do próprio infrator nas hipóteses de descortesia, imoralidade ou ilicitude.

O sistema de controle social apresenta dois mecanismos básicos: a socialização e as sanções normativas.

A socialização é o processo de assimilação de valores, visões de mundo e padrões comportamentais pelos agentes sociais. O homem, desde o nascimento até a morte, passa por esse processo sociológico. A socialização é a base do controle social, ou seja, é o processo de introjetar valores e padrões de conduta. As sanções normativas complementam o mecanismo de socialização. Tais sanções são aplicadas quando há a prática de comportamentos que transgridam a uma norma ético-social. A própria sociedade se incumbe de aplicar a sanção. A transgressão a uma norma de etiqueta corresponde a uma descortesia; a transgressão a uma norma moral corresponde a uma imoralidade; a transgressão a uma norma jurídica corresponde a um ilícito. Em todas essas situações, será aplicada uma sanção de natureza difusa ou organizada.

O Direito está situado na última fronteira do controle social, configurando o núcleo duro das instâncias de normatividade ética, atuando a sanção jurídica quando o espírito transgressor ingressa na zona mais restrita do juridicamente proibido, pois, sendo a vida humana a expressão de uma liberdade essencial, tudo que não está juridicamente proibido está juridicamente permitido.

Por sua vez, o descumprimento de uma norma jurídica gera uma ilicitude, a mais grave forma de infração social, quando comparada com a descortesia e com a imoralidade. A sanção oriunda de uma ilicitude apresenta natureza organizada, porque já está previamente determinada no sistema jurídico-normativo, ao contrário do que sucede com a mencionada sanção difusa.

Ademais, saliente-se que o Estado (Poder Judiciário, Administração Pública ou Parlamento) detém o monopólio da aplicação da sanção jurídica (indenização por perdas e danos, multa, privação de liberdade, suspensão de direitos políticos), enquanto a sanção difusa pode ser aplicada por qualquer agente social, diante das manifestações de descortesia ou de imoralidade.

A ilicitude é aquele elemento da relação jurídica que designa a conduta humana do sujeito passivo que se revela contrária ao dever jurídico, previsto abstratamente na norma jurídica e exigido bilateralmente pelo sujeito ativo que titulariza um dado direito subjetivo.

Nas sociedades primitivas, regidas pela solidariedade mecânica, a consciência coletiva prevaleceria sobre o indivíduo, assumindo o direito uma feição prevalentemente repressiva. O ilícito seria uma nódoa a ser apagada do tecido social, sendo utilizadas sanções penais de exclusão social, *v.g.,* banimento e pena de morte.

Com o crescimento demográfico e o incremento da divisão social do trabalho, as sociedades mais avançadas não poderiam prescindir da individualização dos atores sociais, adquirindo o direito uma fisionomia mais restitutiva, porque voltada para a restauração do estado anterior à lesão do bem jurídico, sendo aplicadas, em sua maioria, sanções civis, *e.g.*, indenização de perdas e danos.

Entende-se por sanção uma consequência desagradável da ofensa a um dever ético, cujo fim é prevenir a violação ou, no caso em que a violação seja verificada, eliminar as consequências nocivas do ato infrator. O fim da sanção é a eficácia da normatividade social, ou, em outras palavras, a sanção é um expediente para se conseguir que as normas sejam menos violadas ou que as consequências da violação sejam menos graves.

Do ângulo sociológico, é possível conceber o direito como instrumento de controle social e de modelagem dos comportamentos humanos. Além da socialização – processo de internalização subjetiva de valores, crenças ou padrões de conduta –, dispõem a sociedade e as respectivas agências de controle social de sanções para reprimir a conduta desviante, visto que a socialização integral não é possível (liberdade ontológica da vida humana).

A noção de sanção jurídica está associada ao significado de coerção (elemento psicossocial de antecipação dos elementos aflitivos da sanção) e ao sentido de coação (atualização do expediente sancionatório pelo emprego da força). Decerto, o direito positivo congrega coerção e coação, notando-se, na evolução jurídica, a ênfase à coercitividade. Isto porque, ao nível da coerção, o constrangimento da liberdade permite a atuação preventiva do controle social, dispensando o emprego da violência legítima do Estado.

O controle social se operacionaliza por meio de sanções negativas e positivas, especificadas durante o processo de socialização e seus mecanismos, que agem desde cedo para incutir na personalidade valores e modelos normativos, conformando a capacidade individual de estabelecer juízos éticos no âmbito do convívio grupal.

As sanções negativas, também chamadas de sanções-castigo, são aquelas punições, difusas ou organizadas, que a sociedade impõe coativamente para aqueles que praticam infrações éticas (descortesia, imoralidade ou ilicitude), acarretando um constrangimento patrimonial – Ex. 1: indenização por perdas e danos por meio de uma sanção civil – ou constrangimento físico – Ex. 2: privação da liberdade por meio de uma sanção penal.

As sanções positivas, também denominadas sanções premiais, são aqueles benefícios, difusos ou organizados, que a sociedade oferece aos agentes sociais para inibir a ocorrência de condutas socialmente desviantes, evitando, deste modo, pela atribuição de recompensas, a configuração de infrações éticas (descortesia, imoralidade ou ilicitude). Podem ser elencadas as seguintes sanções positivas ou premiais no âmbito jurídico: livramento condicional e delação premiada no Direito Penal e Processual Penal; isenção fiscal no Direito Tributário; ou o desconto de prestações cumpridas antes do vencimento no Direito contratual.

CAPÍTULO 7

O Processo de Mudança Social e o Direito

1. NOÇÕES INTRODUTÓRIAS

Nesta parte da obra, pretende-se examinar a mudança social como temática fundamental para a Sociologia do Direito. Para tanto, serão apresentados o significado sociológico e as tipologias de mudança social, enfatizando-se, ainda, como o fenômeno jurídico se relaciona com os processos de transformação da realidade pela via da reforma ou pela alternativa da revolução.

2. A MUDANÇA SOCIAL: SIGNIFICADO SOCIOLÓGICO

A Sociologia do Direito denomina "mudança social" o contínuo e necessário processo de transformação das estruturas econômicas, políticas e ideológicas da sociedade, o qual permite vislumbrá-la em seu estado dinâmico.

Deveras, o processo de integração social do indivíduo não se realiza sem que surjam problemas e conflitos, pelo que as diferenças de opiniões e interesses causam, necessariamente, modificações na organização da sociedade e no padrão dos relacionamentos na comunidade humana[1].

---

[1] SABADELL, Ana Lucia. *Manual de sociologia jurídica*: introdução a uma leitura externa do direito. 4. ed. São Paulo: Revista dos Tribunais, 2008. p. 100.

Decerto, a mudança social é algo inerente às sociedades humanas, tendo em vista a historicidade da própria existência humana. A mudança social resulta da tensão dialética entre controle social e liberdade humana. O controle social atua no sentido de padronizar os comportamentos sociais, enquanto a liberdade humana expande a esfera de atuação particular, propiciando o ineditismo, a novidade e a imprevisibilidade no plano existencial.

Os sociólogos estudam, principalmente, as formas, o alcance, o ritmo e as causas da mudança social, distinguindo os fatores que desencadeiam determinado processo de transformação da sociedade. Entre eles, situam-se os fatores geográficos, demográficos, ideológicos, econômicos e políticos, o contato entre as diversas sociedades, a difusão de conhecimentos, os valores e as inovações tecnológicas.

Com efeito, as sociedades primitivas eram organizações sociais que se transformavam em ritmo mais lento, inclusive por conta do relativo isolamento geográfico e cultural. Por sua vez, nas sociedades mais avançadas, as organizações sociais apresentam um ritmo de mudança social muito mais significativo, potencializado pela dissolução das fronteiras físicas e culturais gerada pelo fenômeno da globalização.

Ressalte-se, ainda, que os objetos da cultura material (exemplos: arquitetura, engenharia, informática, tecnologia) transformam-se de maneira muito mais rápida do que a cultura imaterial (exemplos: religião, moral, direito), a qual comporta instâncias éticas que envolvem os costumes e os valores tradicionais, tendentes à conservação da estrutura social.

A mudança social é, no fundo, uma característica normal da sociedade e da cultura, as quais se modificam permanentemente. O ritmo e a intensidade- dessas mudanças são variáveis, mas, mesmo as sociedades mais tradicionalistas ou conservadoras, não fogem a esse processo necessário e contínuo de transformação de suas instituições[2].

A mudança social brota das condutas da individualidade criadora. Parte do indivíduo, que, por exercitar sua liberdade ontológica essencial, pode oferecer alternativas imprevisíveis, novas ou inéditas no campo social.

---

[2] PINTO FERREIRA. *Manual de sociologia e de pesquisa social*. Rio de Janeiro: Forense, 1988. p. 249.

Se um fato individual consegue se projetar para um grupo social maior, ou seja, se um indivíduo consegue convencer os seus pares ou atores sociais mais próximos, esse fato individual se converte em fato interindividual. Se a nova proposta cultural consegue se projetar para outras comunidades, provocando uma rede mais ampla de interações comportamentais, passa a ser considerada um fato social, agora dotado de coercitividade e, portanto, da capacidade de moldar as condutas individuais aos cânones socialmente aceitos.

3. TIPOLOGIAS DE MUDANÇA SOCIAL

Os estudiosos da Sociologia Geral e do direito vislumbram duas espécies de mudança social: a reforma e a revolução.

A reforma se apresenta como uma mudança social periférica, que atinge somente aspectos secundários, superficiais ou acessórios de uma dada sociedade, geralmente no âmbito da superestrutura político-ideológica, sem alterar, contudo, os alicerces econômicos de produção e distribuição de riquezas. O movimento reformista objetiva requalificar ou revitalizar um sistema social à beira de um colapso. Quando as relações sociais começam a se deteriorar, as estruturas de poder se valem inicialmente da reforma, a fim de evitar a emergência do processo revolucionário.

Por sua vez, a revolução desponta como uma mudança social nuclear, que alcança o cerne ou a essência de uma dada sociedade, alterando por completo a fisionomia das interações comportamentais. Geralmente, a revolução consegue atrair uma participação popular pontual e provisória, estando frequentemente associada ao uso da força. Para que haja revolução, é necessária a efetiva alteração da forma econômica de produção e distribuição de riquezas na sociedade, com desdobramentos no âmbito da superestrutura político-ideológica.

Uma reforma, mesmo aquela mais radical, tem de respeitar a linha de tolerância do sistema social ou sistema econômico, não sendo concebível, no mundo capitalista, uma reforma que anulasse o regime de propriedade privada dos bens de produção, pois tal reforma seria, ainda que pacífica, uma autêntica revolução[3].

---

[3] MACHADO NETO, Antônio Luís; MACHADO NETO, Zahidé. *Sociologia básica*. São Paulo: Saraiva, 1982. p. 179.

Neste sentido, pode-se afirmar, *v.g.*, que a Revolução Francesa (1789) e a Revolução Russa (1917) merecem ser consideradas verdadeiros processos revolucionários no âmbito da mudança social.

Com efeito, a Revolução Francesa pode ser qualificada como revolução, porque alterou integralmente o quadro econômico do feudalismo para o capitalismo comercial na França, espraiando-se posteriormente para o mundo ocidental. A seu turno, a Revolução Russa recebe a alcunha de revolução, visto que modificou o regime semifeudal da Rússia czarista, em direção ao modo de produção socialista, baseado na coletivização das riquezas e na planificação estatal da economia.

4. A CONEXÃO DO DIREITO COM A MUDANÇA SOCIAL

O direito exerce um duplo papel dentro da sociedade: passivo e ativo. Na primeira hipótese, o fenômeno jurídico se apresenta como um elemento condicionado pela realidade social em seus múltiplos aspectos (econômicos, políticos, ideológicos, culturais e tecnológicos). Na segunda, aparece o fenômeno jurídico como um fator determinante da realidade social.

O problema fundamental se coloca quando é avaliado o papel ativo do Direito na mudança social, dividindo-se os sociólogos do direito entre os que entendem que o direito exerce um papel conservador, como instância de controle que obstaculiza as mudanças sociais, e aqueles estudiosos que sustentam que o Direito pode figurar como um veículo normativo da transformação social.

Buscando-se uma posição intermediária, pode-se afirmar que o direito é, ao mesmo tempo, um fenômeno social de variável dependente e biunívoca, que muda historicamente em função dos fatores que decorrem das relações humanas em cada sociedade e cultura, como também apresenta uma autonomia *relativa e, por* conseguinte, pode induzir a mudanças sociais.

Diante de uma situação de mudança social, o direito pode adotar posições de reconhecimento, de anulação, de canalização ou de transformação de suas tendências. No primeiro caso (reconhecimento), o direito reconhece, por meio das suas normas, a nova realidade social, declarando a sua legitimidade e, às vezes, criando instrumentos jurídicos que consolidam a mudança. No segundo caso (anulação), o sistema jurídico opõe-se à mudança, ignorando-a ou, mesmo, aplicando sanções contra determinadas inovações. No terceiro caso (canalização), o direito tenta limitar o impacto de uma mudança ou alterar os seus efeitos, por meio de reformas que satisfazem parcialmente as reivindicações sociais. No último caso (transformação), o direito assume um papel particularmente ativo: tenta provocar uma mudança gradual e lenta na realidade social ou, mesmo, uma mudança mais radical e rápida[4].

O direito apresenta, portanto, pontos de convergência com a mudança social, seja pela via da reforma, seja pela via da revolução.

De um lado, o direito se relaciona intimamente com a reforma, visto que as normas jurídicas podem figurar como instrumentos de transformação superficial de uma sociedade. Foi o que ocorreu, por exemplo, com a criação do Direito do Trabalho no Brasil durante a década de 1940 (quarenta). A legislação trabalhista foi usada como um instrumento de reforma do capitalismo industrial, para evitar a ruptura revolucionária pela via do ideário socialista.

A seu turno, o direito se relaciona com a revolução, fundamentalmente, em três aspectos:

a) a revolução pode ser considerada a matriz do poder constituinte originário e, portanto, de uma nova ordem jurídica;

b) a revolução pode se articular ideologicamente com as correntes do jusnaturalismo e do positivismo jurídico;

c) a existência de um direito de revolução é objeto de grandes reflexões na teoria jurídico-sociológica.

No que se refere ao primeiro aspecto, o poder constituinte originário é um poder de fato, podendo, assim, brotar do seio das relações concretas da sociedade. Nesse sentido, o processo revolucionário pode figurar como fonte material do direito constitucional e, portanto, influenciar a fisionomia normativa da Constituição e da nova ordem jurídica. O projeto revolucionário pode definir o conteúdo político-ideológico da Constituição, como sucedeu, por exemplo, com a Constituição francesa

---

[4] SABADELL, Ana Lucia. *Manual de sociologia jurídica*: introdução a uma leitura externa do direito. 2. ed. São Paulo: Revista dos Tribunais, 2002. p. 78.

de 1791, a qual condensou o projeto político-ideológico da Revolução Francesa de 1789.

No tocante ao segundo aspecto, o jusnaturalismo e o positivismo jurídico são ideologias jurídicas que podem justificar fases importantes do processo revolucionário.

O jusnaturalismo, ao enunciar os direitos naturais dos cidadãos, orienta geralmente o próprio advento da revolução, servindo como uma ideologia pré-revolucionária que legitima a quebra da legalidade e do próprio direito positivo. Em outras situações, contudo, pode ser o jusnaturalismo uma ideologia conservadora do *status quo*, mantendo a organização da vida social. Exemplo da primeira hipótese seria o jusnaturalismo racionalista da Idade Moderna. Por outro lado, exemplo da segunda hipótese seria o jusnaturalismo teológico da Idade Média.

O positivismo jurídico geralmente figura como uma ideologia pós-revolucionária que sustenta a observância do direito positivo criado pela revolução. Uma vez tomado o poder, o grupo revolucionário se afasta do jusnaturalismo, alegando que a defesa das normas do direito positivo seria justificável, visto que a nova legalidade exprimiria o ideário revolucionário. Exemplo seria o surgimento da Escola de Exegese na França pós-revolucionária.

Considerando-se agora o terceiro aspecto, um dos temas mais importantes da Sociologia Jurídica é a discussão sobre a existência de um direito de revolução. Sobre o tema, podem ser visualizadas basicamente quatro correntes: a jusnaturalista, a positivista, a materialista e a pós-positivista.

Para a corrente jusnaturalista, pode-se fundamentar o exercício de um direito natural de revolução. Os cidadãos, submetidos às leis injustas de um governo tirânico, poderiam, em nome de um direito natural de revolução, derrubar o antigo regime, quebrando a legalidade contrária aos direitos naturais. Essa foi a concepção sustentada pelo contratualismo liberal de John Locke durante a Idade Moderna.

Segundo a corrente positivista, não seria possível o exercício de um direito de revolução, pois, em tese, tal direito deveria estar expresso na legalidade positivada pelo Estado. Isso implicaria que a lei consentisse expressamente a quebra da própria legalidade, o que contraria as exigências de manutenção da ordem e da segurança jurídica, típicas do positivismo jurídico.

De acordo com a corrente materialista histórico-dialética, sustenta-se que o direito de revolução seria exercido pelos trabalhadores no plano histórico-social, na dinâmica da luta entre classes sociais. Segundo a doutrina marxista, os sistemas econômicos escravagista, feudal e capitalista estariam baseados na exploração do trabalho humano. Nesse sentido, os escravos, os servos e os operários puderam exercer historicamente o direito de revolução contra estruturas jurídico-políticas do Estado, que tradicionalmente estaria a serviço das elites. Sendo assim, o direito de revolução teria como fonte material a exploração do trabalho humano, o qual atingiria seu apogeu na sociedade capitalista industrial, ensejando o advento da Revolução Socialista.

A seu turno, a corrente pós-positivista propõe um direito de revolução em sentido fraco, como decorrência de uma interpretação sociológica e teleológica da Constituição de cada país democrático. Com base nos princípios constitucionais do Estado Democrático de Direito, da República, da soberania popular, da dignidade da pessoa humana, da liberdade e da igualdade, seria possível conceber a existência de um direito fundamental de revolução. Seria o que a doutrina chama de direito de "resistência constitucional" ou de "desobediência civil".

Com efeito, tais direitos seriam exercidos por meio de uma oposição pacífica dos cidadãos contra atos ou decisões governamentais que implicassem o desrespeito aos princípios constitucionais acima referidos. Sendo assim, o direito de revolução não implicaria a quebra da legalidade, mas, em verdade, a afirmação dos valores incorporados na legalidade constitucional.

SINOPSE

A Sociologia do Direito define "mudança social" como o contínuo e necessário processo de transformação das estruturas econômicas, políticas e ideológicas da sociedade, o qual permite vislumbrá-la em seu estado dinâmico.

Decerto, a mudança social é algo inerente às sociedades humanas, tendo em vista a historicidade da própria existência humana. A mudança social resulta da tensão dialética entre controle social e liberdade humana. O controle social atua no sentido de padronizar os comportamentos sociais, enquanto a liberdade humana expande a esfera de atuação particular, propiciando o ineditismo, a novidade e a imprevisibilidade no plano existencial.

Os estudiosos da Sociologia Geral e do direito vislumbram duas espécies de mudança social: a reforma e a revolução.

A reforma se apresenta como uma mudança social periférica, que atinge somente aspectos secundários, superficiais ou acessórios de uma dada sociedade, geralmente no âmbito da superestrutura político-ideológica, sem alterar, contudo, os alicerces econômicos de produção e distribuição de riquezas. O movimento reformista objetiva requalificar ou revitalizar um sistema social à beira de um colapso. Quando as relações sociais começam a se deteriorar, as estruturas de poder se valem inicialmente da reforma, a fim de evitar a emergência do processo revolucionário.

Por sua vez, a revolução desponta como uma mudança social nuclear, que alcança o cerne ou a essência de uma dada sociedade, alterando por completo a fisionomia das interações comportamentais. Geralmente, a revolução consegue atrair uma participação popular pontual e provisória, estando frequentemente associada ao uso da força. Para que haja revolução, é necessária a efetiva alteração da forma econômica de produção e distribuição de riquezas na sociedade, com desdobramentos no âmbito da superestrutura político-ideológica.

O Direito exerce um duplo papel dentro da sociedade: passivo e ativo. Na primeira hipótese, o fenômeno jurídico se apresenta como um elemento condicionado pela realidade social em seus múltiplos aspectos (econômicos, políticos, ideológicos, culturais e tecnológicos). Na segunda, aparece o fenômeno jurídico como um fator determinante da realidade social.

Buscando uma posição intermediária, no nosso entender, mais acertada, pode-se afirmar que o direito é, ao mesmo tempo, um fenômeno social de variável dependente, que muda historicamente em função de outros fatores e interesses que decorrem das relações humanas em cada sociedade e cultura, como também apresenta uma autonomia relativa *e*, por conseguinte, pode induzir a mudanças sociais.

O direito apresenta, portanto, pontos de convergência com a mudança social, seja pela via da reforma, seja pela via da revolução.

De um lado, o direito se relaciona intimamente com a reforma, visto que as normas jurídicas podem figurar como instrumentos de transformação superficial de uma sociedade.

A seu turno, o direito se relaciona com a revolução, fundamentalmente, em três aspectos: a) a revolução pode ser considerada a matriz do poder constituinte originário e, portanto, de uma nova ordem jurídica; b) a revolução pode se articular ideologicamente com as correntes do jusnaturalismo e do positivismo jurídico; c) a existência de um direito de revolução é objeto de grandes reflexões na teoria jurídico-sociológica.

Um dos temas mais importantes da Sociologia Jurídica é a discussão sobre a existência de um direito de revolução. Sobre o tema, podem ser visualizadas basicamente quatro correntes: a jusnaturalista, a positivista, a materialista e a pós-positivista.

Para a corrente jusnaturalista, pode-se fundamentar o exercício de um direito natural de revolução. Os cidadãos, submetidos às leis injustas de um governo tirânico, poderiam, em nome de um direito natural de revolução, derrubar o antigo regime, quebrando a legalidade contrária aos direitos naturais.

Segundo a corrente positivista, não seria possível o exercício de um direito de revolução, pois, em tese, tal direito deveria estar expresso na legalidade positivada pelo Estado. Isso implicaria que a lei consentisse expressamente a quebra da própria legalidade, o que contraria as exigências de manutenção da ordem e da segurança jurídica, típicas do positivismo jurídico.

De acordo com a corrente materialista histórico-dialética, sustenta-se que o direito de revolução seria exercido pelos trabalhadores no plano histórico-social, na dinâmica da luta entre classes sociais. Segundo a doutrina marxista, os sistemas econômicos escravagista, feudal e capitalista estariam baseados na exploração do trabalho humano.

A seu turno, a corrente pós-positivista propõe um direito de revolução em sentido fraco, como decorrência de uma interpretação sociológica e teleológica da Constituição de cada país democrático. Com base nos princípios constitucionais do Estado Democrático de Direito, da República, da soberania popular, da dignidade da pessoa humana, da liberdade e da igualdade, seria possível conceber a existência de um direito fundamental de revolução. Seria o que a doutrina chama de direito de "resistência constitucional" ou de "desobediência civil".

CAPÍTULO 8

O Processo de Estratificação Social e o Direito

1. NOÇÕES INTRODUTÓRIAS

Nesta parte da obra, pretende-se abordar a estratificação social como tema fundamental para a Sociologia do Direito. Para tanto, serão apresentados o conceito e as modalidades de estratificação social nas comunidades humanas. Dedicar-se-á atenção especial às conexões existentes entre ações/políticas afirmativas e as formas de estratificação social à luz da teoria da justiça de John Rawls. Outrossim, será examinado o papel da ordem jurídica brasileira em face da estratificação dos grupos sociais.

2. CONCEITO DE ESTRATIFICAÇÃO SOCIAL

A classificação hierárquica das diferenças sociais, em termos de uma ou mais dimensões de desigualdade social – como poder, prestígio ou riqueza –, é chamada de estratificação social.

O termo *estratificação* é usado na geologia para indicar a estrutura das rochas constituídas por diversas camadas e estratos, pelo que a Sociologia se vale do vocábulo para indicar que a sociedade é dividida em vários grupos sociais, constatando-se um fenômeno de superposição destes em diversos escalões hierárquicos[1].

Decerto, a estratificação social é um processo sociológico fundamental de hierarquização dos indivíduos numa dada comunidade humana, com a atribuição diferenciada de papéis, privilégios ou ônus sociais, seja por conta de critérios biológicos (exs.: sexo, idade, etnia), seja por força de critérios materiais (exs.: economia, cultura, religião).

Deve-se reconhecer a existência de camadas sociais em todos os tipos de sociedade evoluída, pelo que o problema da estratificação vem sendo reiteradamente estudado, quer pela ótica economicista, quer pelo relativismo cultural, quer pelo dualismo marxista, quer pelo pluralismo metodológico das ciências sociais[2].

Por certo, todas as sociedades humanas conheceram, conhecem e conhecerão alguma forma de estratificação social e, portanto, de alocação de indivíduos em diversas instâncias ou patamares sociais. Isso ocorre porque a igualdade absoluta é um ideal inatingível, considerando a própria diferença de aptidões e habilidades entre os seres humanos. Eis que a estratificação possibilita uma forma de desigualdade socialmente construída.

3. MODALIDADES DE ESTRATIFICAÇÃO SOCIAL

A estratificação social comporta as seguintes tipologias: a estratificação social biológica e a estratificação social propriamente dita.

A estratificação social biológica se vale de elementos biológicos para promover a divisão social dos indivíduos, mormente o sexo, a idade e a etnia. A sociedade irá valorá-los para estabelecer a hierarquização dos atores sociais, a fim de que os indivíduos sejam alocados em escalões hierárquicos distintos.

Entre os diversos tipos de estratificação biológica, podem ser destacadas: a estratificação sexual; a estratificação etária e a estratificação étnica.

---

[1] SABADELL, Ana Lucia. *Manual de sociologia jurídica*: introdução a uma leitura externa do direito. 4. ed. São Paulo: Revista dos Tribunais, 2008. p. 205.
[2] SALDANHA, Nelson. *Sociologia do direito*. São Paulo: Revista dos Tribunais, 1989. p. 205.

A estratificação sexual diferencia os gêneros masculino e feminino, atribuindo diferentes papéis, privilégios e obrigações para homens e mulheres, ora valorizando a figura masculina em detrimento da figura feminina (patriarcalismo), ora valorizando a figura feminina em detrimento da figura masculina (matriarcalismo).

A seu turno, a estratificação etária distingue os indivíduos com base no fenômeno biológico fundamentalmente mutável da idade, hierarquizando os idosos e os jovens dentro da estrutura social.

As sociedades primitivas, que ainda não conheciam a escrita, eram gerentocráticas, no sentido de que privilegiavam os idosos em detrimento dos mais jovens. Essa valorização se dava principalmente pelo fato de que os anciãos figuravam como o repositório dos costumes, visando à preservação e à continuidade das tradições da sociedade.

Ao contrário das sociedades primitivas, as sociedades atuais, mormente no contexto do capitalismo ocidental, já revelam a prevalência dos mais jovens em detrimento dos mais velhos, visto que a juventude movimenta, com a sua força produtiva e capacidade consumista, as engrenagens econômicas do mercado capitalista.

Por sua vez, a estratificação étnica diferencia os agentes sociais com base na sua inserção em determinados grupos étnicos, apropriando-do o elemento racial para estabelecer uma desigualdade de tratamento entre etnias.

Já a estratificação social propriamente dita organiza os indivíduos com base no peculiar *status* social, o qual deriva de elementos materiais de natureza tradicional, religiosa, cultural ou econômica, relativamente independentes dos critérios biológicos já estudados.

A estratificação social propriamente dita comporta a divisão da sociedade em castas, estamentos ou classes sociais.

As castas são categorias permanentes e imutáveis de estratificação social que se valem de elementos teológicos para a definição das relações humanas na sociedade, contrapondo, em polos estanques, as castas superiores e as inferiores. Os membros das castas superiores são considerados descendentes diretos de uma divindade, que, segundo crenças religiosas arraigadas, teria fundado uma dada comunidade humana, o que justificaria a sua supremacia em face dos integrantes das castas inferiores.

Saliente-se que a existência de uma sociedade de castas inviabiliza a mobilidade e a ascensão social. Uma vez nascido numa casta, o indivíduo permanecerá nela até a sua morte, transmitindo essa condição para seus sucessores, por força dos atributos da vitaliciedade e da hereditariedade destes papéis sociais. Ex.: a divisão de castas existente na Índia e no Paquistão, fragmentada em brâmanes (sacerdotes), xátrias (soldados e proprietários), vaicias (fazendeiros e comerciantes) e sudras (trabalhadores rurais e urbanos).

Os estamentos já despontam como categorias de estratificação social que diferenciam os indivíduos com base na nobreza de sua origem familiar, situando-se, portanto, na linha de transição das castas para as classes sociais. Os estamentos são agrupados com base na linhagem hereditária e na honra familiar. Embora seja raro, a sociedade estamental permite uma tênue mobilidade e ascensão social, por conta da aquisição voluntária ou involuntária de títulos de nobreza pelos indivíduos. Ex.: a sociedade europeia na era feudal, composta pela nobreza, pelo clero e pela plebe.

As classes sociais são categorias de estratificação social que refletem o amadurecimento do modo de produção capitalista nas sociedades ocidentais. A sociedade classista diferencia os atores sociais com base no acúmulo de recursos econômicos, contrapondo, de um lado, os proprietários dos bens de produção e, de outro, os trabalhadores, que somente podem disponibilizar a sua energia laboral nos processos produtivos.

Ao contrário das sociedades anteriormente estudadas, a sociedade classista possibilita, ao menos formalmente, a mobilidade horizontal e a mobilidade vertical (ascensão social). Ao empalmar uma quantidade significativa de recursos econômicos, o indivíduo estará apto a integrar uma classe social superior. Ex.: a sociedade brasileira atual, composta pela burguesia (grandes proprietários/empregadores), pela pequena burguesia (pequenos proprietários/empregadores), pela classe média (profissionais liberais e funcionários públicos) e pelos trabalhadores (não proprietários/empregados).

4. ESTRATIFICAÇÃO SOCIAL, AÇÕES AFIRMATIVAS E DIREITO DE MINORIAS

O tema da estratificação social ganhou mais visibilidade na opinião pública a partir da aplicação de uma nova teoria da justiça, proposta por um autor norte-americano chamado John Rawls, que se tornou a base doutrinária para a aplicação das ações e políticas afirmativas em diversos países do mundo, inclusive no Brasil.

Decerto, o pensamento de Jonh Rawls continua a gerar discussões e a acender polêmicas. Embora gestada na década de 70, no contexto de afirmação dos direitos civis dos afro-americanos, suas ideias, ainda hoje, servem de referência para todos aqueles preocupados em conceber e implementar uma justiça com equidade, superando a desgastada dicotomia jusnaturalismo *versus* positivismo jurídico.

Herdeiro da tradição liberal (Locke, Rousseau, Kant e Stuart Mill), Rawls passa a refletir, na composição do justo, sobre a dialética meritocracia *versus* igualdade, pois, para ele, a justiça é a primeira virtude das instituições sociais, como a verdade o é dos sistemas de pensamento. Segundo ele, a justiça deve ser vislumbrada no plano institucional, não estando circunscrita à esfera moral dos indivíduos[3].

Na teoria da justiça de John Rawls, a distribuição natural dos bens não é justa ou injusta, nem é injusto que os homens nasçam em algumas condições particulares dentro da sociedade. Estes são, simplesmente, fatos naturais. O que é justo ou injusto é o modo como as instituições sociais tratam destes fatos. A justiça das instituições é que beneficia ou prejudica um agrupamento humano.

Daí o motivo pelo qual, segundo ele, não haveria justiça isolada dos sistemas político e econômico, figurando, assim, como a virtude primeira de uma comunidade, e garantindo, por meio da distribuição de direitos e deveres, a coesão da sociedade, tendo em vista a ideia de equidade como princípio regulativo capaz de aparar os efeitos negativos da desigualdade social[4].

---

[3] RAWLS, John. *Uma teoria da justiça*. São Paulo: Martins Fontes, 2002. p. 3.
[4] Idem, ibidem, p. 17.

Como hipótese de estudo, vale-se John Rawls da posição original das partes no momento da celebração do contrato social. Simula condições ideais de igualdade que permitiriam aos homens a escolha dos padrões civilizatórios. Seria esta a concepção de justiça a definir os alicerces da estrutura societária. A resposta estaria coberta por um véu de ignorância, que impediria a visualização dos seus próprios interesses no posterior desenvolvimento histórico-social[5].

Sendo assim, entre as diversas concepções de justiça, optariam os atores sociais pelos princípios da igualdade e da diferença. Neste sentido, cada pessoa deveria ter um direito igual ao mais amplo sistema total de liberdades básicas (participação política, expressão, reunião, locomoção, consciência e pensamento). De outro lado, as desigualdades socioeconômicas deveriam ser distribuídas de forma que não só redundassem nos maiores benefícios possíveis para os menos assistidos, como também fossem minoradas pela abertura de oportunidades.

Sendo assim, seria cumprida a meta de fazer com que a sociedade do bem-estar fosse maximizada em função dos membros que estivessem na pior situação social, garantindo que a extensão dos direitos de cada um fosse o mais ampla possível, desde que compatível com a liberdade do outro.

O equilíbrio entre os mencionados princípios incrementaria uma rede de cooperação social, facilitando a organização de uma sociedade mais estável e harmoniosa. Isto porque, segundo ele, o pacto social deve ser vislumbrado como um processo, desvinculando-se, assim, o contratualismo de qualquer concepção naturalista ou metafísica[6].

Depois da escolha dos princípios diretores da sociedade, o grupo social passa a deliberar concretamente sobre as suas diretrizes, mediante a votação de uma Constituição, que institui um governo de legalidade. Vencida esta etapa, passam a tratar das políticas públicas a serem adotadas para o bem-estar da sociedade, o que garante a estabilidade das instituições.

Neste sentido, todo pacto social vive da aceitação reiterada ao funcionamento das instituições. O dever de civismo insiste em reclamar do pactuante uma adesão a estruturas que observam, no geral, os

---

[5] RAWLS, John. *Justiça e democracia*. São Paulo: Martins Fontes, 2003. p. 19.
[6] RAWLS, John. *Uma teoria da justiça,* cit., p. 23.

princípios de justiça, e que, como tudo que é humano, comete erros. Pode, contudo, ocorrer a desobediência dos cidadãos, entendida como um ato de resistência não violento, de caráter político, contrário à lei, à medida que as instituições desrespeitem os princípios da justiça. A ideia de desobediência caminha para a mobilização e para o abalo das estruturas de poder da sociedade, com vista à alteração das leis que se façam em desacordo com os referidos princípios.

Para tanto, propõe-se uma ética do altruísmo, fundada na abdicação consciente de certos privilégios e vantagens materiais em função dos desfavorecidos. Para conseguir-se isso, é preciso, todavia, que uma dupla operação ocorra. Os favorecidos (por nascimento, herança ou dom) devem aceitar, com benevolência, ver diminuir sua participação material (em bens, salários, lucros e *status* social), minimizada em favor dos outros, dos desassistidos. Esses, por sua vez, podem assim ampliar seus horizontes e suas esperanças em dias melhores, maximizando suas expectativas.

Verificando-se qual o grupo socialmente preterido (em face de raça, sexo, cultura ou religião), mecanismos legislativos compensatórios seriam utilizados para reparar as eventuais injustiças (*affirmative actions*). Deste modo, a sociedade identificaria os setores a merecer as correções legais, propiciando, inclusive, a participação de minorias no jogo político, por meio de seus representantes – partidos populares, lideranças sindicais e movimentos sociais.

É certo que isso desembocaria na suspensão temporária dos direitos de todos os demais, especialmente dos bem-sucedidos. A sociedade avançaria, então, gradativamente, identificando as correções sociais a serem feitas, agindo cirurgicamente no sentido de superá-las pela lei. O apelo constante ao altruísmo dos mais favorecidos não teria o sentido de uma inatingível igualdade absoluta, nos moldes do socialismo radical, mas implicaria a busca da mais justa sociedade possível, a ser alcançada dentro das normas de uma democracia liberal moderna.

O problema a ser resolvido é o de como pode existir, ao longo do tempo, uma sociedade estável e justa, composta de cidadãos livres e iguais, mas profundamente divididos por doutrinas religiosas, filosóficas e morais razoáveis, embora incompatíveis. Para tanto, Rawls propõe uma concepção liberal de justiça política para um regime constitucional democrático. Não é uma concepção acerca do bem mais elevado ou último das pessoas, mas de justiça política, que as doutrinas razoáveis plurais da moderna sociedade possam subscrever, envolvendo-a com um consenso sobreposto[7].

Com efeito, enquanto, na tradicional visão platônica, a sociedade justa aloca seus integrantes, segundo aptidões e habilidades, Rawls sustenta, em sentido contrário, que a justiça está a serviço dos excluídos, descortinando uma concepção mais humana e concreta do direito justo, cujo florescimento demanda o solo fértil de um regime democrático. Isto porque a ideia de justiça implica a concretização de outros valores essenciais, como a liberdade ou a solidariedade, exigindo um regime jurídico-político capaz de garantir sua pacífica realização, o que somente pode corresponder ao quadro institucional de uma democracia.

Neste sentido, são as instituições democráticas (*v.g.*, parlamento, controle de constitucionalidade, previsão do voto, respeito aos direitos fundamentais) que permitem a confluência da legitimidade e da legalidade, tradicionalmente dissociadas pelas concepções unilaterais do jusnaturalismo e do positivismo jurídico, descortinando-se, assim, a possibilidade de construção institucional de um Estado Democrático de Direito.

A teoria da justiça de John Rawls é, portanto, a matriz teórica de debates que acometem a opinião pública atual, inclusive a brasileira, que versam sobre a defesa dos direitos das minorias e o consequente combate às formas de estratificação social, como, *v.g.*, a abertura de cotas nas universidades públicas a partir de critérios econômicos e étnicos; previsão de percentuais de candidaturas femininas no sistema eleitoral brasileiro; a reserva de vagas para pessoas com deficiência em empresas e órgãos públicos; e a criação de marcos legais específicos para tutela de outros grupos socialmente vulnerabilizados, tais como indígenas, crianças, adolescentes, homossexuais, transexuais, idosos e moradores em situação de rua.

---

[7] NEDEL, José. *John Rawls*: uma tentativa de integração de liberdade e igualdade. Porto Alegre: EDIPUCRS, 2000, p. 50-51.

5. A ESTRATIFICAÇÃO SOCIAL E O PAPEL DA ORDEM JURÍDICA BRASILEIRA

O papel do direito é dúplice no que se refere ao fenômeno da estratificação social, porquanto, historicamente, a ordem jurídica pode tanto espelhar os modelos de estratificação social, hierarquizando os indivíduos na sociedade mediante a alocação de privilégios e *status*, quanto oferecer instrumentos para corrigir as desigualdades sociais, por meio de ações e políticas afirmativas.

No tocante aos tipos de estratificação social, podem ser destacados diversos pontos de conexão com o direito brasileiro, notando-se uma tendência, no plano normativo, de minimização das assimetrias sociais, mormente após o advento da Constituição Federal de 1988, que estabeleceu o modelo do Estado Democrático de Direito, centrado na primazia da dignidade da pessoa humana, dos direitos fundamentais, na promoção do bem de todos e na vedação de quaisquer formas de preconceito.

No plano infraconstitucional pátrio, a estratificação biológica é minimizada por marcos legislativos que concretizam políticas e ações afirmativas de tutela dos grupos socialmente mais vulneráveis da sociedade. A estratificação sexual é combatida, *v.g.*, pela Lei Maria da Penha. A estratificação etária é enfrentada por diplomas legislativos como o Estatuto do Idoso e o Estatuto da Criança e do Adolescente. Por sua vez, a estratificação étnica vem sendo mitigada pelo Estatuto da Igualdade Racial.

De outro lado, no que se refere à estratificação social propriamente dita, o direito brasileiro não contempla a chamada estratificação fechada, baseada no imobilismo da divisão da sociedade em castas ou em estamentos, mas, ao revés, consagra a estratificação aberta de base classista.

Com efeito, a Constituição Federal de 1988 prevê a igualdade formal de todos perante a lei e a opção econômica por um sistema capitalista equilibrado, fundado na propriedade privada, na livre-iniciativa e na valorização do trabalho humano. Não obstante isto, verifica-se que, na prática social do nosso país, o acesso à justiça e o tratamento jurídico dado pelos profissionais do direito variam conforme a classe social dos jurisdicionados, favorecendo, muitas vezes, as classes superiores da sociedade.

No plano infraconstitucional, podem ser citados, *v.g.*, o Direito Empresarial, o Direito do Consumidor e o Direito do Trabalho como ramos jurídicos de inegável conteúdo classista, porque inseridos na lógica do mercado capitalista, que contrapõe, dialeticamente, empresários, consumidores e trabalhadores enquanto agentes que integram o processo de produção de riquezas de uma sociedade humana.

SINOPSE

A classificação hierárquica das diferenças sociais, em termos de uma ou mais dimensões de desigualdade social – como poder, prestígio ou riqueza –, é chamada de estratificação social.

A estratificação social é um processo sociológico fundamental de hierarquização dos indivíduos numa dada comunidade humana, com a atribuição diferenciada de papéis, privilégios ou ônus sociais, seja por conta de critérios biológicos (exemplos: sexo, idade, etnia), seja por força de critérios materiais (exemplos: economia, cultura, religião).

Todas as sociedades humanas conheceram, conhecem e conhecerão alguma forma de estratificação social e, portanto, de alocação de indivíduos em diversas instâncias ou patamares sociais. Isso ocorre porque a igualdade absoluta é um ideal inatingível, considerando a própria diferença de aptidões e habilidades entre os seres humanos. Eis que a estratificação possibilita uma forma de desigualdade socialmente construída.

A estratificação social comporta as seguintes tipologias: a estratificação social biológica e a estratificação social propriamente dita.

A estratificação social biológica se vale de elementos biológicos para promover a divisão social dos indivíduos, mormente o sexo, a idade e a etnia. A sociedade irá valorá-los para estabelecer a hierarquização dos atores sociais, a fim de que os indivíduos sejam alocados em escalões hierárquicos distintos.

Entre os diversos tipos de estratificação biológica, podem ser destacadas: a estratificação sexual; a estratificação etária e a estratificação étnica.

A estratificação sexual diferencia os gêneros masculino e feminino, atribuindo diferentes papéis, privilégios e obrigações para homens e mulheres, ora valorizando a figura masculina em detrimento da figura feminina (patriarcalismo), ora valorizando a figura feminina em detrimento da figura masculina (matriarcalismo).

A seu turno, a estratificação etária distingue os indivíduos com base no fenômeno biológico fundamentalmente mutável da idade, hierarquizando os idosos e os jovens dentro da estrutura social.

A estratificação étnica diferencia os agentes sociais com base na sua inserção em determinados grupos étnicos, apropriando o elemento racial para estabelecer uma desigualdade de tratamento entre etnias.

Por sua vez, a estratificação social propriamente dita organiza os indivíduos com base no peculiar *status* social, o qual deriva de elementos materiais de natureza tradicional, religiosa, cultural ou econômica, relativamente independentes dos critérios biológicos já estudados.

A estratificação social propriamente dita comporta a divisão da sociedade em castas, estamentos ou classes sociais.

As castas são categorias permanentes e imutáveis de estratificação social que se valem de elementos teológicos para a definição das relações humanas na sociedade, contrapondo, em polos estanques, as castas superiores e as inferiores. Os membros das castas superiores são considerados descendentes diretos de uma divindade, que, segundo crenças religiosas arraigadas, teria fundado uma dada comunidade humana, o que justificaria a sua supremacia em face dos integrantes das castas inferiores.

Os estamentos já despontam como categorias de estratificação social que diferenciam os indivíduos com base na nobreza de sua origem familiar, situando-se, portanto, na linha de transição das castas para as classes sociais. Os estamentos são agrupados com base na linhagem hereditária e na honra familiar. Embora seja raro, a sociedade estamental permite uma tênue mobilidade e ascensão social, por conta da aquisição voluntária ou involuntária de títulos de nobreza pelos indivíduos. Ex.: a sociedade europeia na era feudal, composta pela nobreza, pelo clero e pela plebe.

As classes sociais são categorias de estratificação social que refletem o amadurecimento do modo de produção capitalista nas sociedades ocidentais. A sociedade classista diferencia os atores sociais com base no acúmulo de recursos econômicos, contrapondo, de um lado, os proprietários dos bens de produção e, de outro, os trabalhadores, que somente podem disponibilizar a sua energia laboral nos processos produtivos.

O tema da estratificação social ganhou mais visibilidade na opinião pública a partir da aplicação de uma nova teoria da justiça, proposta por um autor norte-americano chamado John Rawls, que se tornou a base doutrinária para a aplicação das ações e políticas afirmativas em diversos países do mundo, inclusive no Brasil.

A teoria da justiça de John Rawls é, portanto, a matriz teórica de debates que acometem a opinião pública atual, inclusive a brasileira, que versam sobre a defesa dos direitos das minorias e o consequente combate às formas de estratificação social.

O papel do Direito é dúplice no que se refere ao fenômeno da estratificação social, porquanto, historicamente, a ordem jurídica pode tanto espelhar os modelos de estratificação social, hierarquizando os indivíduos na sociedade mediante a alocação de privilégios e *status*, quanto oferecer instrumentos para corrigir as desigualdades sociais, por meio de ações e políticas afirmativas.

No tocante aos tipos de estratificação social, podem ser destacados diversos pontos de conexão com o direito brasileiro, notando-se uma tendência, no plano normativo, de minimização das assimetrias sociais, mormente após o advento da Constituição Federal de 1988, que estabeleceu o modelo do Estado Democrático de Direito, centrado na primazia da dignidade da pessoa humana, dos direitos fundamentais, na promoção do bem de todos e na vedação de quaisquer formas de preconceito.

No plano infraconstitucional pátrio, a estratificação biológica é minimizada por marcos legislativos que concretizam políticas e ações afirmativas de tutela dos grupos socialmente mais vulneráveis da sociedade. A estratificação sexual é combatida, *v.g.*, pela Lei Maria da Penha. A estratificação etária é enfrentada por diplomas legislativos como o Estatuto do Idoso e o Estatuto da Criança e do Adolescente. Por sua vez, a estratificação étnica vem sendo mitigada pelo Estatuto da Igualdade Racial.

De outro lado, no que se refere à estratificação social propriamente dita, o Direito brasileiro não contempla a chamada estratificação fechada, baseada no imobilismo da divisão da sociedade em castas ou em estamentos, mas, ao revés, consagra a estratificação aberta de base classista.

CAPÍTULO 9

A Evolução Social do Fenômeno Jurídico: os Perfis do Direito Moderno e do Direito Pós-Moderno

1. NOÇÕES INTRODUTÓRIAS

Embora haja grande dificuldade prática para a pesquisa das tendências evolutivas do fenômeno jurídico, a Sociologia vem tentando delinear as grandes linhas de transformação do direito, desde as sociedades modernas até a conformação das sociedades ocidentais pós-modernas. Nesta parte da obra, pretende-se, portanto, delinear os caracteres da modernidade jurídica e apresentar os elementos da pós-modernidade jurídica, tendente a configurar um fenômeno jurídico dotado de natureza plural, reflexiva, prospectiva, discursiva e relativa.

2. A TRANSIÇÃO DO DIREITO MODERNO PARA O DIREITO PÓS-MODERNO

Desde a época do Renascimento, a humanidade já havia sido guindada ao patamar de centro do universo. Típica da nova perspectiva era a visão de Francis Bacon, segundo a qual os homens poderiam desvendar os segredos da realidade, para, então, dominar a natureza. Posteriormente, René Descartes lançou as bases filosóficas do edifício moderno, definindo a essência humana como uma substância pensante (*cogito, ergo sum*) e o ser humano como um sujeito racional autônomo. Na mesma senda,

Isaac Newton conferiu à modernidade o seu arcabouço científico, ao descrever o mundo físico como uma máquina, cujas leis imutáveis de funcionamento poderiam ser apreendidas pela mente humana. Na seara político-social, despontou o pensamento de John Locke, vislumbrando a relação contratual entre governantes e governados, em detrimento do absolutismo, e a supremacia dos direitos naturais perante os governos tirânicos.

Abeberando-se neste rico manancial de ideias, coube ao movimento iluminista, no século XVIII, consolidar o multifacético projeto da modernidade. Diderot, Voltaire, Rousseau e Montesquieu inaugurariam, de modo triunfal, a Idade da Razão. Sob a influência do iluminismo, Emmanuel Kant complementaria o ideário moderno, ao enfatizar o papel ativo da mente no processo de conhecimento. Para Kant, o intelecto sistematizaria os dados brutos oferecidos pelos órgãos sensoriais por meio de categorias inatas, como as noções de espaço e de tempo.

Nessa perspectiva, o "eu pensante", ao desencadear suas potencialidades cognitivas, afigurava-se como o criador do próprio mundo a ser conhecido. A pretensão transcendental de Kant supunha, assim, que a cultura e a ética refletiriam padrões universalmente racionais e humanos, submetendo-se os deveres ao princípio supremo da razão prática – o imperativo categórico. Ao conferir posição privilegiada ao sujeito do conhecimento, Kant elevou o respeito à pessoa humana a um valor ético absoluto. O sujeito kantiano tornava-se capaz de sair da menoridade e ser protagonista da história.

A prática moral estaria fundamentada não na pura experiência, mas em uma lei inerente à racionalidade universal humana, o chamado imperativo categórico – age somente segundo uma máxima tal que possas querer ao mesmo tempo que se torne lei universal. A ética é, portanto, o compromisso de seguir o próprio preceito ético fundamental, e pelo fato de segui-lo em si e por si. O homem que age moralmente deverá fazê-lo não porque visa à realização de qualquer outro algo, mas pelo simples fato de colocar-se de acordo com a máxima do imperativo categórico. O agir livre é o agir moral. O agir moral é o agir de acordo com o dever. O agir de acordo com o dever é fazer de sua lei subjetiva um princípio de legislação universal, a ser inscrita em toda a natureza humana[1].

---

[1] KANT, Immanuel. *Crítica da razão prática*. Trad. Rodolfo Schaefer. São Paulo: Martin Claret, 2005. p. 121.

Sendo assim, o programa moderno estava embasado no desenvolvimento implacável das ciências objetivas, das bases universalistas da ética e de uma arte autônoma. Seriam, então, libertadas as forças cognitivas acumuladas, tendo em vista a organização racional das condições de vida em sociedade. Os proponentes da modernidade cultivavam, ainda, a expectativa de que as artes e as ciências não somente aperfeiçoariam o controle das forças da natureza, como também a compreensão do ser e do mundo, o progresso moral, a justiça nas instituições sociais e até mesmo a felicidade humana.

A ideia de modernidade, na sua forma mais ambiciosa, foi a afirmação de que o homem é o que ele faz, e que, portanto, deve existir uma correspondência cada vez mais estreita entre a produção, tornada mais eficaz pela ciência, a tecnologia ou a administração, a organização da sociedade, regulada pela lei e a vida pessoal, animada pelo interesse, mas também pela vontade de se liberar de todas as opressões[2].

Com efeito, somente a razão estabelece uma correspondência entre a ação humana e a ordem do mundo, o que já buscavam pensadores religiosos, mas que foram paralisados pelo finalismo próprio às religiões monoteístas baseadas numa revelação. É a razão que anima a ciência e suas aplicações; é ela também que comanda a adaptação da vida social às necessidades individuais ou coletivas; é ela, finalmente, que substitui a arbitrariedade e a violência pelo Estado de Direito e pelo mercado. A humanidade, agindo segundo suas leis, avança simultaneamente em direção à abundância, à liberdade e à felicidade.

Sendo assim, nas suas conotações mais positivas, o conceito de modernidade indica uma formação social que multiplicava sua capacidade produtiva, pelo aproveitamento mais eficaz dos recursos humanos e materiais, graças ao desenvolvimento técnico e científico, de modo que as necessidades sociais pudessem ser respondidas, com o uso mais rigoroso e sistemático da razão.

A modernidade caracterizava-se, também, pela forma participativa das tomadas de decisões na vida social, valorizando o método democrático e as liberdades individuais. O objetivo da sociedade moderna era

---

[2] TOURAINE, Alain. *Crítica da modernidade*. Petrópolis: Vozes, 1994. p. 9.

oferecer uma vida digna, na qual cada um pudesse realizar sua personalidade, abandonando as constrições de autoridades externas e ingressando na plenitude expressiva da própria subjetividade.

A realização dos objetivos do projeto da modernidade seria garantida, no plano histórico, pelo equilíbrio entre os vetores societários de regulação e de emancipação. As forças regulatórias englobariam as instâncias de controle e de heteronomia. De outro lado, as forças emancipatórias expressariam as alternativas de expansão da personalidade humana, oportunizando rupturas, descontinuidades e transformações.

O projeto sociocultural da modernidade é muito rico, capaz de infinitas possibilidades e, como tal, muito complexo e sujeito a desenvolvimentos contraditórios. Assenta-se em dois pilares fundamentais: o pilar da regulação e o pilar da emancipação. São pilares, eles próprios, complexos, cada um constituído por três princípios. O pilar da regulação é constituído pelo princípio do Estado, cuja articulação se deve principalmente a Hobbes; pelo princípio do mercado, dominante, sobretudo, na obra de Locke; pelo princípio da comunidade, cuja formulação domina toda a filosofia política de Rousseau. Por sua vez, o pilar da emancipação é constituído por três lógicas de racionalidade: a racionalidade estético-expressiva da arte e da literatura; a racionalidade moral-prática da ética e do direito; e a racionalidade cognitivo-instrumental da ciência e da técnica[3].

Sendo assim, o programa da modernidade se fundaria na estabilidade dos referidos pilares, assegurada pela correlação existente entre os princípios regulatórios e as lógicas emancipatórias. A racionalidade ético-prática, que rege o direito, seria relacionada ao princípio do Estado, uma vez que o Estado moderno era concebido como o detentor do monopólio de produção e aplicação das normas jurídicas. A racionalidade cognitivo-instrumental, por seu turno, seria alinhada ao princípio do mercado, porquanto a ciência e a técnica afiguravam-se como as molas mestras da expansão do sistema capitalista.

Com efeito, no plano gnoseológico, o projeto da modernidade trouxe a suposição de que o conhecimento seria preciso, objetivo e bom.

---

[3] SANTOS, Boaventura de Sousa. *Pela mão de Alice*: o social e o político na pós-modernidade. São Paulo: Cortez, 1996. p. 77.

Preciso, pois, sob o escrutínio da razão, tornava-se possível compreender a ordem imanente- do universo; objetivo, porquanto o modernista se colocava como observador imparcial do mundo, situado fora do fluxo da história; bom, pois o otimismo moderno conduzia à crença de que o progresso seria inevitável e de que a ciência capacitaria o ser humano a se libertar de sua vulnerabilidade à natureza e a todo condicionamento social.

O cerne do programa moderno residia, indubitavelmente, na confiança na capacidade racional do ser humano. Os modernos atribuíam à razão papel central no processo cognitivo. A razão moderna compreende mais do que simplesmente uma faculdade humana. O conceito moderno de razão remetia à assertiva de que uma ordem e uma estrutura fundamentais são inerentes ao conjunto da realidade. O programa moderno se alicerçava na premissa de que a correspondência entre a tessitura da realidade e a estrutura da mente habilitaria esta última a discernir a ordem imanente do mundo exterior.

A ideia de uma modernidade denotava, assim, o triunfo de uma razão redentora, que se projetaria nos diversos setores da atividade humana. Esta razão deflagraria a secularização do conhecimento, conforme os arquétipos da física, da geometria e da matemática. Viabilizaria a racionalidade cognitivo-instrumental da ciência, concebida como a única forma válida de saber. Potencializaria, por meio do desenvolvimento científico, o controle das forças adversas da natureza, retirando o ser humano do reino das necessidades. Permitiria ao homem construir o seu destino, livre do jugo da tradição, da tirania, da autoridade e da sanção religiosa.

O projeto da modernidade nasceu para desenvolver a ciência objetiva, a moralidade e a lei universais e a arte, com total autonomia de qualquer instância superior, construindo-se nos termos da vida própria lógica interna destas. O desenvolvimento das ciências deveria permitir o domínio da natureza, respondendo progressivamente às necessidades dos homens e ampliando, portanto, a esfera da liberdade. A racionalidade desenvolvida nas ciências exatas e nas ciências naturais seria aplicada, também, à elaboração de formas racionais de organização da sociedade, proporcionando a emancipação, a libertação da escassez e das calamidades naturais. Esse processo de domínio, por parte da razão cartesiana, de todas as esferas da realidade humana e social, era considerado irreversível e levaria à libertação da irracionalidade dos mitos, das superstições, das religiões[4].

O programa moderno abria margem para a emergência do paradigma liberal-burguês na esfera jurídica. O conceito de Estado Constitucional de Direito é, ainda hoje, a pedra angular para o entendimento da modernidade jurídica. Surgido na dinâmica das revoluções burguesas (Revolução gloriosa, Independência norte-americana, Revolução Francesa), o Estado Constitucional de Direito sintetiza um duplo e convergente processo de estatização do direito e de juridicização do Estado.

Esta nova forma de organização estatal inaugura um padrão histórico específico de relacionamento entre o sistema político e a sociedade civil. Esta relação é intermediada por um ordenamento jurídico que delimita os espaços político e social. A ordem jurídica acaba por separar a esfera pública do setor privado, os atos de império dos atos de gestão, o interesse coletivo das aspirações individuais.

O conceito de Estado Constitucional se apresenta mais como um ponto de partida do que como um ponto de chegada, sendo o produto do desenvolvimento histórico de certas fórmulas político-jurídicas. O termo "Constituição" significa constituição da sociedade, dentro da visão oitocentista, aspirando a ser um corpo jurídico de regras aplicáveis ao corpo social. Nos principais teóricos do constitucionalismo (Montesquieu, Rousseau, Locke), encontra-se a ideia de que a Constituição se refere não apenas ao Estado, mas à própria comunidade política, ou seja, à *res publica*[5].

A partir do início do século XIX, a Constituição passa a ter como referente o Estado e não a sociedade, em face de diversas razões. Em primeiro lugar, merece registro a evolução semântica do conceito, que passou a orientar-se pela noção de Estado-nação. A segunda razão político-sociológica se relaciona com a progressiva estruturação do Estado liberal, cada vez mais assentado na separação Estado-Sociedade civil. Em terceiro lugar, aponta-se uma justificativa filosófica-política, pois, sob a influência da filosofia hegeliana e do juspublicismo germânico, a

---

[4] PETRINI, João Carlos. *Pós-modernidade e família*: um itinerário de compreensão. Bauru: Edusc, 2003. p. 27.
[5] CANOTILHO, J. J. Gomes. *Direito constitucional e teoria da Constituição*. 3. ed. Coimbra: Almedina, 1998. p. 87.

Constituição passa a designar a ordem do Estado, reduzindo-se à condição de simples lei do Estado e do seu poder. Neste sentido, desponta a Constituição como a lei proeminente que conforma o Estado.

De outro lado, o conceito moderno de Estado se afigura como uma forma histórica de organização jurídica do poder, dotada de qualidades que a distinguem de outros poderes e organizações de poder. Entre estes atributos, se destaca a qualidade de poder soberano, que se traduz num poder supremo no plano interno e num poder independente no plano internacional, daí decorrendo os elementos constitutivos do Estado: poder político de comando, povo e território.

Salienta, ainda, o autor que, embora a ideia de unidade política soberana do Estado esteja em crise como resultado da globalização/internacionalização/integração interestatal, continua a ser um modelo operacional como uma comunidade juridicamente organizada. Apresenta-se, assim, o Estado tanto como um esquema aceitável de racionalização institucional das sociedades modernas quanto como uma tecnologia de equilíbrio político-social, por meio da qual se combatem a autocracia absolutista e os privilégios das corporações medievais.

O Estado Constitucional de Direito, gestado durante a modernidade jurídica, deve ser entendido como um Estado de Direito Democrático. A concretização do Estado Constitucional de Direito gera a necessidade de se procurar o pluralismo de estilos culturais, a diversidade de circunstâncias, condições históricas e códigos de observação próprios dos ordenamentos jurídicos concretos, na tentativa de alicerçar a noção de juridicidade estatal, sendo ilustrativas as noções de *rule of law*, *always under law*, *l'état legal* e *rechtsstaat*[6].

Com efeito, a fórmula britânica do *rule of law* comporta quatro dimensões básicas: a observância de um processo justo regulado, quando se tiver de julgar e punir os cidadãos, privando-os da liberdade e da propriedade; a proeminência das leis e costumes do país perante a discricionariedade do poder real; a sujeição de todos os atos do executivo à soberania do parlamento; igualdade de acesso aos tribunais por parte dos cidadãos, segundo os princípios do direito comum (*common law*).

---

[6]   Idem, ibidem, p. 92.

Por sua vez, a noção de Estado Constitucional nos Estados Unidos deve ser referida à ideia de *always under law*, daí advindo três importantes desdobramentos. Em primeiro lugar, decorre o direito do povo de fazer uma lei superior, na qual se estabeleçam os esquemas essenciais do governo e os respectivos limites, com a tutela das liberdades dos cidadãos. Em segundo lugar, o Estado Constitucional associa a juridicidade do poder à justificação do governo, visto que as razões de governo devem ser razões públicas, tornando patente o consentimento do povo em ser governado em determinadas condições.

Neste sentido, o governo tem a obrigação jurídico-constitucional de governar segundo leis dotadas de unidade, publicidade, durabilidade e antecedência. Em terceiro lugar, merece registro a ideia de que os tribunais exercem a justiça em nome do povo, que neles deposita a confiança de preservação dos princípios de justiça e dos direitos condensados na lei superior, o que justifica, inclusive, o instituto do *judicial review of legislation*.

A seu turno, a ideia do Estado de Direito no constitucionalismo francês foi assentada na construção de um *État Légal*, concebido como uma ordem jurídica hierárquica (declaração de 1789, Constituição, legislação e atos do executivo de aplicação das leis), embora o Estado Constitucional tenha se transmutado em simples Estado legal, neutralizando a concepção de uma supremacia da Constituição. Daí por que se afirma que o constitucionalismo francês pode ser considerado um "constitucionalismo sem Constituição".

De outro giro, a palavra *Rechtsstaat* expressa uma dimensão da via especial do constitucionalismo alemão, que defendeu um modelo de Estado de Direito como Estado liberal, porque limitado à tutela da ordem e segurança públicas, remetendo os domínios econômicos e sociais para os mecanismos da liberdade individual e da liberdade de concorrência. Daí defluiriam os seguintes postulados: afirmação de direitos fundamentais fundados no respeito à esfera de liberdade individual, submissão do soberano ao império da lei, princípio da legalidade da administração, princípio da proibição do excesso e a exigência do controle judicial da atividade da administração.

Sendo assim, o Estado Constitucional moderno não é, nem deve ser, apenas entendido como um Estado de Direito, pois ele tem de estruturar-se como Estado de Direito Democrático, isto é, como uma ordem de domínio legitimada pelo povo, tal como sintetizado no princípio da soberania popular. Decerto, Estado de Direito e democracia correspondem a dois modos de se ver a liberdade, concebida, na primeira hipótese, como liberdade negativa, e, na segunda hipótese, como liberdade positiva.

O Estado Constitucional moderno corresponde a mais do que o Estado de Direito, visto que o elemento democrático serve não só para limitar o Estado, mas também para legitimar o exercício do poder político. Logo, é o princípio da soberania popular, segundo o qual todo o poder vem do povo, que, concretizado segundo procedimentos juridicamente regulados, permite harmonizar os pilares do Estado de Direito e do Estado Democrático, potencializando a compreensão da fórmula moderna do Estado de Direito Democrático.

Neste sentido, o Estado Constitucional de Direito apresenta, como traços marcantes de sua conformação histórica, os princípios da soberania nacional, da independência dos poderes e da supremacia constitucional.

O princípio da separação dos Poderes, técnica destinada a conter o absolutismo, atribui a titularidade da função legislativa a parlamentos compostos pelos representantes da nação, restringe o campo de atuação do Poder Executivo aos limites estritos das normas legais e confere ao Poder Judiciário a competência para julgar e dirimir conflitos, neutralizando-o politicamente.

O Estado submete-se ao primado da legalidade. A lei é concebida como uma norma abstrata e genérica emanada do parlamento, segundo um processo previsto pela Constituição. A Carta Magna, na acepção liberal, apresenta-se como uma ordenação sistemática da comunidade política, plasmada, em regra, num documento escrito, mediante o qual se estrutura o poder político e se asseguram os direitos fundamentais dos cidadãos.

Como se depreende dos elementos integrantes da noção de Estado Constitucional de Direito, a ideia moderna de que os homens se encontravam aptos a delinear um projeto racional informa as definições clássicas de lei e Constituição. As normas legais afiguram como instrumentos de uma razão planificante, capaz de engendrar a codificação do ordenamento jurídico e a regulamentação pormenorizada dos problemas sociais.

A Constituição, produto de uma razão imanente e universal que organiza o mundo, cristaliza, em última análise, o pacto fundador de toda a sociedade civil.

O fenômeno da positivação é, pois, expressão palmar da modernidade jurídica, permitindo a compreensão do direito como um conjunto de normas postas. Ocorrido, em larga medida, a partir século XIX, corresponde à legitimidade legal-burocrática preconizada por Max Weber, porquanto fundada em ritos e mecanismos de natureza formal. A positivação desponta como um conjunto de procedimentos capaz de moldar valores e padrões de conduta.

O fenômeno da positivação concebe o direito positivo como o que vale em virtude de uma decisão e que somente por força de uma nova decisão pode ser revogado, concepção presente no legalismo, que reduziu o direito à lei. Positivação e decisão são termos correlatos, visto que o fenômeno da positivação do direito é aquele por meio do qual todas as valorações, normas e expectativas de comportamento na sociedade têm que ser filtradas, mediante processos decisórios, antes de poderem adquirir validade. Logo, o fenômeno da positivação estabelece o campo em que se move a ciência do direito moderna, não fazendo do direito positivo o seu objeto único, mas envolvendo o ser humano de tal modo, que toda reflexão sobre o direito tem de tomar posição sobre ela[7].

Sendo assim, a lei, resultado de um conjunto de atos e procedimentos formais (iniciativa, discussão, *quorum*, deliberação), torna-se, destarte, a manifestação cristalina do direito. Daí advém a identificação moderna de direito e de lei, restringindo o âmbito da experiência jurídica. A análise global da conjuntura da época possibilita o entendimento do sentido desta idolatria à lei.

Em primeiro lugar, o apego excessivo à norma legal refletia a postura conservadora de uma classe que ascendera no plano social, na esteira do movimento jusnaturalista. Decerto, o jusnaturalismo racionalista consolida-se com o advento da ilustração, despontando a racionalidade humana como um código de ética universal e pressupondo um ser humano único em todo o tempo e em todo o espaço. Os iluministas

---

[7] FERRAZ JUNIOR, Tercio Sampaio. *A ciência do direito*. São Paulo: Atlas, 1980. p. 40.

acreditavam, assim, que a racionalidade humana, diferentemente da providência divina, poderia ordenar a natureza e a vida social. Este movimento jusnaturalista, de base antropocêntrica, utilizou a ideia de uma razão humana universal para afirmar direitos naturais ou inatos, titularizados por todo e qualquer indivíduo, cuja observância obrigatória poderia ser imposta até mesmo ao Estado, sob pena de o direito positivo corporificar a injustiça.

Historicamente, o jusnaturalismo racionalista serviu de alavanca teórica para as revoluções liberais burguesas que caracterizaram a modernidade jurídica (Revolução Inglesa, Independência norte-americana, Revolução Francesa), orientando o questionamento aos valores positivados na ordem jurídica do antigo regime. Nessa época, os direitos naturais de liberdade, igualdade e fraternidade passam a ser difundidos e contrapostos ao poder absoluto da monarquia.

O direito, no âmbito do movimento jusnaturalista, se de um lado quebra o elo entre jurisprudência e procedimento dogmático fundado na autoridade, de outro procura aperfeiçoá-lo, ao dar-lhe a qualidade de sistema. A teoria jurídica passa a ser um construído sistemático da razão, e em nome da própria razão, como uma crítica da realidade. Sendo assim, remanescem duas contribuições importantes: o método sistemático conforme o rigor lógico da dedução; e o sentido crítico-avaliativo do direito posto em nome de padrões éticos contidos nos princípios reconhecidos pela razão humana[8].

Dessa forma, ao encampar o poder político, a burguesia passou a utilizar a aparelhagem jurídica em conformidade com seus interesses, pois, se a utopia jusnaturalista impulsionou a revolução, a ideologia legalista legitimou a preservação do *statu quo* ao argumento de que o conjunto de leis corporificava o justo pleno, cristalizando formalmente os princípios perenes do direito natural.

A passagem da concepção jusnaturalista à positivista legalista está ligada à formação do Estado moderno, que surge com a dissolução da sociedade medieval. Ocorre, assim, o processo de monopolização da produção jurídica pelo Estado, rompendo com o pluralismo jurídico

---

[8] Idem, ibidem, p. 30.

medieval (criação do direito pelos diversos agrupamentos sociais), em favor de um monismo jurídico, em que o ente estatal prescreve o direito, seja por meio da lei, ou indiretamente, por meio do reconhecimento e do controle das normas de formação consuetudinária. Antes, o julgador podia obter a norma tanto de regras preexistentes na sociedade quanto de princípios equitativos e de razão. Com a formação do Estado moderno, o juiz, de livre órgão da sociedade, torna-se órgão do Estado, titular de um dos Poderes estatais, o Judiciário, subordinado ao Legislativo. O direito positivo – direito posto e aprovado pelo Estado – é, pois, considerado como o único e verdadeiro direito.

Além disto, as demandas do industrialismo e a celeridade das transformações econômicas exigiam um instrumental jurídico mais dinâmico e maleável. Em contraste com o processo de lenta formação das normas consuetudinárias, a lei se afigurava como um instrumento expedito, pronto a disciplinar as novas situações de uma realidade cambiante. Ocorreu a institucionalização da mutabilidade do direito, isto é, a ordem jurídica tornou-se contingencial e manipulável conforme as circunstâncias.

O fastígio do princípio da separação de Poderes, técnica de salvaguarda política e de garantia das liberdades individuais, foi outro fator preponderante na configuração da modernidade jurídica. Na concepção moderna, o julgador, ao interpretar a lei, deveria se ater à literalidade do texto legal, para que não invadisse a seara do Poder Legislativo, pelo que o magistrado deveria restringir-se à vontade da lei – *voluntas legislatoris*. A aplicação do direito seria, então, amparada no dogma da subsunção, pelo que o raciocínio jurídico consistiria na estruturação de um silogismo, envolvendo uma premissa maior (a diretiva normativa genérica) e uma premissa menor (o caso concreto), nos moldes preconizados pelo positivismo jurídico.

Para muitos estudiosos, o programa moderno, contudo, enquanto realizava o seu desiderato de constituir sujeitos autônomos e sociedades racionalmente organizadas, também desenvolvia os fermentos e as forças de sua própria dissolução.

A experiência da modernidade eliminou todas as fronteiras geográficas e raciais, de classe e de nacionalidade, de religião e de ideologia; nesse sentido, pode-se dizer que a modernidade une toda a espécie humana. Porém, é uma unidade paradoxal, uma unidade da fragmentação;

ela nos despeja a todos num turbilhão de permanente desintegração e mudança, de luta e contradição, de ambiguidade e angústia. Ser moderno é fazer parte de um universo no qual, como disse Marx, tudo que é sólido desmancha no ar[9].

Os desvios e excessos do projeto da modernidade abrem margem para o aprofundamento de interpretações críticas, aptas a vislumbrar a feição repressiva do racionalismo ocidental. Deste modo, o pensamento contemporâneo sinaliza para uma transição paradigmática do programa moderno para uma cultura pós-moderna, cujos caracteres passam a ser delineados com o colapso da Idade da Razão.

Com a crise da modernidade, muitos estudiosos referiram a emergência de um novo paradigma de compreensão do mundo – a pós-modernidade. A perspectiva pós-moderna passou a indicar a falência das promessas modernas de liberdade, de igualdade, de progresso e de felicidade acessíveis a todos. A desconfiança de todo discurso unificante torna-se, também, o marco característico do pensamento pós-moderno. A realidade social, dentro da perspectiva pós-moderna, não existe como totalidade, mas se revela fragmentada, fluida e incerta.

Uma das consequências do "mal-estar da pós-modernidade" seria a vivência pessoal e coletiva de uma sensação de infelicidade. Se os mal-estares da modernidade provinham de uma espécie de segurança, que tolerava uma liberdade pequena demais na busca da felicidade individual, os mal-estares da pós-modernidade provêm de uma espécie de liberdade de procura do prazer, que tolera uma segurança individual pequena demais. Para ele, a liberdade sem segurança não assegura mais firmemente uma provisão de felicidade do que segurança sem liberdade[10].

Com efeito, no seu transcurso histórico, o projeto da modernidade entrou em colapso. A vocação maximalista dos pilares regulatório e emancipatório, bem como dos princípios e lógicas internas, inviabilizou o cumprimento da totalidade de suas promessas. Ocorreu, em determinados momentos, a expansão demasiada do espaço social ocupado pelo

---

[9] BERMAN, Marshall. *Tudo o que é sólido desmancha no ar*: a aventura da modernidade. São Paulo: Companhia das Letras, 1986. p. 15.
[10] BAUMAN, Zygmunt. *O mal-estar da pós-modernidade*. Rio de Janeiro: Jorge Zahar Ed., 1998, p. 10.

mercado, a maximização da racionalidade científica e, de um modo geral, o desenvolvimento exacerbado do vetor da regulação ante o vetor da emancipação. O pilar emancipatório assumiu a condição de roupagem cultural das forças de controle e heteronomia, comprometendo o equilíbrio tão almejado entre os pilares modernos.

O programa da modernidade dissolveu-se num processo de racionalização da sociedade, que acabou por vincular a razão às exigências do poder político e à lógica específica do desenvolvimento capitalista. O conhecimento científico da realidade natural e social, entendido como meio de emancipação do ser humano, é submetido às injunções do poder vigente.

Ao direito moderno foi atribuída a tarefa de assegurar a ordem exigida pelo capitalismo, cujo desenvolvimento ocorrera num clima de caos social que era, em parte, obra sua. O direito moderno passou, assim, a constituir um racionalizador de segunda ordem da vida social, um substituto da cientifização da sociedade, o *ersatz* que mais se aproximava – pelo menos no momento – da plena cientifização da sociedade, que só poderia ser fruto da própria ciência moderna[11].

Com efeito, denuncia-se o entrelaçamento das formações discursivas com as relações de poder. Com o aparecimento de uma razão tecnocrática, o saber se torna o serviçal e corolário lógico do poder. O discurso, mormente o científico, é convertido num eficiente instrumento de domínio. O discurso não é mais simplesmente aquilo que traduz as lutas ou os sistemas de dominação, mas aquilo pelo que se luta, o poder de que todos querem se apoderar.

Sendo assim, a razão de matriz iluminista se banalizou, restringindo seu horizonte e delimitando seu campo de indagação aos interesses do poder. Favoreceu o progresso técnico e o crescimento econômico, mas engendrou problemas sociais. A racionalidade moderna não mais atendeu às exigências originárias do homem (liberdade, justiça, verdade e felicidade), mas, do contrário, sucumbiu às exigências do mercado.

Tendo cedido em sua autonomia, a razão se tornou um instrumento e algo inteiramente aproveitado no processo social. Seu valor

---

[11] SANTOS, Boaventura de Sousa. *Crítica da razão indolente...* cit., p. 119.

operacional, seu papel no domínio dos homens e da natureza tornou-se o único critério para avaliá-la. É como se o próprio pensamento se tivesse reduzido ao nível do processo industrial, submetido a um programa estrito, em suma, tivesse se tornado uma parte e uma parcela de produção[12].

Conquanto tenha desencadeado o progresso material da sociedade moderna, o racionalismo do Ocidente acabou promovendo o cerceamento desintegrador da condição humana, a perda da liberdade individual, o esvaziamento ético e a formação de um sujeito egoísta, direcionado, precipuamente, ao ganho econômico. Os indivíduos foram convertidos a meros receptáculos de estratégias de produção, como força de trabalho (alienação); de técnicas de consumo, como consumidores (coisificação); e de mecanismos de dominação política, enquanto cidadãos da democracia de massas (massificação). A alienação, a coisificação e a massificação se tornaram patologias de uma modernidade em colapso.

Os pressupostos gnoseológicos da modernidade foram também solapados. Não mais prevalece a suposição de que o conhecimento é bom, objetivo e exato. O otimismo moderno no progresso científico é substituído pelo ceticismo no tocante à capacidade da ciência de resolver os grandes problemas mundiais. Não se aceita a crença na plena objetividade do conhecimento. O mundo não é um simples dado que está "lá fora" à espera de ser descoberto e conhecido.

A aproximação entre o sujeito e o objeto é uma tendência presente em todas as modalidades de conhecimento científico. O trabalho do cientista, como o de qualquer ser humano, é condicionado pela história e pela cultura. A verdade brota de uma comunidade específica. Assim, o que quer que aceitemos como verdade, e até mesmo o modo como a vemos, depende da comunidade da qual participamos. Este relativismo se estende para além de nossas percepções da verdade e atinge sua essência: não existe verdade absoluta e universal. A verdade é sempre fruto de uma interpretação.

A ciência derrubou as verdades reveladas, as verdades absolutas. Do ponto de vista científico, essas verdades são ilusões. Pensava-se que a ciência substituía essas verdades falsas por verdades verdadeiras. Com

---

[12] HORKHEIMER, Max. *Eclipse da razão*. Rio de Janeiro: Labor, 1976. p. 27.

efeito, ela fundamenta suas teorias sobre dados verificados, reverificados, sempre reverificáveis. Contudo, a história das ciências mostra-nos que as teorias científicas são mutáveis, isto é, sua verdade é temporária. A retomada dos dados desprezados e o aparecimento de novos dados graças aos progressos nas técnicas de observação/experimentação destroem as teorias que se tornaram inadequadas e exigem outras, novas[13].

Decerto, a epistemologia contemporânea, por meio de uma grande plêiade de pensadores, vem fortalecendo a constatação de que as afirmações científicas são probabilísticas, porquanto se revelam submetidas a incertezas. Com a emergência da geometria não euclidiana, da física quântica e da teoria da relatividade, instaurou-se a crise da ciência moderna, abalando os alicerces do positivismo científico: a certeza, o distanciamento sujeito-objeto e a neutralidade valorativa.

A ciência não figura como um sistema de enunciados certos ou bem estabelecidos, nem como um sistema que avança constantemente em direção a um estado final. Deste modo, o velho ideal científico da *episteme* – do conhecimento absolutamente certo, demonstrável – mostrou-se inconsistente. A exigência da objetividade científica torna inevitável que todo enunciado científico permaneça provisório para sempre[14].

Sendo assim, o valor de uma teoria não seria medido por sua verdade, mas pela possibilidade de ser falsa. A falseabilidade figuraria, assim, como o critério de avaliação das teorias científicas e garantiria a ideia de progresso científico, visto que a mesma teoria seria corrigida pelos fatos novos que a falsificam. A ortodoxia representa a morte do conhecimento científico, uma vez que o aumento do conhecimento dependeria inteiramente da existência da discordância.

A ciência é um fenômeno dinâmico, vale dizer, um construto cultural. A ocorrência das revoluções científicas revelaria que a ciência não deve ser vislumbrada como uma compilação de verdades universais objetivas. Para ele, o progresso científico seria marcado por revoluções paradigmáticas. Com efeito, nos períodos de normalidade, o paradigma,

---

[13] MORIN, Edgar. *Para sair do século XX*. Trad. Vera Harvey. Rio de Janeiro: Nova Fronteira, 1986. p. 198.
[14] POPPER, Karl. *O mito do contexto*. Lisboa: Edições 70, 1999. p. 55-56.

visão de mundo expressa numa teoria, serviria para auxiliar os cientistas na resolução de seus problemas, sendo, posteriormente, substituído por outro paradigma, quando pendentes questões não devidamente respondidas pelo modelo científico anterior[15].

Neste sentido, os fundamentos do discurso científico e da própria verdade científica tornam-se, em última análise, sociais. A ciência não se embasa numa observação neutra de dados, conforme propõe a teoria moderna. Sendo assim, a noção de paradigma científico possibilita explicar o desenvolvimento científico como um processo que se verifica mediante rupturas, por meio da tematização de aspectos centrais dos grandes esquemas gerais de pré-compreensão, permitindo que se apresentem grades seletivas gerais, pressupostas nas visões de mundo prevalentes e tendencialmente hegemônicas em determinadas sociedades, por certos períodos de tempo e em contextos determinados.

Outrossim, rompe-se com os limites da razão moderna, para congregar valores e vivências pessoais. A racionalidade é inserida no processo comunicativo. A verdade resulta do diálogo entre atores sociais. Esta nova razão brota da intersubjetividade do cotidiano, operando numa tríplice dimensão. A racionalidade comunicativa viabiliza não só a relação cognitiva do sujeito com as coisas (esfera do ser), como também contempla os valores (esfera do dever-ser) e as emoções (esfera das vivências pessoais).

Uma compreensão exclusivamente instrumental ou estratégica da racionalidade é de algum modo inadequada. Habermas situa a ciência em face da pluralidade de interesses humanos, tais como a dominação da natureza, pela reprodução material da espécie, e o desenvolvimento da intersubjetividade, mediante o uso da linguagem que preside a ordenação da vida social e cultural[16].

Ao propor uma reconstrução racional da interação linguística, sustenta Habermas que a ação comunicativa permite que os atores sociais se movimentem, simultaneamente, em variadas dimensões, pois, por

---

[15] KUHN, T. S. *A estrutura das revoluções científicas*. São Paulo: Perspectiva, 1994. p. 56.
[16] HABERMAS, Jürgen. *Direito e democracia*: entre facticidade e validade. Trad. Flávio Beno Siebeneichler. Rio de Janeiro: Tempo Brasileiro, 1997. p. 145.

meio da competência comunicativa, os indivíduos fazem afirmações sobre fatos da natureza, julgam os padrões de comportamento social e exprimem os seus sentimentos pessoais. Com a racionalidade comunicativa, criam-se, portanto, as condições de possibilidade de um consenso racional acerca da institucionalização das normas do agir.

Trata-se, pois, de uma razão dialógica, espontânea e processual: as proposições racionais são aquelas validadas num processo argumentativo, em que se aufere o consenso por meio do cotejo entre provas e argumentações. Neste sentido, a racionalidade adere aos procedimentos pelos quais os protagonistas de uma relação comunicativa apresentam seus argumentos, com vistas à persuasão dos interlocutores.

Com efeito, as metanarrativas da modernidade iluminista, carregadas de um otimismo antropocêntrico, vislumbravam o advento de sociedades governadas pela racionalidade, encaminhadas para um estágio cada vez mais avançado de progresso técnico-científico e de desenvolvimento social.

Estas grandes visões modernas, contudo, esvaziaram-se e perderam, gradativamente, a credibilidade. Em seu transcurso histórico, o programa moderno não logrou concretizar seus ideais emancipatórios. Verificou-se que a proposta de racionalização da sociedade ocidental acabou por gerar profundos desequilíbrios entre os atores sociais, comprometendo a realização de uma subjetividade plenamente autônoma.

No Brasil e no mundo, o projeto civilizatório da modernidade entrou em colapso. Trata-se de uma rejeição dos próprios princípios, de uma recusa dos valores civilizatórios propostos pela modernidade. Como a civilização que tínhamos perdeu sua vigência e como nenhum outro projeto de civilização aponta no horizonte, estamos vivendo, literalmente, num vácuo civilizatório. Quando a ciência se transforma em mito, surgem novos mitos e ressurgem mitos antiquíssimos, a desrazão tem a seu dispor toda a parafernália da mídia moderna, tudo isso conspira contra a razão livre, não é muito provável que o ideal kantiano da maioridade venha a prevalecer[17].

---

[17] ROUANET, Paulo Sérgio. *Mal-estar na modernidade*. São Paulo: Companhia das Letras, 1993. p. 24.

3. ELEMENTOS DA PÓS-MODERNIDADE JURÍDICA

O advento da sociedade pós-moderna também se refletiu no direito do Ocidente, descortinando profundas transformações nos modos de conhecer, organizar e implementar as instituições jurídicas. Os chamados tempos pós-modernos são um desafio para o direito. Tempos de ceticismo quanto à capacidade da ciência do direito de dar respostas adequadas aos problemas que perturbam a sociedade atual e que acabam por forçar a evolução dos conceitos do direito, a propor uma nova jurisprudência dos valores, agora muito mais influenciada pelo direito público e pelo respeito aos direitos fundamentais dos cidadãos. Para alguns, o pós-modernismo é uma crise de desconstrução, de fragmentação, de indeterminação à procura de uma nova racionalidade, de desregulamentação e de deslegitimação de nossas instituições, de desdogmatização do direito; para outros, é um fenômeno de pluralismo e relativismo cultural arrebatador a influenciar o direito[18].

Partindo da presente descrição, torna-se possível divisar os elementos fundamentais da cultura jurídica pós-moderna, podendo se mencionar o delineamento de um direito plural, reflexivo, prospectivo, discursivo e relativo.

O fenômeno jurídico pós-moderno é cada vez mais plural. Este pluralismo se manifesta com a implosão dos sistemas normativos genéricos e com o consequente surgimento dos microssistemas jurídicos, como o direito do consumidor. Este fenômeno de descodificação, verificável especialmente no Direito Privado tradicional, abre espaço para que uma multiplicidade de fontes legislativas regule os mesmos comportamentos sociais.

Por outro lado, o pluralismo se traduz no surgimento de interesses difusos, que transcendem às esferas dos indivíduos para alcançar, indistintamente, toda a comunidade jurídica. Estes interesses difusos são marcados pela indeterminação dos sujeitos, pela indivisibilidade de seu objeto, pela conflituosidade permanente e pela mutação no tempo e no

---

[18] MARQUES, Cláudia Lima. *Contratos no Código de Defesa do Consumidor*. São Paulo: Revista dos Tribunais, 2002. p. 155.

espaço, diferindo da estrutura dos direitos subjetivos individuais, prevalentes dentro da modernidade jurídica.

O fenômeno jurídico pós-moderno assume, também, um caráter reflexivo. O direito moderno figurava como um centro normativo diretor, que, mediante o estabelecimento de pautas comportamentais, plasmava condutas e implementava um projeto global de organização e regulação social. Na pós-modernidade, entretanto, o direito passa a espelhar as demandas da coexistência societária. Sedimenta-se a consciência de que o direito deve ser entendido como um sistema aberto, suscetível aos influxos fáticos e axiológicos.

Sendo a experiência jurídica uma das modalidades da experiência histórico-cultural, compreende-se que a implicação polar fato-valor se resolve num processo normativo de natureza integrante, cada norma ou conjunto de normas representando, em dado momento histórico e em função de dadas circunstâncias, a compreensão operacional compatível com a incidência de certos valores sobre os fatos múltiplos que condicionam a formação dos modelos jurídicos e sua aplicação[19].

Como se depreende do exposto, não se concebe mais o ordenamento jurídico como um sistema hermético, mas como uma ordem permeável aos valores e aos fatos da realidade cambiante. Daí decorre a compreensão do ordenamento jurídico como um fenômeno dinâmico e, pois, inserido na própria historicidade da vida humana.

O direito pós-moderno é, igualmente, prospectivo. A própria dinamicidade do fenômeno jurídico exige do legislador a elaboração de diplomas legais marcados pela textura aberta. A utilização de fórmulas normativas propositadamente genéricas, indeterminadas e contingenciais revela a preocupação de se conferir a necessária flexibilidade aos modelos normativos, a fim de que se possa adaptá-los aos novos tempos.

Volta-se a ciência jurídica à busca de técnicas legislativas que possam assegurar uma maior efetividade aos critérios hermenêuticos. Nesta direção, o legislador percebe a necessidade de definir modelos de conduta delineados à luz de princípios que vinculem o intérprete, seja nas situações jurídicas típicas, seja nas situações não previstas pelo ordenamento. Daí

---

[19] REALE, Miguel. *Teoria tridimensional do direito*. São Paulo: Saraiva, 1994. p. 74.

a necessidade de descrever nos textos normativos os cânones hermenêuticos e as prioridades axiológicas, ao lado de normas que permitem, do ponto de vista de sua estrutura e função, a necessária comunhão entre o preceito normativo e as circunstâncias do caso concreto[20].

O fenômeno jurídico pós-moderno passa a valorizar a dimensão discursivo-comunicativa. Entende-se que o direito é uma manifestação da linguagem humana. Logo, o conhecimento e a realização do ordenamento jurídico exigem o uso apropriado dos instrumentos linguísticos da semiótica ou semiologia. Torna-se cada vez mais plausível o entendimento de que os juristas devem procurar as significações do direito no contexto de interações comunicativas. Deste modo, a linguagem se afigura como a condição de exterioridade dos sentidos incrustados na experiência jurídica.

A linguagem, portanto, funda e constitui o mundo. Por isso mesmo, a interpretação não se reduz a uma atividade passiva. O mundo é feito por nós, quando nos apropriamos dele interpretativamente. Nessa mediação linguística da compreensão, o mundo é por nós transformado, constantemente desfeito e refeito. Existem certas linguagens dotadas da capacidade de mobilizar grandes poderes sociais, como é o caso do direito. Tais linguagens-poderes imprimem novas condições de possibilidade à vivência do e no mundo[21].

Outrossim, a teoria e a prática do direito passam a enfatizar o estabelecimento das condições de decidibilidade dos conflitos, potencializando o uso de técnicas persuasivas. O raciocínio jurídico, no âmbito de um processo comunicativo, não se resume a uma mera operação lógico--formal, mas concatena fórmulas axiológicas de consenso, como os princípios. O processo argumentativo não se respalda nas evidências, mas, isto sim, em juízos de valor. A retórica assume, nesse contexto, papel primordial, como processo argumentativo que, ao articular discursivamente valores, convence a comunidade de que uma interpretação jurídica deve prevalecer.

---

[20] TEPEDINO, Gustavo. *A parte geral do novo Código Civil*: estudos na perspectiva civil--constitucional. Rio de Janeiro: Renovar, 2002. p. 21.
[21] ARRUDA JÚNIOR, Edmundo Lima de. GONÇALVES, Marcus Fabiano. *Fundamentação ética e hermenêutica* – alternativas para o direito. Florianópolis: CESUSC, 2002. p. 326-327.

Ademais, o direito pós-moderno é relativo. Isto porque não se podem conceber verdades jurídicas absolutas, mas sempre dados relativos e provisórios.

O conceito de verdade apresenta uma especial acepção semântica, no âmbito do direito processual. Para Ferrajoli, uma justiça integralmente atrelada à verdade é utópica, mas uma justiça completamente sem verdade compreende uma arbitrariedade. Logo, toda atividade judicial é uma combinação entre conhecimento (*veritas*) e decisão (*auctoritas*). Segundo ele, a diferença entre experimento (de um fato presente) e provas (de um fato passado) desemboca no modelo ideal de verdade processual fática como correspondência objetiva[22].

Pode-se afirmar, então, que a verdade processual fática, da mesma forma que a verdade histórica, em vez de ser predicável em referência direta ao fato julgado, é resultante de uma ilação dos fatos comprovados do passado com os fatos probatórios do presente. Por sua vez, a verdade processual jurídica é opinativa, pois o conceito classificatório é sempre impreciso e insuficiente. Além disso, a verdade processual jurídica deve ser produzida na moldura do direito positivo, sem desrespeitar os preceitos da ordem jurídica. Não é a verdade, portanto, que condiciona a validade, mas a validade condiciona a verdade, como verdade normativa, que está convalidada por normas, por ser obtida na observância do sistema normativo.

Na pós-modernidade jurídica, marcada pela constelação de valores e pelos fundamentos linguísticos, qualquer assertiva desponta como uma forma de interpretação, pelo que o relativismo pós-moderno oportuniza a consolidação de um saber hermenêutico.

Decerto, a interpretação tornou-se um dos principais paradigmas intelectuais dos estudos jurídicos nos últimos 15 anos. Assim como o interesse pelas normas na década de 60 e pelos princípios jurídicos nos anos 70, boa parte da teorização da última década foi edificada em torno do conceito de interpretação. Em um aspecto importante, porém, a interpretação é um paradigma mais ambicioso: não se trata apenas de um

---

[22] FERRAJOLI, Luigi. *Direito e razão* – teoria do garantismo penal. São Paulo: Revista dos Tribunais, 2002. p. 43.

tema no qual os filósofos do direito estão interessados, mas, segundo alguns filósofos muito influentes, a interpretação é também um método geral, uma metateoria da teoria do direito[23].

Sob o influxo do pensamento pós-positivista, cristaliza-se um novo modelo interpretativo. Entende-se que o ato de interpretar e aplicar o direito envolve o recurso permanente a instâncias intersubjetivas de valoração. O raciocínio jurídico congrega valores, ainda que fluidos e mutadiços, porquanto o direito se revela como um objeto cultural, cujo sentido é socialmente compartilhado. A hermenêutica jurídica dirige-se à busca de uma dinâmica *voluntas legis*, verificando a finalidade da norma em face do convívio em sociedade. Deste modo, o relativismo potencializa uma hermenêutica jurídica construtiva, voltada para o implemento da justiça social.

Dessa forma, na transição da sociedade moderna para a sociedade pós-moderna, o Direito passa a apresentar uma natureza plural, reflexiva, prospectiva, discursiva e relativa.

SINOPSE

No campo plano gnoseológico, o projeto da modernidade trouxe a suposição de que o conhecimento seria preciso, objetivo e bom. Preciso, pois, sob o escrutínio da razão, tornava-se possível compreender a ordem imanente do universo; objetivo, porquanto o modernista se colocava como observador imparcial do mundo, situado fora do fluxo da história; bom, pois o otimismo moderno conduzia à crença de que o progresso seria inevitável e de que a ciência capacitaria o ser humano a libertar-se de sua vulnerabilidade à natureza e a todo condicionamento social.

A ideia de uma modernidade denotava, assim, o triunfo de uma razão redentora, que se projetaria nos diversos setores da atividade humana. Esta razão deflagraria a secularização do conhecimento, conforme os arquétipos da física, da geometria e da matemática. Viabilizaria a racionalidade cognitivo-instrumental da ciência, concebida como a única forma válida de saber. Potencializaria, por meio do desenvolvimento científico, o controle das forças adversas da

---

[23] MARMOR, Andrei. *Direito e interpretação*. Trad. Luís Carlos Borges. São Paulo: Martins Fontes, 2000. p. 9.

natureza, retirando o ser humano do reino das necessidades. Permitiria ao homem construir o seu destino, livre do jugo da tradição, da tirania, da autoridade e da sanção religiosa.

O programa moderno abria margem para a emergência do paradigma liberal-burguês na esfera jurídica. O conceito de Estado Constitucional de Direito é, ainda hoje, a pedra angular para o entendimento da modernidade jurídica. Surgido na dinâmica das revoluções burguesas (Revolução gloriosa, Independência norte-americana, Revolução Francesa), o Estado Constitucional de Direito sintetiza um duplo e convergente processo de estatização do direito e de juridicização do Estado.

Esta nova forma de organização estatal inaugura um padrão histórico específico de relacionamento entre o sistema político e a sociedade civil. Esta relação é intermediada por um ordenamento jurídico que delimita os espaços político e social. A ordem jurídica acaba por separar a esfera pública do setor privado, os atos de império dos atos de gestão, o interesse coletivo das aspirações individuais.

O Estado Constitucional de Direito, gestado durante a modernidade jurídica, deve ser entendido como um Estado de Direito Democrático. A concretização do Estado Constitucional de Direito gera a necessidade de se procurar o pluralismo de estilos culturais, a diversidade de circunstâncias, condições históricas e códigos de observação próprios dos ordenamentos jurídicos concretos, na tentativa de alicerçar a noção de juridicidade estatal.

Como se depreende dos elementos integrantes da noção de Estado Constitucional de Direito, a ideia moderna de que os homens se encontravam aptos a delinear um projeto racional informa as definições clássicas de lei e Constituição. As normas legais se afiguram como instrumentos de uma razão planificante, capaz de engendrar a codificação do ordenamento jurídico e a regulamentação pormenorizada dos problemas sociais. A Constituição, produto de uma razão imanente e universal que organiza o mundo, cristaliza, em última análise, o pacto fundador de toda a sociedade civil.

A passagem da concepção jusnaturalista à positivista legalista está ligada à formação do Estado moderno, que surge com a dissolução da sociedade medieval. Ocorre, assim, o processo de monopolização da produção jurídica pelo Estado, rompendo com o pluralismo jurídico medieval (criação do direito pelos diversos agrupamentos sociais), em favor de um monismo jurídico, em que o ente estatal prescreve o direito, seja por meio da lei, ou indiretamente, por meio do reconhecimento e do controle das normas de formação consuetudinária. Antes, o julgador podia obter a norma tanto de regras preexistentes na sociedade quanto de princípios equitativos e de razão. Com a formação do Estado moderno, o juiz, de livre órgão da sociedade, torna-se órgão do Estado, titular de um dos Poderes estatais, o Judiciário, subordinado ao Legislativo. O direito positivo – direito posto e aprovado pelo Estado – é, pois, considerado como o único e verdadeiro direito.

Com efeito, no seu transcurso histórico, o projeto da modernidade entrou em colapso. A vocação maximalista dos pilares regulatório e emancipatório, bem como dos princípios e lógicas internas, inviabilizou o cumprimento da totalidade de suas promessas. Ocorreu, em determinados momentos, a expansão demasiada do espaço social ocupado pelo mercado, a maximização da racionalidade científica e, de um modo geral, o desenvolvimento exacerbado do vetor da regulação ante o vetor da emancipação. O pilar emancipatório assumiu a condição de roupagem cultural das forças de controle e heteronomia, comprometendo o equilíbrio tão almejado entre os pilares modernos.

O programa da modernidade dissolveu-se num processo de racionalização da sociedade, que acabou por vincular a razão às exigências do poder político e à lógica específica do desenvolvimento capitalista. O conhecimento científico da realidade natural e social, entendido como meio de emancipação do ser humano, é submetido às injunções do poder vigente.

Ao direito moderno foi atribuída a tarefa de assegurar a ordem exigida pelo capitalismo, cujo desenvolvimento ocorrera num clima de caos social que era, em parte, obra sua. O direito moderno passou, assim, a constituir um racionalizador de segunda ordem da vida social, como um substituto da cientifização da sociedade.

O advento da sociedade pós-moderna também se refletiu no direito do Ocidente, descortinando profundas transformações nos modos de conhecer, organizar e implementar as instituições jurídicas.

Torna-se possível divisar os elementos fundamentais da cultura jurídica pós-moderna, podendo se mencionar o delineamento de um direito plural, reflexivo, prospectivo, discursivo e relativo.

O fenômeno jurídico pós-moderno é cada vez mais plural. Este pluralismo se manifesta com a implosão dos sistemas normativos genéricos e com o consequente surgimento dos microssistemas jurídicos, como o direito do consumidor. Este fenômeno de descodificação, verificável especialmente no Direito Privado tradicional, abre espaço para que uma multiplicidade de fontes legislativas regule os mesmos comportamentos sociais.

O fenômeno jurídico pós-moderno assume, também, um caráter reflexivo. O direito moderno figurava como um centro normativo diretor, que, mediante o estabelecimento de pautas comportamentais, plasmava condutas e implementava um projeto global de organização e regulação social. Na pós-modernidade, entretanto, o direito passa a espelhar as demandas da coexistência societária. Sedimenta-se a consciência de que o direito deve ser entendido como um sistema aberto, suscetível aos influxos fáticos e axiológicos.

Ademais, o direito pós-moderno é relativo, porque não se podem conceber verdades jurídicas absolutas, mas sempre dados relativos e provisórios.

Sob o influxo do pensamento pós-positivista, cristaliza-se um novo modelo interpretativo. Entende-se que o ato de interpretar e aplicar o direito envolve o recurso permanente a instâncias intersubjetivas de valoração. O raciocínio jurídico congrega valores, ainda que fluidos e mutadiços, porquanto o direito se revela como um objeto cultural, cujo sentido é socialmente compartilhado. A hermenêutica jurídica dirige-se à busca de uma dinâmica *voluntas legis*, verificando a finalidade da norma em face do convívio em sociedade. Deste modo, o relativismo potencializa uma hermenêutica jurídica construtiva, voltada para o implemento da justiça social.

PARTE II

Antropologia do Direito

CAPÍTULO 10

Contornos Epistemológicos da Antropologia do Direito

1. ANTROPOLOGIA: CONCEITO, OBJETO E FINALIDADE

Etimologicamente, o termo Antropologia deriva da reunião dos signos ἄνθρωπος ou *anthropos*, que significa "ser humano", bem como das palavras λόγος ou *logos*, que referem, semanticamente, as noções de "razão", "pensamento", "discurso" ou "estudo".

Do ponto de vista semântico, no final do século XVIII, durante o período da Revolução Francesa, surgiram várias terminologias dispostas à definição de um nome àquilo que já começava a assumir a fisionomia de uma ciência integral do ser humano, compreendida como o estudo da diferença entre as diversas culturas, raças e etnias. Desde então, a denominação dada à disciplina sofreu constantes mudanças, mas, atualmente, na maioria dos países ocidentais, prevalece o uso do termo Antropologia, consagrada na tradição brasileira.

Os naturalistas teriam sido os responsáveis pela atribuição do nome de Antropologia em substituição ao que então se designava como História Natural. O que teria conferido notoriedade ao vocábulo Antropologia, como modalidade de conhecimento científico, foi a publicação, em 1798, da célebre obra *Antropologia em sentido pragmático*, da lavra do filósofo criticista Immanuel Kant, o qual propunha uma classificação das raças humanas, embasada, entre outros elementos, em relatos escritos de exploradores.

Logo, a Antropologia afigura-se como a ciência que se debruça sobre o ser humano e a humanidade de maneira totalizante, abrangendo todas as suas dimensões materiais e imateriais, ao longo dos variados transcursos históricos dos diversos grupos sociais, em suas variegadas manifestações culturais.

Deveras, como bem salienta Francois Laplantine[1], a Antropologia pretende oferecer certo olhar ou enfoque científico que consiste no estudo do homem inteiro, em todas as sociedades, sob todas as latitudes, em todos os seus estados e em todas as suas épocas.

Desde os primórdios da vida humana, o homem nunca deixou de interrogar-se sobre si mesmo e sobre a sua finalidade existencial. A reflexão do homem acerca da sua condição na sociedade, bem como a elaboração de um saber oriundo desses questionamentos revela-se tão antigas quanto a própria humanidade, tendo ocorrido nas mais diversas regiões do mundo. Daí adveio o projeto de formação de uma ciência antropológica ocupada com as produções sociais do ser humano, processo histórico que se consolidou com o advento da era moderna.

A Antropologia descobriu o fato de que a sociedade humana cresceu e se desenvolveu de tal maneira por toda parte, que suas formas, opiniões e ações guardam muitos traços fundamentais em comum, o que implica a existência de certas leis que governam o desenvolvimento da sociedade e que são aplicáveis tanto às sociedades atuais quanto às sociedades passadas e distantes.

Como bem refere Marina Marconi[2], a Antropologia fornece uma tríplice perspectiva epistemológica, pois, como ciência social, busca conhecer o homem como indivíduo integrante de comunidades e grupos organizados, ao passo que, como ciência humana, pretende apreender o ser humano por meio do exame de crenças, usos e costumes, além de, na condição de ciência natural, procurar analisar a evolução humana, abrangendo o estudo do patrimônio genético, da fisiologia e da anatomia dos indivíduos.

---

[1] LAPLANTINE, François. *Aprender antropologia.* São Paulo: Brasiliense, 2012. p. 16.
[2] MARCONI, Marina de Andrade; PRESOTTO, Zélia Maria Neves. *Antropologia:* uma introdução. 6. ed. São Paulo: Atlas, 2008. p. 1.

2. A RELAÇÃO DA ANTROPOLOGIA COM OUTRAS CIÊNCIAS

Considerando que o ser humano afigura-se como um objeto passível de uma análise multidisciplinar por diversas formas tipológicas de conhecimento científico, não se afigura fácil definir a esfera de atuação da Antropologia e, por conseguinte, fixar os seus limites no quadro geral dos saberes humanos.

Como bem salienta Louis Assier-Andrieu[3], a Antropologia figura como um formidável instrumento de observação total das mais diferentes sociedades, pois a antropologia ambiciona formular um sistema aceitável, tanto para o mais remoto indígena como para seus próprios concidadãos ou contemporâneos, a fim de engendrar um sistema que seja independente, a um só tempo, do observador e de seus objetos.

Embora existam pontos de contato com a Ciência Política, a Teologia, a Economia e a Psicologia, o diálogo mais estreito do conhecimento antropológico ocorre com os campos da Sociologia e da História, mantendo todos esses saberes, contudo, as suas respectivas autonomias científicas.

Nesse primeiro esforço de delimitação epistemológica, convém diferenciar a abordagem científica utilizada pelos pesquisadores da Antropologia, História e Sociologia.

Com efeito, a diferença fundamental entre a Antropologia e a História não reside nem no objeto, nem tampouco na finalidade e no método, porquanto ostentam o mesmo objeto (a sociedade), a mesma finalidade (compreensão global do ser humano) e o mesmo método (uso similar das técnicas de pesquisa).

Segundo os ensinamentos de Olney Assis e Vitor Kümpel[4], a Antropologia e a História se diferenciam pela apresentação de ângulos complementares, visto que a História organiza seus dados em relação às expressões conscientes da vida social, enquanto a Antropologia ordena seus dados a partir das condições inconscientes da vida social.

---

[3] ASSIER-ANDRIEU, Louis. *O direito nas sociedades humanas*. Trad. Maria Ermantina Galvão. São Paulo: Martins Fontes, 2000. p. 31.
[4] ASSIS, Olney Queiroz; KÜMPEL, Vitor Frederico. *Manual de antropologia jurídica*. São Paulo: Saraiva, 2011. p. 23.

De outro lado, no que se refere à distinção entre Antropologia e Sociologia, tradicionalmente, afirmava-se que havia uma diferença de objeto. Sendo assim, a Antropologia realizava o estudo das sociedades arcaicas, enquanto a Sociologia optava pela pesquisa das sociedades contemporâneas.

Sucede, contudo, que as pesquisas antropológicas mais recentes voltam também atenções para o estudo dos grupos sociais mais complexos da atualidade, diluindo, por conseguinte, as fronteiras teórico-cognitivas dos saberes antropológico e sociológico.

Em síntese, conforme o magistério autorizado de Olney Assis e Vitor Kümpel[5], é possível afirmar que a Antropologia apresenta-se como uma ciência do observado, enquanto a Sociologia consiste numa ciência centrada na figura do observador.

Desse modo, a distinção entre Antropologia e Sociologia passa a repousar no liame da Sociologia com o respectivo observador, à medida que ele, geralmente, se vale de sua pré-compreensão para pesquisar aspectos relevantes de sua própria sociedade.

Ao revés, a Antropologia pretende conceber modelos teóricos que se revelem adequados tanto para o estudo do ser humano das sociedades pretéritas, quanto para o conhecimento do homem que vive nas sociedades contemporâneas.

3. AS SUBDIVISÕES DO SABER ANTROPOLÓGICO

Dada a natureza multifacetada do seu objeto de estudo, a Antropologia pode ser dividida em diversos departamentos teóricos. Embora muitos autores ainda utilizem a proposta clássica que a biparte em dois campos rígidos (Antropologia Cultural e Antropologia Física), os estudos contemporâneos preferem utilizar as categorias propostas pela doutrina estadunidense, a qual vislumbra quatro áreas essências de estudo, a saber: a Antropologia Arqueológica; a Antropologia Biológica; a Antropologia Linguística; e a Antropologia Cultural.

---

[5] Idem, ibidem, p. 22.

A Antropologia Arqueológica consiste no estudo do ser humano por meio da pesquisa dos vestígios materiais remanescentes, objetivando a reconstituição das sociedades remotas, tanto em sua forma de organização, quanto em sua produção cultural.

Por sua vez, a Antropologia Biológica abarca o estudo da evolução do ser humano, a sua distribuição étnica e compleição anatômico-fisiológica, relacionando também o patrimônio genético, a morfologia e o ambiente circundante.

A seu turno, a Antropologia Linguística possibilita o exame da linguagem humanal a partir do horizonte de significados de um dado contexto cultural, como modo de expressão e de comunicação dos valores e pensamentos humanos.

Por derradeiro, a Antropologia Cultural oportuniza a investigação de tudo aquilo que constitui a cultura das sociedades humanas, a saber, os modos de produção de riquezas, as organizações familiares, as modalidades de conhecimento, as concepções religiosas, as criações artísticas, as formas de governo e os ordenamentos jurídicos.

Com efeito, a Antropologia Cultural afigura-se como um ramo antropológico que considera todos os diferentes fatores da realidade social como um conjunto incindível de significados, cujas conexões recíprocas permitem, dinamicamente, a difusão e a transmissão de uma dada cultura humana.

Ressalte-se ainda que as áreas de pesquisa acima descritas encontram-se umbilicalmente ligadas, pelo que o estudo de cada um desses campos de estudo necessariamente tende a levar o antropólogo a apreciar os fenômenos correlatos que estão presentes na realidade social, inclusive, as manifestações do próprio Direito.

4. A ANTROPOLOGIA DO DIREITO COMO VERTENTE TEÓRICA DA ANTROPOLOGIA CULTURAL

Pode-se afirmar que a Antropologia do Direito ou Antropologia Jurídica consiste numa das mais importantes projeções teóricas da Antropologia Cultural, ao propor a pesquisa da fisionomia e funcionalidade do fenômeno jurídico no âmbito das mais diversas culturas humanas.

Decerto, o homem é ser biológico, pois está antes de tudo no mundo por seus órgãos dos sentidos. A sua existência se desenvolve não somente no universo das coisas, mas também no plano metafísico dos signos, elaborados a partir do uso da linguagem.

Para ser realmente livre, o sujeito de direito deve primeiro estar vinculado por palavras que o prendam aos outros homens. Os vínculos da ordem jurídica e da linguagem se mesclam, assim, para que cada ser humano tenha acesso à humanidade, ou seja, para atribuir à sua vida um significado, no duplo sentido, geral e jurídico. A aspiração à justiça representa, pois, em todas as situações, um dado antropológico fundamental.

Segundo a precisa análise de Rodolfo Sacco[6], no discurso antropológico, a cultura não consiste apenas no patrimônio de conhecimentos que cada indivíduo possui, mas, em verdade, exprime o conjunto de valores, tradições, costumes, crenças e hábitos mentais que caracterizam determinada comunidade social.

Decerto, o Direito faz parte da cultura humana que o ser humano vivencia, conhece e pratica, o que implica a possibilidade ontológica de uma Antropologia do Direito ou Antropologia Jurídica.

Como bem refere Alain Supiot[7], fazer de cada um de nós um *homo juridicus* é a maneira ocidental de vincular as dimensões biológica e simbólica constitutivas do ser humano.

Com efeito, o Direito liga a infinitude de nosso universo mental à finitude de nossa experiência física, cumprindo na sociedade humana a relevante função antropológica de instituição da razão.

Como bem refere Louis Assier-Andrieu[8], a imagem do homem imerso na dimensão cultural da ordem jurídica constitui legitimamente a matéria da Antropologia do Direito, como ciência do *homo juridicus*.

Deveras, o ser humano é naturalmente jurídico, pois, como aptidão abstraída das normas e dos juízos, a juridicidade se propõe, de fato, como

---

[6] SACCO, Rodolfo. *Antropologia jurídica:* contribuição para uma macro-história do direito. Trad. Carlo Alberto Dastoli. São Paulo: Martins Fontes, 2013. p. 3.
[7] SUPIOT, Alain. *Homo juridicus:* ensaio sobre a função antropológica do direito. São Paulo: WMF Martins Fontes, 2007. p. 10.
[8] ASSIER-ANDRIEU, Louis. Op. cit., p. 31.

o discriminante universal da constituição social da humanidade e das culturas humanas.

Para Norbert Rouland[9], a Antropologia do Direito demonstra sua utilidade quando permite descobrir e compreender a essência da juridicidade que se encontra encoberta pelas fontes formais e estatais da normatividade jurídica.

Sendo assim, a Antropologia do Direito prepara e alerta a sociedade para aceitar as mudanças jurídicas que estão em curso e que apontam para um Direito mais maleável, flexível e adaptado aos novos contornos da sociedade e da cultura humana.

5. ANTROPOLOGIA E DIREITO: A NECESSIDADE DE UM DIÁLOGO INTERDISCIPLINAR

Em meados do século XIX, enquanto a Antropologia se consolidava como saber autônomo, já havia registros de expressivas investigações antropológicas acerca do papel do fenômeno jurídico nas culturas humanas.

Muitas causas podem ser apontadas para essa convergência das abordagens antropológica e jurídica.

Em primeiro lugar, os pesquisadores europeus tinham necessária familiaridade com a língua latina, instrumento para o estudo das civilizações greco-latinas, as quais se apresentavam como objeto de investigação de muitas teorias antropológicas daquela época.

Em segundo lugar, a influência doutrinária do Historicismo Jurídico e a expansão imperialista da Europa na África e na Ásia ensejaram uma abordagem comparativa dos institutos jurídicos de outras épocas e de outros agrupamentos humanos.

Além disso, a separação do conhecimento em disciplinas específicas ainda era muito tênue neste período.

De um lado, a Ciência do Direito se apropriava dos fenômenos sociais e culturais, incorporando, em seu campo de estudo, temáticas que hoje

---

[9] ROULAND, Norbert. *Nos confins do direito*. Trad. Maria Ermantina de Almeida Prado Galvão. São Paulo: Martins Fontes, 2003. p. 405.

são exploradas pela Sociologia, Ciência Política e Antropologia. No que se refere a esse último campo de estudo, as pesquisas antropológicas sobre a origem da propriedade, do matrimônio e da família revelaram-se assuntos de grande interesse para os estudiosos do Direito.

Noutro passo, muitos precursores da antropologia erigiram temas que até então eram tradicionalmente examinados pela comunidade jurídica, como, por exemplo, as relações de parentesco, que interessavam aos juristas principalmente para a definição dos direitos e obrigações no âmbito do Direito de Família.

À medida que a Antropologia se firmou, contudo, como uma disciplina própria na constelação dos saberes científicos, houve um gradual distanciamento das suas temáticas e objetos de estudo em face daqueles tradicionalmente apropriados pelos juristas.

Isto sucedeu porque a Antropologia passou a incorporar em seu referencial teórico-metodológico conceitos e categorias que se revelavam mais específicos para uma análise científica das diferentes culturas e instituições sociais, e, de outro lado, os juristas também passaram a deixar, para um segundo plano, as indagações empíricas em prol de um aprimoramento técnico de seus institutos e práticas.

Com essa crescente especialização verificada em todas as áreas do conhecimento, a Antropologia viveu um processo de fortalecimento de suas bases disciplinares, o que se revelava por meio de novas teorizações sobre os mais variados fenômenos culturais, as quais também compreendiam o estudo antropológico dos fenômenos jurídicos.

Deveras, Antropologia e Direito passaram a oferecer visões diferentes, porém, ao mesmo tempo, complementares sobre o fenômeno jurídico.

A Antropologia produz conhecimento com base em pesquisa empírica e cultiva a preocupação em apreender o ponto de vista dos sujeitos do aspecto cultural estudado, ao passo que o Direito figura como um conhecimento normativo que analisa fatos trazidos às instituições jurídicas, preocupando-se com a qualificação do dever ser dos comportamentos humanos.

Com efeito, o jurista privilegia o exame de padrões normativos gerais para avaliar aqueles que melhor iluminam o caso concreto, a fim de viabilizar uma solução imparcial, enquanto o antropólogo busca delimitar os sentidos das práticas e dos saberes locais, indagando se a singularidade da situação pesquisada tem algo a nos dizer sobre o universal, refutando a tendência de uma interpretação etnocêntrica de um litígio.

Atualmente, o diálogo com o universo jurídico tem se mostrado cada vez mais denso e presente no horizonte do mister antropológico.

Os antropólogos têm buscado ampliar, de maneira substancial, o diálogo com os chamados operadores do direito e o sistema jurídico em outros importantes temas: reconhecimento das identidades; tutela da diversidade de grupos minoritários; resolução de conflitos familiares; combate às discriminações étnicas, raciais e sexuais; debate sobre as políticas de segurança pública; estudo dos fluxos migratórios; e o exame das formas de ampliação do exercício da cidadania em geral.

Um exemplo emblemático desse profícuo diálogo interdisciplinar propiciado pela Antropologia e o Direito é a permuta de experiências e abordagens entre antropólogos e juristas na defesa de direitos de minorias tradicionais, tais como índios e quilombolas.

Decerto, ao afastar o etnocentrismo embutido na eventual imposição da visão vigente na sociedade mais ampla, cristalizada no discurso jurídico-estatal, a atenção ao modo singular de ocupar o território característico desses povos tem sido considerada pelos juristas uma condição essencial para a criação de normas legislativas, administrativas e judiciais quanto às demandas desses grupos.

De outro lado, ao recusar os riscos de uma aplicação de normas jurídicas descontextualizadas, as medidas manejadas pelos juristas para a tutela dos legítimos interesses de índios e quilombolas têm sido entendidas pelos antropólogos como garantias de preservação dos direitos dessas minorias.

6. AS DIFICULDADES EPISTEMOLÓGICAS PARA A CONSTITUIÇÃO CIENTÍFICA DA ANTROPOLOGIA DO DIREITO

O processo de consolidação epistemológica da Antropologia do Direito como uma disciplina autônoma no quadro geral de saberes humanos foi inegavelmente árduo e descontínuo.

A explicação para as dificuldades de afirmação da Antropologia do Direito parece estar relacionada aos obstáculos práticos de utilização do método comparativo, tradicionalmente utilizado pelos antropólogos, para a análise e compreensão de fenômenos culturais, os quais, geralmente, não se enquadram aos institutos jurídicos ocidentais.

Deveras, os antropólogos que se ocupam do domínio jurídico deparam-se, ao examinarem a miríade das organizações sociais, com manifestações culturais alternativas e diversificadas, as quais, na maior parte das vezes, não guardam qualquer similitude com as práticas socioculturais próprias do ocidente.

Essas dificuldades se tornam ainda mais evidentes nas investigações de cunho antropológico-jurídico, principalmente, quando se tem em vista as dificuldades em estabelecer conceitos e categorias para a análise e compreensão de dados variáveis e desconexos.

As informações obtidas no trabalho de campo, frequentemente, não podem ser definidas e compreendidas fora de sua dimensão cultural empírica, forçando, assim, um tratamento do fenômeno jurídico de forma imbricada a outros fenômenos sociais, tais como a política, a religião e a economia.

Nesse sentido, o antropólogo elabora a tradução da língua e cultura da sociedade investigada para o seu próprio idioma, utilizando o referencial teórico-metodológico do saber antropológico. Ao realizar esse trabalho comparativo, o antropólogo tende a buscar equivalentes em sua própria linguagem ou cultura para referir e identificar aspectos culturais da sociedade pesquisada, o que pode favorecer algumas interpretações equivocadas.

De outro lado, constata-se a dificuldade acerca da possibilidade ou não de aplicação de conceitos e categorias jurídicas ocidentais (*e.g.*, lei, norma, direito, julgamentos, jurídico, obrigação, contrato, responsabilidade e processo) na análise dos modelos de ordenação de condutas e de realização de justiça em determinados contextos sociais e culturais totalmente diferentes.

Apesar das limitações impostas pelo método comparativo e pelas imensas variações apresentadas nos dados empíricos, que dificultam a elaboração das tradicionais generalizações levadas a cabo pela Antropologia, é cediço que a Antropologia do Direito vem conseguindo manter, ao longo do seu transcurso histórico, algumas bases sólidas que vem favorecendo sua afirmação disciplinar.

7. CARACTERES DA ANTROPOLOGIA DO DIREITO

A Antropologia do Direito pode ser caracterizada como um saber científico, empírico, causal e zetético.

Deveras, revela-se científica, porque se apresenta como um conhecimento racional, sistemático, metódico e dotado de um campo objetal específico: as conexões recíprocas existentes entre o ser humano, o fenômeno jurídico e o conjunto da realidade social.

Por sua vez, afigura-se igualmente empírica – vocábulo proveniente do grego *empeiria*, que significa *experiência* –, porque procura estudar o fenômeno jurídico como um fato social, inserido no *mundo do ser*, e não no *mundo do dever-ser*, realidade concreta das interações comportamentais, afastando-se de uma abordagem idealista ou metafísica.

Ademais, a Antropologia do Direito apresenta natureza causal, porque se vale da causalidade ou lógica do ser (Dado A, é B) para o estabelecimento dos liames entre o fenômeno jurídico e a realidade social e posterior formulação de seus modelos teóricos, porém sem o rigor determinístico que a causalidade apresenta no terreno das ciências naturais, enunciando, portanto, tendências ou probabilidades de realização de determinados eventos no mundo jurídico e sociocultural.

Por derradeiro, a Antropologia do Direito afigura-se zetética, porquanto busca refletir criticamente sobre as relações entre o ser humano, o ordenamento jurídico e as diversas culturas, por meio de constantes questionamentos sobre a estrutura e a função do Direito na sociedade.

Sendo assim, o ângulo da zetética jurídica difere da abordagem jurídico-dogmática, perspectiva hermética, acrítica e, portanto, refratária às indagações sobre a relação das normas e instituições jurídicas com a realidade histórica e sociocultural.

Segundo o magistério autorizado de Tercio Ferraz Jr.[10], o enfoque zetético preocupa-se com o problema especulativo, predominando o sentido informativo do discurso, ao passo que o enfoque dogmático não questiona suas premissas, predominando o sentido diretivo do discurso na orientação de uma dada ação humana.

---

[10] FERRAZ JUNIOR, Tercio Sampaio. *Introdução ao estudo do direito*: técnica, decisão e dominação. São Paulo: Atlas, 1994.

Decerto, a investigação zetética tem por característica fundamental a abertura constante para o questionamento ilimitado de todas as dimensões do fenômeno jurídico (valorização do aspecto-pergunta), diferentemente da abordagem dogmática, que limita os juristas aos marcos da ordem jurídico-normativa vigente, a qual lhes aparece como um dado ou ponto de partida inelutável de um estudo estrito do direito positivo (ênfase ao aspecto-resposta).

Nessa linha de raciocínio, a zetética jurídica enfatiza os aspectos antropológicos, filosóficos, históricos, políticos e sociológicos, possibilitando uma reflexão do Direito como componente deste amplo e diversificado universo cultural.

Como bem leciona José Sacadura Rocha[11], ao estudar outras formas do existir humano, individual e coletivo, a Antropologia geral e jurídica figura como um poderoso instrumento de desmitificação e desalienação, possibilitando a compreensão, a um tempo, mais teleológica e relacional, capaz de refletir sobre formas petrificadas do saber humano, e construir em seu lugar um olhar e pensar que aponta mais para a plasticidade da condição humana, em sua simbiose com tudo o que o rodeia, da natureza ao seu semelhante.

Deveras, a disciplina Antropologia do Direito revela uma natureza essencialmente zetética, porquanto busca refletir criticamente sobre o fenômeno jurídico, a fim de propiciar uma conexão do sistema normativo do direito com os fatos sociais, diferentemente de um estilo de abordagem exclusivamente dogmático, que se limita a reproduzir os dogmas normativos do sistema jurídico, como premissas inquestionáveis de raciocínio, desvinculando a validade normativa dos atributos da efetividade e de legitimidade social do sistema jurídico numa dada cultura humana.

8. OS PROCEDIMENTOS ETNOLÓGICO E ETNOGRÁFICO COMO MÉTODOS ESPECÍFICOS DA ANTROPOLOGIA GERAL E JURÍDICA

Como já visto anteriormente, o vocábulo "método", resultante do grego *methodos,* consiste na senda para a busca da verdade. No campo

---

[11] ROCHA, José Manuel de Sacadura. *Antropologia jurídica:* geral e do Brasil. Rio de Janeiro: Forense, 2015. p. 26.

da gnoseologia, métodos figuram como procedimentos intelectuais que permitem ao sujeito cognoscente a apreensão das propriedades dos diversos objetos presentes no universo natural e social.

Deveras, a Antropologia do Direito, como modalidade de saber científico, vale-se de diversas metodologias para examinar as relações concretas entre o ser humano, a ordem jurídica e a sociedade, levando-se em conta a evolução histórica e a diversidade cultural dos agrupamentos sociais.

Entre os diversos métodos aplicáveis pelo Antropólogo do Direito ao processo de apreensão da realidade, podem ser indicados os procedimentos cognitivos já apreciados por ocasião do estudo da Sociologia do Direito, a saber: os métodos indutivo, dedutivo, positivista, compreensivo, dialético, estruturalista, funcionalista e desconstrucionista. Sobre ele, aplica-se, *mutatis mutandis*, o que já foi referido anteriormente na presente obra.

Conforme os ensinamentos de Jean Poirier[12], merecem maior destaque, tendo em vista a maior especificidade para o desenvolvimento da reflexão antropológica geral e jurídica, a utilização dos métodos etnológico e etnográfico.

O vocábulo etnologia teria sido utilizado inicialmente, em 1787, primeiramente, como uma proposta de análise das características raciais e das etapas do ser humano em sua marcha para a civilização, dentro de um paradigma teórico de antecipação do evolucionismo. Somente no início do século XIX, a etnologia passou a possuir o sentido contemporâneo, relacionado à noção de um procedimento antropológico.

Por sua vez, a palavra etnografia apareceu posteriormente, por volta de 1826. Embora a expressão etnografia fosse então utilizada para a classificação dos grupos humanos em face de suas características linguísticas, mais tarde a análise etnográfica veio a ocupar-se da análise e sistematização dos documentos coligidos no trabalho de campo.

Nesse sentido, cabe à etnologia o cumprimento da relevante função de classificar e comparar os dados que são extraídos das diversas sociedades humanas pela via etnográfica.

---

[12] POIRIER, Jean. *Una historia de la etnologia*. México: Fondo de Cultura Económica, 1992. p. 26.

Como bem descreve Olney Assis e Vitor Kümpel[13], a etnografia refere-se ao primeiro estágio da pesquisa antropológica, que consiste na realização de um trabalho de campo, que propicia a observação, a descrição e a análise de grupos humanos e fenômenos culturais particulares.

Por sua vez, a etnologia constitui o segundo estágio da pesquisa, que possibilita a comparação e catalogação dos documentos pesquisados, a fim de formular proposições de geográfico, histórico e sistemático acerca dos fenômenos socioculturais.

Em suma, etnologia e etnografia não constituem disciplinas ou concepções diferentes sobre o mesmo objeto de estudo, mas, ao revés, fases metódicas que se complementam no curso de uma mesma pesquisa antropológica.

9. A PESQUISA DE CAMPO COMO TÉCNICA DE INVESTIGAÇÃO ANTROPOLÓGICA GERAL E JURÍDICA

A pesquisa de campo se afigura numa técnica de pesquisa antropológica de base empírica, por meio da qual o antropólogo se aproxima de seu objeto de estudo – geralmente, agrupamentos de menor complexidade social – para, com base em dados concretos, formular seus juízos científicos.

Conforme assevera François Laplantine[14], os antropólogos da era vitoriana identificavam-se totalmente com a sua sociedade, isto é, com a civilização industrial europeia, pelo que os costumes dos povos primitivos eram vistos como exóticos e inferiores, devendo ser estudados com objetividade e neutralidade.

Posteriormente, a Antropologia passou a priorizar pesquisa de campo, a qual se tornou indispensável para o aperfeiçoamento profissional e acadêmico dos antropólogos,

Coube a Bronisław Kasper Malinowski[15], em sua obra, promover uma verdadeira revolução copernicana nas investigações antropológicas. Rompendo os contatos com o mundo europeu, passou a viver com as

---

[13] ASSIS, Olney Queiroz; KÜMPEL, Vitor Frederico. Op. cit., p. 19.
[14] LAPLANTINE, François. *Aprender antropologia*. São Paulo: Brasiliense, 2006. p. 82-83.
[15] MALINOWSKI, Bronislaw. *Os argonautas do Pacífico Ocidental*. São Paulo: Abril, 1978. p. 7-10.

populações distantes, situadas em regiões longínquas do globo terrestre, a fim de reunir dados reais oriundos dessas diferentes culturas.

Com efeito, a pesquisa de campo requer o exercício do princípio da alteridade, para que seja possível penetrar na mentalidade dos habitantes das sociedades simples; revivendo os valores, sentimentos e modos de vida de outras sociedades humanas. Logo, a sociedade dita primitiva não pode ser considerada como uma forma anterior e inferior à civilização contemporânea.

A investigação de campo compreende o manejo de uma técnica denominada de observação participante, a qual demanda estadias do observador perante as comunidades investigadas, o que oportuniza o desenvolvimento de um processo de aculturação do observador, que consiste na assimilação pelo antropólogo das categorias organizadoras do acervo cultural investigado.

Por derradeiro, cumpre salientar que o êxito de uma pesquisa de campo depende de uma postura de estranhamento do antropólogo, vale dizer, de uma posição de perplexidade diante da pesquisa dos variados aspectos de uma cultura diferente (por exemplo, costumes, crenças, línguas, instituições, modos de conhecimento), pelo que um evento, antes considerado natural, passa a ser passível de problematização científica.

Sendo assim, o estranhamento antropológico pode provocar uma nova visão sobre hábitos e práticas sociais, considerados evidentes da cultura originária do antropólogo, além de permitir o reconhecimento de que o ser humano é dotado da capacidade de inventar uma pluralidade de modos de vida e de formas de organização social.

SINOPSE

Etimologicamente, o temo Antropologia deriva da reunião dos signos ἄνθρωπος ou *anthropos*, que significa "ser humano", bem como das palavras λόγος ou *logos*, que referem, semanticamente, as noções de "razão", "pensamento", "discurso" ou "estudo".

Do ponto de vista semântico, no final do século XVIII, durante o período da Revolução Francesa, surgiram várias terminologias dispostas à definição de um nome àquilo que já começava a assumir a fisionomia de uma ciência integral do ser humano, compreendida como o estudo da diferença entre as diversas culturas, raças e etnias. Desde então, a denominação dada à disciplina sofreu constantes mudanças, mas, atualmente, na maioria dos países ocidentais, prevalece o uso do termo Antropologia, consagrada na tradição brasileira.

Logo, a Antropologia afigura-se como a ciência que se debruça sobre o ser humano e a humanidade de maneira totalizante, abrangendo todas as suas dimensões materiais e imateriais, ao longo dos variados transcursos históricos dos diversos grupos sociais, em suas variegadas manifestações culturais.

Embora existam pontos de contato com a Ciência Política, a Teologia, a Economia e a Psicologia, o diálogo mais estreito do conhecimento antropológico ocorre com os campos da Sociologia e da História, mantendo todos esses saberes, contudo, as suas respectivas autonomias científicas.

Dada a natureza multifacetada do seu objeto de estudo, a Antropologia pode ser dividida em diversos departamentos teóricos. Embora muitos autores ainda utilizem a proposta clássica que a biparte em dois campos rígidos (Antropologia Cultural e Antropologia Física), os estudos contemporâneos preferem utilizar as categorias propostas pela doutrina estadunidense, a qual vislumbra quatro áreas essenciais de estudo, a saber: a Antropologia Arqueológica; a Antropologia Biológica; a Antropologia Linguística; e a Antropologia Cultural.

Pode-se afirmar que a Antropologia do Direito ou Antropologia Jurídica consiste numa das mais importantes projeções teóricas da Antropologia Cultural, ao propor a pesquisa da fisionomia e funcionalidade do fenômeno jurídico no âmbito das mais diversas culturas humanas.

Antropologia e Direito passaram a oferecer visões diferentes, porém, ao mesmo tempo, complementares sobre o fenômeno jurídico.

A Antropologia produz conhecimento com base em pesquisa empírica e cultiva a preocupação em apreender o ponto de vista dos sujeitos do aspecto cultural estudado, ao passo que o Direito figura como um conhecimento normativo que analisa fatos trazidos às instituições jurídicas, preocupando-se com a qualificação do dever ser dos comportamentos humanos.

Com efeito, o jurista privilegia o exame de padrões normativos gerais para avaliar aqueles que melhor iluminam o caso concreto, a fim de viabilizar uma solução imparcial, enquanto o antropólogo busca delimitar os sentidos das práticas e dos saberes locais, indagando se a singularidade da situação pesquisada tem algo a nos dizer sobre o universal, refutando a tendência de uma interpretação etnocêntrica de um litígio.

A explicação para as dificuldades de afirmação da Antropologia do Direito parece estar relacionada aos obstáculos práticos de utilização do método comparativo, tradicionalmente utilizado pelos antropólogos, para a análise e compreensão de fenômenos culturais, os quais, geralmente, não se enquadram aos institutos jurídicos ocidentais.

Deveras, os antropólogos que se ocupam do domínio jurídico deparam-se, ao examinarem a miríade das organizações sociais, com manifestações culturais alternativas e diversificadas, as quais, na maior parte das vezes, não guardam qualquer similitude com as práticas socioculturais próprias do ocidente.

Essas dificuldades se tornam ainda mais evidentes nas investigações de cunho antropológico-jurídico, principalmente, quando se tem em vista as dificuldades em estabelecer conceitos e categorias para a análise e compreensão de dados variáveis e desconexos.

A Antropologia do Direito pode ser caracterizada como um saber científico, empírico, causal e zetético.

O vocábulo etnologia teria sido utilizado inicialmente, em 1787, primeiramente, como uma proposta de análise das características raciais e das etapas do ser humano em sua marcha para a civilização, dentro de um paradigma teórico de antecipação do evolucionismo. Somente no início do século XIX, a etnologia passou a possuir o sentido contemporâneo, relacionado à noção de um procedimento antropológico.

Por sua vez, a palavra etnografia apareceu posteriormente, por volta de 1826. Embora a expressão etnografia fosse então utilizada para a classificação dos grupos humanos em face de suas características linguísticas, mais tarde a análise etnográfica veio a ocupar-se da análise e sistematização dos documentos coligidos no trabalho de campo.

Nesse sentido, cabe à etnologia o cumprimento da relevante função de classificar e comparar os dados que são extraídos das diversas sociedades humanas pela via etnográfica.

A pesquisa de campo se afigura numa técnica de pesquisa antropológica de base empírica, por meio da qual o antropólogo se aproxima de seu objeto de estudo – geralmente, agrupamentos de menor complexidade social – para, com base em dados concretos, formular seus juízos científicos.

Com efeito, a pesquisa de campo requer o exercício do princípio da alteridade, para que seja possível penetrar na mentalidade dos habitantes das sociedades simples; revivendo os valores, sentimentos e modos de vida de outras sociedades humanas. Logo, a sociedade dita primitiva não pode ser considerada como uma forma anterior e inferior à civilização contemporânea.

A investigação de campo compreende o manejo de uma técnica denominada de observação participante, a qual demanda estadias do observador perante as comunidades investigadas, o que oportuniza o desenvolvimento de um processo de aculturação do observador, que consiste na assimilação pelo antropólogo das categorias que organizam o acervo cultural investigado.

Por derradeiro, cumpre salientar que o êxito de uma pesquisa de campo depende de uma postura de estranhamento do antropólogo, vale dizer, de uma posição de perplexidade diante da pesquisa dos variados aspectos de uma cultura diferente (por exemplo, costumes, crenças, línguas, instituições, modos de conhecimento), pelo que um evento, antes considerado natural, passa a ser passível de problematização científica.

CAPÍTULO 11

A Cultura como Tema da Antropologia Geral e Jurídica

1. CONCEITO ABERTO E POLISSÊMICO DE CULTURA

O vocábulo *cultura* afigura-se plurívoco, porquanto comporta diversos significados, a depender do uso informal ou formal da linguagem, variando também conforme o campo de conhecimento de sua aplicação.

Na Roma antiga, seu antecedente etimológico ostentava o sentido de "agricultura" – proveniente do latim *culturae*, que significa "ação de tratar" ou "cultivar" – originando-se daí outro termo latino, *colere*, que significa cultivar, colher, culto, ou seja, tudo aquilo que requer esforço humano para transformar, em oposição ao encontrado na natureza.

A definição acerca do que seja cultura afigura-se bastante ampla, pois esse termo é utilizado nos âmbitos do conhecimento vulgar, do conhecimento filosófico e do conhecimento científico, sendo possível elencar diferentes alcances semânticos a depender da pragmática de sua utilização: a) cultivo de gêneros alimentares (*e.g.*, uso na agricultura); b) técnica para estudo de microrganismos (*v.g.*, uso na biologia; c) formação individual da pessoa humana, ou seja, aquilo que os gregos denominavam *paideia* e os romanos *humanitas* (*e.g.*, uso como educação do ser humano); d) cultura como cultura de massa, expressão das ideologias, perspectivas e concepções simbólicas e imagéticas que são transmitidas a um grande coletivo de indivíduos por meio da chamada indústria cultural (*e.g.*, uso na comunicação); e) cultura como civilização, acepção que se confunde com noções de educação, bons costumes, etiqueta e comportamentos refinados (*e.g.*, uso como ideal de elite na Inglaterra e na França a partir do século XVII); f) cultura na acepção de cultura erudita ou alta cultura (*kultur*), enquanto conjunto de produtos que são desfrutados por sujeitos que ocupam as camadas mais elevadas da hierarquia social (*v.g.*, uso na filosofia alemã a partir do século XVIII para qualificar a erudição artística da música clássica); g) cultura como cultura popular, em contraposição à noção de cultura erudita, referindo os objetos que são produzidos de maneira orgânica pelos grupos específicos e geralmente subalternizados da sociedade (*e.g.*, uso para exprimir expressões artísticas como o samba e a literatura de cordel); h) cultura como conjunto de saberes, crenças, valores e costumes característicos de uma dada comunidade humana, os quais são criados, preservados e transmitidos através dos sujeitos e das instituições.

Eis aqui, nesta última definição, o sentido de cultura que mais interessa às Ciências Sociais, forjado a partir do século XIX, o qual exprime os objetos materiais e imateriais elaborados e modificados pela convivência humana nas variadas dimensões espaciais e temporais, vale dizer, o conjunto dos modos de vida de um agrupamento humano determinado, aplicando-se tanto a sociedades ditas mais avançadas, quanto às formas de organização social consideradas mais rústicas.

Neste sentido, merece registro a célebre definição de Edward Tylor[1], extraída a partir de seus estudos de campo, para quem cultura seria este todo complexo que inclui conhecimentos, crenças, arte, moral, leis, costumes ou quaisquer outras capacidades ou hábitos adquiridos pelo homem como membro de uma comunidade.

Na perspectiva específica da Antropologia Geral e Jurídica, o termo *cultura* padece também desta mesma polissemia, tendo sido oferecidas inúmeras definições diferentes, ora convergentes, ora diametralmente opostas, tendo sido catalogadas diversas propostas conceituais.

Fazendo-se um esforço de síntese a partir do consenso doutrinário dos antropólogos sobre o tema, pode-se dizer que a cultura afigura-se

---

[1] TYLOR, Edward. *Primitive culture*. Londres: [s.n.]. 1871. p. 10.

como um conjunto de ideias, comportamentos e práticas sociais artificiais, aprendidos pelos seres humanos de geração em geração, por meio da vida em sociedade.

Logo, o fenômeno cultural pode ser entendido como sendo um complexo de significados transmitidos historicamente, por meio dos quais os agentes sociais comunicam, perpetuam e desenvolvem seu conhecimento e suas atividades em relação ao ambiente, vale dizer, um sistema de símbolos compartilhados com que os seres humanos interpretam a realidade, conferindo sentido aos eventos, objetos e comportamentos da vida social.

Não é outro o entendimento de François Laplantine[2], para quem a cultura figura como um conjunto dos comportamentos, saberes e técnicas característicos de um grupo humano ou de uma sociedade dada, sendo tais atividades adquiridas através de um processo de aprendizagem e transmitidas ao conjunto de seus membros.

Com a difusão do termo pela ciência antropológica, surgiu outro sentido de cultura para se referir a um grupo social como um todo pretensamente homogêneo, aparecendo no plural, por exemplo, a cultura brasileira, a cultura japonesa ou a cultura oriental. Nessa acepção, verifica-se uma idealização de uma cultura como pertencente a um grupo, com suas fronteiras e perfis definidos. Tal concepção, contudo, é mais uma generalização abstrata, empregada em sentido amplo, que propriamente reflexo de uma realidade diversificada e multifacetada.

Logo, em apertada síntese, pode-se afirmar que, à luz da Antropologia Geral e Jurídica, cultura compreende todo aquele complexo que inclui o conhecimento, as crenças, a arte, a moral, a lei, os costumes, hábitos e capacidades adquiridos pelo ser humano como membro de uma sociedade.

2. A DICOTOMIA – CULTURA MATERIAL *VERSUS* CULTURA IMATERIAL

O fenômeno cultural constitui o patrimônio de uma dada sociedade humana, o qual diz respeito a tudo aquilo que é gestado por determinado grupo de sujeitos que se organizam socialmente, em dado tempo e em dado espaço.

---

[2] LAPLANTINE, François. *Aprender antropologia*. São Paulo: Brasiliense, 2012. p. 120.

Com efeito, a cultura se manifesta através de diferentes vias, a saber, naquilo que criamos, nas ideias partilhadas, naquilo em que acreditamos ou mesmo nos modos com os quais nos relacionamos. Logo, pode-se falar da existência tanto de uma cultura material, quanto de uma cultura imaterial.

Este binômio epistemológico, de inegável operacionalidade para o desenvolvimentos dos estudos jurídico-antropológicos, organiza a cultura como sendo uma espécie de moeda de duas faces.

Por cultura material entende-se o conjunto de objetos concretos e tangíves, móveis ou imóveis, criados pelos seres humanos, que apresentam expressão corpórea ou física. São exemplos: edifícios, meios de transporte, utensílios domésticos, armas, ferramentas e demais artefatos engendrados pela mente humana.

A seu turno, a cultura imaterial compreende todos aqueles objetos intangíveis, concebidos pelo espírito humano, os quais não apresentam expressão corpórea. A cultura imaterial não pode ser experienciada através da manipulação da concretude de determinados bens físicos. São exemplos: as crenças, os valores, a linguagem, a música, as normas éticas e as instituições sociais.

Sendo assim, resta nítido que nem todas as experiências culturais podem ser vivenciadas da mesma forma e com a mesma amplitude pelos agentes sociais, existindo, portanto, diferenças entre a cultura material e a cultura imaterial. A título ilustrativo, pode-se dizer que o modo de compreensão de um costume jurídico diverge do modo de conhecimento da mecânica de funcionamento de um automóvel, bem como contrasta com o entendimento de uma partitura musical.

Cumpre ainda ressaltar que os ritmos de transformações da cultura material e imaterial são diversos, sendo, em regra, mais célere a mudança daqueles objetos culturais de dimensão corpórea, mais sensíveis aos avanços resultantes do progresso científico, em detrimento dos objetos culturais de dimensão incorpórea, mais refratários a alterações repentinas e abruptas de suas respectivas fisionomias.

Com efeito, tal descompasso entre a cultura material e a cultura imaterial (*cultural lag*) tem se ampliado com o incremento da globalização econômica, porquanto as novas tecnologias da cultura material estão se desenvolvendo com maior velocidade, enquanto a cultura imaterial encontra obstáculos para se adaptar a estas mudanças cada vez mais constantes e vertiginosas.

Ocorre, todavia, que, apesar das distinções entre a cultura material e a imaterial, elas estão intimamente ligadas, porquanto ambas traduzem, em larga medida, os elementos constituintes da identidade cultural de determinado agrupamento humano, povo ou nação. Traços relativamente comuns de uma dada coletividade, a exemplo de uma valorização da informalidade afetiva ou mesmo um maior apego ao formalismo racional, podem estar, ao mesmo tempo, presentes na política, na religião, nas artes ou nos processos tecnológicos de um determinado grupo social.

Por fim, saliente-se que a relação umbilical entre os objetos da cultura material e imaterial também pode ser verificada a partir de uma análise mais específica, pois todos eles estão imbricados e compartilham uma mesma rede de significados. Por exemplo, uma descoberta arqueológica de uma escultura, objeto da cultura material, pode oferecer valiosos elementos para a compreensão acerca da moralidade e a organização jurídica, enquanto manifestações da cultura imaterial de uma dada sociedade remota.

3. AS CARACTERÍSTICAS DA CULTURA

A cultura, enquanto objeto estudado pela Antropologia Geral e Jurídica, apresenta um conjunto de atributos próprios, os quais definem o seu sentido e a sua função nas mais diversas sociedades humanas.

Em primeiro lugar, pode-se afirmar que a cultura apresenta um caráter adaptativo, porquanto ela revela capacidade de responder ao entorno da sociedade, oportunizando assim a mudança dos hábitos e costumes de um agrupamento humano. Este processo cultural afigura-se mais célere do que a evolução biológica que se manifesta no mundo natural. Logo, a cultura se revela como um conjunto de respostas para melhor satisfazer as necessidades fundamentais, instrumentais e integrativas do ser humano em sociedade, as quais cristalizam os modos como os diversos grupos humanos foram resolvendo os seus problemas ao longo do curso histórico.

Por sua vez, a cultura afigura-se, também, como um perfil cumulativo, porquanto o ser humano não somente recebe a cultura dos seus antepassados, mas também cria elementos que a renovam. As inovações culturais são, assim, passadas, sucessivamente, de uma geração às gerações seguintes, vão se integrando num amplo acervo civilizatório, o qual incorpora aqueles elementos mais adequados a uma convivência social estável e produtiva.

De outro lado, a cultura resta caracterizada por sua transmissibilidade, pois os significados dos objetos culturais não são inatos ou geneticamente herdados, mas, em verdade, são apreendidos e compartilhados no plano histórico-social das interações comportamentais.

A seu turno, a cultura apresenta-se como um fenômeno indivisível, uma vez que as várias manifestações culturais de uma sociedade humana encontram-se conectadas. Decerto, os diversos estratos da vida cultural estão ligados entre si, pelo que a modificação mínima de um deles pode gerar efeitos em todos os outros.

Com efeito, a economia, a política, a arte, a moral, a religião, a ciência, a ideologia e o direito não existem enquanto objetos independentes entre si, mas se apresentam integrados numa rede de finalidades e conexões recíprocas.

Ademais, a cultura revela um caráter dinâmico, pois os significados e as utilidades dos produtos culturais não são estáticos e acabados, acompanhando, ao revés, o fluxo constante das inovações propiciadas pela liberdade humana, em face das novas necessidades do ser humano em sua relação com o ambiente natural e social.

Por fim, saliente-se que é este dinamismo inerente a toda e qualquer expressão da cultura humana que propicia o estudo do fenômeno da mudança cultural e de suas respectivas tipologias.

4. O FENÔMENO DA MUDANÇA CULTURAL

Como já referido anteriormente, enquanto fenômeno adaptativo, cumulativo, transmissível, indivisível e dinâmico, a cultura sofre necessariamente modificações ao longo do tempo, seja pela influência de fatores externos, seja pelo influxo de fatores internos. Elementos e aspectos culturais refluem, bem como outros traços latentes se agregam à coexistência humana, em ritmos distintos e nos diversos campos de interação entre os agentes sociais.

Como bem destaca Yuval Harari[3], em 70.000 anos da história humana, o *homo sapiens* conseguiu evoluir no orbe terrestre, por conta de sua capacidade de cooperar e de criar realidades subjetivas e intersubjetivas, tendo sido impulsionado pelas revoluções cognitiva, agrícola e científica, organizando-se através de mitos que são compartilhados coletivamente, tais como o Estado Moderno, o dinheiro, a justiça e a religião.

Qualquer processo de mudança sofre as resistências impostas pelo sistema de controle social, composto de instituições, normas e sanções, as quais obstaculizam a emergência de condutas desviantes. Tal resiliência cultural configura uma vantagem evolutiva das sociedades humanas, porquanto somente alterações proveitosas e inevitáveis para a convivência social serão efetivamente incorporadas.

Dentre os principais processos de mudança cultural, merecem especial análise os seguintes: a endoculturação, a inovação, a aculturação e a difusão.

Entende-se por endoculturação o processo, consciente ou inconsciente, de aprendizagem e de educação continuada que estabiliza uma dada cultura, através do qual se estruturam a padronização e o condicionamento dos comportamentos humanos, mediante a transmissão de valores. Trata-se, portanto, do modo de ajustamento da personalidade individual aos hábitos coletivos e aos padrões comportamentais socialmente aceitos.

Por sua vez, a inovação consiste em criações de origem humana que brotam da mente individual para serem reconhecidas gradativamente por uma dada sociedade humana. As invenções se projetam ao longo de inúmeras gerações, tornando-se parte constituinte do patrimônio cultural de uma dada coletividade para, posteriormente, serem difundidas entre outros agrupamentos humanos.

De outro lado, a aculturação decorre da fusão de duas culturas diversas que, após contato contínuo e recíproco, promove alterações totais ou parciais nos padrões culturais de ambos os grupos sociais. Com o

---

[3] HARARI, Yuval Noah. *Sapiens*: uma breve história da humanidade. Tradução: Janaína Marcoantonio. Porto Alegre: L&PM, 2015. p. 15-16.

passar do tempo deste intercâmbio, estas culturas convergem para formar uma nova manifestação cultural.

A seu turno, a difusão afigura-se como um processo no qual os elementos culturais se deslocam de uma sociedade para outro grupo social, através de meios pacíficos ou violentos. As culturas hegemônicas tendem a se projetar em outros espaços sociais, sob a forma de empréstimos mais ou menos consistentes ou duradouros. A difusão de um elemento cultural pode realizar-se por imitação ou mesmo por estímulo, dependendo das condições materiais e espirituais existentes, havendo sempre a possibilidade de ressignificação daquele traço ou objeto cultural tomado de empréstimo pelo grupo social receptor.

Deveras, ao longo do transcurso histórico, com o advento dos colonialismos e imperialismos de diversos matizes, bem como a emergência da globalização, ocorreu uma difusão cultural bastante intensa e assimétrica entre os diversos povos e países do mundo. Foi o que sucedeu, por exemplo, com a formação da identidade cultural brasileira, forjada historicamente a partir da imposição etnocêntrica de um modelo cultural europeu, com a consequente subalternização das culturas indígenas e africanas.

5. A DIVERSIDADE E A RELATIVIDADE DAS CULTURAS HUMANAS: A CONSTATAÇÃO DO PLURALISMO E A NECESSÁRIA SUPERAÇÃO DO ETNOCENTRISMO

Até a eclosão da Segunda Guerra Mundial, movidos pela metanarrativa moderna de uma história uniforme e linear das civilizações, muitos cientistas sociais entendiam que haveria uma única grande cultura em desenvolvimento, pelo que as diferentes culturas humanas seriam apenas fases ou etapas de um mesmo processo evolutivo universal.

A partir do final da década de 1940, com base na ideia de que os fluxos históricos são heterogêneos e descontínuos, passou-se a entender que não existe apenas uma única cultura, mas, em verdade, uma pluralidade de culturas, porquanto os valores, as normas éticas, os sistemas de crenças, os hábitos, as linguagens e as instituições sociais variam no tempo e no espaço, conforme as particularidades de cada agrupamento humano.

Na esteira do reconhecimento e proteção dos direitos humanos no plano internacional, com especial destaque para a valorização do direito de minorias, ganhou força e visibilidade a noção de diversidade cultural no âmbito dos estudos da Antropologia Geral e Jurídica.

Com efeito, a diversidade cultural traduz assim a necessidade de reconhecimento do pluralismo das sociedades humanas, que implica o respeito ao pertencimento e a aceitação da identidade de qualquer grupo ou indivíduo que integre uma dada sociedade.

A partir da constatação da diversidade cultural, tornou-se possível também a pesquisa jurídico-antropológica acerca do fenômeno correlato da relatividade das diferentes culturas humanas.

Deveras, entende-se por relatividade cultural o reconhecimento do caráter singular das diversas culturas humanas, o que as tornaria passíveis de compreensão apenas a partir de suas próprias regras de convivência.

Sendo assim, cada grupo social apresentaria uma cultura específica, a qual somente poderia ser analisada a partir de seus códigos internos, pelo que o entendimento destas normas de organização específica de cada agrupamento humano possibilitaria a necessária apreensão das particularidades dos diferentes povos.

Do ponto de vista metodológico, o antropólogo, quando se propusesse a conhecer uma sociedade que compartilhasse valores completamente diferentes dos vivenciados, não deveria formular juízos axiológicos sobre os fenômenos investigados, cabendo-lhe abandonar seus próprios padrões culturais, a fim de compreender aquele agrupamento humano com base na cultura original.

A grande contribuição do debate sobre a diversidade e a relatividade das culturas humanas, afora a constatação do pluralismo dos grupos sociais, reside no vigoroso impulso para a superação da nefasta e inaceitável ideologia do etnocentrismo como paradigma ideológico de hierarquização de culturas.

O termo etnocentrismo é derivado da palavra *etno*, que se refere a hábitos semelhantes, e do sufixo *centrismo*, que significa posição que situa algo no centro. Ele designa a atitude dos grupos humanos de supervalorizar suas expressões culturais, denotando certo orgulho pelas supostas superioridade e credibilidade de uma dada cultura.

A crença exacerbada na superioridade da própria cultura implica, muitas vezes, julgamentos preconceituosos e intolerantes, que consistem em menoscabar valores, costumes e hábitos de outros agrupamentos humanos, que passam a ser desqualificados como bárbaros, incivilizados e inferiores.

Como leciona Everardo Rocha[4], etnocentrismo é uma visão do mundo com a qual tomamos nosso próprio grupo como centro de tudo, e os demais grupos são pensados e sentidos pelos nossos valores, nossos modelos, nossas definições do que é a existência. No plano intelectual pode ser visto como a dificuldade de pensarmos a diferença; no plano afetivo, como sentimentos de estranheza, medo e hostilidade. Perguntar sobre o que é etnocentrismo é, pois, indagar sobre um fenômeno onde se misturam tanto elementos intelectuais e racionais quanto elementos emocionais e afetivos. No etnocentrismo, estes dois planos do espírito humano vão juntos compondo um fenômeno não apenas fortemente arraigado na história das sociedades, como também facilmente encontrável no cotidiano social.

Nas primeiras etapas das colonizações, os europeus recebiam o apoio da igreja e utilizavam a religião como justificativa ideológica. Durante o século XIX, durante a fase do chamado imperialismo, países europeus buscaram expandir seus territórios, invadindo outros continentes, a exemplo da Ásia, Oceania e África. Nesta etapa, eles se basearam na busca de supostas justificativas científicas para embasar a exploração dos recursos naturais e inserir um sistema de segregação racial.

Com efeito, a recusa ao etnocentrismo revela-se fundamental para que se afaste o mito de uma suposta superioridade cultural, evitando comparações assimétricas entre as diversas culturas humanas, como sucedeu com os inaceitáveis episódios de colonização, de imperialismo, de xenofobia e de racismo, que, historicamente, subjugaram e oprimiram inúmeros povos, a exemplo de indígenas, latino-americanos, africanos e asiáticos.

Por derradeiro, cumpre ressaltar que os opositores das ideias de diversidade e de relatividade cultural argumentam que o seu uso

---

[4] ROCHA, Everardo P. Guimarães. *O que é etnocentrismo*. São Paulo: Brasiliense, 1984. p. 7.

indiscriminado poderia, em nome da autodeterminação dos povos e da prevalência das culturas nativas, legitimar qualquer prática social pelos grupos dominantes de uma dada comunidade, inclusive violações à dignidade e aos direitos humanos de minorias ou de sujeitos vulneráveis.

Com efeito, a adoção da premissa de que as culturas só podem ser analisadas a partir de seus próprios códigos internos inviabilizaria críticas acerca dos processos culturais. Os valores e as condutas adotadas por determinados agrupamentos humanos deixariam de ser questionados devido a um entendimento de uma suposta autonomia absoluta de cada cultura humana, a exemplo da clitorectomia, mutilação da genitália feminina que é pretensamente justificada em diversos países por motivos religiosos.

Como possível alternativa, o que alguns antropólogos e cientistas sociais sustentam é a necessidade de levar em conta as imposições da cultura para os diferentes grupos que estão submetidos a ela, refletindo acerca das possibilidades de mudanças culturais controvertidas, mediante um processo aberto e participativo de diálogo multicultural, que resulte no exercício da alteridade e no respeito aos posicionamentos minoritários em matéria de valores.

SINOPSE

A cultura afigura-se como um conjunto de ideias, comportamentos e práticas sociais artificiais, aprendidos pelos seres humanos de geração em geração, por meio da vida em sociedade.

Logo, o fenômeno cultural pode ser entendido como sendo um complexo de significados transmitidos historicamente, por meio dos quais os agentes sociais comunicam, perpetuam e desenvolvem seu conhecimento e suas atividades em relação ao ambiente, vale dizer, um sistema de símbolos compartilhados com que os seres humanos interpretam a realidade, conferindo sentido aos eventos, objetos e comportamentos da vida social.

O fenômeno cultural constitui o patrimônio de uma dada sociedade humana, o qual diz respeito a tudo aquilo que é gestado por determinado grupo de sujeitos que se organizam socialmente, em dado tempo e em dado espaço. A cultura se manifesta através de diferentes vias, a saber, naquilo que criamos, nas ideias partilhadas, naquilo em que acreditamos ou mesmo nos modos com os quais nos relacionamos. Logo, pode-se falar da existência tanto de uma cultura material, quanto de uma cultura imaterial.

Por cultura material entende-se o conjunto de objetos concretos e tangíves, móveis ou imóveis, criados pelos seres humanos, que apresentam expressão corpórea ou física. São exemplos: edifícios, meios de transporte, utensílios domésticos, armas, ferramentas e demais artefatos engendrados pela mente humana.

A seu turno, a cultura imaterial compreende todos aqueles objetos intangíveis, concebidos pelo espírito humano, os quais não apresentam expressão corpórea. A cultura imaterial não pode ser experienciada através da manipulação da concretude de determinados bens físicos. São exemplos: as crenças, os valores, a linguagem, a música, as normas éticas e as instituições sociais.

A cultura, enquanto objeto estudado pela Antropologia Geral e Jurídica, apresenta um conjunto de atributos próprios, os quais definem o seu sentido e a sua função nas mais diversas sociedades humanas.

A cultura apresenta um caráter adaptativo, porquanto ela revela capacidade de responder ao entorno da sociedade, oportunizando assim a mudança dos hábitos e costumes de um agrupamento humano. Este processo cultural afigura-se mais célere do que a evolução biológica que se manifesta no mundo natural. Logo, a cultura se revela como um conjunto de respostas para melhor satisfazer as necessidades fundamentais, instrumentais e integrativas do ser humano em sociedade, as quais cristalizam os modos como os diversos grupos humanos foram resolvendo os seus problemas ao longo do curso histórico.

A cultura afigura-se, também, como um perfil cumulativo, porquanto o ser humano não somente recebe a cultura dos seus antepassados, mas também cria elementos que a renovam. As inovações culturais são, assim, passadas, sucessivamente, de uma geração às gerações seguintes, vão se integrando num amplo acervo civilizatório, o qual incorpora aqueles elementos mais adequados a uma convivência social estável e produtiva.

A cultura resta caracterizada por sua transmissibilidade, pois os significados dos objetos culturais não são inatos ou geneticamente herdados, mas, em verdade, são apreendidos e compartilhados no plano histórico-social das interações comportamentais.

A cultura apresenta-se como um fenômeno indivisível, uma vez que as várias manifestações culturais de uma sociedade humana encontram-se conectadas. Decerto, os diversos estratos da vida cultural estão ligados entre si, pelo que a modificação mínima de um deles pode gerar efeitos em todos os outros.

A cultura revela um caráter dinâmico, pois os significados e as utilidades dos produtos culturais não são estáticos e acabados, acompanhando, ao revés, o fluxo constante das inovações propiciadas pela liberdade humana, em face das novas necessidades do ser humano em sua relação com o ambiente natural e social.

A cultura sofre necessariamente modificações ao longo do tempo, seja pela influência de fatores externos, seja pelo influxo de fatores internos. Elementos e aspectos culturais refluem, bem como outros traços latentes se agregam à coexistência humana, em ritmos distintos e nos diversos campos de interação entre os agentes sociais.

Qualquer processo de mudança sofre as resistências impostas pelo sistema de controle social, composto de instituições, normas e sanções, as quais obstaculizam a emergência de condutas desviantes. Tal resiliência cultural configura uma vantagem evolutiva das sociedades humanas, porquanto somente alterações proveitosas e inevitáveis para a convivência social serão efetivamente incorporadas.

Dentre os principais processos de mudança cultural, merecem especial análise os seguintes: a endoculturação, a inovação, a aculturação e a difusão.

Entende-se por endoculturação o processo, consciente ou inconsciente, de aprendizagem e de educação continuada que estabiliza uma dada cultura, através do qual se estruturam a padronização e o condicionamento dos comportamentos humanos, mediante a transmissão de valores. Trata-se, portanto, do modo de ajustamento da personalidade individual aos hábitos coletivos e aos padrões comportamentais socialmente aceitos.

A inovação consiste em criações de origem humana que brotam da mente individual para serem reconhecidas gradativamente por uma dada sociedade humana. As invenções se projetam ao longo de inúmeras gerações, tornando-se parte constituinte do patrimônio cultural de uma dada coletividade para, posteriormente, serem difundidas entre outros agrupamentos humanos.

De outro lado, a aculturação decorre da fusão de duas culturas diversas que, após contato contínuo e recíproco, promove alterações totais ou parciais nos padrões culturais de ambos os grupos sociais. Com o passar do tempo deste intercâmbio, estas culturas convergem para formar uma nova manifestação cultural.

A seu turno, a difusão afigura-se como um processo no qual os elementos culturais se deslocam de uma sociedade para outro grupo social, através de meios pacíficos ou violentos. As culturas hegemônicas tendem a se projetar em outros espaços sociais, sob a forma de empréstimos mais ou menos consistentes ou duradouros. A difusão de um elemento cultural pode realizar-se por imitação ou mesmo por estímulo, dependendo das condições materiais e espirituais existentes, havendo sempre a possibilidade de ressignificação daquele traço ou objeto cultural tomado de empréstimo pelo grupo social receptor.

CAPÍTULO 12

O Direito como Objeto Cultural: uma Leitura Jurídico-Antropológica

1. O FENÔMENO JURÍDICO COMO EXPERIÊNCIA CULTURAL

Cultura é tudo que os seres humanos acrescentam ao universo circundante, tal como uma espécie de sobrenatureza. Trata-se, em verdade, de uma natureza transformada e moldada pelos agentes sociais, com o escopo de atender aos seus interesses.

Para Recaséns Siches[1], o homem apresenta natureza biológica e psicológica, vive com a natureza circundante e, em razão disso, encontra-se condicionado por leis físico-naturais, que, todavia, não dão conta de todo o humano. Isso porque o comportamento humano é consciente e tem um sentido que não existe nos fenômenos físico-naturais. A natureza se explica e os fatos humanos podem ser compreendidos. Só o que é do homem pode ser justificado pelo homem, em razão dos fins que ele elege.

A vida humana nada tem de concluído ou acabado, mas deve fazer-se a si mesma. Trata-se de um fazer-se contínuo, havendo sempre um campo de ação, não predeterminado, que possibilita a opção por um dado caminho existencial.

---

[1] SICHES, Luís Recasens. *Tratado general de filosofía del derecho*. México: Porrúa, 1959. p. 157.

Sendo assim, o direito afigura-se como um objeto cultural criado pela sociedade, de base concreta e real, pedaço de vida humana objetivada, que repousa sobre valorações, apontando, em última análise, para a finalidade de realização da justiça.

O fenômeno jurídico, enquanto objeto cultural, apresenta, como substrato, a conduta humana compartida, sobre a qual incide o sentido dos valores jurídicos, pelo que, ao compreender o direito, o jurista exerce o papel de relacionar a conduta humana em sua interferência com os valores presentes na ordem jurídica.

Decerto, o fenômeno jurídico deve ser concebido como uma modalidade de experiência histórico-cultural, pelo que a implicação polar fato--valor resolve-se em um processo normativo de natureza integrante, no qual cada norma, em função de dadas circunstâncias, reflete a incidência de certos valores sobre os fatos que condicionam a formação dos modelos jurídicos e sua respectiva aplicação. Por exemplo, a Lei Maria da Penha como expressão normativa da necessidade de afirmação da igualdade de gênero como signo de justiça, em face da necessidade de mudança de uma estrutura social historicamente patriarcalista e sexista.

Com efeito, conforme Miguel Reale[2], o direito é um fenômeno cultural tridimensional – concreto, dinâmico e dialético –, visto que tais elementos normativos, fáticos e valorativos estão em permanente atração polar, pois o fato tende a realizar o valor, mediante a norma. A norma deve ser concebida como um modelo jurídico concreto, em que fatos e valores são regulados em virtude de um ato decisório de escolha e de prescrição, emanado do legislador, do juiz, das opções costumeiras ou das estipulações resultantes da autonomia da vontade dos particulares.

Deveras, o Direito pode ser entendido como uma manifestação cultural de uma dada sociedade, apresentando os atributos que caracterizam a cultura humana.

Em primeiro lugar, o fenômeno jurídico, enquanto experiência cultural, apresenta um caráter adaptativo, porquanto a ordem jurídica oferece, em cada contexto histórico-social, um complexo de respostas normativas,

---

[2] REALE, Miguel. *Teoria tridimensional do direito*. São Paulo: Saraiva, 1994. p. 74.

institucionais e procedimentais para promover o controle social e a padronização comportamental, possibilitando uma convivência humana minimamente estável e pacífica, sem a qual não se assegura a justiça.

Por sua vez, o direito afigura-se, também, como um perfil cumulativo, porquanto as comunidades não somente recebem a cultura jurídica dos seus antepassados, mas também criam novos elementos que a renovam, formando, no plano intergeracional, um amplo acervo civilizatório, como sucedeu, por exemplo, com a transição do Direito moderno liberal-burguês ao Direito contemporâneo, dotado de perfil mais nitidamente social e pluralista.

De outro lado, o direito resta caracterizado por sua transmissibilidade, pois os significados dos objetos culturais não são inatos ou geneticamente herdados, mas, em verdade, são apreendidos e compartilhados no plano histórico-social das interações comportamentais, seja através da via formal do ensino jurídico e da prática jurídica, seja mediante a via informal do senso comum ou do conhecimento vulgar difundido perante a opinião pública.

A seu turno, o direito manifesta-se como um fenômeno indivisível, uma vez que as diversas manifestações culturais de uma sociedade humana encontram-se interligadas. A economia, a política, a arte, a moral, a religião, a ciência, a ideologia e o direito não existem enquanto objetos independentes entre si, mas se apresentam integrados numa rede de fins e conexões recíprocas. A vivência do direito constitucional, por exemplo, exige o diálogo com o mundo político, assim como a experiência do direito do trabalho demanda o contato com o cenário econômico.

Ademais, o fenômeno jurídico também revela um caráter dinâmico, porquanto os significados das instituições, das normas, dos sujeitos e dos procedimentos que integram o direito não são estáticos e conclusos, acompanhando, ao revés, o fluxo constante das inovações propiciadas pela liberdade humana, em face das novas necessidades do ser humano em sua relação com o ambiente natural e social, como se depreende, por exemplo, da "commonização" do direito brasileiro, de base romano-germânica (*civil law*), que contempla, progressivamente, o uso da teoria dos precedentes e o reconhecimento da força normativa da jurisprudência.

De outro lado, o Direito integra a categoria da chamada cultura imaterial, a qual compreende todos aqueles objetos concebidos pelo espírito humano, que não apresentam expressão corpórea, tampouco admitem a manipulação empírica de determinados bens físicos. Ainda que as instituições, as normas, os sujeitos e os procedimentos que integram o fenômeno jurídico possam aparentar uma pretensa dimensão concreta – a exemplo de textos legais, dos edifícios dos tribunais ou das vestes formais dos profissionais –, o direito integra o rol dos objetos culturais imateriais, produtos do espírito humano, pois se origina, essencialmente, da rede de interações dos comportamentos humanos em sociedade, qualificadas como lícitas ou ilícitas por seus operadores, com base na interpretação e aplicação das normas, estatais ou não estatais, escritas ou não escritas, que integram um dado ordenamento jurídico.

Sendo assim, uma abordagem jurídico-antropológica deve realizar uma necessária e profunda investigação axiológica dos valores do direito, sob o influxo de conteúdos ideológicos de diferentes épocas e lugares, examinando, consequentemente, o problema da justiça, *ratio essendi* do direito, em sua circunstancialidade histórica.

Segundo Reale[3], o fundamento último que o direito tem em comum com a moral e com todas as ciências normativas deve ser procurado na natureza humana, nas tendências naturais do homem, não como entidade abstrata à maneira dos jusnaturalistas, mas como ser racional destinado por natureza a viver em sociedade e a realizar seus fins superiores. Da análise da natureza racional do homem e da consideração de que o homem é por necessidade um animal político, resulta a ideia de que cada homem representa um valor e que a pessoa humana constitui o valor-fonte de todos os valores. A partir desse valor-fonte, torna-se possível alcançar o fundamento peculiar do direito, remetendo ao valor-fim próprio do direito que é a justiça, entendida não como virtude, mas em sentido objetivo como justo, como uma ordem que a virtude justiça visa a realizar.

Neste sentido, o direito se desenvolve porque os homens são desiguais e aspiram à igualdade, inclinando-se para a felicidade e querendo ser cada

---

[3] REALE, Miguel. *Fundamentos do direito*. São Paulo: Revista dos Tribunais; Universidade de São Paulo, 1972. p. 275.

vez mais eles mesmos, ao mesmo tempo que aspiram a uma certa tábua igual de valores. Refere o jurisfilósofo que a ideia de Justiça, no seu sentido mais geral, exprime sempre proporção e igualdade, é própria do homem como ser racional e social. Vivendo em sociedade e procurando o seu bem, o homem acaba compreendendo a necessidade racional de respeitar em todo homem uma pessoa, condição essencial para que também possa se afirmar como pessoa. Sendo assim, a ideia de Justiça liga-se, de maneira imediata e necessária, à ideia de pessoa, pelo que o Direito, como a Moral, figura como uma ordem social de relações entre pessoas.

Na visão de Miguel Reale[4], a justiça, valor-fim do direito, fundamento específico do direito, é formada por valores que o homem intui na experiência social e em sua própria experiência e que, depois, a razão reelabora e esclarece à luz dos dados fornecidos pela vida. O bem comum, objeto mais alto da virtude justiça, representa, pois, uma ordem proporcional de bens em sociedade, de maneira que o direito não tem a finalidade exclusiva de realizar a coexistência das liberdades individuais, mas sim a finalidade de atingir a coexistência e a harmonia do bem de cada um com o bem de todos. A justiça se afigura como a realização do bem comum, segundo a proporção exigida pelos valores da pessoa e pela conservação e o desenvolvimento da cultura, representando o valor-fim que serve de fundamento último e próprio do direito.

O problema do fundamento concreto do direito só pode ser resolvido em contato com a experiência, mediante a consideração racional dos fins particulares que, segundo as variáveis culturais, devem ser considerados indispensáveis à consecução dos valores do homem e da sociedade. Nesse sentido, uma regra de direito positivo não precisa receber a sua força obrigatória do valor-fim, bastando que os valores-meio fundamentais como a liberdade, a utilidade, a segurança ou a ordem pública concretizem-se em valores particulares, em face das contingências de cada sociedade, desde que a apreciação racional da autoridade competente considere as normas resultantes indispensáveis ao bem comum, mesmo que desde logo não conquistem a adesão das consciências.

Logo, o que importa não é a definição da justiça, mas, em verdade, o seu processo experiencial por meio do tempo, visando a realizar cada vez mais o valor da igualdade, em razão da pessoa humana, valor-fonte

---

[4] REALE, Miguel. *Fundamentos do direito*. São Paulo: Revista dos Tribunais; Universidade de São Paulo, 1972. p. 300.

de todos os demais valores jurídicos. Pode-se afirmar que, nesse contexto, a justiça se apresenta como condição transcendental da realização dos demais valores, por ser a base sem a qual os demais valores não poderiam se desenvolver de forma coordenada e harmônica, em uma comunidade de sujeitos livres.

Em sentido convergente, Carlos Cossio[5] sustenta que a lei como qualquer outra fonte do direito é uma valoração de conduta, corporificando valores como a justiça, representados pela constituição positiva. Somente assim pode resultar juridicamente fundado que, em face das circunstâncias, deve ter lugar o efeito legal quando ocorre o antecedente que a lei leva em conta, tendo em vista a valoração da conduta que a lei representa com suas determinações contingentes.

As valorações jurídicas são objetivas e sua objetividade não se manifesta por meio da lei, senão mediante a vivência do julgador. Nesse sentido, a lei é uma estrutura intelectual e, como o direito figura como valoração jurídica, a legislação vivenciada é um comportamento com certo valor, de modo que se o caso não se estrutura com o valor consubstanciado na lei, o juiz concluirá, fundamentadamente, que o caso não é regulado pela lei. Por outro lado, a valoração jurídica se intercala entre a interpretação da lei e as determinações contingentes dela, porque a interpretação busca o significado jurídico destas determinações, como sentido para a conduta. Sendo assim, é mediante a valoração jurídica que a lei deve ser interpretada cada vez que se aplica, por mais claro que seja seu texto e por mais preciso que seja o seu conteúdo.

Sendo os valores jurídicos bilaterais, por envolver sempre a intersubjetividade humana (correlação entre o fazer de um sujeito e o impedir de outro sujeito), diferenciando-os, pois, dos valores morais (*v.g.*, a caridade), cuja natureza unilateral permite sua realização por um agente isolado (correlação entre o fazer e o omitir de um mesmo sujeito), pode-se diferenciar ainda os valores jurídicos em dois grandes agrupamentos: os valores de autonomia e os valores de heteronomia. Os valores de autonomia – *e.g.*, segurança, paz, solidariedade – seriam aqueles valores que expandiriam a esfera vivencial da liberdade humana, enquanto a

---

[5] COSSIO, Carlos. *La valoración jurídica y la ciencia del derecho*. Buenos Aires: Arayú, 1954. p. 100.

vivência dos valores de heteronomia – *v.g.*, ordem, poder, cooperação – restringiria a esfera da liberdade humana.

Deste modo, a justiça desponta como um valor-síntese das demais estimativas jurídicas, expressando a vertente axiológica que melhor corresponde ao entendimento societário, em cada período histórico-cultural. Sendo assim, existe justiça em todo entendimento comunitário, e somente nesta forma ela pode existir. Como os valores jurídicos não são abstrações metafísicas, o direito, em qualquer de suas manifestações culturais, é a realização de alguma ordem, de alguma segurança, de algum poder, de alguma paz, de alguma cooperação, de alguma solidariedade e, portanto, de alguma justiça.

O sentido da obra cultural – por exemplo, arte, política, economia ou direito – é sempre um sentido referido às circunstâncias concretas, em que se apresentou a necessidade estimulante, em que se concebeu a conveniência e a adequação do fim, em que se apreciou a propriedade e a eficácia dos meios adotados. Logo, a obra cultural deve ser considerada como um produto histórico intencionalmente referido a valores, pelo que o direito estaria voltado para a concretização axiológica do justo.

Segundo Recaséns Siches[6], se a norma jurídica é um pedaço de vida humana objetivada, não pode ser uma norma abstrata de moral, de ética, desligada dos fatos concretos, é um enunciado para a solução de um problema humano. A norma jurídica não pode ser julgada como um fim, mas como um meio para a consecução de valores concretos, tais como o bem-estar social, a dignidade, a liberdade e a igualdade. Sendo assim, a materialização destas estimativas sociais permite a realização da justiça e, portanto, do direito justo.

Com efeito, em cada aplicação a norma jurídica é revivida. O reviver concreto da norma fundamenta uma nova hermenêutica jurídica, porque a norma deve experimentar modificações para ajustar-se à nova realidade em que e para a qual é revivida. Deve-se, pois, considerar esta permanente adequação do direito à vida social, buscando-se a adequação não só entre a realidade e os valores, fins e propósitos, mas também entre propósitos e meios, bem como entre os meios e sua correção ética, em face das exigências de justiça.

---

[6] SICHES, Luís Recasens. *Nueva filosofía de la interpretación de derecho*. México: Fondo de Cultura Económica, 1980. p. 140.

Destarte, uma abordagem jurídico-antropológica permite uma apreensão culturalista do direito, por operacionalizar uma investigação axiológica e teleológica que se revela compatível com as especificidades histórico-culturais de cada caso concreto, tendo em vista o exame das singularidades que envolvem a multifacetada vida humana em sociedade.

2. O RECONHECIMENTO DA DIGNIDADE DA PESSOA HUMANA COMO BASE DA EXPERIÊNCIA CULTURAL DO DIREITO

Antes mesmo de seu reconhecimento jurídico nas Declarações Internacionais de Direito e nas Constituições de diversos países, a dignidade da pessoa humana figura como um valor, que brota da própria experiência axiológica de cada cultura humana, submetida aos influxos do tempo e do espaço. Daí por que, longe de ser enclausurada como um ideal metafísico, absoluto e invariável, o princípio da dignidade da pessoa humana deve ser compreendido em sua dimensão histórico-cultural.

Decerto, a apreensão do sentido do princípio da dignidade da pessoa humana não se afigura como o produto metódico de procedimentos formais, dedutivos e indutivos, mas, em verdade, requer um conhecimento de base concreta e real, que repousa sobre valorações. Entendida a cultura como tudo aquilo que é construído pelo homem em razão de um sistema de valores, com o escopo de atender aos seus interesses e finalidades, será possível constatar que o princípio da dignidade da pessoa humana é dotado de um sentido de conteúdo valorativo, pertencente, portanto, ao campo da cultura humana.

Partindo-se da etimologia do vocábulo "dignidade", verifica-se que o termo está associado ao latim *dignitas,* que significa "valor intrínseco", "prestígio", "mérito" ou "nobreza". Daí provém o entendimento de que o ser humano é um fim em si mesmo, dotado de uma qualidade intrínseca que o torna insuscetível de converter-se em meio ou instrumento para a realização de interesses econômicos, políticos e ideológicos.

Segundo Ingo Sarlet[7], a dignidade da pessoa humana é a qualidade intrínseca e distintiva de cada ser humano que o faz merecedor do

---

[7] SARLET, Ingo Wolfgang. *Dignidade da pessoa humana e direitos fundamentais na Constituição Federal de 1988.* Porto Alegre: Livraria do Advogado, 2001. p. 60.

mesmo respeito e consideração por parte do Estado e da comunidade, implicando, neste sentido, um complexo de direitos e deveres fundamentais que assegurem a pessoa contra todo e qualquer ato de cunho degradante e desumano e venham a lhe garantir as condições existenciais mínimas para uma vida saudável, além de propiciar e promover sua participação ativa e responsável nos destinos da própria existência e da vida em comunhão com os demais seres humanos.

Sendo assim, a dignidade da pessoa humana identifica um núcleo de integridade física e moral a ser assegurado a todas as pessoas por sua existência no mundo, relacionando-se tanto com a satisfação espiritual, quanto com as condições materiais de subsistência do ser humano, vedando-se qualquer tentativa de degradação ou coisificação do ser humano em sociedade.

Ocorre que, como a condição ontológica do ser humano é de um ser mutável, dinâmico e submetido aos influxos histórico-sociais, o conceito de dignidade da pessoa humana não será propriamente lógico-jurídico, porquanto não se pode defini-la em termos universais e absolutos. A delimitação do significado ético-jurídico de que o ser humano é um fim em si mesmo deve ser buscada em cada contexto histórico-cultural, no plano real de afirmação dos valores que integram a experiência concreta e permanentemente inconclusa dos direitos humanos fundamentais.

Nesse sentido, assinala Aquiles Guimarães[8] que a defesa da dignidade humana gira em torno dos valores constitutivos da estrutura ontológica da pessoa humana, enquanto ser situado numa ambiência histórico-cultural cambiante. Daí por que a dignidade da pessoa humana deve ser entendida como um constructo cultural, que espelha as exigências deontológicas fundamentais em prol do ser humano, variando no tempo e no espaço.

Decerto, a dignidade da pessoa humana expressa um conjunto de valores civilizatórios incorporados ao patrimônio da humanidade, cujo conteúdo ético-jurídico vem associado a todo um plexo axiológico de

---

[8] GUIMARÃES, Aquiles Côrtes. *Fenomenologia e direitos humanos*. Rio de Janeiro: Lumen Juris, 2007. p. 81.

direitos humanos fundamentais dos cidadãos, que vão se agregando historicamente como valores que materializam uma existência digna.

Não é outro o entendimento de Fábio Comparato[9], para quem a dignidade da pessoa humana reúne em si a totalidade dos valores, sendo ela o supremo critério axiológico a orientar a vida humana. Decerto, os valores éticos não são visualizados pelo homem uma vez por todas e completamente, mas descobertos pouco a pouco, no curso da História. A pessoa é um modelo, ao mesmo tempo transcendente e imanente à vida humana, um modelo que se perfaz indefinidamente e se concretiza, sem cessar, no desenvolvimento das sucessivas etapas históricas.

Com efeito, os valores consubstanciados pelos direitos humanos fundamentais levam à convicção de que o ser humano é ser digno de respeito por parte do outro ator social, pois respeitar o outro significa compreendê-lo enquanto coparticipante da vida comunitária. A dignidade do outro estará, portanto, sempre vinculada ao reconhecimento recíproco de que o ser humano não pode ser degradado ou coisificado, o que constitui a base da convivência humana em sociedade.

O significado ético-jurídico da dignidade da pessoa humana compreende a totalidade do catálogo aberto de direitos humanos fundamentais, em sua permanente indivisibilidade e interação dialética, abarcando valores que se contradizem e preponderam a depender do momento histórico e das singularidades culturais de cada grupo social, tais como aqueles relacionados aos direitos de primeira dimensão/geração (vida, liberdade, igualdade, propriedade), segunda dimensão/geração (saúde, educação, assistência social, trabalho, moradia), terceira dimensão/geração (proteção ao meio ambiente, preservação ao patrimônio artístico, histórico e cultural) e, até mesmo, de quarta dimensão/geração (paz, direitos de minorias, tutela em face da biotecnologia, proteção perante a globalização econômica).

Não é outro o entendimento de Marcelo Novelino[10], para quem é indiscutível a relação de dependência mútua entre a dignidade da pessoa

---

[9] COMPARATO, Fábio Konder. *Ética*: direito, moral e religião no mundo moderno. São Paulo: Companhia das Letras, 2006. p. 481.

[10] CAMARGO, Marcelo Novelino. *Leituras complementares de direito constitucional*. Salvador: Juspodivm, 2007. p. 116.

humana e os direitos humanos fundamentais, pois ao mesmo tempo em que os direitos humanos fundamentais surgiram historicamente como uma exigência da dignidade de proporcionar um pleno desenvolvimento da pessoa humana, é certo também que somente através da existência dos direitos humanos fundamentais a dignidade poderá ser respeitada, protegida e promovida no cenário social.

Deste modo, a dignidade da pessoa humana é um constructo cultural fluido e multiforme, que exprime e sintetiza, em cada tempo e espaço, o mosaico dos direitos humanos fundamentais, num processo expansivo e inexaurível de realização daqueles valores da convivência humana que melhor impedem o aviltamento e a instrumentalização do ser humano.

3. A TUTELA ÉTICO-JURÍDICA DA DIGNIDADE DA PESSOA HUMANA: DA INTERNACIONALIZAÇÃO DOS DIREITOS HUMANOS À POSITIVAÇÃO CONSTITUCIONAL DOS DIREITOS FUNDAMENTAIS

No pensamento filosófico da antiguidade clássica, verifica-se que a dignidade da pessoa humana estava relacionada com a posição social ocupada pelo indivíduo e o seu grau de reconhecimento pelos demais membros da comunidade. Por outro lado, já no pensamento estoico, a dignidade era tida como a qualidade que, por ser inerente ao ser humano, o distinguia das demais criaturas, no sentido de que todos os seres humanos eram dotados da mesma dignidade.

Durante o período medieval, segundo a religião cristã, o ser humano foi criado à imagem e semelhança da Divindade, premissa da qual o cristianismo extraiu a consequência de que o ser humano é dotado de um valor próprio e que lhe é inerente, não podendo ser transformado em mero objeto ou instrumento. Destacou-se Tomás de Aquino, o qual chegou a referir expressamente o termo *dignitas humana,* ratificado, já em plena Renascença, pelo humanista italiano Pico della Mirandola, que, partindo da racionalidade como qualidade peculiar inerente ao ser humano, postulou ser esta a qualidade que lhe possibilita construir de forma livre e independente sua própria existência e seu próprio destino.

No âmbito do pensamento jusnaturalista do século XVII e XVIII, a concepção da dignidade da pessoa humana, assim como a ideia do direito natural em si, passou por um processo de racionalização e laicização, mantendo-se, todavia, a noção fundamental, da igualdade de todos os homens em dignidade e liberdade. Dessa concepção jusnaturalista decorreu a constatação de que uma ordem constitucional que consagra a ideia da dignidade da pessoa humana parte do pressuposto de que o homem, em virtude tão somente de sua condição humana e independentemente de qualquer outra circunstância, é titular de direitos que devem ser reconhecidos e respeitados por seus semelhantes e pelo Estado.

Após o refluxo da preocupação filosófica pela dignidade humana, por força do cientificismo positivista do século XIX, a retomada do debate acerca da dignidade da pessoa humana teve, como marco simbólico, a década de 1940, após o término da Segunda Guerra Mundial, cujas barbáries e atrocidades cometidas contra o ser humano demonstraram a incongruência da metafísica jusnaturalista e do alheamento ético do positivismo jurídico.

Como bem refere Peces-Barba Martínez[11], a luta pela afirmação da dignidade da pessoa humana, em meados do século XX, robustecida após a traumática experiência totalitária na Segunda Guerra Mundial, como fonte dos direitos fundamentais do cidadão, trata-se de uma resposta tanto ao movimento jusnaturalista, quanto às construções positivistas que debilitaram as referências morais do fenômeno jurídico, erigindo o respeito à condição do ser humano como valor supremo dos sistemas jurídicos de inspiração democrática.

Decerto, os grandes textos normativos desse período histórico passaram a reconhecer a ideia de dignidade da pessoa humana, seja no âmbito do Direito Internacional, seja no plano específico do Direito Nacional de cada Estado soberano.

---

[11] PECES-BARBA MARTÍNEZ, Gregorio. *La dignidad de la persona desde la filosofía del derecho*. Madri: Dykinson, 2003. p. 11.

Inicialmente, esse processo ocorreu com a internacionalização dos direitos humanos, que passaram a ser enunciados no âmbito da comunidade jurídica supranacional. Nesse sentido, a Declaração Universal dos Direitos do Homem, aprovada pela Assembleia Geral da Organização das Nações Unidas em 1948, é inaugurada com a afirmação de que todos os seres humanos nascem livres e iguais, em dignidade e direitos (art. 1º), além de proclamar o caráter de igualdade fundamental dos direitos humanos, ao dispor que cada qual pode se prevalecer de todos os direitos e todas as liberdades proclamadas na presente Declaração, sem distinção de espécie alguma, notadamente de raça, de cor, de sexo, de língua, de religião, de opinião pública ou de qualquer outra opinião, de origem nacional ou social, de fortuna, de nascimento ou de qualquer outra situação (art. 2º).

Como lecionam Dimitri Dimoulis e Leonardo Martins[12], os direitos fundamentais no âmbito internacional recebem o nome de direitos humanos, indicando o conjunto de direitos e faculdades que garantem a dignidade da pessoa humana e se beneficiam de garantias internacionais institucionalizadas. Essa internacionalização vai além do relacionamento binário Estado-Indivíduo que é a concepção tradicional dos direitos fundamentais, trazendo uma nova concepção de tutela da dignidade do ser humano: ampliação dos titulares de direitos; possibilidade de responsabilizar o Estado de forma externa; politização da matéria devido à necessidade de se realizar contínuos compromissos entre os Estados e os atores internacionais.

A partir da internacionalização da dignidade da pessoa humana e dos direitos humanos correlatos, seguiu-se o fenômeno da constitucionalização desses direitos humanos, que passaram a ser denominados, com a positivação constitucional, de direitos fundamentais, ampliando a possibilidade de garantir a sua aplicabilidade nas relações sociais desenvolvidas no âmbito dos ordenamentos jurídicos internos.

---

[12] DIMOULIS, Dimitri; MARTINS, Leonardo. *Teoria geral dos direitos fundamentais*. São Paulo: Revista dos Tribunais, 2007. p. 40.

Ao tratar da exteriorização da dignidade da pessoa humana como princípio do constitucionalismo ocidental, observa J. J. Gomes Canotilho[13] que o ser humano passou a despontar como o fundamento da República e limite maior ao exercício dos poderes inerentes à representação política. Perante as experiências históricas de aniquilação do ser humano (inquisição, escravatura, nazismo, stalinismo, polpotismo, genocídios étnicos), a dignidade da pessoa humana significa, sem transcendências ou metafísicas, o reconhecimento do *homo noumenon*, ou seja, do indivíduo como limite e fundamento do domínio político da República.

Exemplos não faltam deste processo de positivação constitucional da dignidade da pessoa humana. A Constituição da República Italiana, de 27 de dezembro de 1947, estatui que "todos os cidadãos têm a mesma dignidade social" (art. 3º). A Constituição da República Federal Alemã, de 1949, contempla solenemente, em seu art. 1º, que "a dignidade do homem é inviolável. Respeitá-la e protegê-la é dever de todos os Poderes do Estado". Analogamente, a Constituição Portuguesa de 1976 abre-se com a proclamação de que "Portugal é uma República soberana, baseada na dignidade da pessoa humana e na vontade popular e empenhada na construção de uma sociedade livre, justa e solidária". Outrossim, a Constituição Espanhola de 1978 declara que "a dignidade da pessoa, os direitos invioláveis que lhe são inerentes, o livre desenvolvimento da personalidade, o respeito à lei e aos direitos alheios são o fundamento da ordem política e da paz social" (art. 10).

Esse progressivo reconhecimento jurídico da dignidade da pessoa humana, como sustenta Robert Alexy[14], representa a passagem dos direitos humanos, dotados de natureza suprapositiva e de universalidade moral, geralmente expressos em tratados e em convenções internacionais, para os direitos fundamentais, que se apresentam como direitos que foram acolhidos numa Constituição. A positivação desses direitos do homem não anula a sua validez ética, reforçando, em verdade, a sua exigibilidade jurídica, diante de conflitos de interesse entre os atores sociais.

---

[13] CANOTILHO, J. J. Gomes. *Direito constitucional e teoria da Constituição*. 3. ed. Coimbra: Almadina, 1998. p. 221.
[14] ALEXY, Robert. *Constitucionalismo discursivo*. Porto Alegre: Livraria do Advogado, 2007. p. 10.

Com efeito, a proclamação da normatividade do princípio da dignidade da pessoa humana, na grande maioria das Constituições contemporâneas, conduziu ao reconhecimento da eficácia jurídica dos direitos humanos, afastando-se a concepção anacrônica da sua inexigibilidade em face de comportamentos lesivos à vida digna do ser humano, seja por ações de governantes ou de particulares, por se tratar de máximas ético-morais desprovidas de coerção e de imperatividade.

Desse modo, como bem salienta Peter Häberle[15], embora o modelo do Estado Constitucional no ocidente possa sofrer variações nacionais que dependem das especificidades de cada cultura jurídica, resultando da diversificada convergência de filosofias políticas, textos clássicos, políticas públicas, experiências, sonhos e utopias, ressalvadas as singularidades de cada sociedade, as Constituições hoje costumam prever, como um programa de obrigações constitucionais, a afirmação de uma dignidade humana como concepção antropológico-cultural e o conceito de democracia como a consequência no plano organizacional das instituições político-sociais.

4. A DIGNIDADE DA PESSOA HUMANA COMO EXPRESSÃO DOS DIREITOS FUNDAMENTAIS NO BRASIL

A importância do princípio da dignidade da pessoa humana é inconteste no atual quadro evolutivo das sociedades humanas, o que leva Ana Paula de Barcellos[16] a afirmar que um dos poucos consensos teóricos do mundo contemporâneo diz respeito ao valor essencial do ser humano, despontando a dignidade da pessoa humana como um axioma da civilização ocidental e talvez a única ideologia remanescente no início do novo milênio.

O sistema constitucional brasileiro foi também influenciado por esses novos sopros libertários, tendentes à emancipação do ser humano,

---

[15] HÄBERLE, Peter. The constitutional state and its reform requirements. *Ratio Juris*. Oxford: Blackwell, v. 13. n. 1, 2000. p. 82.

[16] BARCELLOS, Ana Paula de. *A eficácia jurídica dos princípios constitucionais*: o princípio da dignidade da pessoa humana. Rio de Janeiro: Renovar, 2002. p. 103.

através do respeito à dignidade intrínseca, mormente com o advento da Constituição Federal de 1988, gestada que foi no contexto político-social de redemocratização do país, após o longo período autocrático da ditadura militar.

Conforme assinala Luís Roberto Barroso[17], na Constituição Brasileira de 1988, o princípio da dignidade da pessoa humana foi elevado ao patamar de fundamento do Estado Democrático de Direito (art. 1º, III), integrando a categoria dos princípios fundamentais do Título I da Carta Magna, ao lado de outros importantes cânones ético-jurídicos correlatos, a saber: a cidadania; os valores sociais do trabalho e da livre-iniciativa; o princípio republicano (art. 1º); o princípio da separação de poderes (art. 2º); os objetivos fundamentais da República Federativa do Brasil – construir uma sociedade livre, justa e solidária; garantir o desenvolvimento nacional; erradicar a pobreza e a marginalização e reduzir as desigualdades sociais e regionais; promover o bem de todos, sem preconceitos de origem, raça, sexo, cor, idade e quaisquer outras formas de discriminação (art. 3º); e os princípios que orientam as relações internacionais, como a prevalência dos direitos humanos (art. 4º).

Uma vez situado como princípio basilar da Constituição Federal de 1988, o legislador constituinte brasileiro conferiu à ideia de dignidade da pessoa humana a qualidade de norma embasadora de todo o sistema constitucional, que orienta a compreensão da totalidade do catálogo de direitos fundamentais, tais como os direitos individuais à vida, à liberdade, à igualdade, à segurança e à propriedade (art. 5º); os direitos sociais à educação, à saúde, à moradia, ao lazer, à segurança, à previdência social, à proteção à maternidade e à infância, à assistência aos desamparados (art. 6º); os direitos sociais dos trabalhadores urbanos e rurais (arts. 7º a 11); os direitos da nacionalidade (arts. 12 e 13); os direitos políticos (arts. 14 a 17); os direitos difusos, regulados em diversos preceitos da Carta Magna, a exemplo do direito de manifestação e acesso às fontes da cultura nacional (art. 215), bem assim o direito difuso ao meio ambiente ecologicamente equilibrado (art. 225).

---

[17] BARROSO, Luís Roberto. *A nova interpretação constitucional*. Rio de Janeiro: Renovar, 2006. p. 364.

De outro lado, a dignidade da pessoa humana figura como princípio ético-jurídico capaz de orientar o reconhecimento, a partir de uma interpretação teleológica da Carta Magna pátria, de direitos fundamentais implícitos, por força do art. 5º, § 2º, o qual define um catálogo aberto e inconcluso de direitos fundamentais, ao estabelecer que os direitos e garantias expressos na Constituição brasileira não excluem outros decorrentes do regime e dos princípios por ela adotados, ou dos tratados internacionais em que a República Federativa do Brasil seja parte.

Deveras, a dignidade da pessoa humana serve de parâmetro, inclusive, para a intelecção daqueles direitos humanos previstos em tratados e convenções internacionais, que, aprovados, em cada Casa do Congresso Nacional, em dois turnos, por três quintos dos votos dos respectivos membros, serão considerados hierarquicamente equivalentes às emendas constitucionais, convergindo, assim, as ordens jurídicas externa e interna para o primado de uma existência digna, a teor do que prescreve o art. 5º, § 3º, inserido pela Emenda Constitucional n. 45/2004.

A partir da sua consagração como princípio fundamental, a Carta Magna brasileira refere expressamente a ideia de dignidade da pessoa humana em outros dispositivos normativos setoriais, sobretudo nos Títulos VII e VIII, dedicados, respectivamente, à ordem econômica e à ordem financeira, tais como: o art. 170, *caput*, que estabelece que a ordem econômica, fundada na valorização do trabalho humano e na livre-iniciativa, tem por fim assegurar a todos existência digna, conforme os ditames da justiça social; o art. 205, *caput*, ao estatuir que a educação, direito de todos e dever do Estado e da família, será promovida e incentivada com a colaboração da sociedade, visando ao pleno desenvolvimento da pessoa, seu preparo para o exercício da cidadania e sua qualificação para o trabalho; o art. 226, § 7º, ao prever que, fundado nos princípios da dignidade da pessoa humana e da paternidade responsável, o planejamento familiar é livre decisão do casal, competindo ao Estado propiciar recursos educacionais e científicos para o exercício desse direito, vedada qualquer forma coercitiva por parte de instituições oficiais ou privadas; o art. 227, *caput*, que estabelece ser dever da família, da sociedade e do Estado assegurar à criança e ao adolescente, com absoluta prioridade, o direito à vida, à saúde, à alimentação, à educação, ao lazer, à profissionalização, à cultura, à dignidade, ao respeito, à liberdade e à convivência familiar e comunitária, além de colocá-los a salvo de toda forma de negligência, discriminação, exploração, violência, crueldade e opressão; o art. 230, ao disciplinar que a família, a sociedade e o Estado têm o dever de amparar as pessoas idosas, assegurando sua participação na comunidade, defendendo sua dignidade e bem-estar e garantindo-lhes o direito à vida.

Ademais, a dignidade da pessoa humana também se expressa na proteção constitucional dos direitos de povos e comunidades indígenas, indispensáveis para a formação da identidade nacional, os quais, infelizmente, foram subalternizados, vulnerabilizados e invisibilizados por um processo colonizador de base eurocêntrica, sendo possível destacar, dentre outros, os arts. 231 e 232 da Constituição Federal de 1988, os quais estabelecem que: são reconhecidos aos índios sua organização social, costumes, línguas, crenças e tradições, e os direitos originários sobre as terras que tradicionalmente ocupam, competindo à União demarcá-las, proteger e fazer respeitar todos os seus bens; são terras tradicionalmente ocupadas pelos índios as por eles habitadas em caráter permanente, as utilizadas para suas atividades produtivas, as imprescindíveis à preservação dos recursos ambientais necessários a seu bem-estar e as necessárias a sua reprodução física e cultural, segundo seus usos, costumes e tradições; as terras tradicionalmente ocupadas pelos índios destinam-se a sua posse permanente, cabendo-lhes o usufruto exclusivo das riquezas do solo, dos rios e dos lagos nelas existentes; o aproveitamento dos recursos hídricos, incluídos os potenciais energéticos, a pesquisa e a lavra das riquezas minerais em terras indígenas só podem ser efetivados com autorização do Congresso Nacional, ouvidas as comunidades afetadas, ficando-lhes assegurada participação nos resultados da lavra; as terras indígenas são inalienáveis e indisponíveis, e os direitos sobre elas, imprescritíveis; vedação à remoção dos grupos indígenas de suas terras, salvo, *ad referendum* do Congresso Nacional, em caso de catástrofe ou epidemia que ponha em risco sua população, ou no interesse da soberania do País, após deliberação do Congresso Nacional, garantido, em qualquer hipótese, o retorno imediato logo que cesse o risco; nulidade dos atos jurídicos que tenham por objeto a ocupação, o domínio e a posse das terras a que se refere o art. 231 da CF, ou a exploração das riquezas naturais do solo, dos rios e dos lagos nelas existentes, ressalvado relevante interesse público da União, não gerando a nulidade e a extinção direito a indenização ou a ações contra a União, salvo, na forma da lei, quanto às benfeitorias derivadas da ocupação de boa-fé; e os índios, suas comunidades e organizações são partes legítimas para ingressar em juízo em defesa de seus direitos e interesses, intervindo o Ministério Público em todos os atos do processo.

Destarte, o princípio constitucional da dignidade da pessoa humana se desdobra em inúmeros outros princípios e regras constitucionais, conformando um arcabouço de valores e finalidades a ser realizadas pelo Estado e pela Sociedade Civil, como forma de concretizar a multiplicidade de direitos fundamentais, expressos ou implícitos, da Carta Magna brasileira e, por conseguinte, da normatividade infraconstitucional derivada, mormente no âmbito da legislação infraconstitucional.

5. A PROTEÇÃO DOS DIREITOS FUNDAMENTAIS CULTURAIS NO SISTEMA JURÍDICO BRASILEIRO

A Carta Constitucional de Outubro contempla, no Título VIII (Da Ordem Social), Capítulo III (Da Educação, da Cultura e do Desporto), Seção II (Da Cultura), um conjunto de dispositivos normativos voltados para a tutela das diversas dimensões da cultura pátria.

Neste sentido, no corpo do art. 215, o legislador constituinte preceitua que: o Estado garantirá a todos o pleno exercício dos direitos culturais e acesso às fontes da cultura nacional, e apoiará e incentivará a valorização e a difusão das manifestações culturais; o Poder Público protegerá as manifestações das culturas populares, indígenas e afro-brasileiras, e das de outros grupos participantes do processo civilizatório nacional; legislação sobre a fixação de datas comemorativas de alta significação para os diferentes segmentos étnicos nacionais; e o Plano Nacional de Cultura, de duração plurianual, visando ao desenvolvimento cultural do País e à integração das ações do poder público.

Por sua vez, pode-se depreender do texto do art. 216 que a Carta Magna de 1988 estabelece que constituem patrimônio cultural brasileiro os bens de natureza material e imaterial, tomados individualmente ou em conjunto, portadores de referência à identidade, à ação, à memória dos diferentes grupos formadores da sociedade brasileira, nos quais se incluem: as formas de expressão; os modos de criar, fazer e viver; as criações científicas, artísticas e tecnológicas; as obras, objetos, documentos, edificações e demais espaços destinados às manifestações artístico-culturais; os conjuntos urbanos, sítios de valor histórico, paisagístico, artístico, arqueológico, paleontológico, ecológico e científico.

Ainda no âmbito do referido dispositivo, o legislador constituinte prescreve que: o Poder Público, com a colaboração da comunidade, promoverá e protegerá o patrimônio cultural brasileiro, por meio de inventários, registros, vigilância, tombamento e desapropriação, e de outras formas de acautelamento e preservação; a competência da administração pública para realizar a gestão da documentação governamental e as providências para franquear sua consulta; incentivos para a produção e o conhecimento de bens e valores culturais; punição aos danos e ameaças ao patrimônio cultural; tombamento de todos os documentos e os sítios detentores de reminiscências históricas dos antigos quilombos; e a prerrogativa dos Estados e do Distrito Federal de vincularem a fundo estadual de fomento à cultura percentual de sua receita tributária líquida, para o financiamento de programas e projetos culturais.

Por derradeiro, no âmbito do art. 216-A, resta disciplinado o Sistema Nacional de Cultura, organizado em regime de colaboração, de forma descentralizada e participativa, que institui um processo de gestão e promoção conjunta de políticas públicas de cultura, democráticas e permanentes, pactuadas entre os entes da Federação e a sociedade, tendo por objetivo promover o desenvolvimento humano, social e econômico com pleno exercício dos direitos culturais.

Tal Sistema Nacional de Cultura fundamenta-se na política nacional de cultura e nas suas diretrizes, estabelecidas no Plano Nacional de Cultura, regendo-se pelos seguintes princípios: diversidade das expressões culturais; universalização do acesso aos bens e serviços culturais; fomento à produção, difusão e circulação de conhecimento e bens culturais; cooperação entre os entes federados, os agentes públicos e privados atuantes na área cultural; integração e interação na execução das políticas, programas, projetos e ações desenvolvidas; complementaridade nos papéis dos agentes culturais; transversalidade das políticas culturais; autonomia dos entes federados e das instituições da sociedade civil; transparência e compartilhamento das informações; democratização dos processos decisórios com participação e controle social; descentralização articulada e pactuada da gestão, dos recursos e das ações; ampliação progressiva dos recursos contidos nos orçamentos públicos para a cultura; e o implemento de sistemas setoriais de cultura.

SINOPSE

A abordagem jurídico-antropológica possibilita uma apreensão culturalista do direito, por operacionalizar uma investigação axiológica e teleológica que se revela compatível com as especificidades histórico-culturais de cada caso concreto, tendo em vista o exame das singularidades que envolvem a multifacetada vida humana em sociedade.

O direito afigura-se como um objeto cultural criado pela sociedade, de base concreta e real, pedaço de vida humana objetivada, que repousa sobre valorações, apontando, em última análise, para a finalidade de realização da justiça.

O fenômeno jurídico apresenta um caráter adaptativo, porquanto a ordem jurídica oferece, em cada contexto histórico-social, um complexo de respostas normativas, institucionais e procedimentais para promover o controle social e a padronização comportamental, possibilitando uma convivência humana minimamente estável e pacífica, sem a qual não se assegura a justiça.

O direito afigura-se, também, como um perfil cumulativo, porquanto as comunidades não somente recebem a cultura jurídica dos seus antepassados, mas também criam novos elementos que a renovam, formando, no plano intergeracional, um amplo acervo civilizatório.

O direito resta caracterizado por sua transmissibilidade, pois os significados dos objetos culturais não são inatos ou geneticamente herdados, mas, em verdade, são apreendidos e compartilhados no plano histórico-social das interações comportamentais, seja através da via formal do ensino jurídico e da prática jurídica, seja mediante a via informal do senso comum ou do conhecimento vulgar difundido perante a opinião pública.

Ademais, o direito manifesta-se como um fenômeno indivisível, uma vez que as diversas manifestações culturais de uma sociedade humana encontram-se interligadas. A economia, a política, a arte, a moral, a religião, a ciência, a ideologia e o direito não existem enquanto objetos independentes entre si, mas se apresentam integrados numa rede de fins e conexões recíprocas.

Ademais, o fenômeno jurídico também revela um caráter dinâmico, porquanto os significados das instituições, das normas, dos sujeitos e dos procedimentos que integram o direito não são estáticos e conclusos, acompanhando, ao revés, o fluxo constante das inovações propiciadas pela liberdade humana, em face das novas necessidades do ser humano em sua relação com o ambiente natural e social.

Antes mesmo de seu reconhecimento jurídico nas Declarações Internacionais de Direito e nas Constituições de diversos países, a dignidade da pessoa humana figura como um valor, que brota da própria experiência axiológica de cada cultura humana, submetida aos influxos do tempo e do espaço, devendo ser compreendida em sua dimensão histórico-cultural.

Entendida a cultura como tudo aquilo que é construído pelo homem em razão de um sistema de valores, com o escopo de atender aos seus interesses e finalidades, será possível constatar que o princípio da dignidade da pessoa humana é dotado de um sentido de conteúdo valorativo, pertencente, portanto, ao campo da cultura humana.

Sendo assim, a dignidade da pessoa humana identifica um núcleo de integridade física e moral a ser assegurado a todas as pessoas por sua existência no mundo, relacionando-se tanto com a satisfação espiritual, quanto com as condições materiais de subsistência do ser humano, vedando-se qualquer tentativa de degradação ou coisificação do ser humano em sociedade.

O significado ético-jurídico da dignidade da pessoa humana compreende a totalidade do catálogo aberto de direitos humanos fundamentais, em sua permanente indivisibilidade e interação dialética, abarcando valores que se contradizem e preponderam a depender do momento histórico e das singularidades culturais de cada grupo social, tais como aqueles relacionados aos direitos de primeira dimensão/geração (vida, liberdade, igualdade, propriedade), segunda dimensão/geração (saúde, educação, assistência social, trabalho, moradia), terceira dimensão/geração (proteção ao meio ambiente, preservação ao patrimônio artístico, histórico e cultural) e, até mesmo, de quarta dimensão/geração (paz, direitos de minorias, tutela em face da biotecnologia, proteção perante a globalização econômica).

A partir da internacionalização da dignidade da pessoa humana e dos direitos humanos correlatos, seguiu-se o fenômeno da constitucionalização desses direitos humanos, que passaram a ser denominados, com a positivação constitucional, de direitos fundamentais, ampliando a possibilidade de garantir a sua aplicabilidade nas relações sociais desenvolvidas no âmbito dos ordenamentos jurídicos internos.

A consagração da normatividade do princípio da dignidade da pessoa humana, na grande maioria das Constituições contemporâneas, conduziu ao reconhecimento da eficácia jurídica dos direitos humanos, afastando-se a concepção anacrônica da sua inexigibilidade em face de comportamentos lesivos à vida digna do ser humano, seja por ações de governantes ou de particulares, por se tratar de máximas ético-morais desprovidas de coerção e de imperatividade.

O sistema constitucional brasileiro foi também influenciado por esses novos sopros libertários, tendentes à emancipação do ser humano, através do respeito à dignidade intrínseca, mormente com o advento da Constituição Federal de 1988, gestada que foi no contexto político-social de redemocratização do país, após o longo período autocrático da ditadura militar.

Uma vez situado como princípio basilar da Constituição Federal de 1988, o legislador constituinte brasileiro conferiu à ideia de dignidade da pessoa humana a qualidade de norma embasadora de todo o sistema constitucional, que orienta a compreensão da totalidade do catálogo das diferentes modalidades de direitos fundamentais dos cidadãos.

Por derradeiro, a Carta Constitucional Brasileira também dedica um complexo de preceitos normativos voltados para a tutela das diversas dimensões da cultura pátria, prevendo os chamados direitos fundamentais culturais.

CAPÍTULO 13

Os Pioneiros da Antropologia do Direito

1. OS PRECURSORES DA ANTROPOLOGIA GERAL E JURÍDICA

Embora a reflexão sobre o ser humano em sociedade afigure-se bastante antiga, a Antropologia, como disciplina científica autônoma, somente surgiu na Europa com o advento da modernidade, durante o século XIX. Deveras, a história do conhecimento sobre o ser humano precedeu a constituição de uma verdadeira ciência antropológica.

Historicamente, no contexto da Grécia Antiga, os relatos minuciosos de Heródoto de Halicarnasso (484-425 a.c.) sobre suas viagens por várias partes da Ásia Ocidental e Egito já revelavam uma clara preocupação em ir além das aparências das sociedades examinadas, contendo indagações aos seus membros, oferecendo um esboço daquilo que futuramente seria identificado como uma pesquisa de campo de natureza antropológica.

A polarização entre o universalismo e o relativismo revelou-se como verdadeira matriz paradigmática do pensamento antropológico helênico. Enquanto filósofos universalistas, a exemplo de Sócrates (469-399 a.C.), acreditavam poder identificar certos aspectos e elementos culturais que seriam comuns entre as mais diversas sociedades, os pensadores relativistas, a exemplo dos sofistas, contestavam qualquer possibilidade de uma verdade universal, já que a verdade seria fruto de uma experiência local ou individualizada, suscetível a variações de uma sociedade para outra.

Deveras, os gregos deixaram inúmeros registros e relatos acerca de culturas diferentes. Nestes textos nascia, por assim dizer, a Antropologia, tal como se verifica da leitura das obras *Histórias de Heródoto* (485-425 a.c.), que descreveu minuciosamente as culturas estrangeiras, *República* de Platão (428-348 a.C), uma verdadeira teoria acerca da organização política ideal, e a *Política,* de Aristóteles (384-322 a.c), na qual já se colocava o ser humano como um animal social, postulado de todas as ciências humanas.

Por sua vez, merece especial registro a iniciativa de Alexandre Magno (356-323 a.c.), o qual, ao realizar sua conhecida expedição ao continente asiático, logrou reunir farto material etnográfico, a partir dos relatos feitos pelos estudiosos que o acompanharam.

No âmbito dos pensadores romanos, cumpre destacar os contributos de Lucrécio (99-55 a.c.), que tentou investigar as origens da religião e das artes, Tácito (56-117 d. C.), que analisou a vida das tribos germânicas, baseando-se nos relatos dos soldados e viajantes, e de Agostinho de Hipona (354-430 d.C.), um dos fundadores do catolicismo, o qual descreveu as civilizações greco-romanas pagãs, vistas como moralmente inferiores às sociedades cristianizadas.

Como refere Thomas Eriksen[1], com a queda do Império Romano, por volta de 410 d.C., processou-se uma mudança fundamental na vida ocidental. Os cidadãos abastados que, graças às receitas provenientes do comércio e do escravagismo, podiam dedicar-se à ciência e à filosofia, foram, gradativamente, desaparecendo, tendo em vista a crise da cultura urbana. Em seu lugar, emergiram inúmeras culturas europeias locais, com as diversas tradições germânicas, eslavas e celtas. Politicamente, a Europa se fragmentou em centenas de entes soberanos, cidades e enclaves locais autônomos, que só foram integrados com o crescimento do Estado moderno. Sob a égide da Igreja Católica, única referência de unidade daquele período, formaram-se redes internacionais entre clérigos, interligando os escassos polos de saber que preservavam o legado do conhecimento antigo.

Por sua vez, a Idade Média demonstrou pouca disposição em aceitar a diversidade do ser humano e das sociedades. Não obstante o teocentrismo e a intolerância religiosa, sementes de um pensamento

---

[1] ERIKSEN, Thomas Hylland. *História da antropologia.* Petrópolis: Vozes, 2007. p. 11-13.

antropológico já se mostravam presentes. As descobertas de diversos povos primitivos, situados fora do continente europeu, oportunizaram importantes debates, a exemplo da temática sobre a existência da alma nos africanos e nos índios. Ademais, durante o período medieval, podem ser ainda citados diversos documentos expressivos, baseados em relatos acerca das sociedades orientais, tais como: os registros de Marco Polo sobre os povos mongóis do Extremo Oriente; os documentos bizantinos (Procópio, Constantino Porfirogeneta); as descrições de viajantes árabes (El Idrisi, Ibh Batuta e Al Biruni), bem como as memórias chinesas de monges budistas (Chouang Tsé, Miuan-tsang e Yitsing).

2. A DESCOBERTA DO NOVO MUNDO COMO IMPULSO AO PENSAMENTO ANTROPOLÓGICO

A parir do Renascimento, a descoberta do Novo Mundo e o contato com os povos considerados exóticos cumpriram um importante papel na reformulação dos conceitos e valores tradicionais das sociedades ocidentais. A imensa diversidade cultural apresentada pelas sociedades ameríndias, asiáticas e oceânicas não se coadunavam com os esquemas clássicos de vida social, gerando a necessidade de uma reflexão antropológica. A partir desse momento, o problema da diversidade cultural adquiriu relevo na consciência ocidental.

Durante o século XVII, iniciou-se então um trabalho de reflexão filosófica cada vez mais constantemente pautada numa perspectiva comparativista, estabelecendo-se variados paralelismos culturais entre as sociedades exóticas e as antigas sociedades greco-romanas e judaicas, as quais eram as únicas conhecidas naquela época que poderiam ser utilizadas como paradigma de sociedade.

É importante considerar que muito embora os outros povos ganhassem cada vez mais espaço nas sociedades europeias, causando grande repercussão, principalmente, nas produções literárias e artísticas, ainda não havia no campo das ideias um maior rigor metodológico que, somente algum tempo depois, forjaria o pensamento antropológico como disciplina científica.

No tocante aos viajantes, não se pode negar que a descoberta de novos povos havia conferido contornos universais ao conhecimento do homem exótico, que se estendia por todos os continentes. Com base nos inúmeros relatos escritos destes descobridores e exploradores e viajantes, tornou-se a premente necessidade de uma compilação de suas experiências com os outros povos. Não se trata mais aqui de um trabalho meramente descritivo da experiência com essas sociedades exóticas, mas, ao revés, de um esforço intelectual para conceber modelos teóricos e sistemas comparativos de categorias sociais em comum, como vínculos de parentesco, leis, religiões e costumes.

Conforme salienta Jean Copans[2], a produção de documentos com relatos de viagens passou a ser cada vez mais abundante e, aos poucos, foi despertando o interesse de um público fascinado pelos novos descobrimentos e pelas diferentes formas de vida em sociedade. Deveras, o legado desta época foram os textos que descreviam os elementos da natureza (a fauna, a flora, a topografia) e os caracteres dos povos descobertos (hábitos e crenças). A maioria desses escritos, contudo, estava impregnada de informações fantasiosas, duvidando-se até da condição humana do aborígine. A teoria monogenista, segundo a qual todas as raças humanas descendem de um único ramo, foi inclusive colocada em dúvida.

Como exemplo desses documentos, destacam-se, dentre outros: a *Carta de Cristóvão Colombo* aos Reis Católicos; os textos de Jean Fonteneau, primeiro esboço de classificação das tribos ameríndias; as *Compliações* de André Thevet; as primeiras publicações de *Grandes Viagens* de Ramusio e de Walter Raleigh; a *Carta do Descobrimento do Brasil*, de Pero Vaz de Caminha; os relatos de Hans Staden, *Duas Viagens ao Brasil*; os registros de Jean de Léry, a *Viagem a Terra do Brasil*; a obra de Jean-Baptiste Debret, *Viagem Pitoresca e Histórica ao Brasil*; e as *Relações Jesuítas*, escritos dos missionários na América, tais como Bartolomeu de Las Casas e Padre Acosta.

Com o acesso a estas sociedades qualificadas como exóticas, começaram a surgir várias correntes teóricas, as quais, por um lado, negava a dignidade humana aos "selvagens", com base numa leitura

---

[2] COPANS, Jean et al. *Antropologia:* ciência das sociedades primitivas? Lisboa: Edições 70, 1971. p. 16.

etnocêntrica e legitimada por motivações religiosas e mitológicas, e, por outra banda, exaltava as sociedades exóticas a partir de uma abordagem humanista e relativista.

Deveras, como bem assinala François Laplantine[3], o contato com os povos das terras descobertas provocou, na Europa, o aparecimento de duas ideologias antagônicas: o fascínio pelo estranho, que consiste no enaltecimento à cultura das sociedades primitivas e na consequente reprovação da cultura europeia; a recusa do estranho, que implica a exclusão de tudo aquilo que seja incompatível com a cultura europeia.

Com efeito, a primeira ideologia contrapõe o arquétipo do bom selvagem, não degenerado pelos males da civilização, à figura do mau civilizado. A valorização da cultura das sociedades mais simples constitui a origem principal da crítica aos costumes europeus. Essa fascinação também estabelece a crença de que a forma mais perfeita de vida humana é a que existiu no primeiro período da humanidade, a qual se observa nos povos primitivos. Tais grupos originais seriam detentores de uma natureza moral pura, modelo que devia ser assimilado e difundido pelos ocidentais, porquanto a cultura mais próxima do estado natural serviria de remédio aos males da assim chamada civilização.

Decerto, é o que se depreende da concepção do bom selvagem, utilizada pelo filósofo Michel de Montaigne (1533-1592), em seu ensaio intitulado *Dos canibais*, grande inspiração para o contratualismo moderno de J. J. Rousseau (1712-1778).

No Brasil, tais ideias se refletiram na produção literária do padre Antônio Vieira, em sua obra *Sermões*, e do escritor José de Alencar, especialmente nos célebres romances *Guarani* e *Iracema*.

A seu turno, a recusa do estranho implica contrapor a figura do mau selvagem à do bom civilizado. Assim, diante de culturas diferentes, alguns teóricos passaram a entender que havia duas formas de pensamento cientificamente observáveis e com leis diferentes: o pensamento lógico-racional dos civilizados (europeus) e o pensamento pré-lógico e pré-racional dos selvagens ou primitivos (africanos, índios, aborígines).

---

[3] LAPLANTINE, François. *Aprender antropologia*. São Paulo: Brasiliense, 2006. p. 38.

Infelizmente, a ideologia da recusa do estranho ofereceu ao colonialismo moderno e ao imperialismo contemporâneo as justificativas para a utilização da força e a subjugação de inúmeros povos à cultura europeia, tida, supostamente, como um paradigma superior de convivência social, com reflexos ainda hoje verificados nas sociedades submetidas a esse modelo etnocêntrico, verticalizado, excludente e assimétrico, como se verifica na realidade social brasileira, a qual ainda vivencia a inaceitável prática do racismo.

3. A CONSTITUIÇÃO DO PROJETO ILUMINISTA DA ANTROPOLOGIA

Ao longo dos séculos XVII e XVIII, o tratamento filosófico acerca do problema antropológico raramente abordava o modo de vida e as condições materiais e simbólicas de existência desses povos.

Deveras, os debates filosóficos predominantes neste período alimentavam-se da polêmica entre os racionalistas, a exemplo de René Descartes (1596-1650), para quem o conhecimento humano não seria resultado somente das nossas experiências de mundo captadas por nossos sentidos, sendo necessário o intelecto perquirir sobre a existência de ideias verdadeiras, e os empiristas, tais como John Locke (1632-1704) e David Hume (1711-1776), os quais sustentavam que a mente humana podia ser comparada a uma tábua rasa, vez que todas as ideias seriam resultado das experiências pessoais do sujeito cognoscente no mundo.

Apesar da contraposição entre os postulados empiristas e racionalistas, tem-se que, ao situarem o indivíduo no centro da especulação filosófica, essas ideias foram fundamentais para que, no século XVIII, ocorresse a secularização do pensamento por meio do culto à razão e à ciência. Com o advento do Iluminismo, o ser humano voltou a ser a medida de todas as coisas.

Nesse contexto, delineou-se o projeto de fundação de uma ciência do ser humano como um primeiro esboço daquilo que se tornaria a Antropologia, sendo imprescindível a contribuição das novas teorias filosóficas e naturalistas.

Decerto, a fecundidade do pensamento filosófico no século XVIII, fundado na compreensão da variabilidade das sociedades sob a influência do meio, tornou possível a concepção da Antropologia e das Ciências Humanas em geral.

Não obstante as ingentes contribuições doutrinárias do Barão de Montesquieu (1689-1755), que ilustra o determinismo dos comportamentos sociais, bem como de outros notáveis filósofos anticolonialistas, tais como Denis Diderot (1713-1784), Jean La Rond d'Alembert (1717-1783), Marquês de Condorcet (1743-1794), Giambattista Vico (1668-1744), e Johann Gottfried von Herder (1744-1803), merecem indubitável destaque, para a criação definitiva de uma ciência antropológica, os contributos de Voltaire (1694-1778) e de Jean-Jacques Rousseau (1712-1778).

Embora fosse um anticolonialista, Voltaire propugnou a necessidade de civilizar as sociedades primitivas, que ele entendia como menos desenvolvidas. No plano da história cultural comparada, a contribuição de Voltaire adquiriu enorme relevo, porquanto, em sua obra *Ensaio sobre os costumes* (1756), ele utiliza vários documentos etnográficos para elaborar sistematizações e classificações, baseadas na noção de relativismo cultural e uma objetividade própria do pensamento científico. Voltaire também foi o primeiro filósofo ocidental a utilizar a expressão filosofia da história, além de desenvolver os conceitos de evolução e de progresso.

A seu turno, J. J. Rousseau sustentou a tese do bom selvagem e a noção de contrato social como fundamento para a compreensão dos agrupamentos humanos, lançando as bases metodológicas da Antropologia Geral e Jurídica.

4. O PERÍODO PÓS-REVOLUCIONÁRIO E OS INFLUXOS NO PENSAMENTO ANTROPOLÓGICO DO SÉCULO XIX

O período posterior à Revolução Francesa, mais precisamente após a queda do primeiro Império Napoleônico, pode ser caracterizado como um período de transição entre o Antigo Regime, superado pela Revolução Industrial, e um novo mundo que se apresentava ao ocidente ainda de forma multifacetada, mas que já reunia um conjunto de condições intelectuais e institucionais que, de forma gradativa, ao longo de todo o século XIX, foram determinantes para a constituição de uma ciência do homem.

Com efeito, a atividade intelectual desenvolvida naquele determinado período histórico revelava um novo modelo, marcado muito mais pela razão e pela experiência, do que pelo apego às ideias metafísicas. Buscava-se, assim, naquele momento histórico superar uma tradição erudita pautada, fundamentalmente, em discussões teóricas próprias da filosofia e em aproximações literárias.

Sendo assim, os esforços intelectuais confluíam para a fundação de uma ciência do ser humano, ao mesmo tempo compreensiva, voltada às diversas atividades morais, e também objetiva, ante a necessidade de estrita observância ao método científico.

Como exemplos desses novos pensadores, podem ser citados os nomes de Destutt de Tracy (*Elementos de ideologia*, 1804), Cabanis (*Das relações entre o físico e o moral*, 1799), Daunou (organizador dos *Arquivos de França* no início do século XIX), Volney (*Lições de história*, de 1795), Gerando (*Considerações sobre os diversos métodos a seguir para a observação dos povos selvagens*, de 1799), Jauffret (*Memória para o estabelecimento de um museu antropológico*, de 1803).

A maioria desses intelectuais franceses fundou, em 1799, a sociedade dos observadores do homem, que, após encerrar precocemente suas atividades já em 1805, teve seu programa retomado posteriormente pela chamada sociedade filantrópica. Tais instituições francesas podem ser consideradas como embrionárias daquilo que viria a ser, no fim do século XIX, a Escola Francesa de Antropologia, pois estudavam o homem concreto em seu meio, de forma positiva e experimental.

Com base nessas novas ideias, a Antropologia foi se desenvolvendo progressivamente ao longo do século XIX, também compreendida num movimento intelectual que culminou no advento das ciências humanas em geral.

Não obstante a singularidade e especificidade que marcou o desenvolvimento de cada uma das ciências humanas e sociais ao longo do século XIX, certos pensadores foram particularmente determinantes para consolidar essa nova era.

Foi o que sucedeu com Claude-Henri de Saint-Simon (1760-1825), que defendia a constituição de uma ciência que tivesse, como objeto de estudo, o ser humano em suas relações sociais. Neste contexto de transição cientificista, a influência de Saint-Simon foi fundamental para que, posteriormente, Auguste Comte (1798-1857) pudesse criar a Sociologia Geral.

A multiplicidade de formas de abordagem sobre as relações humanas em sociedade acabou por impor a necessidade de uma especialização por parte dos pesquisadores. Com isso, para cada tipo de investigação sobre determinados aspectos particulares do homem em sociedade, houve a necessidade de desenvolvimento de uma teoria específica, que fosse capaz de fornecer modelos e categorias apropriados para estudos que passavam a seguir direções cada vez mais autônomas. A crescente especialização do conhecimento sugeria assim a viabilidade de se promover uma classificação dos diversos temas e objetos de pesquisa em disciplinas científicas.

Segundo Jean Poirier[4], o pensamento antropológico já começava a ser identificado a partir de suas principais manifestações, apontando, inicialmente, para tentativas de reconstituição do passado, ensaios acerca da origem das raças humanas e reflexões sobre as sociedades consideradas exóticas.

Na primeira metade do século XIX, muitos investigadores procuravam descobrir vestígios da antiguidade humana entre as camadas geológicas. Como grande representante desses estudiosos, destacou-se o nome de Boucher de Perthes (1788-1863), que, ao publicar o primeiro volume de sua obra *Antiguidades célticas e antediluvianas*, enfrentou várias resistências que, aos poucos, foram sendo dissipadas pelo crescente número de descobertas arqueológicas, como foi o caso do próprio homem de neandertal, descoberto no ano de 1856.

Por sua vez, o estudo e a classificação dos diferentes aspectos físicos humanos foram se consolidando como um dos campos do pensamento antropológico. O principal debate que se desenvolvia a respeito naquele momento consistia na unidade (monogenismo) ou pluralidade do homem (poligenismo). Com efeito, as diversas classificações raciológicas

---

[4] POIRIER, Jean. *Una historia de la etnologia*. México: Fondo de Cultura Económica, 1992. p. 28.

propostas buscavam fundamento em características antropológicas, formulando explicações para os fenômenos sociais a partir dos controversos critérios da hereditariedade e da seleção das espécies.

Ademais, registre-se ainda um conjunto de intelectuais que direcionavam seus estudos sobre o ser humano em seus diversos aspectos culturais e sociais. Como exemplo desses precursores, merece registro a contribuição de Pierre-Guillaume-Frédéric Le Play (1806-1882), que teve enorme influência na consolidação da Antropologia, em face dos métodos propostos a partir de observações sobre os meios populares e o estabelecimento dos orçamentos familiares típicos, que chamava de monografias, esboçando a utilização da metodologia etnográfica da observação participante.

Os estudos sobre sociedades exóticas também já consistia, durante a primeira metade do século XIX, num tipo de investigação propriamente antropológica, levada a cabo por nomes como o de Alexander von Humboldt (1769-1859), naturalista enviado à América, que em suas obras *Ensaio Político sobre o Reino da Nova Espanha* (1811) e *Vistas das Cordilheiras e dos Monumentos dos Povos Indígenas da América* (1816) já constatava a necessidade de desacondicionamento mental como verdadeiro pressuposto para uma análise científica de uma civilização diferente.

5. AS REFERÊNCIAS PARA O SURGIMENTO E A FORMAÇÃO DA ANTROPOLOGIA DO DIREITO

O percurso histórico da Antropologia do Direito teve como ponto de partida as formulações teóricas evolucionistas, que partiam do pressuposto racionalista de um caminho linear da humanidade. Essa perspectiva oitocentista foi abandonada no início do século XX, quando começou a ser difundida a consciência de que as sociedades existentes seriam essencialmente distintas umas das outras. Passava-se, então, a partir daquele momento, a ser oferecido maior apreço às particularidades e diferenças socioculturais.

A partir de então, os domínios tradicionais da Antropologia do Direito começavam a ser cada vez mais identificados ao estudo do direito primitivo ou, mais exatamente, daquelas sociedades simples ou arcaicas.

O referido projeto antropológico-jurídico originou-se do imperialismo europeu, notadamente, britânico. Isso ocorreu porque os ingleses demonstraram grande interesse em garantir monopólios comerciais e rotas mercantis para seus produtos industriais, não havendo, portanto, um interesse em modificar as leis, as crenças e as tradições dos povos então dominados.

Para Robert Shirley[5], as instituições legais britânicas foram fundamentais para que esse domínio indireto fosse alcançado, uma vez que o ordenamento jurídico inglês sempre teve como base teórica os regulamentos particulares de cada comunidade. Portanto, foi muito fácil à instituição jurídica britânica adotar a dominação indireta. Na África e na Ásia, os britânicos simplesmente mantiveram a administração da justiça local, os chefes e sacerdotes, permitiram-lhes continuar a manejar a maioria dos processos em que os interesses britânicos não estivessem diretamente em jogo. As únicas exceções foram certos costumes que os britânicos tinham como imorais, como o *lobola* africano (preço pago pelo noivo à família de sua futura esposa) e o *satí* hindu (cremação da viúva na pira de seu marido).

Além disso, as eventuais mudanças no direito consuetudinário de um determinado agrupamento humano apresentavam-se de difícil materialização, visto que algumas instituições jurídicas desses povos, por mais que se mostrassem imorais à luz dos hábitos britânicos, podiam figurar como um importante elemento na estrutura social, pelo que sua supressão poderia ocasionar uma séria desestabilização da ordem social.

Sendo assim, as autoridades britânicas decidiram que seria imperioso tomar conhecimento dos costumes jurídicos destes povos dominados e, assim, autorizaram o primeiro dos grandes estudos britânicos de antropologia jurídica. Muitas dessas investigações sobre o direito local foram publicadas em diversas obras, durantes as décadas de 30 e 40 do século XX, as quais serviram como verdadeiros manuais para as normas e diretrizes da legislação e administração colonial.

No tocante às origens da escola jurídico-antropológica norte-americana, muito embora esse país também tivesse inegável vocação

---

[5] SHIRLEY, Robert Weaver. *Antropologia jurídica*. São Paulo: Saraiva, 1987. p. 16.

imperialista, seus estudos mostraram-se, inicialmente, menos interessados na dominação prática do que nos problemas teóricos do Direito Comparado.

Embora o primeiro grande estudo jurídico-antropológico elaborado por um norte-americano tenha sido *Ifugao law*, elaborado por Roy Franklin Barton, em 1919, a partir de uma pesquisa empírica nas Filipinas, a obra mais importante para a formação autônoma da Antropologia do Direito foi *The Cheyenne way*, publicado em 1941, de autoria de Karl N. Llewellyn e E. Adamson Hoebel. Essa investigação antropológica foi realizada sobre o direito da nação indígena Cheyenne nos Estados Unidos da America do Norte, caracterizada por uma metodologia de estudos de casos, pelo qual o pesquisador examina o que o povo verdadeiramente faz, em períodos de conflitos sociais, em vez de focar o que o povo diz que deve ser feito, sendo, portanto, estudados comportamentos, numa abordagem realista calcada na análise empírica do mundo do *ser*, em detrimento de uma leitura a partir das instâncias normativas e valorativas do mundo do *dever ser*.

Foram, todavia, os estudos antropológico-jurídicos britânicos que começaram efetivamente a delinear as bases teóricas da Antropologia do Direito, à medida que algumas pesquisas passaram a conferir maior atenção aos aspectos puramente científicos da teoria do direito em sociedade, abandonando, assim, qualquer pretensão de conferir utilidade colonial a esses estudos. Principalmente a partir das pesquisas desenvolvidas pelos antropólogos britânicos Malinowski e Radcliffe-Brown, contrários ao uso do saber antropológico como instrumento imperialista de dominação e controle cultural, a Antropologia adquiriu o patamar de uma ciência social autônoma e, portanto, livre de suas raízes coloniais e imperialistas.

No que diz respeito especificamente ao campo da Antropologia do Direito, cujos contornos já começavam a se definir de forma mais nítida, Malinowski[6] já referia que, de todos os campos antropológicos, o estudo

---

[6] MALINOWSKI, Bronislaw. *Crime and custom in primitive society*. 7. ed. London: Routledge & Kegan Paul, 1961.

do direito dos povos primitivos era o que, até aquele momento, vinha recebendo uma abordagem científica pouco satisfatória.

Após um período de desinteresse da Antropologia pelo estudo das diversas formas de juridicidade, bem como as generalizações teóricas elaboradas principalmente a partir de meras suposições abstratas, promoveu-se um verdadeiro redirecionamento aos estudos antropológicos dos fenômenos jurídicos, conferindo, assim, à Antropologia do Direito os contornos funcionais que permitiram uma melhor integração das diversas representações e práticas socioculturais reveladas empiricamente nas sociedades investigadas.

SINOPSE

Embora a reflexão sobre o ser humano em sociedade afigure-se bastante antiga, a Antropologia, como disciplina científica autônoma, somente surgiu na Europa com o advento da modernidade, durante o século XIX.

Deveras, a história do conhecimento sobre o ser humano precedeu a constituição de uma verdadeira ciência antropológica. Os gregos deixaram inúmeros registros e relatos a respeito de culturas diferentes.

Por sua vez, a Idade Média demonstrou pouca disposição em aceitar a diversidade do ser humano e das sociedades.

As descobertas de diversos povos primitivos, situados fora do continente europeu, oportunizaram importantes debates, a exemplo da temática sobre a existência da alma nos africanos e nos índios. Ademais, durante o período medieval, podem ser ainda citados diversos documentos expressivos, baseados em relatos referentes às sociedades orientais.

A partir do Renascimento, a descoberta do Novo Mundo e o contato com os povos considerados exóticos cumpriram um importante papel na reformulação dos conceitos e valores tradicionais das sociedades ocidentais. A imensa diversidade cultural apresentada pelas sociedades ameríndias, asiáticas e oceânicas não se coadunava com os esquemas clássicos de vida social, gerando a necessidade de uma reflexão antropológica.

Durante o século XVII, iniciou-se então um trabalho de reflexão filosófica cada vez mais constantemente pautada numa perspectiva comparada, estabelecendo-se variados paralelismos culturais entre as sociedades exóticas e as antigas sociedades greco-romanas e judaicas, as únicas conhecidas naquela época que poderiam ser utilizadas como paradigma de sociedade.

Com base nos inúmeros relatos escritos desses descobridores e viajantes, tornou-se premente a necessidade de uma compilação de suas experiências com os outros povos.

Com o acesso a essas sociedades qualificadas como exóticas, começaram a surgir várias correntes teóricas, as quais, por um lado, negavam a dignidade humana aos "selvagens", com base numa leitura etnocêntrica e legitimada por motivações religiosas e mitológicas, e, por outra banda, exaltavam as sociedades exóticas a partir de uma abordagem humanista e relativista,

Deveras, o contato com os povos das terras descobertas provocou, na Europa, o aparecimento de duas ideologias antagônicas: o fascínio pelo estranho, que consiste no enaltecimento à cultura das sociedades primitivas e na consequente reprovação da cultura europeia; e a recusa do estranho, que implica a exclusão de tudo aquilo que seja incompatível com a cultura europeia.

Ao longo dos séculos XVII e XVIII, o tratamento filosófico sobre o problema antropológico raramente abordava o modo de vida e as condições materiais e simbólicas de existência desses povos. Deveras, os debates filosóficos predominantes neste período alimentavam-se da polêmica entre os racionalistas e os empiristas.

De outro lado, a crescente especialização do conhecimento sugeria assim a viabilidade de se promover uma classificação dos diversos temas e objetos de pesquisa em disciplinas científicas, com objetos próprios de estudo.

O percurso histórico da Antropologia do Direito teve como ponto de partida as formulações teóricas evolucionistas, que nasciam do pressuposto racionalista de um caminho linear da humanidade. Essa perspectiva oitocentista foi abandonada no início do século XX, quando começou a ser difundida a consciência de que as sociedades existentes seriam essencialmente distintas umas das outras.

Sendo assim, as autoridades britânicas decidiram que seria imperioso tomar conhecimento dos costumes jurídicos dos povos dominados e, deste modo, autorizaram o primeiro dos grandes estudos britânicos de antropologia jurídica.

No tocante às origens da escola jurídico-antropológica estadunidense, muito embora esse país também tivesse inegável vocação imperialista, seus estudos mostraram-se, inicialmente, menos interessados na dominação prática do que nos problemas teóricos do Direito Comparado.

Foram, todavia, os estudos antropológico-jurídicos britânicos que começaram efetivamente a delinear as bases teóricas da Antropologia do Direito, à medida que algumas pesquisas passaram a conferir maior atenção aos aspectos puramente científicos da teoria do direito em sociedade, abandonando, assim, qualquer pretensão de conferir utilidade colonial a esses estudos.

CAPÍTULO 14

Vertentes Fundamentais da Antropologia do Direito: o Evolucionismo

1. O EVOLUCIONISMO COMO VERTENTE CIENTÍFICA GERAL

Entende-se por evolucionismo o conjunto de doutrinas que vislumbram a evolução como o processo fundamental de todas as formas da realidade biológica e social.

Durante o século XIX, o conceito de evolução apareceu, frequentemente, no âmbito das investigações desenvolvidas nos âmbitos da Sociologia, Biologia e Antropologia.

No plano sociológico, o evolucionismo apontou para a ideia de um progresso linear e inexorável das sociedades simples em direção às sociedades complexas. Tal concepção alcançou seu apogeu no século XIX, ligado aos nomes de Saint-Simon (1760-1825), Augusto Comte (1798-1857) e Herbert Spencer (1820-1903).

No campo biológico, o evolucionismo com a tradicional teoria da substância formulada por Aristóteles, a qual implicava a noção de imutabilidade das espécies. Teve como expoentes os cientistas Jean-Baptiste Lamarck (1744-1829), para quem a função cria o órgão como forma de adaptação ao ambiente, e Charles Darwin (1809-1882), que, em sua obra *A origem das espécies* (1859), expôs a sua teoria da seleção natural, a qual explica a luta pela existência, ao estabelecer os conceitos de evolução e de sobrevivência das espécies mais aptas.

Na segunda metade do século XIX, o conceito de evolução influenciou os estudos realizados tanto pela Antropologia Geral, quanto pela Antropologia do Direito.

2. O EVOLUCIONISMO ANTROPOLÓGICO: CONCEITO, CARACTERES E CAMPOS TEMÁTICOS

O evolucionismo antropológico sustenta a existência de uma espécie humana idêntica, submetida a leis de evolução universal e unilinear. Os agrupamentos humanos se desenvolveriam em ritmos diferentes, conforme a singularidade de cada grupo social. Segundo a visão evolucionista, os agrupamentos humanos vivenciariam as mesmas fases de transformação a fim de atingir a etapa mais avançada da civilização.

Como bem salienta Eduardo Iamundo[1], a Antropologia dedicou sua investigação do processo de evolução cultural tal qual ao que ocorria com a natureza dos demais seres vivos. A influência foi tamanha que se pode dizer que, além da metodologia, o parâmetro teórico foi transferido ou adequado para a compreensão dos fenômenos sociais e culturais.

Não obstante a preocupação dos evolucionistas fosse estabelecer as linhas gerais do progresso material e espiritual das sociedades humanas, eles acreditavam que, ao reconstruir o passado, seria possível determinar como a direção histórica da cultura humana.

Para o evolucionismo antropológico, vários fatores naturais e culturais poderiam interferir no processo de evolução das sociedades humanas, tais como o ambiente geográfico, o modo de produção da economia, as invenções técnicas, a forma de organização política e a própria ordem jurídica.

Do ponto de vista metodológico, o evolucionismo antropológico se valeu do método comparativo, para cotejar os padrões normativos, hábitos e criações das diversas culturas do passado e do presente, estabelecendo pontos de convergência e de divergência.

Para o evolucionismo antropológico, gestado no contexto da conquista neocolonial, a civilização europeia estaria situada no patamar superior da evolução das sociedades humanas, pelo que os grupos

---

[1] IAMUNDO, Eduardo. *Sociologia e antropologia do direito*. São Paulo: Saraiva, 2013. p. 178.

considerados primitivos, porque revestidos de menor complexidade de organização social, seriam agrupamentos remanescentes das etapas anteriores do percurso histórico da humanidade.

Os cultores do evolucionismo antropológico tiveram a primazia de enfatizar a importância do estudo das sociedades simples ou primitivas, investigando aspectos tanto de sua cultura material (por exemplo, utensílios domésticos, ferramentas, armas, objetos de arte), quanto de sua cultura imaterial (por exemplo, instituições familiares, religiosas, econômicas, políticas e jurídicas). Tais informações eram, posteriormente, selecionadas, catalogadas e sistematizadas, a fim de possibilitar comparações com outras sociedades consideradas arcaicas ou mesmo com sociedades qualificadas como avançadas ou complexas.

De outro lado, o evolucionismo antropológico também se ocupou da pesquisa das relações de parentesco dos grupos familiares da humanidade, demonstrando a anterioridade histórica dos sistemas de filiação matrilinear (direito materno) em face dos sistemas de filiação patrilinear (direito paterno) no plano evolutivo das sociedades humanas.

Ademais, os antropólogos evolucionistas dedicaram especial atenção aos estudos sobre os sistemas de crença, a magia e a religião dos povos primitivos e antigos, bem como a sua ingerência na conformação das demais doutrinas religiosas e ordenamentos jurídicos da humanidade.

3. PRINCIPAIS EXPOENTES DO EVOLUCIONISMO ANTROPOLÓGICO

A corrente do evolucionismo antropológico foi desenvolvida por inúmeros pensadores. Entre os mais importantes expoentes deste movimento intelectual, merecem destaque os seguintes:

Johann Jakob Bachofen (1815-1887)

Suíço, foi jurista e antropólogo e também atuou como professor de Direito romano na Universidade de Basileia, de 1841 a 1845. Bachofen é geralmente associado às suas teorias sobre o matriarcado na pré-história. Ele coligiu documentos demonstrando que a maternidade figura como a fonte e o eixo ordenador de todas as sociedades humanas. Ele teorizou sobre um direito materno dentro do contexto de uma religião matriarcal. Bachofen se tornou um importante precursor das teorias do século XX sobre matriarcado.

Em sua obra *Direito materno* (1861), Johann Jakob Bachofen propõe as seguintes teses: os seres humanos viveram em promiscuidade sexual nas sociedades primitivas; essas relações excluíam a possibilidade de estabelecer, com precisão, a paternidade, pelo que a filiação apenas podia ser contada pela verificação da linhagem feminina; as mulheres, como mães, únicos progenitores conhecidos da prole, gozavam de grande respeito, assumindo a posição mais elevada na hierarquia do grupo; e a inexistência da monogamia nas sociedades mais simples.

Lewis Henry Morgan (1818-1881)

Norte-americano, foi um jurista, político, antropólogo, etnólogo e escritor. Ele é considerado um dos fundadores da Antropologia moderna.

Morgan toma as sociedades arcaicas como objeto de estudo e as reintegra pela primeira vez na humanidade inteira, focando a pesquisa do desenvolvimento material dessas sociedades simples ou primitivas. Ele considera os elementos da análise comparativa como verdadeiras redes de interação, que formariam sistemas sociais.

Entre seus diversos estudos, destaca-se a pesquisa sobre o parentesco, no qual Morgan tenta estabelecer conexões de sistemas de parentesco em escala global. De acordo com Morgan, de todos os fatos sociais, os que se referem ao parentesco e ao casamento manifestam, mais visivelmente, os caracteres duráveis, sistemáticos e contínuos, que oportunizam a investigação científica.

Morgan realiza uma investigação antropológica sobre a evolução das sociedades humanas, na qual distingue três estados de evolução da humanidade: selvageria, barbárie e civilização.

No período denominado de selvageria, haveria o matrimônio por grupos e o predomínio da apropriação de produtos naturais. Na fase evolutiva intitulada de barbárie, apareceriam o matrimônio sindiásmico, a criação de gado, a agricultura, a cerâmica e a fundição do ferro. Por sua vez, com o advento do período denominado de civilização, seria possível identificar o matrimônio monogâmico, bem como a emergência da indústria e da arte.

Por derradeiro, saliente-se ainda que Morgan foi um dos primeiros cientistas sociais a realizar pesquisa de campo, fato que lhe possibilitou estabelecer o caminho seguido pela organização familiar por meio dos vários estágios de desenvolvimento. Notabilizou-se pela pesquisa empírica realizada no seio dos iroqueses, um grupo nativo norte-americano, extraindo material para suas reflexões sobre a cultura e a sociedade.

Henry James Sumner Maine (1822-1888)

Britânico, foi jurista, antropólogo e historiador. Ele é reconhecido como o grande pai fundador da antropologia jurídica. Como Professor de Direito em Oxford e em Cambridge, aproximou-se da Antropologia por meio dos aportes do Direito Comparado, tendo sido o criador, em 1869, da primeira cadeira britânica da disciplina. Profundo conhecedor da História do Direito, produziu a célebre obra *Ancient Law* (1861).

Sendo assim, Henry Maine estudou a transição das sociedades primitiva de base estamental para uma sociedade moderna regida por contratos. Segundo ele, a lei e a sociedade se desenvolveram do *status* para o contrato, pois, enquanto, nas sociedades historicamente remotas, os seres humanos estavam vinculados estaticamente a um *status*, feixe de direitos e deveres jurídicos previamente estabelecidos pelos grupos tradicionais, no âmbito das sociedades contemporâneas, os indivíduos passaram a atuar, dinamicamente, com maior mobilidade, na condição de agentes autônomos e, portanto, livres para celebrar seus contratos e constituir suas associações.

Partindo do pressuposto de que o Direito também evoluía e se modificava à proporção que as sociedades primitivas se tornavam mais complexas, ele entendia necessária uma metodologia capaz de permitir um exame sistemático sobre as relações e modificações históricas entre as categorias da sociedade e autoridade. Como método para a realização dessa proposta científica, Maine defendia a necessidade de um estudo comparativo, principalmente por meio de documentos e relatos, sobre a evolução do fenômeno jurídico em diversas sociedades ocidentais e orientais.

Com base nessa perspectiva metodológica, Maine sustentava, com base em fontes diversas, que o Direito também se desenvolvia de forma paralela ao desenvolvimento de outras instituições sociais, em estágios sucessivos e relativamente padronizados de evolução, de forma análoga ao esquema biológico de definição consistente na infância, na adolescência e na etapa adulta.

Com efeito, no primeiro ciclo evolutivo, de ordem religiosa, as sociedades primitivas se constituíam num grupo familiar patriarcal, cuja unidade fundamental derivava da autoridade ilimitada do patriarca, confundindo-se sua vontade com a própria normatividade ética. Num segundo estágio de desenvolvimento já se identificava à predominância de um princípio de autorregulação que limitava a autoridade do patriarca. A lei e o costume tornaram-se indissociáveis. No terceiro estágio evolutivo, encontrado nas sociedades ocidentais contemporâneas, o Direito passa a ser concebido como uma instituição autônoma, baseando-se os vínculos sociais na realização de avenças contratuais.

De outro lado, Maine procurou descrever a emancipação do indivíduo dos vínculos predominantemente familiares para uma modalidade embrionária de cidadania, mediante a atribuição do *status* de membros da tribo a indivíduos que não integravam qualquer das linhagens, como também pelo reconhecimento da legitimidade de agrupamentos humanos constituídos a partir de bases diferentes dos grupos familiares.

Partindo dessas fecundas reflexões sobre a evolução do Direito ao longo do transcurso histórico, passando de uma sociedade regulada pelo *status* social para uma sociedade centrada na primazia do contrato, Henry Maine assinalou que a tendência à universalização dos contratos como forma básica de relação social favorecia uma expansão da esfera pública, passando o Estado a ocupar o papel de regulador principal da coexistência humana.

Edward Burnett Tylor (1832-1917)

Britânico, foi um importante antropólogo. Ele é considerado o pai do conceito moderno de cultura.

Para Tylor, cultura seria um conjunto complexo que inclui conhecimento, crença, arte, moral, lei, costume e várias outras aptidões e hábitos adquiridos pelo homem como membro de uma sociedade. Ele fixou o conceito de cultura como objeto de estudo da Antropologia, substituindo a centralidade do estudo de raça.

Com efeito, Tylor procurou mostrar a evolução pela qual passou a humanidade e o fez com a utilização do método comparativo. Considerou a humanidade um todo em crescimento através das diversas épocas, evoluindo da infância em direção à fase de maturidade.

Em seus trabalhos sobre a cultura primitiva, Tylor defendeu a teoria uniformitária, pela qual existiria uma base funcional para o desenvolvimento da sociedade e religião, que ele determinou ser universal.

Tylor concebe a cultura humana como única, pois defende que os diferentes povos sofreriam convergência de suas práticas culturais ao longo de seu desenvolvimento.

Ele sustenta que a religião seria uma crença no sobrenatural.

Ademais, no tocante ao campo religioso, Tylor introduziu o termo animismo, entendido como uma crença dos povos primitivos, segundo a qual as criaturas e os objetos materiais seriam dotados de vida, personalidade e alma.

Para ele, o animismo teria sido o primeiro estágio de desenvolvimento de todas as religiões da humanidade.

4. BALANÇO CRÍTICO DO EVOLUCIONISMO ANTROPOLÓGICO

Entre as diversas críticas que podem ser desferidas contra o evolucionismo antropológico, merecem registro as seguintes:

– a falta de adestramento metodológico na coleta dos dados oriundos das sociedades pesquisadas;

– a utilização indiscriminada de fontes bíblicas, mitológicas e históricas;

– a falsa percepção de que a passagem do tempo implica o necessário aperfeiçoamento da cultura e instituições sociais;

– a crença equivocada numa pretensa superioridade do presente em relação ao passado e do futuro em face do presente;

– a inconsistência da concepção de uma evolução linear e causalista dos eventos históricos e sociais;

– a mitificação da ideia de uma suposta continuidade progressiva das culturas humanas;

– a construção de uma falsa ideia de hierarquização das diversas culturas humanas;

– o desprezo pelo multiculturalismo e pelo pluralismo dos diversos grupos sociais;

– reprodução de uma ideologia etnocêntrica, mormente de origem europeia, que legitimou o colonialismo, o imperialismo e a dominação de povos e grupos sociais.

SINOPSE

Entende-se por evolucionismo o conjunto de doutrinas que vislumbram a evolução como o processo fundamental de todas as formas da realidade biológica e social.

Durante o século XIX, o conceito de evolução apareceu, frequentemente, no âmbito das investigações desenvolvidas nos âmbitos da Sociologia, Biologia e Antropologia.

No plano sociológico, o evolucionismo apontou para a ideia de um progresso linear e inexorável das sociedades simples em direção às sociedades complexas. Tal concepção alcançou seu apogeu no século XIX, ligado aos nomes de Saint-Simon (1760-1825), Augusto Comte (1798-1857) e Herbert Spencer (1820-1903).

No campo biológico, o evolucionismo com a tradicional teoria da substância formulada por Aristóteles, a qual implicava a noção de imutabilidade das espécies. Teve como expoentes os cientistas Jean-Baptiste Lamarck (1744-1829), para quem a função cria o órgão como forma de adaptação ao ambiente, e Charles Darwin (1809-1882), que, em sua obra *A origem das espécies* (1859), expôs a sua teoria da seleção natural, a qual explica a luta pela existência, ao estabelecer os conceitos de evolução e de sobrevivência das espécies mais aptas.

O evolucionismo antropológico sustenta a existência de uma espécie humana idêntica, submetida a leis de evolução universal e unilinear. Os agrupamentos humanos se desenvolveriam em ritmos diferentes, conforme a singularidade de cada grupo social. Segundo a visão evolucionista, os agrupamentos humanos vivenciariam as mesmas fases de transformação a fim de atingir a etapa mais avançada da civilização.

Para o evolucionismo antropológico, vários fatores naturais e culturais poderiam interferir no processo de evolução das sociedades humanas, tais como o ambiente geográfico, o modo de produção da economia, as invenções técnicas, a forma de organização política e a própria ordem jurídica.

Do ponto de vista metodológico, o evolucionismo antropológico se valeu do método comparativo, para cotejar os padrões normativos, hábitos e criações das diversas culturas do passado e do presente, estabelecendo pontos de convergência e de divergência.

Para o evolucionismo antropológico, gestado no contexto da conquista neocolonial, a civilização europeia estaria situada no patamar superior da evolução das sociedades humanas, pelo que os grupos considerados primitivos, porque revestidos de menor complexidade de organização social, seriam agrupamentos remanescentes das etapas anteriores do percurso histórico da humanidade.

Os cultores do evolucionismo antropológico tiveram a primazia de enfatizar a importância do estudo das sociedades simples ou primitivas, investigando aspectos tanto de sua cultura material (por exemplo, utensílios domésticos, ferramentas, armas, objetos de arte), quanto de sua cultura imaterial (por exemplo, instituições familiares, religiosas, econômicas, políticas e jurídicas). Tais informações eram, posteriormente, selecionadas, catalogadas e sistematizadas, a fim de possibilitar comparações com outras sociedades consideradas arcaicas ou mesmo com sociedades qualificadas como avançadas ou complexas.

De outro lado, o evolucionismo antropológico também se ocupou da pesquisa das relações de parentesco dos grupos familiares da humanidade, demonstrando a anterioridade histórica dos sistemas de filiação matrilinear (direito materno) em face dos sistemas de filiação patrilinear (direito paterno) no plano evolutivo das sociedades humanas.

Ademais, os antropólogos evolucionistas dedicaram especial atenção aos estudos sobre os sistemas de crença, a magia e a religião dos povos primitivos e antigos, bem como a sua ingerência na conformação das demais doutrinas religiosas e ordenamentos jurídicos da humanidade.

Johann Jakob Bachofen, suíço, foi jurista e antropólogo e também atuou como professor de Direito romano na Universidade de Basileia, de 1841 a 1845. Bachofen é geralmente associado às suas teorias sobre o matriarcado na pré-história. Ele coligiu documentos demonstrando que a maternidade figura como a fonte e o eixo ordenador de todas as sociedades humanas. Ele teorizou sobre um direito materno dentro do contexto de uma religião matriarcal. Bachofen se tornou um importante precursor das teorias do século XX sobre matriarcado. Em sua obra *Direito materno* (1861), Johann Jakob Bachofen propõe as seguintes teses: os seres humanos viveram em promiscuidade sexual nas sociedades primitivas; essas relações excluíam a possibilidade de estabelecer, com precisão, a paternidade, pelo que a filiação apenas podia ser contada pela verificação da linhagem feminina; as mulheres, como mães, únicos progenitores conhecidos da prole, gozavam de grande respeito, assumindo a posição mais elevada na hierarquia do grupo; e a inexistência da monogamia nas sociedades mais simples.

Lewis Henry Morgan, norte-americano, foi jurista, político, antropólogo, etnólogo e escritor. Ele é considerado como um dos fundadores da Antropologia moderna. Morgan toma as sociedades arcaicas como objeto de estudo e as reintegra pela primeira vez na humanidade inteira, focando a pesquisa do desenvolvimento material dessas sociedades simples ou primitivas. Ele considera os elementos da análise comparativa como verdadeiras redes de interação, que formariam sistemas sociais.

Entre seus diversos estudos, destaca-se a pesquisa sobre o parentesco, no qual Morgan tenta estabelecer conexões de sistemas de parentesco em escala global. De acordo com Morgan, de todos os fatos sociais, os que se referem ao parentesco e ao casamento manifestam, mais visivelmente, os caracteres duráveis, sistemáticos e contínuos, que oportunizam a investigação científica.

Morgan realiza uma investigação antropológica sobre a evolução das sociedades humanas, na qual distingue três estados de evolução da humanidade: selvageria, barbárie e civilização. No período denominado de selvageria, haveria o matrimônio por grupos e o predomínio da apropriação de produtos naturais. Na fase evolutiva intitulada de barbárie, apareceriam o matrimônio sindiásmico, a criação de gado, a agricultura, a cerâmica e a fundição do ferro. Por sua vez, com o advento do período denominado de civilização, seria possível identificar o matrimônio monogâmico, bem como a emergência da indústria e da arte.

Por derradeiro, saliente-se ainda que Morgan foi um dos primeiros cientistas sociais a realizar pesquisa de campo, fato que lhe possibilitou estabelecer o caminho seguido pela organização familiar por meio dos vários estágios de desenvolvimento. Notabilizou-se pela pesquisa empírica realizada no seio dos iroqueses, um grupo nativo norte-americano, extraindo material para suas reflexões sobre a cultura e a sociedade.

Henry James Sumner Maine, britânico, foi jurista, antropólogo e historiador. Ele é reconhecido como o grande pai fundador da antropologia jurídica. Como Professor de Direito em Oxford e em Cambridge, aproximou-se da Antropologia por meio dos aportes do Direito Comparado, tendo sido o criador, em 1869, da primeira cadeira britânica da disciplina. Profundo conhecedor da História do Direito, produziu a célebre obra *Ancient law* (1861).

Sendo assim, Henry Maine estudou a transição das sociedades primitiva de base estamental para uma sociedade moderna regida por contratos. Segundo ele, a lei e a sociedade se desenvolveram do *status* para o contrato, pois, enquanto, nas sociedades historicamente remotas, os seres humanos estavam vinculados estaticamente a um *status*, feixe de direitos e deveres jurídicos previamente estabelecidos pelos grupos tradicionais, no âmbito das sociedades contemporâneas, os indivíduos passaram a atuar, dinamicamente, com maior mobilidade, na condição de agentes autônomos e, portanto, livres para celebrar seus contratos e constituir suas associações.

Partindo do pressuposto de que o Direito também evoluía e se modificava à proporção que as sociedades primitivas se tornavam mais complexas, ele entendia necessária uma metodologia capaz de permitir um exame sistemático sobre as relações e modificações históricas entre as categorias da sociedade e autoridade. Como método para a realização dessa proposta científica, Maine defendia a necessidade de um estudo comparativo, principalmente por meio de documentos e relatos, sobre a evolução do fenômeno jurídico em diversas sociedades ocidentais e orientais.

Com base nessa perspectiva metodológica, Maine sustentava, com base em fontes diversas, que o Direito também se desenvolvia de forma paralela ao desenvolvimento de outras instituições sociais, em estágios sucessivos e relativamente padronizados de evolução, de forma análoga ao esquema biológico de definição consistente na infância, na adolescência e na etapa adulta.

Com efeito, no primeiro ciclo evolutivo, de ordem religiosa, as sociedades primitivas se constituíam num grupo familiar patriarcal, cuja unidade fundamental derivava da autoridade ilimitada do patriarca, confundindo-se sua vontade com a própria normatividade ética. Num segundo estágio de desenvolvimento já se identificava à predominância de um princípio de autorregulação que limitava a autoridade do patriarca. A lei e o costume tornaram-se indissociáveis. No terceiro estágio evolutivo, encontrado nas sociedades ocidentais contemporâneas, o Direito passa a ser concebido como uma instituição autônoma, baseando-se os vínculos sociais na realização de avenças contratuais.

De outro lado, Maine procurou descrever a emancipação do indivíduo dos vínculos predominantemente familiares para uma modalidade embrionária de cidadania, mediante a atribuição do *status* de membros da tribo a indivíduos que não integravam qualquer das linhagens, como também pelo reconhecimento da legitimidade de agrupamentos humanos constituídos a partir de bases diferentes dos grupos familiares.

Partindo dessas fecundas reflexões sobre a evolução do Direito ao longo do transcurso histórico, passando de uma sociedade regulada pelo *status* social para uma sociedade centrada na primazia do contrato, Henry Maine assinalou que a tendência à universalização dos contratos como forma básica de relação social favorecia uma expansão da esfera pública, passando o Estado a ocupar o papel de regulador principal da coexistência humana. Edward Burnett Tylor, britânico, foi importante antropólogo. Ele é considerado o pai do conceito moderno de cultura. Para Tylor, cultura seria um conjunto complexo que inclui conhecimento, crença, arte, moral, lei, costume e várias outras aptidões e hábitos adquiridos pelo homem como membro de uma sociedade. Ele fixou o conceito de cultura como objeto de estudo da Antropologia, substituindo a centralidade do estudo de raça. Tylor procurou mostrar a evolução pela qual passou a humanidade e o fez com a utilização do método comparativo. Considerou a humanidade um todo em crescimento através das diversas épocas, evoluindo da infância em direção à fase de maturidade.

Em seus trabalhos sobre a cultura primitiva, Tylor defendeu a teoria uniformitária, pela qual existiria uma base funcional para o desenvolvimento da sociedade e religião, que ele determinou ser universal. Tylor concebe a cultura humana como única, pois defende que os diferentes povos sofreriam convergência de suas práticas culturais ao longo de seu desenvolvimento. Ele sustenta que a religião seria uma crença no sobrenatural. No campo religioso, Tylor introduziu o termo animismo, entendido como uma crença dos povos primitivos, segundo a qual as criaturas e os objetos materiais seriam dotados de vida, personalidade e alma. Para ele, o animismo teria sido o primeiro estágio de desenvolvimento de todas as religiões da humanidade.

Entre as diversas críticas que podem ser desferidas contra o evolucionismo antropológico, merecem registro as seguintes: a falta de adestramento metodológico na coleta dos dados oriundos das sociedades pesquisadas; a utilização indiscriminada de fontes bíblicas, mitológicas e históricas; a falsa percepção de que a passagem do tempo implica o necessário aperfeiçoamento da cultura e instituições sociais; a crença equivocada numa pretensa superioridade do presente em relação ao passado e do futuro em face do presente; a inconsistência da concepção de uma evolução linear e causalista dos eventos históricos e sociais; a mitificação da ideia de uma suposta continuidade progressiva das culturas humanas; a construção de uma falsa ideia de hierarquização das diversas culturas humanas; o desprezo pelo multiculturalismo e pelo pluralismo dos diversos grupos sociais; e a reprodução de uma ideologia etnocêntrica, mormente de origem europeia, que legitimou o colonialismo, o imperialismo e a dominação de povos e grupos sociais.

CAPÍTULO 15

Vertentes Fundamentais da Antropologia do Direito: o Difusionismo Antropológico

1. O DIFUSIONISMO: CONCEITO, CARACTERES E CAMPOS TEMÁTICOS

A escola difusionista afigura-se como uma corrente antropológica que procurou compreender o processo de transmissão dos elementos de uma cultura para outra, a partir da identificação de determinados centros de difusão cultural, os quais influenciariam diversas outras sociedades humanas.

Como assinala Eduardo Iamundo[1], a preocupação maior do difusionismo foi a investigação dos processos de influências culturais mútuas entre as sociedades, concentrando-se assim na dimensão histórica da cultura, particularmente nas marcas diacrônicas e não sincrônicas das transformações sociais.

Com efeito, o difusionismo significou um movimento de reação à vertente evolucionista, majoritária durante o século XIX, porquanto sustenta a cultura como um fenômeno universal, variável no tempo e no espaço.

A escola difusionista busca rastrear a existência de traços culturais similares, a fim de possibilitar uma compreensão histórica das semelhanças existentes entre culturas singulares. Confere-se relevo, portanto, ao

---

[1] IAMUNDO, Eduardo. *Sociologia e antropologia do direito*. São Paulo: Saraiva, 2013. p. 179.

fenômeno da difusão e dos contatos entre os povos (por exemplo, a pesquisa da influência do Direito Romano na conformação das ordens jurídicas daqueles países ocidentais regidos pelo *civil law*).

Do ponto de vista metodológico, o difusionismo preocupa-se em aperfeiçoar os métodos antropológicos, com base em critérios de maior rigor científico, o que permitiu o desenvolvimento da pesquisa de campo de base etnográfica. Enfatizou também a utilização da técnica da observação participante, o que possibilitou aos antropólogos a internalização de inúmeros elementos culturais das sociedades estudadas, inclusive, de várias línguas locais.

Ademais, o difusionismo ensejou uma nova abordagem antropológica das sociedades humanas, alterando o foco de estudo para as culturas particulares, em detrimento da pesquisa de elementos integrantes de uma cultura universal, a fim de permitir uma coleta mais segura das informações e a produção de um conhecimento com bases mais sólidas.

2. O PENSAMENTO DE FRANZ URI BOAS (1858-1942)

Franz Uri Boas foi um antropólogo teuto-americano e considerado um dos pioneiros da antropologia moderna. Ele é chamado de pai da Antropologia Americana.

Participou de uma expedição geográfica ao norte do Canadá de 1883 a 1884, onde ficou fascinado com a cultura e a língua da ilha de Baffin se tornando o primeiro estudioso a envolver-se em trabalho de campo prolongado com o Inuits. Em 1899, tornou-se professor de antropologia na Universidade de Columbia, onde permaneceu pelo resto de sua carreira. Como docente, a influência de Boas foi direta sobre muitos antropólogos e linguistas famosos, tais como Ruth Benedict (1887-1948) e Edward Sapir (1884-1939). Influenciou também, de modo profundo, o escritor brasileiro Gilberto Freyre (1900-1987), autor de obras marcantes sobre a formação social brasileira.

Até então, no quadro doutrinário dos estudos antropológicos, a cultura era vislumbrada com base em uma escala evolucionista, como processo unilinear e universal, determinado por fatores ambientais e biológicos, cujas expressões peculiares em cada sociedade refletiriam o seu estado de desenvolvimento em dado momento histórico.

Ao revés, Franz Boas passou a sustentar que as culturas humanas não estariam fadadas a seguir um percurso inexorável de uma sociedade simples em direção a uma sociedade complexa, existindo, em verdade, diferentes caminhos para o desenvolvimento histórico.

Em face das dificuldades epistemológicas de estabelecer um padrão universal de cultura, Franz Boas sustentava que a pesquisa antropológica deveria priorizar a abordagem de grupos sociais particulares, como unidades singulares e individualizadas, restringindo-se a uma pequena região com fronteiras geográficas definidas, porquanto a complexidade da cultura impediria um levantamento histórico completo e universal.

A delimitação do estudo antropológico, transformando cada povo primitivo em unidade de análise particular, possibilitou o aperfeiçoamento metodológico e o aprofundamento dos temas investigados, o que contribui, indubitavelmente, para a valorização e a intensificação das pesquisas de campo.

Com efeito, a diversidade dos processos histórico-sociais de cada sociedade humana implicaria a necessidade dos antropólogos de se circunscreverem ao exame de grupos sociais específicos, situados em dado tempo e em dado espaço, pelo que o saber antropológico só alcançaria a dimensão de micro-história, diferentemente da abordagem macro-histórica propiciada pelo evolucionismo.

Sendo assim, a recorrência de costumes não poderia ser entendida como uma prova de contato entre diversas culturas, tornando-se necessário reconstruir um encadeamento contínuo de fatos da mesma tipologia que permitissem relacionar os eventos extremos a uma série de acontecimentos intermediários.

Para Franz Boas, o costume só apresentaria um significado se fosse relacionado ao contexto particular no qual estivesse inserido, pelo que as histórias locais não se enquadrariam num padrão universal, motivo pelo qual cada sociedade humana teria o estatuto de uma totalidade autônoma como objeto de estudo antropológico.

Além disso, o antropólogo deveria ser, concomitantemente, o teórico e o observador, não se contentando apenas em coletar materiais tal como um viajante, missionário ou administrador, devendo, em verdade, perquirir a unidade da cultura que se expressaria por meio de diversos objetos.

Esta proposta metodológica de Franz Boas de efetuar uma análise particularizada de cada cultura exerce, ainda hoje, uma enorme influência nos estudos antropológicos. Ele se contrapôs aos evolucionistas, que concebiam as culturas caucasianas como manifestações sociais superiores. Por meio de seus relevantes estudos, a concepção de uma hierarquização evolutiva das sociedades humanas, partindo de agrupamento de homens selvagens e chegando às sociedades civilizadas, foi sendo gradualmente questionada e abandonada pelos antropólogos.

Sobre a relação entre a cultura humana e as raças, Franz Boas sustentava que as mudanças culturais resultavam de contatos casuais, sendo geradas pela reação criativa de indivíduos diante da tradição herdada, estimulada pelo desafio ambiental. Assim, a raça ou qualquer outro elemento biológico não determinaria a cultura, mas, ao revés, a cultura é que moldaria os seres humanos.

No campo da Linguística, Franz Boas preocupou-se com o exame do desenvolvimento histórico das línguas e com o papel desempenhado pela linguagem na cultura e no pensamento da humanidade.

Ao realizar estudo das línguas ágrafas dos grupos tribais norte-americanos, ele utilizou uma abordagem empirista, baseada na descrição de cada língua em seus próprios termos, a partir do conceito de forma íntima. Ao comparar a forma íntima de línguas diferentes, Franz Boas procurou estabelecer as conexões reciprocamente mantidas entre linguagem, pensamento e cultura, a fim de entender como se processaria relação entre a realidade concreta e a idealização do mundo pelos agentes sociais.

Com base numa pesquisa etnológica do fenômeno linguístico, Franz Boas descobriu ainda que, entre as línguas dos povos indígenas norte-americanos, teria ocorrido empréstimos léxicos e fonéticos, pelo que a linguagem humana poderia desenvolver-se tanto por convergência de diversas fontes, como por divergência, a partir de uma origem comum.

No tocante à relação entre cultura e símbolos, Franz Boas defendeu que a diferença essencial entre os fenômenos linguísticos e outros fenômenos culturais residiria no fato de que os primeiros não poderiam emergir para o plano da consciência, ao contrário da cultura humana que, embora originariamente inconsciente, poderia elevar-se ao patamar do pensamento consciente, oportunizando, assim, raciocínios e interpretações.

Por sua vez, a estrutura da língua permaneceria então desconhecida do indivíduo até o surgimento de uma gramática científica, e que, mesmo então, ela continuaria a modelar o discurso fora da consciência do sujeito, impondo ao seu pensamento uma série de categorias conceituais.

3. BALANÇO CRÍTICO DO DIFUSIONISMO

Entre as diversas críticas que podem ser desferidas contra o difusionismo no campo antropológico, destacam-se:

- tratamento excessivamente particularizado das sociedades humanas;
- desprezo pela indicação dos aspectos universais da cultura humana;
- falsa percepção de uma transmissão mecânica dos elementos culturais;
- conversão do indivíduo em sujeito passivo da cultura humana;
- ênfase exagerada na dimensão descritiva da pesquisa de campo;
- submissão do saber antropológico à lógica da investigação etnográfica;
- arbitrariedade na indicação dos centros de difusão de cultura em detrimento de outras experiências culturais.

SINOPSE

A escola difusionista afigura-se como uma corrente antropológica que procurou compreender o processo de transmissão dos elementos de uma cultura para outra, a partir da identificação de determinados centros de difusão cultural, os quais influenciariam diversas outras sociedades humanas. Com efeito, o difusionismo significou um movimento de reação à vertente evolucionista, majoritária durante o século XIX, porquanto sustenta a cultura como um fenômeno universal, variável no tempo e no espaço.

A escola difusionista busca rastrear a existência de traços culturais similares, a fim de possibilitar uma compreensão histórica das semelhanças existentes entre culturas singulares. Confere-se relevo, portanto, ao fenômeno da difusão e dos contatos entre os povos (por exemplo, a pesquisa da influência do Direito Romano na conformação das ordens jurídicas daqueles países ocidentais regidos pelo *civil law*).

Do ponto de vista metodológico, o difusionismo preocupa-se em aperfeiçoar os métodos antropológicos, com base em critérios de maior rigor científico, o que permitiu o desenvolvimento da pesquisa de campo de base etnográfica. Enfatizou também a utilização da técnica da observação participante, o que possibilitou aos antropólogos a internalização de inúmeros elementos culturais das sociedades estudadas, inclusive, de várias línguas locais.

Ademais, o difusionismo ensejou uma nova abordagem antropológica das sociedades humanas, alterando o foco de estudo para as culturas particulares, em detrimento da pesquisa de elementos integrantes de uma cultura universal, a fim de permitir uma coleta mais segura das informações e a produção de um conhecimento com bases mais sólidas.

Franz Uri Boas foi um antropólogo teuto-americano e considerado um dos pioneiros da antropologia moderna. Ele é chamado de pai da Antropologia Americana.

Franz Boas passou a sustentar que as culturas humanas não estariam fadadas a seguir um percurso inexorável de uma sociedade simples em direção a uma sociedade complexo, existindo, em verdade, diferentes caminhos para o desenvolvimento histórico.

Em face das dificuldades epistemológicas de estabelecer um padrão universal de cultura, Franz Boas sustentava que a pesquisa antropológica deveria priorizar a abordagem de grupos sociais particulares, como unidades singulares e individualizadas, restringindo-se a uma pequena região com fronteiras geográficas definidas, porquanto a complexidade da cultura impediria um levantamento histórico completo e universal.

A delimitação do estudo antropológico, transformando cada povo primitivo em unidade de análise particular, possibilitou o aperfeiçoamento metodológico e o aprofundamento dos temas investigados, o que contribui, indubitavelmente, para a valorização e a intensificação das pesquisas de campo.

Com efeito, a diversidade dos processos histórico-sociais de cada sociedade humana implicaria a necessidade dos antropólogos de se circunscreverem ao exame de grupos sociais específicos, situados em dado tempo e em dado espaço, pelo que o saber antropológico só alcançaria a dimensão de micro-história, diferentemente da abordagem macro-história propiciada pelo evolucionismo.

Sendo assim, a recorrência de costumes não poderia ser entendida como uma prova de contato entre diversas culturas, tornando-se necessário reconstruir um encadeamento contínuo de fatos da mesma tipologia que permitissem relacionar os eventos extremos a uma série de acontecimentos intermediários.

Para Franz Boas, o costume só apresentaria um significado se fosse relacionado ao contexto particular no qual estivesse inserido, pelo que as histórias locais não se enquadrariam num padrão universal, motivo pelo qual cada sociedade humana teria o estatuto de uma totalidade autônoma como objeto de estudo antropológico.

Além disso, o antropólogo deveria ser, concomitantemente, o teórico e o observador, não se contentando apenas em coletar materiais tal como um viajante, missionário ou administrador, devendo, em verdade, perquirir a unidade da cultura que se expressaria por meio de diversos objetos.

Esta proposta metodológica de Franz Boas de efetuar uma análise particularizada de cada cultura exerce, ainda hoje, uma enorme influência nos estudos antropológicos. Ele se contrapôs aos evolucionistas, que concebiam as culturas caucasianas como manifestações sociais superiores. Por meio de seus relevantes estudos, a concepção de uma hierarquização evolutiva das sociedades humanas, partindo de agrupamento de homens selvagens e chegando às sociedades civilizadas foi sendo gradualmente questionada e abandonada pelos antropólogos.

Sobre a relação entre a cultura humana e as raças, Franz Boas sustentava que as mudanças culturais resultavam de contatos casuais, sendo geradas pela reação criativa de indivíduos diante da tradição herdada, estimulada pelo desafio ambiental. Assim, a raça ou qualquer outro elemento biológico não determinaria a cultura, mas, ao revés, a cultura é que moldaria os seres humanos.

No campo da Linguística, Franz Boas preocupou-se com o exame do desenvolvimento histórico das línguas e com o papel desempenhado pela linguagem na cultura e no pensamento da humanidade.

Ao realizar estudo das línguas ágrafas dos grupos tribais norte-americanos, ele utilizou uma abordagem empirista, baseada na descrição de cada língua em seus próprios termos, a partir do conceito de forma íntima. Ao comparar a forma íntima de línguas diferentes, Franz Boas procurou estabelecer as conexões reciprocamente mantidas entre linguagem, pensamento e cultura, a fim de entender como se processaria relação entre a realidade concreta e a idealização do mundo pelos agentes sociais.

Com base numa pesquisa etnológica do fenômeno linguístico, Franz Boas descobriu ainda que, entre as línguas dos povos indígenas norte-americanos, teria ocorrido empréstimos léxicos e fonéticos, pelo que a linguagem humana poderia desenvolver-se tanto por convergência de diversas fontes, como por divergência, a partir de uma origem comum.

No tocante à relação entre cultura e símbolos, Franz Boas defendeu que a diferença essencial entre os fenômenos linguísticos e outros fenômenos culturais residiria no fato de que os primeiros não poderiam emergir para o plano da consciência, ao contrário da cultura humana que, embora originariamente inconsciente, poderia elevar-se ao patamar do pensamento consciente, oportunizando, assim, raciocínios e interpretações. A estrutura da língua permaneceria então desconhecida do indivíduo até o surgimento de uma gramática científica, e que, mesmo então, ela continuaria a modelar o discurso fora da consciência do sujeito, impondo ao seu pensamento uma série de categorias conceituais.

Entre as diversas críticas que podem ser desferidas contra o difusionismo no campo antropológico, destacam-se: tratamento excessivamente particularizado das sociedades humanas; desprezo pela indicação dos aspectos universais da cultura humana; falsa percepção de uma transmissão mecânica dos elementos culturais; conversão do indivíduo em sujeito passivo da cultura humana; ênfase exagerada na dimensão descritiva da pesquisa de campo; submissão do saber antropológico à lógica da investigação etnográfica; e arbitrariedade na indicação dos centros de difusão de cultura em detrimento de outras experiências culturais.

CAPÍTULO 16

Vertentes Fundamentais da Antropologia do Direito: o Funcionalismo

1. O FUNCIONALISMO: CONCEITO, CARACTERES E CAMPOS TEMÁTICOS

A corrente funcionalista conferiu uma nova orientação teórica e metodológica aos estudos antropológicos, diferenciando-se das abordagens do evolucionismo e do difusionismo.

Conforme leciona Eduardo Iamundo[1], o funcionalismo, como vertente teórica da Antropologia, vincula-se aos parâmetros estabelecidos pelo positivismo, no sentido de objetividade nas investigações, considerando as diversas partes de um contexto cultural como interdependentes, isto é, a formação de um sistema.

Nesse diapasão, a sociedade e a cultura são vislumbradas como uma totalidade integrada de modo funcional, cujas partes encontram-se intimamente conectadas, tal como um organismo biológico e seus respectivos órgãos que desempenham funções específicas.

Com efeito, ao contrário das teses perfilhadas pelo evolucionismo e pelo difusionismo, que sustentavam uma reconstrução histórica da origem e das transformações socioculturais das sociedades humanas, a

---

[1] IAMUNDO, Eduardo. *Sociologia e antropologia do direito*. São Paulo: Saraiva, 2013. p. 182.

escola funcionalista priorizava a apreensão dos elementos, fenômenos e processos culturais mediante análise dos eventos que se manifestavam no tempo presente.

Sendo assim, o funcionalismo não procurava rastrear as razões históricas para compreender como um agrupamento social se tornou aquilo que é, mas, ao revés, buscava descrever a lógica de funcionamento da sociedade que se apresentava como objeto de uma investigação antropológica.

Logo, os antropólogos funcionalistas objetivavam descrever o modo de ser de cada cultura humana, considerada em si mesma, a fim de identificar a dinâmica própria dos agentes sociais no contexto histórico-cultural concreto da pesquisa antropológica, analisando-se as relações mantidas entre instituições, hábitos, crenças e técnicas, bem como as interações realizadas entre os indivíduos e os respectivos agrupamentos humanos.

2. PRINCIPAIS CULTORES DO FUNCIONALISMO ANTROPOLÓGICO

A corrente do funcionalismo antropológico foi desenvolvida por inúmeros pensadores. Entre os mais importantes expoentes deste movimento intelectual, merecem destaque os seguintes:

Marcel Mauss (1872-1950)

Francês, foi sociólogo e antropólogo. Ele é considerado o fundador da antropologia francesa. Sobrinho de Émile Durkheim, estudou com o tio e foi seu assistente, tornando-se professor de religião primitiva (1902) na *École Pratique des Hautes Étude*s, em Paris. Fundou o Instituto de Etnologia da Universidade de Paris (1925), tendo também lecionado no *Collège de France* (1931-1939).

Não obstante Marcel Mauss ter sido um colaborador próximo de Émile Durkheim, após a sua morte, os seus estudos antropológicos iriam aproximar-se da Psicologia da época, mormente da corrente denominada de Psicanálise.

Os trabalhos mais importantes de Marcel Mauss aparecem no livro *Sociologie et antropologie* (1960). Entre outros trabalhos de sua autoria ganharam notoriedade: *La sociologie: objet et méthode* (1901); *Esquisse d'une théorie générale de la magie* (1902); *Essai sur le don* (1924) e *Sociologie et anthropologie* (1950).

Menos filosófico e mais comprometido com a pesquisa empírica do que Émile Durkheim, Marcel Mauss sustentava que a Sociologia deveria ser deslocada, epistemologicamente, por assim dizer, para dentro do domínio epistemológico da Antropologia.

Para tanto, Marcel Mauss desenvolveu a teoria do fato social total, que propunha a integração dos diferentes aspectos constitutivos de uma dada realidade social. Essa totalidade não suprimiria o caráter específico dos fenômenos e processos socioculturais, que permaneceriam, ao mesmo tempo, jurídicos, econômicos ou religiosos. A totalidade consistiria, assim, numa rede sistêmica de conexões funcionais entre todos esses elementos, o que permitiria apreender as condutas humanas em todas as suas variegadas dimensões, à luz de uma perspectiva interdisciplinar.

Sendo assim, pretendia-se apreender formas universais de pensamento e de moralidade a partir do processo de trocas, momento no qual a totalidade das instituições sociais se manifestaria no plano da experiência concreta. O sistema de trocas baseado no dom atravessaria todas as sociedades humanas, porque o dom existiria em todo lugar, embora pudesse sofrer variações histórico-culturais.

O sistema de trocas, portanto, não implicaria uma estrutura de submissão, mas, em verdade, de reciprocidade, que possibilitaria a construção de uma vida social estável, pacífica e harmoniosa entre os indivíduos.

Marcel Mauss priorizava, todavia, o estudo do sistema de trocas das sociedades simples. Essa opção metodológica se justificava pelo fato de essas sociedades estarem bastante afastadas das sociedades complexas, sendo possível, portanto, observar nelas fatos de funcionamento geral e universal.

Segundo ele, os aspectos elementares das sociedades humanas seriam o intercâmbio e a dádiva. Um de seus temas principais eram as prestações totais, por meio das quais as tribos intercambiavam tudo que se lhes afigurava relevante.

Por sua vez, o sistema de prestações totais seria composto de duas categorias de prestações totais: a não antagonista: na qual os dons e contradons não assumiriam a feição de rivalidade; e a antagonista, um modo evoluído de prestação total que desembocava no *potlatch*, no qual predominavam a rivalidade e a competição.

Com efeito, as prestações totais agonísticas aconteceriam quando um chefe ou grupo competisse com outro sobre quem poderia dar mais. Dar, receber e retribuir seriam momentos distintos, cuja diferença se afiguraria fundamental para a constituição dos vínculos intersubjetivos. A dádiva operaria uma mistura entre amizade e conflito, interesse e desinteresse, obrigação e liberdade, além de envolver as pessoas, as coisas e os espíritos.

De outro lado, Marcel Mauss apontou, como modelo das prestações totais não antagonistas as trocas realizadas nas sociedades divididas em parcelas complementares, como as tribos australianas e as norte-americanas. Nessas sociedades primitivas, cada parte dependia da outra para sua própria reprodução, como, por exemplo, casamentos, sucessões, organizações militares e cerimônias sacerdotais.

Ademais, Marcel Mauss examinou as formas de circulação de bens em distintas sociedades humanas, enfatizando os princípios de solidariedade, de reciprocidade e de rivalidade, bem como suas conexões com as obrigações de dar, de receber e de restituir. Essa análise mostrava que a economia e a moral do dom teriam influenciado as sociedades capitalistas, especialmente no tocante aos sistemas de doações e empréstimos criados para atender as demandas sociais. Os princípios do dom, portanto, não teriam sido excluídos pela dinâmica do mercado capitalista, pelo que deveriam ser considerados pela ordem jurídica, especialmente na parte relativa aos contratos.

A seu turno, a presença da lógica do dom no mercado capitalista poderia ser reconhecida não apenas no âmbito da filantropia ou do trabalho voluntário, mas também no âmbito das relações mercantis que se estabelecem entre as pessoas físicas ou jurídicas no cotidiano social. Estas relações, inicialmente pacíficas, podem violar o princípio da reciprocidade e, consequentemente, gerar disputas extrajudiciais ou judiciais, aflorando um estado de guerra entre os sujeitos de direito.

Sendo assim, as trocas, baseadas em dons e contradons, constituiriam o núcleo comum de um grande número de relações sociais aparentemente heterogêneas. Daí restaria evidenciada a relevância do regime jurídico-contratual no funcionamento das sociedades humanas, motivo pelo qual deveria ser compreendido como um fenômeno social total. Após pesquisar o caráter livre e gratuito, mas, ao mesmo tempo, compulsório das obrigações de dar, de receber e de restituir nas sociedades simples, o antropólogo buscaria descrever o encadeamento dessas prestações e a relação com os fatores socioculturais ligados aos sistemas de trocas. A circulação dos dons e dos contradons corresponderia, portanto, a um fato social total porque entrelaçaria os diversos fenômenos da coletividade humana, *v.g.*, jurídicos, políticos, econômicos e religiosos.

O sistema do dom não se confundiria, portanto, com o das trocas mercantis. Nas sociedades dominadas pelo dom, as coisas seriam tratadas e se comportariam como verdadeiros sujeitos, pois os objetos pareciam ocupar o lugar dos indivíduos. A pessoa não se separaria do objeto, ou seja, a coisa dada não seria alienada, pois aquele que a cedesse conservaria os direitos sobre o que fora oferecido, continuando a extrair vantagens da materialização de seu ato. Nas sociedades dominadas pelas permutas comerciais, nas quais ocorre a concorrência na venda de bens e serviços e cuja finalidade é a realização do lucro, os bens seriam retirados das pessoas que os colocariam à venda, sendo as pessoas, de algum modo, tratadas como se fossem coisas.

Conforme Marcel Mauss, o sistema de prestações totais apresentaria a seguinte fisionomia: o contrato seria estabelecido não entre indivíduos, mas entre coletividades – *e.g.*, clãs, tribos, ou grupos familiares – que se obrigariam e, eventualmente, enfrentar-se-iam em grupos ou por intermédio de seus chefes, ou dos dois modos concomitantemente; os objetos das trocas não seriam exclusivamente bens economicamente úteis, mas, sobretudo, festas, cortesias, ritos, serviços militares, mulheres, crianças, pelo que a circulação de riquezas seria somente um dos aspectos de um contrato mais geral e mais permanente. As prestações e contraprestações eram contratadas de uma forma antes voluntária, por meio de dádivas, embora fossem, no fundo, rigorosamente obrigatórias, sob pena da deflagração de uma guerra.

Haveria, portanto, uma conexão necessária das guerras com as permutas sociais. As trocas comerciais representariam um processo ininterrupto de dons recíprocos, que promoveriam a transição da hostilidade à aliança. Logo, a guerra e o comércio não poderiam ser isolados, porquanto integrariam um mesmo processo sociocultural. As guerras seriam, por conseguinte, consequências de transações mercantis malogradas.

Destarte, pode-se afirmar que o sistema de prestações totais abrangeria dons antagonistas e não antagonistas, submetidos a ciclos de solidariedade, reciprocidade e rivalidade. Tais prestações seriam consideradas totais porque abarcariam diversos tipos de fenômenos socioculturais, por meio da intervenção dos diversos grupos que dão forma a uma sociedade. A troca de dons combinaria muitos aspectos das práticas e instituições sociais, permitindo a representação e a reprodução da totalidade do grupo social.

Bronislaw Kasper Malinowski (1884-1942)

Trata-se de um insigne antropólogo nascido em Cracóvia, em 1884, então uma província de língua polonesa do Império Austro-Húngaro. Doutorou-se na Universidade Jaguelônica em Filosofia, Física e Matemática. Em Leipzig, estudou Economia com Karl Bücher e Psicologia com Wilhelm Wundt. Em 1910, dirigiu-se à *London School of Economics and Political Science*, onde concluiu o Doutorado em 1922.

As influências da célebre expedição ao Estreito de Torres (1898) influenciavam cenário teórico das ciências sociais. Deveras, as inovações metodológicas do trabalho de campo contrastavam com Antropologia de gabinete, típica daquela época. A realização de trabalho de campo etnográfico tornou-se então prioritária no plano antropológico.

Em 1913, Malinowski publicou seu primeiro estudo antropológico, baseado em dados etnológicos, sobre o parentesco dos aborígenes australianos. Após uma breve pesquisa na Ilha Mailu, nas costas de Papua Nova Guiné, adveio a Primeira Grande Guerra Mundial. Negociou então sua estadia nas Ilhas Trobriand, situadas entre a Austrália e Nova Zelândia.

Neste último arquipélago, entre 1915 e 1918, Malinowski esteve em contato direto com os seus habitantes, aprendendo sua língua e participando de eventos nativos. Fez, portanto, da alteridade o princípio norteador de suas pesquisas, visto que nenhum cientista social antes dele tinha penetrado na mentalidade dos habitantes das sociedades simples, procurando reviver os sentimentos e interiorizar as reações emotivas daqueles indivíduos.

Posteriormente, na Cátedra de Antropologia da *London School of Economics and Political Science*, formou uma série de gerações de antropólogos. Em 1938, partiu para uma viagem aos Estados Unidos, sendo surpreendido pela Segunda Grande Guerra Mundial. Aproveitou então a oportunidade para se dedicar à Antropologia, realizando novo trabalho de campo no México. Em 1942, morreu, após assumir uma Cátedra em Yale.

Entre as suas principais obras, destacam-se: *Argonauts of the Western Pacific* (1922), livro que fundamentou as teorias do funcionalismo, da etnografia e da antropologia econômica, no qual introduz a observação participante como método de pesquisa, descrevendo a geografia do arquipélago de Trobriand e tratando do *kula*, uma espécie de troca ritual entre os habitantes locais; *The Natives of Mailu* (1915); *Crime and custom in Savage Society* (1926), obra que demonstra que entre os povos primitivos havia o fenômeno jurídico e não apenas instituições de tabus; *Sex and repression in Savage Society* (1927), trabalho que pretendia demonstrar que a psicanálise freudiana não fazia sentido em sociedades mais simples; *The Sexual Life of Savages in North-Western Melanesia* (1929), livro no qual argumenta que o sexo não é mero impulso físico, mas envolve afeto e gera a cultura; *Coral gardens and their magic* (1935), obra em que revela como as práticas de agricultura de pequena escala possuem conexões com a religião, a mitologia, a política e a territorialidade; *A Scientific Theory of Culture and Others Essays* (1944), trabalho que versa sobre *a missão* do antropólogo de fornecer suportes teóricos para interpretar dados sobre povos; e *Magic, Science, and Religion* (1948), estudo em que descreve e diferencia magia, religião e ciência.

Deveras, a constituição da Antropologia como disciplina científica no século XIX passou a contemplar a investigação do fenômeno jurídico. Essa problematização da experiência jurídica alcançou contornos mais definidos do que as teorizações até então oferecidas pela corrente evolucionista, circunscrevendo, assim, o objetivo específico da Antropologia do Direito. Essa proposta antropológica deveu-se, em larga medida, ao pensamento funcionalista de Bronislaw Malinowski.

Para Bronisław Malinowski, a Antropologia seria uma ciência voltada para os estudos das lógicas internas de cada cultura. Os costumes dos povos apresentariam uma dada coerência, tal como sistemas lógicos conectados e não como meros vestígios de uma cultura remota. O indivíduo ofereceria certas demandas, tendo cada cultura a função precípua de satisfazer estas necessidades. O universo cultural realizaria este objetivo ao criar instituições jurídicas, econômicas, políticas ou educativas, a fim de oferecer respostas coletivas organizadas.

Segundo ele, a natureza humana exprimiria o determinismo biológico que impõe a todos os indivíduos a realização de funções corporais. As necessidades orgânicas do homem (*v.g.*, alimentação proteção, reprodução) forneceriam os imperativos fundamentais que conduzem ao desenvolvimento da vida social. O conjunto destas necessidades biológicas constituiria o ambiente primário. As culturas poderiam assumir as formas mais diversas, mas deveriam satisfazer as necessidades biológicas básicas.

No esforço de contemplar as necessidades decorrentes do ambiente primário, os homens criariam um ambiente secundário. O ser humano estaria ligado à natureza, como portador de necessidades biológicas, mas também, como um animal cultural, produziria o acervo artificial dos objetos culturais. A cultura seria, portanto, entendida como um todo vivo e interligado, de natureza dinâmica, em que cada elemento teria uma função específica a desempenhar na totalidade.

Sendo assim, os seres humanos estariam sujeitos a condições elementares que deveriam ser observadas para garantir a sobrevivência. A satisfação das necessidades básicas do homem seria um conjunto mínimo de condições impostas a cada sociedade. Os problemas apresentados por suas necessidades nutritivas, reprodutivas e higiênicas deveriam ser resolvidos e a solução destes problemas passaria pela construção de um ambiente secundário ou artificial.

Como os homens só poderiam satisfazer as necessidades básicas por meio da cultura, surgiriam necessidades derivadas relacionadas à manutenção, reprodução e transmissão do próprio acervo cultural. Essas necessidades derivadas seriam subdivididas em imperativos instrumentais (*v.g.*, organização econômica, legal e educacional da sociedade) e imperativos integrativos (*e.g.*, magia, religião, ciência, arte). Um padrão cultural significava que novas necessidades seriam impostas e novos imperativos seriam inculcados ao comportamento humano, devendo ser renovado e mantido sempre em condições de funcionamento.

Logo, o conceito de cultura (ambiente secundário) estaria apoiado no conceito de natureza humana (ambiente primário), pois se trataria de dois ambientes conjugados, um básico e primário, que é sucedido por outro secundário ou derivado, ambos responsáveis por criar condições favoráveis para a sobrevivência humana.

Conforme Bronisław Malinowski, a instituição seria a unidade básica da sua abordagem funcionalista. A instituição apareceria como uma projeção parcial da totalidade da cultura e não como um dos seus aspectos. A escolha da instituição como unidade de estudo deflui de uma exigência metodológica, pois era necessário criar um modelo de análise que servisse como guia para a realização das pesquisas de campo.

Decerto, a ideia central de sua teoria funcionalista estava baseada no pressuposto de que uma determinada instituição cultural só poderia ser explicada ou apreendida de forma adequada pela análise da função que ela exercesse dentro do contexto social em que se encontra inserida. Privilegiava-se, pois, a análise sincrônica da sociedade estudada em detrimento de qualquer verificação diacrônica, caracterizada por questionamentos históricos que passavam, então, a ser considerados irrelevantes ao olhar antropológico.

Segundo ele, a noção de instituição apresentaria uma natureza multidimensional, sendo composta pelos seguintes elementos: estatuto, normas, pessoas, aparelhagem material, atividades e função. Assim, para compreender os vários tipos de instituição ou para saber se dada realidade social se enquadraria ou não na categoria de instituição bastaria verificar a presença destes elementos.

No tocante ao conceito de função, Bronisław Malinowski a entendia como a satisfação de necessidades básicas e derivadas. Função poderia ser entendida como a correspondência entre uma instituição e as necessidades de determinada organização social, vale dizer, como a atividade pela qual uma instituição contribui para a manutenção do organismo social. Com esse conceito de função, a teoria funcionalista enfatizava o aspecto conservador, priorizando a busca da harmonia e do equilíbrio do sistema social.

A título exemplificativo, a família poderia ser considerada uma verdadeira instituição. Deveras, o grupo familiar deve respeitar o estatuto familiar, que decorre do casamento institucionalizado com base em certas regras sociais. O marido, a mulher, os filhos e outros parentes vivem sob a égide de certas normas que possibilitam o desempenho das funções reprodutiva, sexual, econômica e educativa. Para tanto, possuem aparelhagem material, consistente em ferramentas, utensílios domésticos e bens de consumo.

Ademais, saliente-se que a abordagem funcionalista dos fatos sociais não foi utilizada originariamente por Bronisław Malinowski, uma vez que outros pensadores já haviam feito análises semelhantes anteriormente. Isso também se aplica ao próprio trabalho de campo, o qual costuma ser considerado como descoberta dele, mas que já era realizado em incursões etnográficas anteriores.

A verdadeira criação de Bronisław Malinowski foi um método específico de realização desse trabalho, denominado de observação participante. Essa técnica exigia longas estadias do observador dentro das comunidades pesquisadas. O fundamento dela residia num processo de aculturação do investigador que assimilaria as categorias inconscientes que ordenavam o universo cultural observado.

Com efeito, a Antropologia passou a valorizar a pesquisa de campo baseada na observação participante, tornando-se comum, aos iniciantes na carreira acadêmica da Antropologia, a realização de um estágio perante os povos primitivos antes do exercício do magistério superior.

O método observação participante partia da proposta consistente em viver com as pessoas que estavam sendo estudadas e em apreender a participar de suas vidas. Para a realização de um trabalho de campo, seria fundamental que o antropólogo permanecesse, durante um dado lapso temporal, convivendo com a sociedade estudada, a fim de se familiarizar com o modo de vida e a linguagem empregada pelos nativos daquela localidade.

O advento da observação participante representou uma profunda mudança paradigmática nas pesquisas antropológico-jurídicas, rompendo com as formulações histórico-evolucionistas vigentes. Ao pesquisar a relação funcional e integrada dos fenômenos e processos socioculturais, Bronisław Malinowski superou uma visão formalista, elaborando uma nova abordagem que não focava mais a manutenção da ordem social das diferentes culturas, mas, ao revés, pretendia efetuar uma apreensão cognitiva fundada em bases meramente instrumentais.

Neste sentido, o pensamento inovador de Bronisław Malinowski superava a tradição anterior, a qual priorizava o estudo das regras e instituições jurídicas, passando a enfatizar as modalidades concretas de manutenção da ordem social e resolução das disputas nas sociedades pesquisadas. Privilegiava-se a manifestação empírica dos eventos humanos no âmbito das efetivas interações socioculturais, uma vez que o que importava era a vivência efetiva da sociedade humana no plano comportamental.

Decerto, a temática da efetividade não se apresentava como problema enquanto havia uma nítida separação entre o fenômeno jurídico e as manifestações sociais. Ao conferir primazia a uma dimensão essencialmente lógico-formal do Direito, a produção dos efeitos empíricos do arcabouço normativo-institucional da ordem jurídica costumava ser relegada ao segundo plano dos estudos jurídicos, os quais priorizavam o exame dos contextos sociais institucionalizados com diplomas normativos e operadores, direcionados ao cumprimento da lei e à punição dos seus eventuais transgressores.

Essa abordagem formalista do fenômeno jurídico em suas conexões com a realidade cultural mostrava-se inadequada à pesquisa jurídica das sociedades primitivas, pois o Direito figurava como um produto normativo essencialmente histórico, o que dificultava a distinção entre costume e lei, tendo em vista a transmissão oral e a aplicação difusa das sanções éticas por uma dada comunidade humana.

Ao realizar a investigação nas Ilhas Trobriand, Bronisław Malinowski percebeu que o Direito se apresentava mais como um conjunto de obrigações que assegurava um mecanismo de reciprocidade e de publicidade inerentes à própria estrutura social, tais como os institutos jurídicos do *yakala* (intercâmbio público de reconvenções entre litigantes), do *kaytapaku* (proteção mágica da propriedade por meio de maldições) e da *kaytubutabu* (magia para induzir fertilidade antes de festividades).

Com efeito, a incidência das normas jurídicas era garantida por um raciocínio causal por parte dos habitantes e não por uma mera observância mecânica, uma vez que seu cumprimento espontâneo estava relacionado com sentimentos pessoais.

Segundo ele, a lei poderia ser diferenciada do costume pelo grau de relevância atribuída pela sociedade na manutenção da ordem social. Partindo do pressuposto de que não era possível a existência de uma sociedade sem lei, a hierarquia entre a norma legal e a norma consuetudinária poderia ser apreendida pela gravidade das sanções que eram impostas na ofensa dos seus preceitos.

Assim, os costumes figuravam como normas não escritas, vinculadas à prática de rituais, cuja observância decorreria muito mais da tradição social do que, propriamente, por uma obrigatoriedade formal. A seu turno, os comandos das normas legais eram obedecidos por um agrupamento humano com base numa ideia de obrigatoriedade formal, pelo que a ilicitude acarretava intensa reprovação social mediante o emprego de severas sanções éticas.

Cumpre ressaltar que Bronisław Malinowski não se baseava em reconstruções históricas, mas, em verdade, analisava certos eventos humanos, relacionando-os com outros fatos sociais correlatos, a fim de demonstrar a função que cada um desempenhava dentro do contexto sociocultural mais amplo. Para ele, a explicação dos eventos humanos deveria ser desenvolvida em bases científicas, sem o predomínio exclusivo das abordagens evolutivas sobre os costumes sociais.

Alfred Radcliffe-Brown (1881-1955)

Trata-se de um eminente antropólogo inglês que procurou aplicar o conhecimento antropológico à gestão das populações nativas em várias Colônias Britânicas. Entre seus principais livros e artigos científicos, destacam-se: *The Andaman Islanders* (1922), *The social organization of australian tribes* (1931), *Taboo* (1939) e *Structure and function in primitive society* (1952).

Iniciou sua trajetória universitária em Oxford na área de Ciências Naturais, mas, posteriormente, mudou-se para a Universidade de Cambridge para estudar Antropologia. Após a conclusão do curso, em 1906, iniciou suas primeiras pesquisas de campo nas ilhas Andaman, no Golfo de Bengala, e na Austrália, com o objetivo de estudar a organização familiar dos povos aborígenes. Radcliffe-Brown fundou uma abordagem funcionalista por meio da qual cada sociedade estudada era considerada como uma totalidade, cujas partes interligadas funcionavam mecanicamente para manter a estabilidade da vida social.

Alfred Radcliffe-Brown iniciou sua carreira de professor universitário em 1909, quando defendeu o estatuto científico para a Antropologia e para as demais disciplinas das sociedades humanas. Em 1921, assumiu a cadeira de Antropologia na Universidade da Cidade do Cabo. Em 1926, foi convidado para assumir o Departamento de Antropologia da Universidade de Sidney. De 1931 a 1937, figurou como professor na Universidade de

Chicago. Entre 1942 e 1944, lecionou na Escola de Sociologia e Política de São Paulo.

Alfred Radcliffe-Brown exerceu grande influência como professor universitário e pesquisador. Grande parte de suas publicações consiste em artigos científicos, publicados, sobretudo, no *Journal of the Royal Anthropological Institute*, na revista *Oceania*, e no *American Anthropologist*.

Seus principais trabalhos versavam sobre a estrutura e a função nas sociedades primitivas, mormente de tribos australianas e africanas. O sistema de parentesco foi um dos aspectos mais examinados em suas pesquisas antropológicas, pois o considerava um elemento fundamental para o entendimento da estruturação de pequenos grupos sociais, uma vez que expressaria um sistema de normatividade ética que conferiria os direitos e deveres para cada indivíduo.

Com a expansão dos horizontes teórico-metodológicos da Antropologia do Direito, que se afastava,das generalizações evolucionistas para priorizar o estudo dos contextos concretos de interação sociocultural, muitos antropólogos passaram a conceber outras formas de organização, controle e mudanças das condutas nas sociedades humanas.

Neste sentido, Radcliffe-Brown posicionou-se contra as teses perfilhada pelo evolucionismo, estabelecendo que não seria possível utilizar nos estudos antropológicos a dicotomia sociedades simples x sociedades complexas, como se houvesse agrupamentos humanos primitivos transitando para o patamar superior de grupos sociais civilizados. Segundo ele, as sociedades simples não seriam a manifestação de organização originária das quais derivariam as sociedades complexas. Logo, Radcliffe-Brown sustentava que uma sociedade humana deveria ser estudada tal como se apresentasse no momento em que fosse investigada pelos antropólogos, portanto, independentemente do seu passado e o seu respectivo transcurso histórico.

Ao contrário da tradição doutrinária anterior, Radcliffe-Brown não concebia a Antropologia como a ciência que devesse estudar a cultura humana, considerada então uma instância abstrata, mas, em verdade, como um conhecimento científico que deveria focar a pesquisa da estrutura e do efetivo funcionamento da sociedade investigada, tratando dos fatos observados e, portanto, materializados no plano concreto das relações intersubjetivas.

Deveras, Radcliffe-Brown propôs uma teorização funcionalista que se aproximava da inclinação epistemológica de Émile Durkheim, no que se refere à metodologia utilizada no campo das ciências naturais. Logo, a Antropologia seria um conhecimento científico, voltado para o estudo das sociedades, o que possibilitaria a investigação dos eventos humanos por métodos similares aos empregados na pesquisa dos fenômenos físicos e biológicos.

Com efeito, ao adotar os postulados metodológicos que orientavam o estudo das ciências naturais, Radcliffe-Brown sustentava que eles representariam um modelo de conhecimento universalmente válido, pelo que, por maiores que fossem as diferenças entre os fenômenos naturais e os fenômenos culturais, afigurar-se-ia sempre possível apreender as propriedades da cultura humana como se fosse a própria natureza.

Na perspectiva teórica adotada por Radcliffe-Brown, os conceitos fundamentais para o entendimento da vida social e da ordem jurídica seriam os de função e de estrutura, os quais se manifestariam por meio da análise do conjunto das efetivas relações entre indivíduos e grupos que compõem uma determinada sociedade, permitindo apreender a dimensão sistemática dos fenômenos e processos socioculturais.

Para tanto, Radcliffe-Brown empregava uma analogia entre o universo social e o mundo orgânico, a fim de explicitar o sentido e alcance das definições de estrutura e de função no campo antropológico.

Nesse diapasão, ele referia que o organismo biológico seria uma aglomeração de células dispostas umas em relação a outras, perfazendo um todo vivo integrado. Este sistema organizado de conexões pelo qual essas unidades se relacionariam consistiria em sua estrutura. A estrutura, portanto, deveria ser entendida como uma série de relações entre unidades.

Sendo assim, o organismo biológico apresentaria uma estrutura, vale dizer, um acúmulo de unidades celulares dispostas numa série de relações. Por sua vez, a estrutura de uma célula consistiria, no mesmo sentido, numa série de relações entre moléculas, bem como a estrutura de um átomo compreenderia uma série de relações entre elétrons, prótons e nêutrons.

De outro lado, o processo pelo qual se manteria essa continuidade estrutural do organismo poderia ser chamado de vida. O processo vital abrangeria, portanto, as atividades e interações realizadas pelas unidades celulares e orgânicas constituintes do organismo.

Logo, tal como ocorre com a existência orgânica, a estrutura social seria uma série de relações intersubjetivas. Os indivíduos estariam relacionados uns com os outros, compondo um todo integrado. O sistema de relações humanas formaria a estrutura social.

A vida social seria, por conseguinte, o funcionamento da estrutura e a continuidade desse funcionamento seria o fator necessário para a preservação da estrutura social. O funcionamento se realizaria por meio de atividades executadas por um ou mais indivíduos.

Assim, a função de um indivíduo consistiria no papel que ele desempenharia na vida social, fato que possibilitaria a manutenção e a continuidade estrutural. A unidade funcional restaria assegurada quando todas as partes do sistema social atuassem juntas, apresentando harmonia e coesão interna.

Deste modo, o cumprimento de qualquer atividade periódica, tal como um processo judicial ou uma cerimônia fúnebre, consistiria numa função desempenhada na totalidade da vida social, contribuindo para a manutenção da sua continuidade estrutural.

Em suma, a noção de estrutura abarcaria uma série de relações entre unidades, sendo mantida a continuidade estrutural por um processo constituído das atividades integrantes. A seu turno, função seria a contribuição que determinada atividade proporcionaria à totalidade sistêmica da sociedade.

Ademais, Radcliffe-Brown passou a defender uma compreensão mais restrita sobre as formas de controle social, uma vez que, com base em suas investigações, alguns antropólogos passaram a argumentar que muitas sociedades não apresentavam normas éticas que revelassem uma natureza jurídica.

Quando as normas éticas que regulam esse ajuste na interdependência das relações componentes da estrutura social se encontrassem em equilíbrio, a sociedade vivenciaria uma paz social, resultante da harmonia propiciada pelo funcionamento satisfatório do sistema normativo. Por outro lado, a violação dessas normas éticas causaria o desequilíbrio nas relações constitutivas desta mesma estrutura social.

Nem todas essas normas éticas teriam, todavia, a mesma importância na manutenção da ordem social. A forma de compreender esses diferentes graus de relevância seria pelo exame das sanções, classificadas como difusas ou organizadas.

Em relação às sanções difusas, imputadas à ofensa de preceitos religiosos, sua aplicação costumava ser espontânea e oriunda de todos os integrantes da comunidade.

Ao revés, a imposição das sanções organizadas implicaria a adoção pelo grupo social de uma série de procedimentos institucionalizados para a apuração da responsabilidade e a punição do transgressor.

Assim, inobstante as sociedades simples possuíssem normas com o objetivo de manutenção ou restauração da ordem social, não se poderia, contudo, admitir a juridicidade destas manifestações normativas.

Sendo assim, Radcliffe-Brown enfatizava a pesquisa da estrutura organizacional de determinada sociedade e de seus respectivos mecanismos de controle e de preservação da estabilidade da vida social, mediante o uso dos expedientes coativos das sanções éticas.

3. BALANÇO CRÍTICO DO FUNCIONALISMO ANTROPOLÓGICO

Entre as diversas críticas que podem ser esgrimidas contra o funcionalismo no plano antropológico, merecem registro as seguintes:

- abandono do exame das informações históricas e dos processos de difusão cultural, os quais se revelam geralmente úteis para a compreensão da sociedade humana investigada;
- desprezo pela valiosa análise comparativa dos dados culturais de sociedades próximas e distantes;
- impossibilidade de generalização e universalização dos resultados obtidos a partir da pesquisa de uma sociedade específica para outros agrupamentos humanos;
- apreensão parcial e reducionista dos fenômenos sociais, pois a compreensão adequada de um evento depende da apreciação global do transcurso histórico de uma dada cultura humana, considerando a imbricação necessária do presente, do passado e do futuro.
- as ciências sociais não podem estabelecer leis universais porque os fenômenos sociais são historicamente e culturalmente condicionados;

- as ciências sociais não podem produzir previsões confiáveis porque os seres humanos modificam o seu comportamento em função da experiência e do conhecimento obtidos na vida social;
- os fenômenos sociais são captados por percepções subjetivas, não havendo, pois, estruturas objetivas de comportamento humano.

SINOPSE

A corrente funcionalista conferiu uma nova orientação teórica e metodológica aos estudos antropológicos, diferenciando-se das abordagens do evolucionismo e do difusionismo. Nesse diapasão, a sociedade e a cultura são vislumbradas como uma totalidade integrada de modo funcional, cujas partes encontram-se intimamente conectadas, tal como um organismo biológico e seus respectivos órgãos que desempenham funções específicas.

Logo, os antropólogos funcionalistas objetivavam descrever o modo de ser de cada cultura humana, considerada em si mesma, a fim de identificar a dinâmica própria dos agentes sociais no contexto histórico-cultural concreto da pesquisa antropológica, analisando-se as relações mantidas entre instituições, hábitos, crenças e técnicas, bem como as interações realizadas entre os indivíduos e os respectivos agrupamentos humanos.

Marcel Mauss, ilustre pensador francês, foi sociólogo e antropólogo. Ele é considerado o fundador da antropologia francesa.

Para tanto, Marcel Mauss desenvolveu a teoria do fato social total, que propunha a integração dos diferentes aspectos constitutivos de uma dada realidade social. Essa totalidade não suprimiria o caráter específico dos fenômenos e processos socioculturais, que permaneceriam, ao mesmo tempo, jurídicos, econômicos ou religiosos. A totalidade consistiria, assim, numa rede sistêmica de conexões funcionais entre todos esses elementos.

Sendo assim, pretendia-se apreender formas universais de pensamento e de moralidade a partir do processo de trocas, momento no qual a totalidade das instituições sociais se manifestaria no plano da experiência concreta. O sistema de trocas baseado no dom atravessaria todas as sociedades humanas, porque ele existiria em todo lugar, embora pudesse sofrer variações histórico-culturais.

Segundo ele, os aspectos elementares das sociedades humanas, em todos os tempos, seriam o intercâmbio e a dádiva. Um de seus focos principais eram as prestações totais, por meio das quais as tribos intercambiavam tudo que se lhes afigurava relevante.

O sistema de prestações totais seria composto de duas categorias: a não antagonista, na qual os dons e contradons não assumiriam a feição de rivalidade; e a antagonista, um modo evoluído de prestação total que desembocava no *potlatch*, no qual predominavam a rivalidade e a competição.

Com efeito, Marcel Mauss examinou as formas de circulação de bens em distintas sociedades humanas, enfatizando os princípios de solidariedade, de reciprocidade e de rivalidade, bem como suas conexões com as obrigações de dar, de receber e de restituir. Essa análise mostrava que a economia e a moral do dom teriam influenciado as sociedades capitalistas, especialmente no tocante aos sistemas de doações e empréstimos criados para atender as demandas sociais.

A presença da lógica do dom no mercado capitalista poderia ser reconhecida não apenas no âmbito da filantropia ou do trabalho voluntário, mas também no âmbito das relações mercantis que se estabelecem entre as pessoas físicas ou jurídicas no cotidiano social. Essas relações, inicialmente pacíficas, podem violar o princípio da reciprocidade e, consequentemente, gerar disputas extrajudiciais ou judiciais, aflorando um estado de guerra entre os sujeitos de direito.

O sistema do dom não se confundiria, portanto, com o das trocas mercantis. Nas sociedades dominadas pelo dom, as coisas seriam tratadas e se comportariam como verdadeiros sujeitos, pois os objetos pareciam ocupar o lugar dos indivíduos. A pessoa não se separaria do objeto, ou seja, a coisa dada não seria alienada, pois aquele que a cedesse conservaria os direitos sobre o que fora oferecido, continuando a extrair vantagens da materialização de seu ato. Nas sociedades dominadas pelas permutas comerciais, nas quais ocorre a concorrência na negociação de bens e serviços e cuja finalidade é a realização do lucro, os bens seriam retirados das pessoas que os colocariam à venda, sendo as pessoas, de algum modo, tratadas como se fossem coisas.

Conforme Marcel Mauss, o sistema de prestações totais apresentaria a seguinte fisionomia: o contrato seria estabelecido não entre indivíduos, mas entre coletividades – *e.g.*, clãs, tribos, ou grupos familiares – que se obrigariam e, eventualmente, enfrentar-se-iam em grupos ou por intermédio de seus chefes, ou dos dois modos concomitantemente; os objetos das trocas não seriam exclusivamente coisas economicamente úteis, mas, sobretudo, festas, cortesias, ritos, serviços militares, mulheres, crianças, pelo que a circulação de riquezas seria somente um dos aspectos de um contrato mais geral e mais permanente. As prestações e contraprestações eram contratadas de uma forma antes voluntária, por meio de dádivas, embora fossem, no fundo, rigorosamente obrigatórias, sob pena da deflagração de uma guerra.

De outro lado, Bronisław Kasper Malinowski nasceu em Cracóvia, em 1884, então uma província de língua polonesa do Império Austro-Húngaro. Doutorou-se na Universidade Jaguelônica em Filosofia, Física e Matemática. Em Leipzig, estudou Economia com Karl Bücher e Psicologia com Wilhelm Wundt. Em 1910, dirigiu-se à *London School of Economics and Political Science*, onde concluiu o Doutorado em 1922.

Para ele, a Antropologia seria uma ciência voltada para os estudos das lógicas interna de cada cultura. Os costumes dos povos teriam coerência, como sistemas lógicos conectados e não meros vestígios de uma cultura. O indivíduo apresentaria certas demandas, tendo cada cultura a função precípua de satisfazer estas necessidades fundamentais. Cada cultura realizaria essa finalidade criando instituições, por exemplo, jurídicas, econômicas, políticas ou educativas, a fim de oferecer respostas coletivas organizadas.

Segundo Bronisław Malinowski, a natureza humana exprimiria o determinismo biológico que impõe a todos os indivíduos a realização de funções corporais. As necessidades orgânicas do homem (*v.g.*, alimentação proteção, reprodução) forneceriam os imperativos fundamentais que conduzem ao desenvolvimento da vida social. O conjunto destas necessidades biológicas constituiria o ambiente primário. As culturas poderiam assumir as formas mais diversas, mas deveriam satisfazer as necessidades biológicas básicas.

Sendo assim, os seres humanos estariam sujeitos a condições elementares que deveriam ser atendidas para garantir a sobrevivência. A satisfação das necessidades básicas do homem seria um conjunto mínimo de condições impostas a cada grupo social. Os problemas apresentados por suas necessidades nutritivas, reprodutivas e higiênicas deveriam ser resolvidos. O equacionamento destes problemas passaria pela construção de um ambiente secundário ou artificial.

Como os indivíduos só poderiam satisfazer as necessidades básicas por meio da cultura, surgiriam necessidades derivadas relacionadas à manutenção, reprodução e transmissão do próprio acervo cultural. Essas necessidades derivadas seriam subdivididas em imperativos instrumentais (*v.g.*, organização econômica, legal e educacional da sociedade) e imperativos integrativos (*e.g.*, magia, religião, ciência, arte).

Para Bronisław Malinowski, a instituição seria a unidade básica da sua abordagem funcionalista. A instituição apareceria como uma projeção parcial da totalidade da cultura e não como um dos seus aspectos constitutivos. A escolha da instituição como unidade básica de estudo resultava de uma exigência metodológica, pois era necessário criar um esquema concreto de análise que servisse como guia para a realização das pesquisas de campo.

Segundo ele, a noção de instituição apresentaria uma natureza multidimensional, sendo composta pelos seguintes elementos: estatuto, normas, pessoas, aparelhagem material, atividades e função. Assim, para compreender os vários tipos de instituição ou para saber se dada realidade social se enquadraria ou não na categoria de instituição bastaria verificar a presença destes elementos.

No tocante ao conceito de função, Bronisław Malinowski a entendia como a satisfação de necessidades básicas e derivadas. Função poderia ser compreendida como a correspondência entre uma instituição e as necessidades de determinada organização social, vale dizer, como a atividade pela qual uma instituição contribui para a manutenção do organismo social. Com esse conceito de função, a teoria funcionalista enfatizava o aspecto conservador, priorizando a busca da harmonia e do equilíbrio do sistema social.

A verdadeira criação de Bronisław Malinowski não foi o trabalho de campo, mas, em verdade, um método específico de realização desse trabalho, denominado de observação participante. Essa técnica exigia estadias do observador dentro das comunidades pesquisadas. O fundamento dela residia num processo de aculturação do investigador que assimilaria as categorias inconscientes que ordenavam o universo cultural observado.

O advento da observação participante representou uma profunda modificação das pesquisas antropológico-jurídicas, rompendo com as formulações histórico-evolucionistas predominantes. Ao pesquisar a relação dos fenômenos e processos socioculturais, Bronisław Malinowski superou o formalismo metodológico, elaborando uma nova abordagem que buscava realizar uma esquematização cognitiva sobre bases meramente operativas.

Neste sentido, o pensamento inovador de Bronisław Malinowski rompia com a tradição do estudo das regras e instituições jurídicas, passando a enfatizar as modalidades concretas de manutenção da ordem social e equacionamento dos litígios nas sociedades pesquisadas. Privilegiava-se a manifestação empírica dos eventos humanos no âmbito das efetivas interações socioculturais, uma vez que o que realmente importava nessa abordagem era o que efetivamente a sociedade humana vivenciava no plano comportamental.

Ao realizar a célebre investigação nas Ilhas Trobriand, Bronisław Malinowski percebeu que o Direito se apresentava mais como um conjunto de obrigações que assegurava um mecanismo de reciprocidade e de publicidade inerentes à própria estrutura social, tais como os institutos jurídicos do *yakala* (intercâmbio público de reconvenções entre litigantes), do *kaytapaku* (proteção mágica da propriedade por meio de maldições) e da *kaytubutabu* (magia para induzir fertilidade antes de festividades).

A incidência das normas jurídicas era garantida por meio de um raciocínio causal por parte dos habitantes e não por meio de uma mera observância mecânica, uma vez que seu cumprimento espontâneo estava relacionado com sentimentos pessoais.

Segundo ele, a lei poderia ser diferenciada do costume pelo grau de relevância atribuída pela sociedade na manutenção da ordem social. Partindo do pressuposto de que não era possível a existência de uma sociedade sem lei, a hierarquia entre a norma legal e a norma consuetudinária poderia ser apreendida pela gravidade das sanções que eram impostas na hipótese de ofensa dos preceitos legais.

Assim, os costumes figuravam como normas não escritas, vinculadas à prática de rituais, cuja observância decorreria muito mais da tradição social do que, propriamente, por uma obrigatoriedade formal. A seu turno, os comandos das normas legais eram obedecidos por um agrupamento humano com base numa ideia de compulsoriedade, pelo que a ilicitude acarretava intensa reprovação social mediante o emprego de severas sanções éticas.

Alfred Radcliffe-Brown, pensador inglês, foi um eminente antropólogo que procurou aplicar o conhecimento antropológico ao exame das populações nativas em várias Colônias Britânicas.

Seus principais trabalhos versavam sobre a estrutura e a função nas sociedades primitivas, mormente de tribos australianas e africanas. O sistema de parentesco foi um dos aspectos examinados em suas pesquisas antropológicas, pois o considerava um elemento fundamental para o entendimento da estruturação de pequenos grupos sociais, uma vez que expressaria um sistema de normatividade ética que conferiria os direitos e deveres para cada indivíduo.

Neste sentido, Radcliffe-Brown posicionou-se contra as teses perfilhadas pelo evolucionismo, estabelecendo que não seria possível utilizar nos estudos antropológicos a dicotomia sociedades simples x sociedades complexas, como se houvesse agrupamentos humanos primitivos transitando para o patamar superior de grupos sociais civilizados. Segundo ele, as sociedades simples não seriam a manifestação de organização originária das quais derivariam as sociedades complexas. Logo, Radcliffe-Brown sustentava que uma sociedade humana deveria ser estudada tal como se apresentasse no momento em que fosse investigada pelos antropólogos, portanto, independentemente do seu passado e transcurso histórico.

Ao contrário da tradição doutrinária anterior, Radcliffe-Brown não concebia a Antropologia como a ciência que devesse estudar a cultura humana, considerada então uma instância cognitiva abstrata, mas, em verdade, como um conhecimento científico que deveria focar a pesquisa da estrutura e do efetivo funcionamento da sociedade investigada, tratando dos fatos empiricamente observados e, portanto, materializados no plano concreto das relações intersubjetivas.

Deveras, Radcliffe-Brown propôs uma teorização funcionalista que se aproximava da orientação epistemológica de Émile Durkheim, especialmente no que se refere à metodologia utilizada no campo das ciências naturais. Logo, a Antropologia seria um conhecimento científico de base teórico-natural, voltado para o estudo das sociedades, o que possibilitaria a investigação dos eventos humanos por métodos similares aos empregados na pesquisa dos fenômenos físicos e biológicos.

Na perspectiva teórica adotada por Radcliffe-Brown, os conceitos fundamentais para o entendimento da vida social e da ordem jurídica seriam os de função e de estrutura, os quais se manifestariam por meio da análise do conjunto das efetivas relações entre indivíduos e grupos que compõem uma determinada sociedade, permitindo apreender a dimensão sistemática e totalizante dos fenômenos e processos socioculturais.

Logo, tal como sucederia com a vida orgânica, a estrutura social seria uma série de relações intersubjetivas. Os indivíduos estariam relacionados uns com os outros, compondo um todo integrado. O sistema de relações humanas formaria a estrutura social.

A vida social seria, por conseguinte, o funcionamento da estrutura e a continuidade desse funcionamento o fator necessário para a preservação e continuidade da estrutura social. O funcionamento se realizaria por meio de atividades executadas por um ou mais indivíduos.

Assim, a função de um indivíduo consistiria no papel que ele desempenhasse na vida social, fato que possibilitaria a manutenção e a continuidade estrutural. A unidade funcional restaria assegurada quando todas as partes do sistema social atuassem juntas, apresentando harmonia e coesão interna.

Ademais, Radcliffe-Brown passou a defender uma compreensão mais restrita sobre as formas de controle social, uma vez que, com base em suas investigações, alguns antropólogos passaram a argumentar que muitas sociedades não apresentavam normas éticas que revelassem uma natureza jurídica.

Quando as normas éticas que regulam esse ajuste na interdependência das relações componentes da estrutura social se encontrassem em estado de equilíbrio, a sociedade vivenciaria uma paz social, resultante da harmonia propiciada pelo funcionamento satisfatório do sistema normativo. Por outro lado, a violação dessas normas éticas causaria o desequilíbrio nas relações constitutivas desta mesma estrutura social.

Em relação às sanções difusas, imputadas à ofensa de preceitos religiosos, sua aplicação costumava ser espontânea e oriunda de todos os integrantes da comunidade.

Ao revés, a imposição das sanções organizadas implicaria a adoção pelo grupo social de uma série de procedimentos institucionalizados para a apuração da responsabilidade e a punição do transgressor.

Entre as diversas críticas que podem ser esgrimidas contra o funcionalismo no plano antropológico, merecem registro as seguintes: abandono do exame das informações históricas e dos processos de difusão cultural, os quais se revelam geralmente úteis para a compreensão da sociedade humana investigada; desprezo pela valiosa análise comparativa dos dados culturais de sociedades próximas e distantes; impossibilidade de generalização e universalização dos resultados obtidos a partir da pesquisa de uma sociedade específica para outros agrupamentos humanos; apreensão parcial e reducionista dos fenômenos sociais, pois a compreensão adequada de um evento depende da apreciação global do transcurso histórico de uma dada cultura humana, considerando a imbricação necessária do presente, do passado e do futuro; as ciências sociais não podem estabelecer leis universais porque os fenômenos sociais são historicamente e culturalmente condicionados; as ciências sociais não podem produzir previsões confiáveis porque os seres humanos modificam o seu comportamento em função do conhecimento que sobre ele adquire; e os fenômenos sociais são de natureza subjetiva e, como tal, não se deixam captar pela objetividade do comportamento.

CAPÍTULO 17

Vertentes Fundamentais da Antropologia do Direito: o Estruturalismo

1. O ESTRUTURALISMO: CONCEITO, CARACTERES E CAMPOS TEMÁTICOS

Entende-se por estruturalismo a corrente doutrinária que prioriza o estudo da estrutura como conceito fundamental dos estudos antropológicos, o qual exprime um conjunto de regras de disposição sistemática dos elementos de uma dada fração da realidade.

Do ponto de vista metodológico, o estruturalismo formula modelos sobre fenômenos socioculturais, traduzindo os mecanismos mentais por dois meios: identificando os níveis de realidades passíveis de serem comparadas e isolando os fenômenos socioculturais mais significativos de uma dada sociedade humana.

O estruturalismo, principalmente na antropologia de Claude Lévi-Strauss, recebeu influxos de concepções de autores das mais diversas áreas do conhecimento, a saber: a linguística estrutural (Ferdinand Saussure e Roman Jakobson); a psicologia experimental estruturalista (Wilhelm Wundt e Edward Lee); a semiótica (Leonard Bloomfield); a doutrina das operações lógicas por meio de culturas (Lucien Lévi-Bruhl); os estudos sobre o inconsciente (Freud); a dialética entre a infraestrutura e a superestrutura (Karl Marx).

De todos esses contributos, merece especial registro a Linguística, que, ao elaborar uma nova concepção de linguagem, estabeleceu as teses do estruturalismo no campo antropológico, as quais, ulteriormente, foram difundidas para outras áreas das Ciências Humanas e Sociais.

Como bem ressalta Eduardo Iamundo[1], a língua é uma forma ou estrutura em que os sinais, para serem compreendidos, devem ser apreendidos dentro de um sistema, pelo que, para a explicação das partes, é imperioso o conhecimento do todo.

Ferdinand de Saussure (1857-1913) concebeu a língua como um sistema cujas partes todas devem ser consideradas em sua solidariedade sincrônica, estabelecendo para a Linguística as seguintes bases conceituais, que inspiraram o estruturalismo antropológico: a linguagem é constituída pela distinção entre língua e fala; língua é uma instituição social e um sistema que existe com suas regras e princípios próprios, enquanto fala é o ato individual do uso da língua, tendo existência subjetiva por ser o modo como os sujeitos se apropriam da língua; a língua é uma totalidade dotada de sentido na qual o todo confere sentido às partes, a língua é um sistema convencional, cujas partes podem e devem ser consideradas em sua solidariedade sincrônica; d) a língua é inconsciente, ou seja, as pessoas falam sem ter consciência da sua estrutura, composta por regras, princípios e funções.

A seu turno, o termo estrutura é polissêmico, comportando, portanto, diversos significados.

Nicola Abbagnano[2] refere que o conceito pode ser utilizado tanto em acepção restrita, quanto num sentido genérico.

Em sentido restrito, a noção de estrutura tem o significado de um plano ou sistema de relações hierarquicamente ordenado, ou seja, uma ordem finalista intrínseca destinada a conservar o máximo possível seu plano ou sistema. A estrutura, portanto, não é constituída simplesmente por um conjunto de elementos relacionados, mas por uma ordem hierárquica que tem o objetivo de garantir o êxito de sua função e sua própria

---

[1] IAMUNDO, Eduardo. *Sociologia e antropologia do direito*. São Paulo: Saraiva, 2013. p. 184.
[2] ABBAGNANO, Nicola. *Dicionário de filosofia*. São Paulo: Martins Fontes, 2003. p. 376.

conservação. A forma restrita é, no geral, a que mais corresponde ao uso do termo na linguagem comum.

Em significado genérico, estrutura significa o plano de uma relação. Nesse sentido, diz-se que duas relações têm a mesma estrutura quando o mesmo plano vale para ambas.

Para tanto, revelou-se decisivo o papel desempenhado por Ferdinand de Saussure, que, embora não tenha usado a palavra estrutura explicitamente, elaborou toda a essência da concepção estrutural, mediante a noção de sistema. O termo estrutura tem o significado genérico de sistema quando se fala de estrutura como um conjunto de elementos submetidos a determinadas relações.

A palavra estrutura é, por um lado, sinônimo de forma; por outro, é sinônimo de sistema como conjunto ou totalidade de relações. Foi neste último sentido que a palavra passou para a Linguística, como sistema cujas partes todas devem ser consideradas em sua solidariedade sincrônica, pois os termos são todos solidários e o valor de um dado signo é iluminado pela presença simultânea de outros.

Em sua exigência mais geral, o estruturalismo não só tende a interpretar um campo específico de indagação em termos de sistema, como também a mostrar que os diversos sistemas específicos, verificados em diferentes campos – por exemplo, Antropologia, Direito e Linguística – correspondem entre si ou apresentam caracteres similares.

Frise-se ainda que importantes vertentes de pensamento da contemporaneidade foram influenciadas, direta ou indiretamente, pelas teses esposadas pelo estruturalismo antropológico, a exemplo do pós-estruturalismo (Barthes, Lacan, Foucault, Anthony Giddens, Pierre Bourdieu), do desconstrucionismo (Jacques Derrida), do marxismo estrutural (Louis Althusser) e da historiografia estruturalista (Jean-Pierre Vernant).

2. PILARES CONCEITUAIS DO ESTRUTURALISMO ANTROPOLÓGICO

O estruturalismo antropológico apresenta alguns pressupostos conceituais que definem, em larga medida, a sua proposta metodológica, a saber:

– proposição da noção de estrutura como um signo que exprime a relação entre categorias;

- defesa de uma perspectiva holística centrada na busca da totalidade e não apenas nas partes;
- ênfase nas relações e não na substância dos fenômenos socioculturais investigados;
- defesa da universalidade das estruturas mentais, comportamentais, linguísticas e psicológicas;
- afirmação das relações sociais como matéria-prima para os modelos estruturais;
- valorização dos conceitos binários que reduzem a complexidade das estruturas, organizando o pensamento e moldando as representações profundas da realidade;
- constatação de que superfície de um dado evento revela a existência de uma relação estrutural profunda que embasa a manifestação externa dos fenômenos e processos socioculturais;
- valorização de uma abordagem relacional dos objetos, à medida que cada evento humano somente faz sentido em relação a outro e com a totalidade sociocultural;
- ênfase na análise sincrônica dos fenômenos socioculturais, tidos como universais e atemporais.

3. O PENSAMENTO ESTRUTURALISTA DE CLAUDE LÉVI-STRAUSS (1908-2009)

Claude Lévi-Strauss, francês, foi antropólogo, sociólogo e humanista francês, considerado um dos grandes expoentes da Antropologia contemporânea. Ele deixou diversas obras, dedicou sua vida à elaboração de modelos baseados na linguística estrutural, na teoria da informação e na cibernética para interpretar as culturas, que considerava como sistemas de comunicação, deixando contribuições fundamentais para o progresso da Antropologia.

Em 1927, estudou Direito na Faculdade de Paris, até ser admitido na Sorbonne, onde se graduou em Filosofia, em 1931. Em 1948, concluiu o Doutorado. Durante dois anos lecionou Filosofia no Lycée Victor-Duruy de Mont-de Marsan. Nessa época, fazia parte do círculo intelectual do filósofo Jean-Paul-Sartre.

Em 1934, recebeu o convite do diretor da Escola Normal Superior de Paris, para integrar a missão universitária francesa no Brasil, como professor visitante de Sociologia, na recém-criada Universidade de São Paulo. De 1935 a 1939, lecionou na Universidade de São Paulo. Durante essa época realizou pesquisas de campo com os índios nos Estado de Mato Grosso e do Amazonas, período decisivo para o desenvolvimento de sua orientação etnográfica.

Em 1941, foi para os Estados Unidos, como professor visitante da Nova Escola de Pesquisa Social, na cidade de Nova Iorque. Em 1947, voltou para a França. Em 1950, foi nomeado diretor acadêmico da École Pratique des Hautes Études, da Sorbonne. Em 1955, publica *Tristes Trópicos*, uma narrativa etnográfica sobre as sociedades indígenas. Em 1959, assumiu a cadeira de Antropologia Social no Collège de France. Em 1973, foi eleito membro da Academia da França. Em 1975, Claude Lévi-Strauss publica *A Vida das Máscaras* obra que reúne sua vivência nos Estados Unidos, na qual analisa a arte, a religião e a mitologia dos índios da Costa Noroeste da América do Norte. Em 1982, aposentou-se do Collège de France.

Considerando as principais proposições de Claude Lévi-Strauss para os estudos antropológicos, merecem destaque as seguintes:

- o estruturalismo diverge do formalismo ao opor o concreto ao abstrato, não reconhece um valor privilegiado às abstrações conceituais;
- a estrutura se afigura como um modelo científico que deve dar conta de todos os fatos observados, possibilitando que se preveja de que modo reagirá o conjunto no caso da modificação de qualquer um dos seus elementos constitutivos;
- a estrutura deve oferecer um caráter de sistema, isto é, consistir de elementos tais que uma mudança de qualquer de um deles acarrete modificação em todos os outros;
- a estrutura deve pertencer a um grupo de transformação, cada uma das quais correspondendo a um modelo da mesma família, pelo que o conjunto dessas transformações constitua um grupo de modelos;
- a estrutura é o próprio conteúdo, apreendido numa organização lógica concebida como propriedade do real;

- a estrutura seria apenas um modelo de análise construído a partir da observação da realidade social;
- a noção de estrutura social não se refere à realidade empírica, mas aos modelos construídos em conformidade com o mundo real;
- as relações sociais são a matéria-prima empregada para a construção dos modelos que tornam manifesta a própria estrutura social;
- a estrutura é um sistema de relações a partir do qual a sociedade é construída, por exemplo, sistema de parentesco, sistema de comunicação e sistema de troca.
- as estruturas mentais inconscientes seriam responsáveis, em última analise, pelas formas particulares assumidas em cada cultura;
- os modelos inconscientes são responsáveis pelos modelos conscientes, os quais não passam de efeitos deformados dos primeiros;
- os modelos conscientes são as normas e padrões de comportamento da sociedade;
- os modelos conscientes cumprem a função de perpetuar as crenças e usos, sem a preocupação de explicitar as suas causas;
- as estruturas mentais inconscientes são mais facilmente identificadas na pesquisa das sociedades simples ou frias do que no seio de sociedades complexas ou quentes;
- a raça não determina a cultura porque não existem aptidões raciais inatas, tendo em vista que há muito mais culturas humanas do que raças humanas;
- cultura é todo conjunto etnográfico que, do ponto de vista da investigação, apresenta, com relação a outros, afastamentos significativos;
- a coexistência humana não se desenvolve com base num modelo único e absoluto, mas, ao revés, altera-se por meio de modos diversificados nos variados grupos sociais;
- as sociedades simples apresentam três formas básicas de comunicação, que são, ao mesmo tempo, formas de trocas matrimoniais, econômicas e linguísticas, por meio das quais se forma o tecido das relações sociais;

- as sociedades primitivas implicam um movimento de trocas permanentes por meio das quais as mulheres, os bens e as representações linguísticas circulam entre os indivíduos e os respectivos grupos sociais;
- a sociedade depende da combinação de trocas de mulheres, no plano do parentesco, dos bens, no campo da economia, e de representações linguísticas, no âmbito de uma dada cultura;
- os fatos sociais são uma combinação destas formas de permuta, cuja origem profunda deve ser buscada nas estruturas inconscientes do espírito;
- a aliança é a categoria antropológica que permite ordenar a diversidade dos sistemas de parentesco, tanto elementares quanto complexos;
- o método fonológico pode ser utilizado pela Antropologia para o estudo dos fenômenos linguísticos conscientes e da sua infraestrutura inconsciente, por meio da busca da conexão sistemática entre os termos em sua dimensão concreta, objetivando a indução ou dedução de leis gerais, inclusive no que se refere ao estudo das relações de parentesco;
- os sistemas de parentesco, tal como sucede com os sistemas fonológicos, são gestados pelo espírito humano na dimensão do pensamento inconsciente, pelo que a similitude das formas e regras de parentesco em sociedades distintas e afastadas sugere que os fenômenos socioculturais observados derivam da incidência de leis gerais que remanescem ocultas;
- o sistema de parentesco compreende duas ordens diferentes de realidade: o sistema terminológico de vocabulário e nomenclatura, pelo qual se exprimem as diversas modalidades de vínculos familiares, e o sistema de atitudes, difusas ou estilizadas, que expressa os modos pelos quais os indivíduos se obrigam uns em relação aos outros a materializarem uma dada conduta, a fim de assegurar a coesão e o equilíbrio do grupo social;
- as atitudes podem ser difusas, quando não estão institucionalizadas, afigurando-se como meros reflexos da terminologia, e as atitudes estilizadas, que se traduzem por meio de cerimonial fixo e obrigatório, além de serem sancionadas por tabus ou privilégios;

- o sistema de atitudes se alimenta de uma integração dinâmica e funcional com o sistema terminológico, sendo possível tratar os problemas afetos a cada um deles como problemas separados;
- a linguagem pode ser entendida como um reflexo de uma dada cultura humana, assim como afigura-se como uma parte da cultura, perfazendo seus elementos constitutivos;
- a linguagem afigura-se como a condição da cultura, seja porque, por meio da linguagem, o indivíduo internaliza o acervo cultural de seu grupo social, seja porque a cultura se assemelha à estrutura da própria linguagem;
- o estudo das sociedades simples ou frias oferece ao ser humano retrato privilegiado de sua vida social, numa dimensão, ao mesmo tempo, reduzida, por conta do menor contingente demográfico, e equilibrada, tendo em vista a ausência de classes sociais e o bloqueio do fluxo histórico, o que facilita a percepção do modelo subjacente à realidade social;
- o escopo da pesquisa antropológica não consiste em saber o que são, essencialmente, as sociedades estudadas, mas, em verdade, identificar como se distinguem umas das outras no cenário mais amplo da humanidade;
- as sociedades simples ou frias, cuja história é reiterada, diferem das sociedades complexas ou quentes, que estão submetidas a um processo contínuo de mudança social;
- as sociedades simples ou frias repetem certos eventos com base num dado padrão cíclico, a fim de permanecerem no mesmo estágio remoto, pretensamente criado por divindades ou os antepassados;
- as sociedades simples ou frias estão inseridas na história e o seu passado é tão arcaico quanto o das sociedades ditas complexas, uma vez que remonta à gênese da própria espécie humana;
- as sociedades simples ou frias acumulam uma sabedoria particular que as impele de especializarem-se em setores diferentes daqueles que foram priorizados pelas sociedades complexas, o que possibilita a resistência a qualquer modalidade de mudança na própria estrutura social;

- as sociedades simples ou frias exploram o ambiente de modo equilibrado, garantindo, ao mesmo tempo, um nível satisfatório de qualidade de vida e a preservação dos recursos naturais;
- as sociedades simples ou frias obedecem a regras comuns de casamento que limitam a taxa de natalidade, mantendo-a em nível constante;
- as sociedades qualificadas como primitivas fundamentam a política na ideia de consentimento, pelo que as decisões do interesse coletivo são tomadas com base na unanimidade dos agentes sociais;.
- a mente humana organiza a natureza a partir da lógica binária, a exemplo das dicotomias universal *x* particular ou abstrato *x* concreto;
- a necessidade de categorizar binariamente a realidade faz com que as pessoas se deparem com fenômenos que não cabem em nenhuma das categorias, surgindo assim terceiras categorias;
- a pesquisa das relações de uma família nuclear não explica muito uma sociedade, mas a rede complexa de relações, as terminologias dos parentes revelam um sistema coeso que se reflete na sociedade em geral;
- a existência de parâmetros em narrativas mitológicas de tão diferentes culturas revelaria a existência de temas comuns universais que reverberam em outras áreas de suas sociedades;
- essas unidades de mitos, com parâmetros de elementos e narrativa comuns, defluem da necessidade humana de atribuir sentido no mundo e resolver o dilema da determinação cultural.

4. BALANÇO CRÍTICO DO ESTRUTURALISMO ANTROPOLÓGICO

Entre as diversas críticas que podem ser apontadas contra o estruturalismo no plano antropológico, merecem destaque as seguintes:
- a ênfase concedida à noção de estrutura acaba por relegar a análise histórica dos fenômenos socioculturais a uma posição secundária no âmbito dos estudos antropológicos;

- a exclusividade de uma análise sincrônica dos eventos humanos revela-se parcial e passível de equívocos, caso não seja complementada por uma abordagem diacrônica dos fenômenos e processos socioculturais;
- a abordagem global dos objetos deve ser acompanhada de uma apreensão minudente das particularidades históricas dos fenômenos e processos socioculturais;
- a afirmação da universalidade das estruturas mentais, comportamentais, linguísticas e psicológicas não se revela possível diante do pluralismo e do relativismo dos eventos humanos;
- a utilização dos conceitos binários no plano cognitivo simplifica a realidade estudada, dificultando a percepção de variáveis concretas que podem ser relevantes para a compreensão integral dos fenômenos e processos socioculturais.

SINOPSE

Entende-se por estruturalismo a corrente doutrinária que prioriza o estudo da estrutura como conceito fundamental dos estudos antropológicos, o qual exprime um conjunto de regras de disposição sistemática dos elementos de uma dada fração da realidade.

Do ponto de vista metodológico, o estruturalismo formula modelos sobre fenômenos socioculturais, traduzindo os mecanismos mentais por dois meios: identificando os níveis de realidades passíveis de serem comparadas e isolando os fenômenos socioculturais mais significativos de uma dada sociedade humana.

O estruturalismo, principalmente na antropologia de Claude Lévi--Strauss, recebeu influxos de concepções de autores das mais diversas áreas do conhecimento, a saber: a linguística estrutural (Ferdinand Saussure e Roman Jakobson); a psicologia experimental estruturalista (Wilhelm Wundt e Edward Lee); a semiótica (Leonard Bloomfield); a doutrina das operações lógicas por meio de culturas (Lucien Lévi-Bruhl); os estudos sobre o inconsciente (Freud); a dialética entre a infraestrutura e a superestrutura (Karl Marx).

De todos esses contributos, merece especial registro a Linguística, que, ao elaborar uma nova concepção de linguagem, estabeleceu as teses do estruturalismo no campo antropológico, as quais, ulteriormente, foram difundidas para outras áreas das Ciências Humanas e Sociais.

Em sentido restrito, a noção de estrutura tem o significado de um plano ou sistema de relações hierarquicamente ordenado, ou seja, uma ordem finalista intrínseca destinada a conservar o máximo possível seu plano ou sistema. A estrutura, portanto, não é constituída simplesmente por um conjunto de elementos relacionados, mas por uma ordem hierárquica que tem o objetivo de garantir o êxito de sua função e sua própria conservação. A forma restrita é, no geral, a que mais corresponde ao uso do termo na linguagem comum.

Em significado genérico, estrutura significa o plano de uma relação. Nesse sentido, diz-se que duas relações têm a mesma estrutura quando o mesmo plano vale para ambas.

Para tanto, revelou-se decisivo o papel desempenhado por Ferdinand de Saussure, que, embora não tenha usado a palavra estrutura explicitamente, elaborou toda a essência da concepção estrutural, mediante a noção de sistema. O termo estrutura tem o significado genérico de sistema quando se fala dela como um conjunto de elementos submetidos a determinadas relações.

A palavra estrutura é, por um lado, sinônimo de forma; por outro, é sinônimo de sistema como conjunto ou totalidade de relações. Foi neste último sentido que a palavra passou para a Linguística, como sistema cujas partes todas devem ser consideradas em sua solidariedade sincrônica, pois os termos são todos solidários e o valor de um dado signo é iluminado pela presença simultânea de outros.

O estruturalismo antropológico apresenta alguns pressupostos conceituais que definem, em larga medida, a sua proposta metodológica, a saber: proposição da noção de estrutura como um signo que exprime a relação entre categorias; defesa de uma perspectiva holística centrada na busca da totalidade e não apenas nas partes; ênfase nas inter-relações e não na substância dos fenômenos socioculturais investigados; defesa da universalidade das estruturas mentais, comportamentais, linguísticas e psicológicas; afirmação das relações sociais como matéria-prima para os modelos estruturais; valorização dos conceitos binários que reduzem a complexidade das estruturas, organizando o pensamento e moldando as representações profundas da realidade; constatação da existência de um liame estrutural que fundamenta a manifestação exterior dos fenômenos e processos socioculturais; valorização de uma abordagem relacional dos objetos, à medida que cada evento humano somente faz sentido em relação a outro e com a totalidade sociocultural; e ênfase na análise sincrônica dos fenômenos socioculturais, tidos como universais e atemporais.

Claude Lévi-Strauss, pensador francês, foi antropólogo, sociólogo e humanista, considerado um dos grandes expoentes da Antropologia contemporânea. Ele deixou diversas obras, dedicou sua vida à elaboração de modelos baseados na linguística estrutural, na teoria da informação e na cibernética para interpretar as culturas, que considerava como sistemas de comunicação, deixando contribuições fundamentais para o progresso da Antropologia.

A estrutura se afigura como um modelo científico que deve dar conta de todos os fatos observados, possibilitando que se preveja de que modo reagirá o conjunto no caso da modificação de qualquer um dos seus elementos constitutivos.

Segundo ele, a raça não determina a cultura porque não existem aptidões raciais inatas, tendo em vista que há muito mais culturas humanas do que raças humanas.

Conforme Claude Lévi-Strauss, a cultura é todo conjunto etnográfico que, do ponto de vista da investigação, apresenta, com relação a outros, afastamentos significativos.

Para o referido antropólogo, as sociedades simples apresentam três formas básicas de comunicação, que são, ao mesmo tempo, formas de trocas matrimoniais, econômicas e linguísticas, por meio das quais se forma o tecido das relações sociais.

Os sistemas de parentesco, tal como sucede com os sistemas fonológicos, são gestados pelo espírito humano na dimensão do pensamento inconsciente, pelo que a similitude das formas e regras de parentesco em sociedades distintas e afastadas sugere que os fenômenos socioculturais observados derivem da incidência de leis gerais que remanescem ocultas.

O sistema de parentesco compreende duas ordens diferentes de realidade: o sistema terminológico de vocabulário e nomenclatura, pelo qual se exprimem as diversas modalidades de vínculos familiares, e o sistema de atitudes, difusas ou estilizadas, que expressa os modos por meio dos quais os indivíduos se obrigam uns em relação aos outros a materializarem uma dada conduta, a fim de assegurar a coesão e o equilíbrio do grupo social.

Por sua vez, a linguagem afigura-se como a condição da cultura, seja porque, por ela, o indivíduo internaliza o acervo cultural de seu grupo social, seja porque a cultura se assemelha à estrutura da própria linguagem.

De outro lado, o estudo das sociedades simples oferece ao ser humano um retrato privilegiado de sua vida social, numa dimensão, ao mesmo tempo, reduzida, por conta do menor contingente demográfico, e equilibrada, tendo em vista a ausência de classes sociais e o bloqueio do fluxo histórico, o que facilita a percepção do modelo subjacente à realidade social. Por sua vez, as unidades de mitos, com parâmetros de elementos e narrativa comuns, defluem da necessidade humana de atribuir sentido no mundo e resolver o dilema da determinação cultural. Entre as diversas críticas que podem ser apontadas contra o estruturalismo no plano antropológico, merecem destaque as seguintes: a ênfase concedida à noção de estrutura acaba por relegar a análise histórica dos fenômenos socioculturais a uma posição secundária nos âmbitos dos estudos antropológicos; a exclusividade de uma análise sincrônica dos eventos humanos revela-se parcial e passível de equívocos, caso não seja complementada por uma abordagem diacrônica dos fenômenos e processos socioculturais; a abordagem global dos objetos deve ser acompanhada de uma apreensão minudente das particularidades históricas dos fenômenos e processos socioculturais; a afirmação da universalidade das estruturas mentais, comportamentais, linguísticas e psicológicas não se revela possível diante do pluralismo e do relativismo dos eventos humanos; a utilização dos conceitos binários no plano cognitivo simplifica a realidade estudada, dificultando a percepção de variáveis concretas que podem ser relevantes para a compreensão integral dos fenômenos e processos socioculturais.

CAPÍTULO 18

Vertentes Fundamentais da Antropologia do Direito: a Pós-Modernidade e as Novas Tendências da Antropologia do Direito

1. AS TENDÊNCIAS ANTROPOLÓGICAS PÓS-MODERNAS: CONCEITO, OBJETO E CAMPOS TEMÁTICOS

As profundas transformações econômicas políticas e culturais ocorridas nos revoltos anos 60 e 70 do século passado, período marcado por eventos marcantes na história da humanidade, e.g., descolonização de países; a afirmação das identidades nacionais; a oposição aos conflitos armados da guerra fria; as rebeliões estudantis; a causa dos direitos civis dos afrodescendentes; a luta feminista em prol da igualdade sexual; o fortalecimento do movimento operário e a oposição às ditaduras latino-americanas promoveram importantes alterações na vida social, influenciando a natureza e o direcionamento da pesquisa jurídico-antropológica.

Desde então, a humanidade vem vivenciando um momento de revisão de suas matrizes epistemológicas. Na seara da antropologia geral e jurídica, nota-se a emergência de uma diversidade de propostas teórico-metodológicas, algumas voltadas a estabelecer a reformulação do modelo jurídico-antropológico da modernidade, outras dispostas a promover uma verdadeira ruptura com os tradicionais paradigmas cognitivos. Eis a razão pela qual se refere o despertar de uma nova consciência dita pós-moderna.

Embora para alguns pensadores a modernidade ainda não tenha se exaurido por completo, o fato é que o movimento intelectual denominado de pós-modernidade vem oportunizando uma salutar reflexão sobre os rumos e os objetivos da antropologia geral e jurídica.

O ingresso do saber antropológico na era pós-moderna está relacionado à conformação de uma antropologia simbólico-interpretativa, baseada na valorização da hermenêutica, a qual vem alcançando posição de destaque à medida que a fragmentação disciplinar típica da ciência moderna dificulta uma imprescindível apreensão do funcionamento do todo.

Ademais, é por meio da hermenêutica que preocupações afetas a outras ciências do texto, como a filologia, semiologia e exegese, alcançam condições de contraposição. Para que a cultura possa ser representada por meio de um texto, assim como para que ela possa ser lida por meio do texto, é imprescindível que o intérprete compreenda o universo de signos que compõe o campo semântico do outro.

Afinal, como enfatiza Celso Azan Júnior[1], a própria concepção de cultura como texto, tão recorrente pelos antropólogos pós-modernos, é uma apropriação da hermenêutica, pelo que somente mediante uma análise afeta à reflexão hermenêutica é que se poderá apreender a aporia epistemológica que vem caracterizando a Antropologia como disciplina: a relação dialética entre explicar e compreender.

A primeira iniciativa em prol de uma hermenêutica geral foi dada por Schleiermacher, considerado como verdadeiro fundador da hermenêutica moderna. Amparado no kantismo, Schleiermacher identificou o problema relacionado às duas formas de interpretação: a gramatical, interessada nos caracteres linguísticos específicos do autor, e a técnica, voltada para o desenvolvimento de uma tecnologia de interpretação.

Posteriormente, desenvolveu-se, na metade do século XX, uma corrente de pensamento representada por Martin Heidegger, e por Hans Gadamer, que promoveu o resgate do debate ontológico, então relegado a um plano secundário, tendo em vista a perspectiva de uma teoria

---

[1] AZAN JÚNIOR, Celso. *Antropologia e interpretação:* explicação e compreensão nas antropologias de Lévi-Strauss e Geertz. Campinas: Unicamp, 1993. p. 17.

hermenêutica como uma nova forma de epistemologia do conhecimento humano.

Segundo essa teoria, o objetivismo científico não poderia ser superado por meio de novas concepções teóricas, mas, ao revés, somente mediante uma demonstração prática entre as conexões relacionadas ao conhecimento e interesse para aferir a validade das proposições, indissociáveis das intencionalidades dos agentes sociais. Passava-se, assim, a ser questionada a adequação dos métodos científicos que até então eram tradicionalmente aplicados na construção do conhecimento humano.

Adota-se, pois, uma concepção pragmática do conhecimento científico, uma vez que passa a importar muito mais o processo de produção da verdade, do que o conhecimento em si mesmo considerado.

Segundo Jürgen Habermas[2], a ciência histórico-hermenêutica produz o conhecimento em outro quadro metodológico. O sentido da validação das proposições não constitui o quadro de referência da atitude técnica. O plano da linguagem formalizada e o da experiência objetivada ainda não são distintos. Nem a teoria é construída dedutivamente nem a experiência é organizada tendo em vista o resultado da operação. O acesso aos fatos é dado pela compreensão do sentido, em lugar da observação. À verificabilidade sistemática das leis no quadro da ciência analítico-empírica contrapõe-se a exegese dos textos. A regra da hermenêutica determina o possível sentido do enunciado nas ciências do espírito.

Assim como sucede em relação à Antropologia e ao conhecimento científico em geral, também no conhecimento jurídico a hermenêutica assume uma posição fundamental, que decorre do fato de que tanto a prática científica como a prática jurídica possuem em comum o trabalho de interpretação de textos.

A vocação disciplinar apresentada atualmente à Antropologia não se encontra mais limitada ao estudo de comunidades primitivas ou grupos internos de uma sociedade complexa, uma vez que ampliou seus horizontes epistemológicos para passar a investigar como se manifestam

---

[2] HABERMAS, Jürgen. *Mudança estrutural da esfera pública:* investigações quanto a uma categoria da sociedade burguesa. Rio de Janeiro: Tempo Brasileiro, 1984. p. 306.

os processos de construção e transmissão dos saberes nos complexos espaços da sociedade contemporânea, inclusive, no tocante aos discursos jurídicos.

Logo, a hermenêutica representa tanto para o Direito como para a Antropologia um importante referencial comum, pelo que o trabalho antropológico pode ser comparado a uma espécie de um novo filólogo. O antropólogo, em seu trabalho interpretativo, atuaria como uma espécie de autor secundário, cuja função seria interpretar um texto por intermédio de outro texto, viabilizando um diálogo entre as diversas formas de representação dos processos socioculturais investigados.

De outro lado, os antropólogos pós-modernos operam mudanças expressivas nos pilares epistemológicos tradicionais das pesquisas jurídico-antropológicas, realizando incursões etnográficas, a fim de propor novos modos de leitura e de recontextualização dos fenômenos socioculturais estudados.

Tornou-se objeto de reflexão não somente as teorias e as metodologias da Antropologia, mas também as próprias representações etnográficas em seus diferentes ângulos. Além de uma abordagem crítica dos mecanismos retóricos da etnografia, passou a ser priorizada a etnografia experimental, a fim de redimensionar as práticas da pesquisa de campo e inovar os modos de produção da verdade científica.

Com o crescente questionamento dos seus pressupostos cognitivos, as correntes antropológicas pós-modernas fixaram novas bases epistemológicas vislumbrando a cultura não mais como uma totalidade integrada, mas, ao revés, como um palco de permanente interação social e de compartilhamento discursivo de valores e sentidos.

O mister antropológico passou a consistir então no exercício da interpretação e da crítica sobre essa representação, além da escolha entre as estruturas de significados socialmente partilhados.

Logo, as diferentes formas de construção de significados e a sua própria representação discursiva passam a figurar como objeto de investigação antropológica, propiciando o surgimento de um espaço dialógico, polifônico e intersubjetivo na construção do texto pelos antropólogos.

Sendo assim, a etnografia transforma-se numa representação teórica do trabalho de campo, à medida que permite a reflexão crítica sobre a produção de textos, considerando a reciprocidade da escrita e do conhecimento humano.

As diversificadas correntes pós-modernas da antropologia geral e jurídica fundamentam-se ainda numa perspectiva linguística, cuja principal finalidade é possibilitar uma abertura epistemológica a novas possibilidades para a representação da Antropologia Geral e do Direito. Verifica-se, pois, um esforço intelectual direcionado tanto a uma reinvenção do modo de representação antropológica, mediante experimentos textuais, como também a busca por novo estatuto epistemológico da pesquisa antropológica.

Buscam-se novas abordagens que priorizem as formas de construção da verdade nas diversas instituições e espaços culturais que compõem o tecido social contemporâneo. O conhecimento apresenta-se, pois, como um discurso necessariamente vinculado ao seu contexto original, pelo que a veracidade de uma proposição científica passa a depender das referências semânticas da linguagem utilizada.

Eis, em breve síntese, o panorama das tendências antropológicas pós-modernas, o qual se revela nitidamente plural, transitório e aberto a novas possibilidades teóricas, metodológicas e epistemológicas.

Embora possam ser identificados muitos expoentes capazes de ilustrar as teses perfilhadas no referido contexto pós-moderno, serão doravante examinados os contributos de alguns dos mais notórios e representativos pensadores da contemporaneidade, com significativos impactos na redefinição disciplinar e paradigmática da antropologia geral e jurídica na pós-modernidade, a saber: Clifford Geertz (1926-2006), Max Gluckman (1911-1975), Paul Bohannan (1920-2007), Laura Nader (1930) e Boaventura de Sousa Santos (1940).

2. PRINCIPAIS EXPOENTES DA ANTROPOLOGIA GERAL E JURÍDICA PÓS-MODERNA

Clifford Geertz (1926-2006): a proposta de uma antropologia simbólico-interpretativa dos sistemas culturais

Clifford Geertz, norte-americano, foi renomado escritor filósofo e antropólogo que despontou como a maior expressão da Antropologia simbólico-interpretativa da contemporaneidade. Desenvolveu um expressivo trabalho de campo na Indonésia e no Marrocos, sendo um dos cientistas sociais com maior visibilidade no final do século XX e começo do XXI. Recebeu influência de importantes pensadores, a exemplo de Max Weber, Leslie White, Clyde Kluckhohn e Paul Ricoeur.

Com efeito, a antropologia simbólica e interpretativa nasceu nos finais dos anos 50 nos Estados Unidos da América do Norte e Reino Unido. Nos anos 60, foi considerada uma alternativa teórico-metodológica às abordagens materialistas e estruturalistas. Apesar de estar em menor evidência desde os anos 80, constitui-se uma das principais correntes adotadas no âmbito da antropologia pós-moderna.

Para essa vertente de pensamento, a cultura é entendida como uma rede de significados produzida dentro de um sistema simbólico que fornece tanto um relato do mundo como um conjunto de regras para atuar nele. O ser humano é considerado um animal suspenso por teias de significados culturais que ele mesmo tece indefinidamente.

Os símbolos afiguram-se então como veículos da cultura humana, não se limitando a representações pictóricas de um objeto, mas compreendendo, em verdade, todas as representações conferidas por um grupo sociocultural, a partir da associação de um objeto com outro. Sendo assim, condutas, imagens, rituais e mitos são associados entre si, gerando significados que exprimem as estruturas cognitivas das culturas humanas.

Do ponto de vista metodológico, a etnografia é tida como um processo de interpretação e não mais de explicação objetiva da realidade. As informações etnográficas deixam de ser entendidas como dados brutos. O antropólogo passa a preocupar não tanto com o que os indivíduos fazem, mas com o sentido do que eles fazem, levando-se em conta ainda as interpretações que fazem das ações umas das outras. No lugar do observador, que aprende a viver em outra sociedade e deseja descobrir como as coisas realmente funcionam, propõe-se que o etnógrafo deve proceder da mesma forma que um estudioso de textos.

Deveras, Clifford Geertz[3] assume uma perspectiva hermenêutica ao sustentar que duas abordagens devem convergir caso se queira interpretar os fenômenos e processos socioculturais. De um lado, uma descrição

---

[3] GEERTZ, Clifford. *A interpretação das culturas*. Rio de Janeiro: Guanabara Koogan, 1989. p. 133.

e formas simbólicas específicas como expressões definidas e, noutro passo, uma contextualização de tais formas no âmbito de uma estrutura significante total de que fazem parte e em termos da qual obtêm a sua definição. Trata-se do círculo hermenêutico que exprime a apreensão dialética das partes que estão inseridas no todo e a correlata percepção do todo a partir de cada uma das partes, a fim de tornar visíveis, concomitantemente, as partes e a totalidade.

Ademais, a religião é tratada como uma expressão elevada da cultura humana, que tanto descreve o universo, como prescreve regras que orientam o agir humano. Os símbolos religiosos cumprem assim a finalidade de assegurar que o mundo é ordenado, satisfazendo uma necessidade fundamental de explicar os acasos de um mundo irracional e, consequentemente, os sentidos ocultos de eventos como a perda, o sofrimento, a injustiça e a morte.

Max Gluckman (1911-1975) e Paul Bohannan (1920-2007): o debate universalismo *versus* relativismo das culturas humanas

Herman Max Gluckman, britânico, foi economista, politólogo e antropólogo social, cresceu na África do Sul e trabalhou na Rodésia do Norte. Dirigiu o *Rhodes-Livingstone Institute* (1941-1947), antes de se tornar o primeiro professor de Antropologia Social na Universidade de Manchester (1949), onde fundou o que ficou conhecido como a Escola de Antropologia de Manchester.

Combinando uma abordagem estrutural-funcionalista com um enfoque *marxista*, Gluckman examinou criticamente os conflitos sociais, as formas de opressão e as contradições culturais resultantes do neocolonialismo, tais como o racismo, a urbanização e a migração de trabalhadores.

Na pesquisa que desenvolveu na Zululândia, situada na África do Sul, sustentou que as comunidades africanas e europeias formavam um único campo social, cuja cisão em dois grupos raciais acabou por formar a base de sua unidade estrutural.

Por sua vez, Paul James Bohannan foi antropólogo estadunidense. Lecionou Antropologia Social na Universidade de Oxford até 1956, quando retornou aos Estados Unidos para assumir um cargo de Professor Assistente em Antropologia na Universidade de Princeton. Em 1959, Bohannan deixou Princeton para uma cátedra na Northwestern University.

De 1975 a 1982, ensinou na Universidade da Califórnia. Foi diretor da American Ethnological Society, de 1963 a 1966. Bohannan foi presidente da African Studies Association em 1964. No biênio 1979-1980, foi presidente da American Anthropological Association. Bohannan tornou-se mundialmente conhecido por suas pesquisas sobre o povo *Tiv* da Nigéria.

O problema de como estruturar o direito nativo em esquemas racionais foi o eixo do célebre debate travado por Max Gluckman e Paul Bohannan. Não obstante compartilhassem das mesmas preocupações teóricas em seus estudos sobre os sistemas de controle social e processos de resolução dos conflitos nas sociedades tribais africanas, suas interpretações revelaram-se diametralmente opostas.

Como bem refere Shelton Davis[4], a polêmica estabelecida entre ambos permitiu ampliar os horizontes das diferentes perspectivas em matéria de etnografia e comparação na Antropologia do Direito, visto que o antagonismo das posições sustentadas por Gluckman e Bohannan conferiu à disciplina novos contornos paradigmáticos.

De um lado, Max Gluckman[5], sustentava uma posição universalista, ao propor a utilização de categorias abstratas do direito ocidental, extraídas da dogmática jurídica tanto dos sistemas de *common law*, quanto dos sistemas de *civil law*, a fim de produzir comparações válidas entre diferentes ordenamentos jurídicos.

Quando Max Gluckman publicou a sua obra sobre o processo judicial entre os *Barotse*, as pesquisas sobre as modalidades jurídicas de organização social e resolução dos conflitos nas sociedades africanas tradicionais ainda eram bastante escassas, uma vez que relatos e informações disponíveis até então defluiam de compilações de missionários, viajantes e funcionários coloniais.

Com o desenvolvimento das pesquisas antropológicas de Gluckman sobre o sistema judicial dos *Lozi*, essa situação se modificou radicalmente. Elaborada com base nos dados empíricos coletados a partir de uma

---

[4] DAVIS, Shelton. H. *Antropologia do direito:* estudo comparativo de categorias de dívida e contrato. Rio de Janeiro: Zahar Ed., 1973. p. 113-114.

[5] GLUCKMAN, Max. *The judicial process among the Barotse of Northern Rhodesia*. Manchester: Manchester University Press, 1955.

observação participante, Gluckman refere que, embora as instituições de controle social e os mecanismos de resolução dos conflitos dos *Lozi* fossem diferentes dos ocidentais, as ideias essenciais do *Direito Barotse* podiam ser cotejadas com as origens do direito romano e europeu. Desse modo, as diferenças entre o direito dos *Barotse* e o direito ocidental não seriam de gênero, mas de grau, como sucederia com o instituto jurídico da dívida e a aplicação do princípio ético-jurídico da razoabilidade.

Com efeito, assim como no direito antigo, a noção de dívida como conceito generalizador de todas as obrigações predominava na sociedade *Barotse*, o que demonstraria que a racionalidade jurídica nesse agrupamento social não se diferenciaria daquela observada nas antigas sociedades ocidentais.

O uso do postulado da razoabilidade presente no *Direito Barotse* e a ênfase atribuída a outros princípios semelhantes aos utilizados no direito ocidental nos seus julgamentos mostrava-se também patente, a fim de decidir qual a melhor forma de aplicação das normas legais existentes para a composição ideal entre as partes litigantes, pelo que a média da mentalidade tribal corresponderia ao mesmo conceito de homem razoável do direito romano.

Em suma, a partir dessa análise sobre o *Direito Barotse*, Gluckman assevera que qualquer sistema jurídico, moderno ou tribal, seria sempre influenciado pelo fato de que toda organização social compõe-se em torno de relações de *status* fixas, permanentes e múltiplas.

Por sua vez, Paul Bohannan[6] defendia uma posição relativista, porquanto argumentava que a terminologia e argumentação jurídica deveriam ser analisadas com base nas singularidades de cada sociedade local.

Enquanto Gluckmam estava interessado em elaborar generalizações comparativas a partir da verificação de elementos comuns nas distintas sociedades tribais e antigas, Bohannan, pelo contrário, assumindo uma postura mais relativista, investigava os fenômenos e processos socioculturais específicos da sociedade observada.

---

[6] BOHANNAN, Paul. *Justice and Judgment among the Tiv*. Oxford: Oxford University Press, 1957.

Para Bohannan, a atividade antropológica abarcaria, além da própria descoberta, um trabalho de interpretação por parte do antropólogo. A partir dos dados etnográficos oriundos de pesquisa de campo de forma, caberia ao antropólogo a estruturação dessa experiência por meio das próprias categorias nativas, compreendidas com o aprendizado da língua local e os modos pelos quais os próprios integrantes daquela comunidade estruturam suas experiências.

Sendo assim, os conceitos nativos podiam ser traduzidos e entendidos pelos seus equivalentes da língua falada pelo antropólogo, mas a etnografia deveria fornecer uma análise específica sobre os termos nativos dentro da singularidade cultural, buscando identificar o melhor modo como as palavras representam as relações e instituições sociais dentro do próprio contexto cultural da sociedade estudada.

Ocorre que, segundo Bohannan, as conclusões de Gluckman seriam, em larga medida, equivocadas, tendo em vista o fato de que, em vez desse pensador iniciar seus estudos com a interpretação *Lozi* sobre seus elementos culturais e tentar traduzi-las para sua própria língua, ele se valeu de suas referências culturais para traduzir os eventos dos *Lozi*, acabando por apresentar, ao revés, a sua própria leitura. Gluckman estaria assim traduzindo conceitos ocidentais para *Lozi* em vez de traduzir as ideias *Lozi* para sua linguagem.

Logo, haveria uma valorização excessiva do sistema cultural do próprio pesquisador, que passaria a ocupar uma posição de verdadeira categoria universal para descrever e justificar processos e fenômenos culturais que nem sempre se revelam passíveis de adequação a esses modelos, o que acabava distorcendo o seu real significado sob a perspectiva nativa.

Contra as inúmeras críticas que recebeu por sua posição, considerada como uma forma radical de relativismo cultural, Bohannan sustentou que negar a aplicabilidade irrestrita de um determinado conjunto de pressupostos, no caso da ciência do direito inglesa, não implicava um relativismo cultural, o qual só seria válido se significasse que cada sociedade humana devesse ser compreendida nos seus próprios termos e somente se a teoria fosse gestada a partir dos processos referentes àqueles termos.

Segundo Bohannan, Gluckman teria confundido as abordagens transcultural e interdisciplinar, quando apreciou a interdisciplinariedade entre a antropologia e o direito sob o rótulo metodológico de uma comparação. Em vez de efetuar uma interpretação da cultura *Lozi* considerando suas próprias ideias, Gluckman teria realizado um intercruzamento dos dados etnográficos daquele agrupamento humano com o referencial teórico fornecido por alguns doutrinadores da ciência do direito, buscando explicar as formas de resolução dos conflitos *Lozi* a partir de instituições e conceitos tradicionais da experiência jurídica ocidental.

Ademais, Bohannan acentua a necessidade de uma forma de comparação que seja controlada e baseada em critérios substancialmente etnográficos, conferindo sempre a mesma importância para os sistemas de cultura nativos quanto aos sistemas de cultura ocidentais, que compreendem, inclusive, as teorias científicas e os seus mais variados sistemas analíticos. De uma forma geral, ao mesmo tempo em que dava continuidade às bases metodológicas malinowskianas voltadas à promoção de uma abordagem antropológica livre de etnocentrismos, Bohannan as radicalizava à medida que sua abordagem cingia-se, ao extremo, aos elementos culturais próprios e, por isso mesmo singulares, de cada sociedade.

Destarte, longe de oferecer uma solução definitiva para essa discussão, que exprime um dos dilemas epistemológicos mais instigantes da antropologia geral e jurídica, a polêmica doutrinária entre Max Gluckman e Paul Bohannan já prenunciava alguns dos problemas relativos ao aumento da complexidade etnográfica, vivenciada em meados do século XX.

Laura Nader (1930): a análise antropológica dos meios alternativos de solução de conflitos sociais

Laura Nader é professora de Antropologia na Universidade de Berkeley, desde 1960. Tornou-se PHD em Antropologia no Radcliffe College, em 1961. Sua formação incluiu um conhecido trabalho de campo realizado numa aldeia Zapoteca em Oaxaca, México, o que despertou seu interesse pelas leis existentes em várias sociedades.

Nesse cenário de divergências operacionais no âmbito da Antropologia Jurídica, é compreensível a alternativa de se conferir maior ênfase aos aspectos substanciais pelos quais se desenvolvem os sistemas e as práticas jurídicas. Isto sucede porque ao priorizar processos sobre formas, essa abordagem trazia a inegável vantagem de permitir que as generalizações comparativas características do projeto jurídico-antropológico se operassem em diversas sociedades sob um mesmo referencial teórico.

As inconciliáveis divergências de interpretação sobre a comparabilidade ou não das formas e instituições jurídicas materiais entre sociedades com padrões socioculturais bastante diferentes perderam fôlego diante de uma análise mais preocupada com a dinâmica e a prática dos processos sociais. A lacuna existente entre as formulações teóricas e ideológicas e as práticas socioculturais concretas passava, assim, a ser preenchida por um novo paradigma jurídico-antropológico mais atento aos aspectos empíricos e pragmáticos apresentados pelos diferentes sistemas e práticas sociais de resolução dos conflitos.

Sendo assim, os antropólogos passaram a preferir levar a cabo estudos de natureza mais concreta e mais dinâmica, relacionados com processos jurídicos ou políticos, livres de pressupostos racionais ou racionais previamente estabelecidos.

Desde então, Laura Nader enfatiza que o Direito não pode ser analisado como uma instituição independente das demais instituições sociais e culturais. Sua proposta teórico-metodológica procura focar as diferentes formas de resolução dos conflitos, bem como as condutas das partes nos casos concretos de disputa por seus interesses. A investigação jurídico-antropológica passa então a enfatizar as diversas tipologias de litígios e os respectivos processos pelos quais os mesmos podiam ser solucionados.

Em sua notória pesquisa de campo realizada perante os *Zapotec*, iniciada na década de 50 do século XX, Laura Nader verificou que essas comunidades indígenas mexicanas não apresentavam advogados. Além disso, o papel do magistrado era desempenhado por um ancião da aldeia, durante um prazo determinado. Os julgadores priorizavam também a mediação dos litígios, tentando equacionar os conflitos mediante um acordo entre os sujeitos do processo. Procurava-se assim construir uma solução harmônica e dialogada para os conflitos entre as partes.

No âmbito desta relevante investigação antropológica, restou evidente a necessidade de analisar os modos como as regras eram manipuladas pelas partes presentes num dado litígio, procurando identificar princípios estruturais que expressassem padrões de resolução de conflitos capazes de serem generalizados para outras sociedades e culturas humanas.

Com o escopo de estimular a investigação nesse campo de pesquisa, Laura Nader incentivou o debate sobre os referenciais teórico-metodológicos utilizados pela Antropologia do Direito naquela época, cujos principais resultados foram compilados em produção científica. Esse empreendimento intelectual influenciou diretamente a cultura dos meios alternativos de solução dos conflitos intersubjetivos, que objetiva o desenvolvimento de formas mais acessíveis, econômicas e harmônicas de pacificação dos litígios.

Deste modo, tornou-se cada vez mais patente o interesse mútuo entre as pesquisas jurídico-antropológicas acerca das variadas formas de solução dos conflitos sociais e os tradicionais estudos do Direito Processual Civil e Penal sobre os procedimentos judiciais, pois, se, anteriormente, a Antropologia do Direito privilegiava aspectos estruturais e funcionais das regras, instituições e mecanismos de controle comportamental, os estudos antropológicos começaram a enfatizar temáticas relativas aos elementos socioculturais que perfazem os processos negociais e decisionais.

Boaventura de Sousa Santos (1940): reflexões críticas sobre o pluralismo jurídico e as epistemologias do Sul

Boaventura de Sousa Santos, português, figura como um importante jurista, sociólogo, antropólogo e cientista político.

Licenciou-se em Direito pela Faculdade de Direito da Universidade de Coimbra em 1963. No final da década de 60, partiu para a Universidade de Yale para cursar o Doutorado. A sua tese, resultante de um trabalho de campo baseado em observação participante numa favela do Rio de Janeiro, constitui-se em marco fundamental da Sociologia e da Antropologia do Direito. Foi um dos fundadores da Faculdade de Economia da Universidade de Coimbra, em 1973. Em meados da década de 80, intensificou a investigação de diversas culturas e sociedades, a exemplo do Brasil, Cabo Verde, Macau, Colômbia, Bolívia, Equador e Índia. Atualmente, Boaventura de Sousa Santos figura como professor catedrático jubilado da Faculdade de Economia da Universidade de Coimbra, *Distinguished Legal Scholar* da Faculdade de Direito da Universidade de Wisconsin-Madison e *Global Legal Scholar* da Universidade de Warwick.

É também Diretor do Centro de Estudos Sociais e Coordenador Científico do Observatório Permanente da Justiça Portuguesa – ambos da Universidade de Coimbra. Possui inúmeros trabalhos publicados sobre as seguintes temáticas: globalização, epistemologia, democracia, direitos humanos e cidadania.

Dentro da vasta produção intelectual de Boaventura Santos no campo das Ciências Sociais e, particularmente, no plano da Antropologia do Direito, merecem destaque os seus estudos sobre o pluralismo jurídico e sobre as chamadas epistemologias do Sul, com o objetivo de desenvolver novos paradigmas teóricos e políticos de transformação e emancipação social.

No que se refere ao tema do pluralismo jurídico, apesar de implicitamente já estar presente há algum tempo em algumas pesquisas realizadas no campo antropológico-jurídico, o estudo sobre as articulações e implicações de ordens jurídicas existentes em algumas sociedades só veio a ser desenvolvido, como uma verdadeira corrente do pensamento jurídico-antropológico a partir da década de 70, mormente no âmbito de experiências coloniais e pós-coloniais.

Nesse sentido, a expressão pluralismo jurídico abarca a incorporação ou reconhecimento de normas de direito costumeiro e a subjetividade jurídica de outras instituições não oficiais, a exemplo de movimentos sociais, assim como a coexistência de normas e tradições de povos tradicionais, tais como os indígenas, em paralelo ao arcabouço normativo-institucional do Direito Estatal.

Examinando sob um ângulo crítico a concepção monista, herdada das revoluções liberais-burguesas, na qual o Estado desponta como a única fonte legítima de produção normativa, muitos antropólogos e juristas passaram a se interessar pela compreensão da coexistência e interação de diferentes ordens jurídico-normativas no interior de um mesmo espaço social.

Com a reflexão sobre o pluralismo jurídico, são desenvolvidos questionamentos sobre o tradicional paradigma centralizador do direito, pelo qual o ordenamento jurídico é identificado única e exclusivamente às instituições estatais de controle social. Busca-se, portanto, uma definição do direito não a partir das normas jurídicas produzidas pelo Estado, mas por meio de uma normatividade social e não estatal que efetivamente discipline as condutas humanas num dado campo de interação sociocultural.

No final dos anos 80, o pluralismo jurídico começou a ocupar um lugar de destaque não apenas nos meios universitários relacionados às ciências sociais, passando a ocupar uma posição central nas discussões antropológicas. Com efeito, no final do século XX, as várias modalidades de manifestação do fenômeno conhecido como globalização acabaram conferindo um novo sentido ao pluralismo jurídico.

Desde então, o conceito de pluralismo jurídico atingiu uma expressiva notoriedade nos meios intelectuais, tendo se feito presente em estudos de ciência política, sociologia do direito, filosofia do direito e antropologia jurídica. Não obstante o prestígio acadêmico, a noção de pluralismo jurídico vem sendo marcada por profundos questionamentos acerca do seu significado e abrangência. Estas divergências entre os estudiosos ocorrem porque a definição de pluralismo jurídico assume significados e orientações bastante diferentes entre as disciplinas correlatas. Assim, a noção de pluralismo jurídico assumirá colorações diversas, dependendo da proposta metodológica e do interesse do pesquisador em relação ao seu objeto de estudo.

O principal desacordo sobre o significado de pluralismo jurídico consiste na extensão da definição do que se atribui ao fenômeno jurídico. Tem-se, portanto, que um dos problemas fundamentais é estabelecer quais os critérios de distinção entre o que deve ser reconhecido como fenômeno jurídico e aquilo que não deve ser considerado.

A questão revela-se complexa, tendo em vista que a definição do que é ou deve ser compreendido pelo fenômeno jurídico ainda hoje serve de objeto de grandes controvérsias entre os cientistas sociais, sendo possível encontrar as seguintes proposições: a) conjunto de instituições e de regras voltadas para a preservação de uma ordem social; b) institucionalização pública das normas reguladoras de condutas; c) espaço social em que uma ordem normativa dominante penetra em outras ordens normativas subordinadas, sem que, contudo, consiga regular com exclusividade a vida social; d) todas as formas de normas que, de alguma maneira, demonstrem uma efetiva capacidade de regular as relações sociais entre os indivíduos.

Deveras, apesar do direito estatal ser tomado como verdadeiro paradigma para a definição do que seja fenômeno jurídico, existem outras múltiplas formas de normatividade sobrepostas ou concorrentes nos mais variados campos sociais, e que os indivíduos consideram como uma lei. A complexidade e heterogeneidade sociocultural apresentadas pelas sociedades humanas oportunizam a autorregulação espontânea pelos variados campos da realidade social, convivendo diversos sistemas normativos: estatais, consuetudinários, religiosos e comerciais.

Logo, as fontes normativas e instituições do direito estatal não podem ser vistas como um sistema social homogêneo e hermético, mas, em verdade, devem ser examinados em conjunto com grupos sociais específicos e capazes de se autorregularem, de modo que o direito estatal pode tanto ser efetivo, como também modulado ou descumprido por determinados agrupamentos humanos.

Conforme Boaventura de Sousa Santos[7], o pluralismo jurídico tem lugar sempre que as contradições se condensam na criação de espaços sociais, mais ou menos segregados, no seio dos quais se geram litígios ou disputas processados com base em recursos normativos e institucionais internos. Esses espaços sociais variam segundo o fator dominante na sua constituição, socioeconômico, político ou cultural e segundo a composição da classe social.

Boaventura Santos desenvolveu as suas teses de pluralismo jurídico por meio de uma pesquisa empírica, realizada por ocasião de elaboração de sua tese de Doutorado em Sociologia na Universidade de Yale, em 1973. Esta investigação consistiu numa análise da experiência jurídica da favela do Jacarezinho, uma comunidade periférica do Rio de Janeiro, denominada por ele como Pasárgada. Boaventura de Sousa Santos define o pluralismo jurídico a partir de uma noção de interlegalidade, ou seja, uma intersecção de ordens legais ou normativas.

Com efeito, Boaventura de Sousa Santos[8] esclarece que a vigência de mais de uma ordem jurídica no mesmo espaço geopolítico pode ter, entre outros, fundamentos de ordem rácica, profissional e econômica, correspondendo a um período de ruptura social como, por exemplo, um período de transformação revolucionária; ou pode ainda resultar, como no caso de Pasárgada, da conformação específica do conflito de classes numa área determinada da reprodução social, a exemplo da habitação.

---

[7] SANTOS, Boaventura de Sousa. *A crítica da razão indolente:* contra o desperdício da experiência (para um novo senso comum: a ciência, o direito e a política na transição paradigmática). São Paulo: Cortez, 2002. p. 85.

[8] Idem, ibidem, p. 87.

Os habitantes oprimidos que ocupavam aquela comunidade desfavorecida eram excluídos pelos padrões normativos do direito oficial que os considerava ilegais. Nesse contexto, surge a autorregulação dos conflitos de habitação, realizados pela própria comunidade, paralelamente ao Estado, por meio da associação de moradores.

Sendo assim, restou configurado um novo polo de juridicidade oriundo das classes marginais, o qual se emancipa tornando-se efetivo e legítimo, contrapondo-se à burocracia da legislação formal-estatal. A inacessibilidade aos instrumentos jurídico-formais e o receio de serem punidos pela ocupação ilegal, que poderia ser impugnada judicialmente, impeliam aquele grupo social a tentar alternativas que satisfizessem seus conflitos dentro da própria favela.

No âmbito do direito de Pasárgada, a retórica jurídica era exercida pelo operariado industrial, fora do âmbito do direito estatal e no seio de uma a associação dos moradores, exprimindo a prática de uma legalidade alternativa e, como tal, o exercício alternativo de poder político, a fim de resolver conflitos num espaço social marginal, vale dizer, uma tentativa de neutralizar os efeitos da aplicação do direito capitalista de propriedade no seio daquele domínio habitacional da reprodução social.

Com efeito, o direito de Pasárgada para o direito estatal, com destaque para os recursos tópico-retóricos, ou seja, o direito não é formalizado, não é baseado em leis positivadas nem tampouco em um sistema organizado, constituído e construído, mas sim em um sistema empírico, que se processa nos costumes sociais. Assenta-se ainda num discurso jurídico informal, não legalístico, que reflete o pensamento da comunidade. No mesmo sentido, não há um rigor processual, já que é permitida uma maleabilidade que não se encontra no direito estatal. A não profissionalização do julgador facilita uma circulação retórica que tende a subverter qualquer divisão rígida do trabalho jurídico, o que, por esta via, potencializa a proximidade dos participantes da rede discursiva.

Segundo Boaventura Santos[9], esta perspectiva analítica reivindica uma mudança de orientação epistemológica: a relação entre o sistema

---

[9] SANTOS, Boaventura de Sousa. *Para uma revolução democrática de justiça*. São Paulo: Cortez, 2011. p. 115.

jurídico estatal e as outras ordens jurídicas já não são vistas como ordens separadas e culturalmente diferentes. O pluralismo jurídico é assim visto como parte do campo social, integrando uma complexa relação interativa entre diferentes ordens normativas. Enquanto os estudos clássicos sobre o pluralismo jurídico puderam desfrutar de alguma facilidade analítica e de investigação, optando por uma estrutura conceptual que isolasse as ordens jurídicas do colonizador e do colonizado, os novos estudos sobre o pluralismo jurídico debruçam-se sobre uma teia de legalidades entrelaçadas.

Do que foi dito, pode ser concluir que Boaventura percebe no Direito de Pasárgada uma alternativa emancipatória ao direito burguês e ao projeto monista-positivista e que o pensamento deste autor prega uma repolitização da vida social, de modo que a democracia não se restrinja ao espaço da cidadania, mas venha articulada com a democratização no âmbito dos demais espaços.

Como já referido, Boaventura Santos vem, mais recentemente, realizando pesquisas em favor da construção de novos paradigmas teóricos e políticos de transformação social, cunhado por ele como Epistemologias do Sul.

Decerto, a univocidade do paradigma epistemológico, engendrado na modernidade pela revolução científica, iniciada nos idos do século XVI, encontra-se num momento de revisão, que demanda a busca de novas propostas que venham a ser alternativas ao paradigma científico moderno.

Boaventura Santos propõe o resgate de modelos epistemológicos outrora desconsiderados pela soberania epistêmica da ciência moderna, o que enseja a revalorização de identidades e culturas distantes ou exóticas, que foram intencionalmente ignoradas pelo colonialismo, pelo imperialismo e a globalização, o que resultou numa histórica tradição de dominação político-cultural, que submeteu à visão etnocêntrica dos países ocidentais desenvolvidos, situados no norte geográfico, o conhecimento e as práticas sociais do restante do planeta.

Para o autor, o modelo hegemônico da ciência moderna é oriundo do modelo de racionalidade que se constituiu a partir da revolução científica do século XVI, e que alcançou seu apogeu no século XIX. Trata-se de um modelo de conhecimento que se baseia na formulação de leis gerais, e cujo campo de atuação fica restrito ao âmbito das ciências naturais. Emerge, contudo, um fenômeno de mudança paradigmática, com marcada dimensão interdisciplinar, que parece aproximar as antes irreconciliáveis ciências da natureza e ciências humanas.

Segundo Boaventura Santos[10], esse paradigma emergente, definido como um conhecimento prudente para uma vida decente, pode ser descrito por quatro princípios: todo o conhecimento científico-natural é científico-social; todo o conhecimento é local e total; todo o conhecimento é autoconhecimento; todo o conhecimento científico visa constituir-se em senso comum. Eis os fundamentos da nova proposta teórica das Epistemologias do Sul.

O primeiro princípio postula que toda a separação dicotômica entre ciências naturais e ciências sociais torna-se doravante inútil e desprovida de qualquer significado. Superado o mecanicismo, as ciências naturais vêm demonstrando, nas últimas décadas, uma tendência a se valer cada vez mais de conceitos tomados das ciências sociais, o que faz que se aproximem mais das humanidades.

O segundo princípio, por sua vez, volta-se contra a excessiva especialização da ciência moderna. O conhecimento de uma ciência pós--moderna deverá ser temático e tratado de modo interdisciplinar. Ademais, qualquer saber humano torna-se um conhecimento local, pois os temas são adotados, em dados momentos, por grupos sociais concretos, constituindo-se como projetos de vida locais.

O terceiro princípio refere-se à superação da clássica dicotomia sujeito/objeto, pois o sujeito cognoscente, que havia sido expulso da ciência, porque titular de valores e crenças, volta a ser valorizado. Todo conhecimento científico afigura-se, também, como autoconhecimento, traduzindo-se num saber prático que ensina o ser humano a viver.

O quarto princípio implica a superação da ruptura epistemológica operada pela ciência moderna, que sucederia por meio de uma ciência pós-moderna, consciente de que a racionalidade cognitiva se alcança no diálogo e interpenetração de várias formas de conhecimento, inclusive do senso comum.

---

[10] SANTOS, Boaventura de Sousa. *Um discurso sobre as ciências*. 7. ed. São Paulo: Cortez, 2010a. p. 50.

Para Boaventura Santos[11], entende-se por Epistemologias do Sul o conjunto de intervenções epistemológicas que denunciam a supressão dos saberes levada a cabo, ao longo dos últimos séculos, pela norma epistemológica dominante, valorizam os saberes que resistiram com êxito e as reflexões que estes têm produzido e investigam as condições de um diálogo horizontal entre conhecimentos, denominado de ecologias de saberes.

Essa soberania epistêmica engendrou o denominado epistemicídio, o qual teria se manifestado na supressão destruidora de alguns modelos de saberes locais, na desvalorização e hierarquização de tantos outros, levando ao desperdício – em nome dos desígnios colonialistas, imperialistas e globalistas – da rica variedade de perspectivas presentes na diversidade cultural e nas cosmovisões produzidas.

Com efeito, a proposta das Epistemologias do Sul surge da constatação de que o mundo apresenta uma diversidade cultural, embora, ao longo de toda a modernidade, tenha imperado uma forma de produção de conhecimento pautada pelo modelo epistemológico da ciência moderna, que inviabilizou o surgimento de outras modalidades de saberes, desembocando na exclusão e no silenciamento de povos e culturas qualificadas como periféricas.

O mais característico desse modo de pensamento é sua lógica de exclusão. Não há possibilidade de copresença dos dois lados da linha, dado que, para haver prevalência, um dos lados necessariamente esgota todo o campo da realidade relevante. Deveras, no âmbito da experiência jurídica, estabeleceu-se uma linha abissal para separar as fronteiras do legal e do ilegal, bem como, no plano epistemológico, fixou-se uma linha abissal entre o verdadeiro e o falso.

Conforme Boaventura Santos[12], consagra-se uma cartografia moderna dual: a cartografia jurídica e a cartografia epistemológica. O outro lado da linha abissal é um universo que se estende para além da legalidade e ilegalidade, para além da verdade e da falsidade,

---

[11] SANTOS, Boaventura de Sousa; MENESES, M. P. (Org.). *Epistemologias do Sul*. São Paulo: Cortez, 2010b. p. 7.
[12] Idem, ibidem, p. 38.

produzindo-se uma ausência radical de humanidade e a configuração de uma sub-humanidade.

Segundo ele, a superação de toda essa lógica de exclusão deve ocorrer por intermédio de um pensamento pós-abissal, o qual parte da ideia de que a diversidade do mundo é inesgotável. Condição para a emergência do pensamento pós-abissal é o que se denomina de copresença radical, que deflui do abandono da concepção linear da história, bem como a superação da guerra e da intolerância, levando a um novo modo de entender a dimensão histórica. A contemporaneidade é simultaneidade, princípio que deve ser compreendido no horizonte de uma Epistemologia do Sul pela ideia de que práticas e agentes de ambos os lados da linha são contemporâneos em termos isonômicos.

Ao reconhecer a diversidade epistemológica, o pensamento pós-abissal deve tomar a forma de uma ecologia de saberes, reconhecendo uma pluralidade de formas de conhecimento além do conhecimento científico. Em face da soberania epistêmica da ciência moderna, a ecologia de saberes se propõe a ser uma via alternativa que privilegia o pensamento pluralista e propositivo.

Como bem refere Boaventura Santos[13], percebe-se claramente que as Epistemologias do Sul surgem como proposta de combate e superação do pensamento abissal e da soberania epistêmica da ciência moderna, portadora da lógica dicotômica e excludente. Essa superação seria possível no horizonte de uma ecologia de saberes, que parte do reconhecimento da diversidade epistemológica do mundo, promovendo o diálogo entre os diversos saberes.

Uma ecologia de saberes não se orienta no sentido de prescindir da ciência moderna, ainda que reconheça nela uma das principais ferramentas do pensamento abissal. Em vez disso, busca o reconhecimento dos limites da ciência, a fim de favorecer a busca de credibilidade para os conhecimentos tidos comumente por não científicos.

Para Boaventura Santos[14], um dos maiores desafios será o de pensar o Sul para além de um produto do império, concebido como resistência à dominação do Norte, pelo que a aprendizagem com o Sul somente

---

[13] Idem, ibidem, p. 65.
[14] Idem, ibidem, p. 17.

logrará êxito na medida em que se contribuir para que ele deixe de ser mero produto imperial do Norte.

Destarte, essa proposta de uma ecologia de saberes, como modalidade de conhecimento prudente, afigura-se de grande validade para os dias atuais. Neste momento em que a ciência resta abalada em sua posição soberana, uma proposta de conhecimento plural, local e diversificado adquire grande relevo, contribuindo, portanto, para a descolonização do pensamento.

Stuart Hall (1932-2014): a problematização sobre a identidade cultural na pós-modernidade

Stuart Hall, cientista social britânico-jamaicano, figura como um dos fundadores da corrente de pensamento conhecida como Escola Birmingham dos Estudos Culturais. Ele desenvolveu uma abordagem interdisciplinar sobre a cultura, articulando saberes como a sociologia, a antropologia, a filosofia, a literatura, a semiótica e a ciência política.

Influenciado pelas concepções marxista e gramsciana, Stuart Hall sustentava que a cultura não seria um mero objeto de estudo, mas, em verdade, um espaço crítico de ação social e de atuação política, onde as relações de poder seriam estabelecidas e modificadas. Sendo assim, a concepção de cultura foi alargada para contemplar os elementos do cotidiano e as diversas interações comportamentais dos atores sociais.

Com efeito, a cultura despontaria como a expressão dos valores que nascem no âmbito das lutas ideológicas, travadas entre grupos sociais para a imposição de discursos hegemônicos ou contra-hegemônicos, com base nas suas condições históricas e práticas sociais.

Com base numa abordagem multicultural, Stuart Hall desenvolveu estudos acerca da participação da mídia como instrumento de perpetuação da ideologia dominante, examinando o papel da indústria cultural como difusor de narrativas de dominação na sociedade contemporânea.

Além disso, Stuart Hall compreendia a linguagem como base para a construção de identidade cultural dos diferentes povos, a partir das percepções e dos respectivos modos de compreensão dos códigos linguísticos, dependendo da posição ocupada pelo sujeito numa dada relação comunicativa.

De outro lado, Stuart Hall desenvolveu a teoria da recepção sob o modelo da codificação/decodificação, a partir de uma estrutura de momentos distintos e interligados, nos quais as práticas sociais restam conectadas entre si, porém se mantendo independentes. A produção na comunicação aparece na forma de veículos simbólicos constituídos conforme as regras convencionais da linguagem. Para produzir algum efeito, a mensagem deve ser apropriada como um discurso significativo e ser significantemente decodificada. O processo é feito, então, pelo emprego de um código para produção de uma mensagem, a qual, uma vez decodificada, converte-se em práticas sociais.

Por sua vez, Stuart Hall identifica também a presença de elementos econômicos, sociais e políticos que influenciam no processo de significação dos objetos culturais, constituindo sentidos dominantes, que se expressam nas chamadas leituras preferenciais, as quais figuram como interpretações legítimas realizadas sobre eventos, com base na influência dos fatores que constituem a realidade social.

Stuart Hall também se dedicou ao estudo sobre o feminismo e sobre a raça. Conforme a força do movimento negro e a representatividade do movimento feminista foram se afirmando no mundo ocidental, tornou-se necessário que as ciências sociais repensassem as questões de hegemonia e desigualdade, não somente através da ótica das sociedades culturalmente dominantes, mas também no sentido da dominação perpetrada pelos próprios representantes das instituições sociais, a fim de possibilitar a reflexão sobre como a população branca e masculina opera os mecanismos de dominação cultural.

De todos os temas explorados nas pesquisas desenvolvidas por Stuart Hall, merece, contudo, especial destaque sua reflexão sobre os contornos e dilemas da identidade cultural no panorama social da pós-modernidade.

As questões de justiça das sociedades contemporâneas tendem a se pautar mais por reivindicações de reconhecimento cultural do que por reivindicações redistributivas. Hoje, os grupos sociais estão cada vez mais diferenciados e com uma pauta de reivindicações específicas.

Segundo Stuart Hall[15], a crise do conceito tradicional de identidade pode ser vista como parte de um processo mais amplo de mudança, que

---

[15] HALL, Stuart. *A identidade cultural na pós-modernidade*. Tradução: Tomaz Tadeu da Silva e Guaciara Lopes Louro. Rio de Janeiro: DP&A, 2006. p. 8.

está deslocando as estruturas e processos centrais das sociedades modernas e abalando os quadros de referência identitária que davam aos indivíduos uma ancoragem estável no mundo social.

Ele procura demonstrar os contornos e os rumos desta crise de identidade, que vem acometendo o sujeito na atualidade, o qual se encontra cindido, fragmentado, deslocado e descentrado em uma miríade de identidades culturais, tais como a nacionalidade, de classe, de etnia, de religiosidade, de língua, de sexualidade e de gênero.

Para tanto, Stuart Hall[16] apresenta três concepções de sujeito: o sujeito moderno, dotado de identidade centrada e unificada; o sujeito sociológico, portador de uma identidade baseada na sua relação com a sociedade; e o sujeito pós-moderno, o qual ostenta uma identidade móvel e contraditória, que varia conforme os diferentes contextos culturais e históricos.

Com efeito, as sociedades modernas seriam agrupamentos humanos de mudança célere e contínua, sendo atravessadas por diferentes divisões e antagonismos sociais que produzem uma variedade de diferentes identidades. Isso significa que cada agente social, em dadas circunstâncias, comporta-se de acordo com a identidade mais conveniente e oportuna.

A emergência do sujeito moderno ocorreu devido a uma série de acontecimentos que ocorreram entre os séculos XVI e XVIII, tais como a Reforma Protestante, o humanismo renascentista, as revoluções científicas e o Iluminismo. Esses eventos contribuíram para o surgimento do indivíduo com certas capacidades humanas fixas e um sentimento estável de sua própria identidade e lugar na ordem das coisas. Na modernidade tardia, contudo, a concepção desse sujeito foi deslocada, ocorrendo o seu descentramento e sua fragmentação.

De acordo com Stuart Hall[17], importantes pensadores conseguiram perceber essa descentralização do sujeito por meio de suas contribuições teóricas, influenciando as ciências sociais do século XX, quais sejam: a reinterpretação de Karl Marx, quando seus novos intérpretes entenderam que os indivíduos não poderiam ser os agentes históricos; a

---

[16] HALL, Stuart. *A identidade cultural na pós-modernidade*. Tradução: Tomaz Tadeu da Silva e Guaciara Lopes Louro. Rio de Janeiro: DP&A, 2006. p. 12.

[17] HALL, Stuart. *A identidade cultural na pós-modernidade*. Tradução: Tomaz Tadeu da Silva e Guaciara Lopes Louro. Rio de Janeiro: DP&A, 2006. p. 27.

descoberta do inconsciente de Freud, para quem as identidades, a sexualidade e os desejos seriam formados por processos psíquicos distintos da racionalidade; as descobertas da linguagem realizadas por Ferdinand de Saussure, para quem o indivíduo não seria autor das afirmações feitas ou dos significados expressos na linguagem; a concepção de Michel Foucault sobre o poder disciplinar, como instrumento da sociedade da vigilância; e a influência do movimento feminista, o qual implicou a centralidade das questões de sexualidade e gênero para a compreensão dos fenômenos sociais.

Por sua vez, Stuart Hall[18] explora a construção e desconstrução do conceito de comunidades imaginadas a partir da ideia de identidade nacional. De acordo com ele, o sentimento de comunidade só existe porque são empregados cinco elementos que se tornaram cruciais para manutenção e coesão da estrutura do Estado moderno. Na pós-modernidade, essa estrutura se encontra em desmoronamento. Para manter uma estrutura de unidade entre os indivíduos, o Estado nacional empregou recursos para não perder sua composição, a saber: 1) as narrativas da nação; 2) a ideia das origens; 3) a invenção das tradições; 4) o mito fundacional; e 5) a ideia da pureza original.

Sendo assim, os elementos utilizados pelo Estado nacional permitiram um discurso acerca da identidade nacional unificada e coesa. A visão de que o Estado Nacional seria capaz de manter seus membros unidos em torno de uma mesma identidade cultural, como se todos pertencessem a uma grande família nacional, está sendo questionada por conta dos seguintes motivos: as nações modernas só se constituíram a partir de culturas diferentes que foram conquistadas violentamente; as nações são constituídas por diferentes classes e diferentes grupos étnicos, impossíveis de serem iguais; e as nações ocidentais se sobrepuseram às demais pela força do imperialismo e do neocolonialismo.

Conforme assinala Stuart Hall[19], outro fator importante a ser observado é a globalização, que se refere àqueles processos, atuantes numa escala global, que atravessam fronteiras nacionais, integrando e

---

[18] HALL, Stuart. *A identidade cultural na pós-modernidade*. Tradução: Tomaz Tadeu da Silva e Guaciara Lopes Louro. Rio de Janeiro: DP&A, 2006. p. 33.

[19] HALL, Stuart. *A identidade cultural na pós-modernidade*. Tradução: Tomaz Tadeu da Silva e Guaciara Lopes Louro. Rio de Janeiro: DP&A, 2006. p. 39.

conectando comunidades e organizações, opondo-se à visão moderna de uma sociedade que tinha sua própria identidade nacional.

De outro lado, a questão da desintegração das identidades nacionais resulta da globalização, a qual tem provocado e ocasionado o crescimento da homogeneização cultural, pois se parte do princípio de que ela torna o mundo menor e as distâncias mais curtas. Tal fenômeno social ocorreria por conta do afrouxamento das culturas nacionais e do reforço de outros laços e lealdades culturais.

Stuart Hall[20] critica também essa ideia homogeneizante da globalização, sustentando a fascinação com o diferente que só é encontrado no local e defendendo que a globalização é mundialmente desigual na sua distribuição, não se sabendo ao certo o que mais é afetado por ela. Portanto, esses três fatores compõem as discussões daqueles que acreditam no efeito contrário que a globalização tem efetuado na identidade nacional, provocando assim o aparecimento ou a reação de novas identidades locais.

Logo, no lugar das antigas identidades nacionais, estariam emergindo identidades híbridas, vivenciadas por sujeitos que, ao passarem por migrações, não perderam os vínculos com os lugares de origem e suas tradições, fazendo com que eles sejam obrigados a negociar com as novas culturas em que vivem, sem nunca serem plenamente integrados a elas.

Axel Honneth (1949): a luta pelo reconhecimento como expressão ética dos conflitos sociais

Outro grande expoente da Antropologia Geral e Jurídica contemporânea é Axel Honneth, filósofo e cientista social germânico, que desenvolve pesquisas no âmbito do Instituto para Pesquisa Social da Universidade de Frankfurt. Este importante pensador propõe uma releitura da Teoria Crítica da Escola de Frankfurt. Os seus estudos concentram-se nas áreas da filosofia social, da ciência política e da ética, tratando, principalmente, da explicação teórica e crítico-normativa das relações de autoridade, dominação e poder na sociedade atual, a partir do advento dos novos movimentos sociais nas décadas de 1970 e 80.

---

[20] HALL, Stuart. *A identidade cultural na pós-modernidade*. Tradução: Tomaz Tadeu da Silva e Guaciara Lopes Louro. Rio de Janeiro: DP&A, 2006. p. 45.

Para tanto, Axel Honneth[21] defende o uso da ideia de luta por reconhecimento para entender a estrutura da forma de reinvindicação de direitos no mundo atual, colocando o conflito social como fundamental em seu projeto crítico. Ele formula um novo modelo cognitivo capaz de compreender o significado das relações sociais concretas e, a partir disso, das contradições e das ambivalências contidas no interior das novas lutas sociais que se manifestam no plano histórico.

Com efeito, o pensamento crítico convencional estava preocupado em compreender os motivos, as causas de um acúmulo das crises sociais, bem como compreender como surge uma nova ordem social, qual o senso da história, passando, por fim, pelas novas formas de autoridade, dominação e poder.

Ao revés, Axel Honneth defende que falhas internas aos modelos teóricos de Horkheimer, Adorno, Foucault e Habermas foram responsáveis por um verdadeiro déficit sociológico da teoria crítica. Apesar de proporem paradigmas teóricos explicativos da integração social, a atividade cotidiana ficava de lado, em favor de uma teorização mais profunda acerca da dominação. Com isso, a própria teoria crítica se colocava problemas que não poderia resolver. Daí a necessidade de uma atualização que se pautasse pela solução desta lacuna por meio de uma teoria da integração cujo centro ativo fosse a atividade cotidiana.

Com base nos ensinamentos de Hegel, Mead, Habermas e Winnicott, Axel Honneth propõe então o conceito de reconhecimento, derivado principalmente dos trabalhos de filosofia social de Hegel, da psicologia social de Mead, da ética comunicativa de Habermas e da teoria da relação de objeto de Winnicott. Este conceito apresenta a ideia de que expectativas normativas morais conformam a autopercepção dos indivíduos e que, uma vez desrespeitadas, tornam-se combustível dos conflitos sociais.

Sendo assim, Axel Honneth resgata a centralidade da filosofia política enquanto ciência capaz de desenvolver conhecimentos que possam efetivamente compreender as novas lutas sociais que se desenvolviam no interior de sociedades cada vez mais complexas e plurais. A teoria crítica passa a associar-se, também, aos processos de construção social

---

[21] HONNETH, Axel. *Luta por reconhecimento*: a gramática moral dos conflitos sociais. Tradução: Luiz Repa. São Paulo: Editora 34, 2003. p. 10.

da identidade, conferindo grande ênfase à noção de um conflito enquanto elemento constitutivo da subjetividade e da identidade dos membros de determinada coletividade.

Com efeito, Axel Honneth[22] recorre aos estudos do jovem Hegel, cuja filosofia política atribui à intersubjetividade da esfera pública grande relevo, diferentemente do quanto preconizado por Thomas Hobbes e Nicolau Maquiavel, baseados na ideia de que a sociedade precede de um cálculo egoísta de autoconservação dos indivíduos. Os sujeitos apenas abandonam e superam as relações éticas em que se encontram à medida que sentem que elas não são capazes de reconhecer o caráter particular de suas respectivas identidades. A luta social não restaria organizada como um confronto de todos contra todos, mas, ao contrário, como um conflito social moralmente motivado, objetivando o reconhecimento amplo da individualidade humana.

Trata-se, portanto, de uma luta pelo direito de ser livre e reconhecido como igual, pelo que a construção do reconhecimento recíproco gera o progresso moral e substancialmente político, vale dizer, uma nova totalidade que tem a capacidade de unificar os diversos sujeitos e sociedades humanas.

Conforme salienta Axel Honneth[23], a concepção de reconhecimento poderia ser dividida em três esferas: o amor, o direito e a solidariedade. A luta pelo reconhecimento sempre inicia pela experiência do desrespeito dessas formas de reconhecimento. A autorrealização do indivíduo somente é alcançada quando há, na experiência de amor, a possibilidade de autoconfiança, na experiência de direito, o autorrespeito e, na experiência de solidariedade, a autoestima.

Neste sentido, os indivíduos e os grupos sociais somente podem formar a sua identidade quando forem reconhecidos intersubjetivamente em diferentes setores da vida: no âmbito privado do amor, nas relações jurídicas e na esfera da solidariedade social. Essas três formas explicam a origem das tensões sociais e as motivações morais dos conflitos.

---

[22] HONNETH, Axel. *Luta por reconhecimento*: a gramática moral dos conflitos sociais. Tradução: Luiz Repa. São Paulo: Editora 34, 2003. p. 47.

[23] HONNETH, Axel. *Luta por reconhecimento*: a gramática moral dos conflitos sociais. Tradução: Luiz Repa. São Paulo: Editora 34, 2003. p. 158.

A primeira esfera do amor refere-se às relações primárias baseadas em ligações emotivas entre pessoas. O amor constitui a primeira etapa do reconhecimento recíproco, visto que é o lugar no qual os sujeitos reconhecem suas carências e entendem a necessidade do outro. No âmbito desta esfera afetiva, portanto, o indivíduo adquire a autoconfiança. O amor, forma mais elementar de reconhecimento, figura como o fundamento da autoconfiança, porquanto permite aos indivíduos conservarem a identidade e desenvolverem uma autoconfiança, indispensável para a sua autorrealização. Para investigar essa esfera, são utilizados os trabalhos da psicologia infantil de Donald Winnicott para sustentar que o amor é uma forma de reconhecimento e, por meio dele, o indivíduo desenvolve uma confiança em si mesmo, indispensável para seus projetos de autorrealização pessoal.

A segunda esfera do direito trata da questão de que o seres humanos se desenvolvem dentro de um cerne estrutural de toda eticidade. O direito implica a possibilidade do reconhecimento do outro, do diferente, como uma pessoa livre e igual a todas as outras. Isto ocorre porque só podemos chegar a uma compreensão de nós mesmos como portadores de direitos quando sabemos quais obrigações temos de observar em face do outro. A partir do momento em que concebemos os outros enquanto pessoas dotadas de direitos, é que podemos entender-nos também enquanto sujeitos de direito, e assim podemos nos tornar seguros do cumprimento social de algumas de nossas pretensões. Desse modo, é na esfera do reconhecimento dos direitos que se desenvolve a noção de autorrespeito.

A terceira esfera da solidariedade se refere à concepção de relações simétricas, nos termos da sociedade, que possibilitem qualquer sujeito de ter reconhecidas as suas capacidades como valiosas e necessárias. Tal compartilhamento de estima mútua entre os indivíduos só se torna compreensível à medida que houver um horizonte de valores partilhados entre si pelos sujeitos envolvidos. A estima social leva em conta as qualidades particulares que diferenciam os seres humanos, fundadas em vínculos intersubjetivos.

Como ressalta Axel Honneth[24], as sociedades modernas caracterizam-se, nas relações de estima social, por uma luta permanente entre os

---

[24] HONNETH, Axel. *Luta por reconhecimento*: a gramática moral dos conflitos sociais. Tradução: Luiz Repa. São Paulo: Editora 34, 2003. p. 207.

grupos sociais para elevar o valor atribuído à capacidade de suas formas de vida. Sendo assim, a estima social assume um padrão capaz de conferir às formas de reconhecimento o caráter de relações assimétricas entre os indivíduos. As reputações dos sujeitos são mensuradas pelas realizações que eles apresentam socialmente dentro do quadro de autorrealização.

Quanto mais os movimentos sociais logram chamar a atenção da opinião pública para a importância das propriedades representadas por eles de modo coletivo, tanto mais existe a possibilidade do reconhecimento do seu valor social.

Neste sentido, a solidariedade, última esfera de reconhecimento, remete à aceitação recíproca das qualidades individuais, julgadas a partir dos valores existentes na comunidade. Por meio dessa esfera, gera-se a autoestima, ou seja, uma confiança nas realizações pessoais e na posse de capacidades reconhecidas pelos membros da comunidade.

A passagem progressiva dessas etapas de reconhecimento explica a evolução social, ocorrendo devido à experiência do desrespeito que se manifesta desde a luta pela posse da propriedade até à pretensão do indivíduo de ser reconhecido intersubjetivamente pela sua identidade.

Para cada forma de reconhecimento, existiria uma autorrelação prática do sujeito, a saber, autoconfiança nas relações amorosas e de amizade, autorrespeito nas relações jurídicas e autoestima na comunidade social de valores. A ruptura dessas autorrelações pelo desrespeito engendraria as lutas sociais.

Quando não há um reconhecimento ou quando ele é falso, ocorre uma luta em que os indivíduos não reconhecidos almejam as relações intersubjetivas do reconhecimento. Toda luta por reconhecimento inicia por meio da experiência de desrespeito. O desrespeito ao amor são os maus-tratos e a violação, que ameaçam a integridade física e psíquica; o desrespeito ao direito são a privação de direitos e a exclusão, pois isso atinge a integridade social do indivíduo como membro de uma comunidade político-jurídica; o desrespeito à solidariedade são as degradações e as ofensas, que afetam os sentimentos de honra e dignidade do indivíduo como membro de uma comunidade cultural de valores.

Logo, as mudanças sociais podem ser explicadas por meio do desrespeito, gerador de conflitos sociais. Os conflitos surgem do desrespeito a qualquer uma das formas de reconhecimento, ou seja, de experiências morais decorrentes da violação de expectativas normativas. A identidade moral é formada por essas expectativas. Uma mobilização política somente ocorre quando o desrespeito expressa a visão de uma comunidade.

Deste modo, a teoria de Honneth revela-se explicativa, pois pretende esclarecer a gramática dos conflitos e a lógica das mudanças sociais com a finalidade de entender a evolução moral da sociedade, e crítico--normativa, porque fornece um padrão de eticidade para identificar as patologias sociais e avaliar os movimentos sociais. A eticidade, portanto, é o conjunto de práticas e valores, vínculos éticos e instituições, que formam uma estrutura intersubjetiva de reconhecimento recíproco. Por meio da vida boa, há uma conciliação entre liberdade pessoal e valores comunitários. A identidade dos indivíduos é formada no âmbito do processo de socialização, através do qual ocorre a internalização ética de valores, normas e obrigações.

Esse conceito formal de eticidade objetiva ser uma ampliação da moralidade, integrando tanto a universalidade do reconhecimento jurídico-moral da autonomia individual como a particularidade do reconhecimento ético da autorrealização. Por conseguinte, esse conceito tem como objetivo alcançar todos os aspectos necessários para um verdadeiro reconhecimento dos atores sociais.

Nancy Fraser (1947): reconhecimento, redistribuição e paridade participativa

Nancy Fraser, filósofa e cientista social norte-americana, desponta como outra importante referência da Antropologia Geral e Jurídica. Atualmente, além de lecionar em Universidades na Alemanha, França, Espanha e Holanda, figura como Professora da conceituada New School University.

O pensamento de Nancy Fraser procura harmonizar os contributos da Teoria Crítica e do Pós-Estruturalismo, superando a falsa antítese entre estas vertentes intelectuais, a fim de oferecer importantes instrumentos críticos de avaliação da realidade social e possibilitar a formulação das políticas públicas voltadas para o reparo de injustiças econômicas, sociais, políticas e históricas.

Ao lado de Axel Honneth, Nancy Fraser contribuiu para o debate sobre as novas lutas sociais surgidas a partir das décadas de 1960 e 70, tendo como eixo central os conceitos de reconhecimento e de redistribuição. Fraser diverge, todavia, de Honneth no tocante à concepção de justiça social, criticando a prioridade que ele atribui à categoria ética do reconhecimento, em detrimento da categoria político-social da redistribuição.

Segundo ela, estes movimentos sociais passaram a defender o reconhecimento com base em critérios relacionados à raça, à etnia, ao gênero e à sexualidade, minimizando a importância de equacionar os problemas referentes a uma injusta distribuição econômica. A ênfase concedida às políticas identitárias teria desviado o foco da crescente desigualdade de riqueza que caracteriza as sociedades capitalistas de produção.

Como salienta Nancy Fraser[25], a luta pelo reconhecimento identitário, ainda que indubitavelmente legítima, teria favorecido a fragmentação e o enfraquecimento do movimento político mais amplo em prol da justiça social, que almeja combater as formas de exploração capitalista, pelo que se tornaria necessária a união das questões de distribuição econômica com as questões de reconhecimento cultural.

Com efeito, no cenário social contemporâneo, com o descolamento das classes, diversos movimentos sociais teriam mudado as direções de suas reivindicações. As exigências de mudança econômica perderam espaço para as demandas de mudança cultural. Desta forma, as pretensões baseadas na identidade passaram a predominar cada vez mais, enquanto as iniciativas de redistribuição econômica perderam a centralidade.

Conforme sustenta Nancy Fraser[26], o problema do reconhecimento de grupos minoritários não seria uma questão ética, mas, isto sim, de caráter moral. Ela não diz respeito à busca pessoal pela felicidade e autorrealização, mas, isto sim, a um desenho institucional justo, o qual permita que todos os segmentos da sociedade, majoritários ou minoritários, tenham a possibilidade de participar de maneira igualitária na formulação das normas sociais. Esta seria a única forma de enfrentar os

---

[25] FRASER, Nancy. Reconhecimento sem ética? Tradução: Ana C. F. Lima e Mariana P. Fraga Assis. *Lua Nova*, São Paulo, v. 70, 2007. p. 106.

[26] FRASER, Nancy. Redistribución y reconocimiento. In: *Iustitia interrupta*: reflexiones críticas desde la posición "postsocialista". Santa Fé de Bogotá: Siglo del Hombre Editores, Universidad de los Andes; Facultad de Derecho, 1997. p. 22.

padrões culturais excludentes que perpassam as regras das instituições, não competindo aos formuladores de política pública interferir nas crenças e no imaginário individual, mas os padrões culturais excludentes deveriam ser banidos das instituições, promovendo-se a moralização das regras institucionais.

Nancy Fraser propõe um modelo moral de reconhecimento que não invalida as reivindicações de justiça econômica, estabelecendo ser necessário tanto que certas condições objetivas, quanto certas condições subjetivas sejam observadas. As condições objetivas são aquelas que excluem níveis de dependência econômica e desigualdade que impeçam a igualdade de participação. As condições subjetivas implicam que os padrões institucionalizados de valores culturais expressem igual respeito por todos os participantes e garantam a oportunidade igual para que cada qual alcance a estima social.

De acordo com Nancy Fraser[27], a concretização da justiça social requer um arranjo institucional que garanta tanto a distribuição quanto o reconhecimento, a fim de que os pilares se apoiem e não se excluam, vale dizer, uma concepção bidimensional da justiça orientada para a norma da paridade de participação, que leve em consideração tanto o aspecto econômico, quanto a dimensão cultural de justiça.

Com efeito, a sua proposta de uma paridade participativa figura como o critério de justiça mais adequado, por abarcar tanto as condições da justiça distributiva, quanto de reconhecimento, em detrimento da pura política do justo como reconhecimento.

Sendo assim, haveria duas modalidades de injustiça. A primeira seria a injustiça socioeconômica, arraigada na estrutura político-econômica da sociedade. A segunda forma seria a injustiça cultural. A solução para a injustiça econômica corresponderia a um tipo de restruturação político-social, centrada na noção de redistribuição. Por sua vez, a solução para injustiça cultural consistiria na mudança das relações simbólicas entre os indivíduos, em torno da noção de reconhecimento.

Decerto, inobstante suas diferenças, ambas as injustiças econômica e cultural se encontram amplamente difundidas e entrelaçadas nas sociedades contemporâneas. As instituições econômicas materiais têm

---

[27] FRASER, Nancy. *Reconhecimento sem ética?* Tradução: Ana C. F. Lima e Mariana P. Fraga Assis. *Lua Nova*, São Paulo, v. 70, 2007. p. 36.

uma dimensão constitutiva cultural, estando moldadas por significações e normas, enquanto as práticas culturais discursivas possuem uma dimensão político-econômica constitutiva, estando vinculadas a uma dada base material.

Ao tratar das soluções para estas injustiças, Nancy Fraser[28] demonstra que enquanto as soluções de caráter afirmativo tendem a promover a diferenciação entre os indivíduos, corrigindo os resultados desiguais dos acordos sociais, sem afetar o marco geral original, as soluções de tipo transformativo pretendem diluir tais diferenças dada sua concepção universalista, mediante a reestruturação do marco geral implícito que os origina. O ponto essencial do contraste é enquanto as ações afirmativas buscam uma mudança gradual, as transformativas buscam a mudança radical dessas injustiças.

Na esfera da injustiça econômica, as soluções afirmativas têm sido associadas historicamente com o Estado de bem-estar social, a fim de reparar a má distribuição dos recursos resultantes, deixando intacta a estrutura político-econômica atual. Para tanto, busca-se aumentar o consumo dos grupos em desvantagem econômica, sem reestruturar o sistema de produção. As soluções transformativas, em contraste, são associadas historicamente ao socialismo, reestruturando as relações de produção, não apenas modificando o consumo dos indivíduos, mas também a divisão social do trabalho e as condições gerais de existência.

Nancy Fraser[29] diferencia até que ponto as soluções interferem entre si e se aplicam ao mesmo tempo. As soluções de cunho afirmativo de redistribuição do Estado de bem-estar social parecem contradizer as políticas de reconhecimento afirmativas, à medida que uma tende a aumentar as diferenças e a outra diminuir. Analogamente, as políticas de redistribuição transformativas do socialismo parecem contrastar as políticas afirmativas do reconhecimento do multiculturalismo, tendo em vista que as primeiras tendem a diluir a diferenciação dos grupos e as seguintes promovê-la. As soluções centradas no Estado de bem-estar

---

[28] FRASER, Nancy. Redistribución y reconocimiento. In: *Iustitia interrupta*: reflexiones críticas desde la posición "postsocialista". Santa Fé de Bogotá: Siglo del Hombre Editores, Universidad de los Andes; Facultad de Derecho, 1997. p. 44.

[29] FRASER, Nancy. Redistribución y reconocimiento. In: *Iustitia interrupta*: reflexiones críticas desde la posición "postsocialista". Santa Fé de Bogotá: Siglo del Hombre Editores, Universidad de los Andes; Facultad de Derecho, 1997. p. 44.

social e no multiculturalismo tendem a promover a diferenciação dos grupos, ainda que a primeira possa levar ao desrespeito. Na mesma linha, as políticas transformativas de redistribuição do socialismo são compatíveis, sendo que ambas tendem a diluir os fatores de diferenciação entre os grupos, o que aproxima a autora de uma concepção deontológica.

Deveras, pode haver, em muitos casos, um conflito entre ambas as soluções, visto que enquanto as exigências por reconhecimento buscam afirmar uma identidade do grupo, por essa razão tendem a promover a diferenciação dos grupos, as exigências por redistribuição postulam em favor da abolição das desigualdades econômicas que servem de base para assimetria dos grupos.

No tocante à relação entre feminismo e capitalismo, Nancy Fraser atribui ao feminismo identitário, surgido durante a segunda onda do feminismo, um papel atuante na fase neoliberal do capitalismo.

Com efeito, esta segunda onda do feminismo teria rejeitado todos os quatro pilares do capitalismo estatal: o economismo, ideia de que o poder público político deveria regular o mercado econômico; o androcentrismo, enquanto concepção de políticas econômicas voltadas para o salário do trabalhador como fonte de sustento familiar; o estatismo, como visão tecnocrática da atuação estatal; e, por último, o nacionalismo, enquanto defesa de fronteiras nacionais precisas e de um regime de cidadania próprio.

Segundo Nancy Fraser[30], as referidas críticas realizadas pelo feminismo ao capitalismo do bem-estar social, embora dotadas de indiscutível legitimidade, teriam sido estrategicamente apropriadas pelo projeto desregulador e privatista do neoliberalismo capitalista, comprometendo assim a força libertária do movimento feminista.

Deste modo, ao valorizar as questões culturais de reconhecimento, mitigando a relevância das questões de distribuição econômica, o feminismo teria se tornado um discurso mais restrito ao mundo acadêmico, distanciando-se da compreensão das desigualdades econômicas e das injustiças praticadas contra as mulheres nos âmbitos local e global.

---

[30] FRASER, Nancy. Feminism, capitalism and the cunning of history. *New Left Review*, v. 56, 2009. p. 30.

3. BALANÇO CRÍTICO DA PÓS-MODERNIDADE ANTROPOLÓGICA

Entre as diversas críticas que podem ser apontadas contra as vertentes da pós-modernidade antropológica, merecem registro as seguintes:

- as correntes pós-modernas revelam-se aptas no diagnóstico das imperfeições das narrativas tradicionais e dos paradigmas epistemológicos anteriores, mas não logram formular modelos científicos dotados de abrangência global e de utilidade prática para a solução dos problemas que acometem o cotidiano social da humanidade;

- a ênfase na interpretação dos fenômenos e processos socioculturais acaba por privilegiar uma abordagem excessivamente subjetiva do pesquisador, comprometida com uma determinada tábua de valores, solapando as exigências metodológicas de lastro experimental e de objetividade que se afiguram necessárias para a construção do conhecimento científico;

- a valorização do relativismo cultural nas abordagens contemporâneas pode legitimar a realização de comportamentos humanos eticamente reprováveis e atentatórios contra os direitos humanos fundamentais, mormente de minorias, embora justificados, em tese, pela falsa ideia de um princípio ilimitado de autodeterminação dos povos;

- a concepção do pluralismo jurídico acaba por cristalizar uma percepção parcial e reducionista das complexas relações entre o Direito estatal e o Direito não estatal, como sendo inexoravelmente fadada a reproduzir conflitos, ou gerar uma ambiência sociocultural desfavorável à coesão grupal, potencializando a insegurança, a desordem e aumento das tensões sociais.

SINOPSE

As profundas transformações econômicas políticas e culturais ocorridas nos revoltos anos 60 e 70 do século passado, período marcado por eventos marcantes na história da humanidade, *e.g.*, descolonização de países; a afirmação das identidades nacionais; a oposição aos conflitos armados da guerra fria; as rebeliões estudantis; a causa dos direitos civis dos afrodescendentes; a luta feminista em prol da igualdade sexual; o fortalecimento do movimento operário e a oposição às ditaduras latino-americanas promoveram importantes alterações na vida social, influenciando a natureza e o direcionamento da pesquisa jurídico-antropológica.

Desde então, a humanidade vem vivenciando um momento de revisão de suas matrizes epistemológicas. Na seara da antropologia geral e jurídica, nota-se a emergência de uma diversidade de propostas teórico-metodológicas, algumas voltadas a estabelecer a reformulação do modelo jurídico-antropológico da modernidade, outras dispostas a promover uma verdadeira ruptura com os tradicionais paradigmas cognitivos. Eis a razão pela qual se refere o despertar de uma nova consciência dita pós-moderna.

Embora para alguns pensadores a modernidade ainda não tenha se exaurido por completo, o fato é que o movimento intelectual denominado de pós-modernidade vem oportunizando uma salutar reflexão sobre os rumos e os objetivos da antropologia geral e jurídica.

O ingresso do saber antropológico na era pós-moderna está relacionado à conformação de uma antropologia simbólico-interpretativa, baseada na valorização da hermenêutica, a qual vem alcançando posição de destaque à medida que a fragmentação disciplinar típica da ciência moderna dificulta uma imprescindível apreensão do funcionamento do todo.

Em outras palavras, para uma compreensão da totalidade, devemos necessariamente passar pela análise de como as partes operam e se conjugam, e os recursos para esse mister compreensivo são fornecidos pela hermenêutica.

Ademais, é por meio da hermenêutica que preocupações afetas a outras ciências do texto, como a filologia, semiologia e exegese, alcançam condições de contraposição. Para que a cultura possa ser representada por meio de um texto, assim como para que ela possa ser lida por meio do texto, é imprescindível que o intérprete compreenda o universo de signos que compõem o campo semântico do outro.

O objetivismo científico não poderia ser superado por meio de novas concepções teóricas, mas, ao revés, somente mediante uma demonstração prática entre as conexões relacionadas ao conhecimento e interesse para aferir a validade das proposições, indissociáveis das intencionalidades dos agentes sociais. Passava-se, assim, a ser questionada a adequação dos métodos científicos que até então eram tradicionalmente aplicados na construção do conhecimento humano.

Nessa perspectiva reflexiva, adota-se uma concepção pragmática do conhecimento científico, uma vez que passa a importar muito mais o processo em que se dá a produção do conhecimento, do que o conhecimento em si mesmo. Até mesmo porque, essa epistemologia pragmática não possui, e nem busca, uma concepção absoluta de verdade. De modo contrário, suas reflexões estão voltadas ao conhecimento como prática social situada e datada local e historicamente.

Logo, a hermenêutica possui plena aplicação no trabalho de compreensão da relação entre as instituições centrais de produção do conhecimento, valores e verdades e a sociedade. Sua adequação recai tanto sobre a necessidade de tornar compreensível o papel que a antropologia e o direito ocupam na sociedade como sobre o que elas dizem sobre a sociedade.

Assim como ocorre em relação à antropologia e ao conhecimento científico em geral, também no conhecimento jurídico a hermenêutica assume uma posição fundamental, que decorre do fato de que tanto a prática científica como a prática jurídica possuem em comum o trabalho de interpretação de textos.

A vocação disciplinar apresentada atualmente à antropologia não se encontra mais limitada ao estudo de comunidades primitivas ou subgrupos relativamente homogêneos dentro de uma sociedade complexa, uma vez que ampliou seus horizontes epistemológicos para passar a investigar etnograficamente como se opera a construção, representação, e transmissão do conhecimento nos complexos espaços sociais que compõem a sociedade contemporânea, o campo do direito mostra-se passível de ser analisado sob o ângulo antropológico, especialmente por meio da análise etnográfica de suas práticas discursivas e textuais.

Logo, a hermenêutica representa tanto para o direito como para a antropologia um importante referencial comum, pelo que o trabalho antropológico pode ser comparado ao que poderia ser compreendido como uma espécie de um novo filólogo. O antropólogo, em seu trabalho interpretativo, atuaria como uma espécie de autor secundário, cuja função é interpretar um texto por meio de outro texto.

De outro lado, os antropólogos identificados ao movimento pós-moderno operam mudanças expressivas nos pilares epistemológicos convencionais das pesquisas jurídico-antropológicas, realizando incursões etnográficas, a fim de propor novos modos de leitura e de recontextualização dos fenômenos e processos socioculturais estudados.

Tornou-se objeto de reflexão não somente as teorias e as metodologias da Antropologia, mas também as próprias representações etnográficas em seus diferentes ângulos. Além de uma abordagem crítica dos mecanismos retóricos da etnografia, passou a ser priorizada a etnografia experimental, a fim de redimensionar as práticas da pesquisa de campo e inovar os modos de produção da verdade científica.

Com o crescente questionamento dos seus pressupostos cognitivos, as correntes antropológicas pós-modernas fixaram novas bases epistemológicas, vislumbrando a cultura não mais como uma totalidade integrada, mas, ao revés, como um palco de permanente interação social e de compartilhamento discursivo de valores e sentidos. O mister antropólogo passou a consistir então no exercício da interpretação e da crítica sobre essa representação, além da escolha entre as estruturas de significados socialmente partilhados.

Logo, as diferentes formas de construção de significados e a sua própria representação discursiva passam a figurar como objeto de investigação antropológica, propiciando o surgimento de um espaço dialógico, polifônico e intersubjetivo na construção do texto pelos antropólogos.

Sendo assim, a etnografia converte-se numa representação do trabalho de campo em textos, como um meio de se refletir sobre teoria, filosofia e epistemologia, à medida que alça os atos da escrita e da correlata produção textual ao patamar elevado de uma reflexão crítica. A produção dos textos ocorre então de modo simultâneo à formação do próprio conhecimento, considerando a implicação recíproca do ato de escrever e do ato de pensar, tidos como indissociáveis para o referencial teórico adotado nessa pesquisa.

Consolida-se premissa de que é possível demonstrar, por intermédio da experiência antropológica, que o conhecimento condiciona as possibilidades de observação e textualização a um horizonte linguístico que lhes são peculiares, a fim de tornar tais considerações suscetíveis de uma abordagem reflexiva.

As diversificadas correntes pós-modernas da antropologia geral e jurídica fundamentam-se ainda numa perspectiva linguística, cuja principal finalidade é possibilitar uma abertura epistemológica a novas possibilidades para a representação da Antropologia Geral e do Direito. Verifica-se, pois, um esforço intelectual direcionado tanto a uma reinvenção do modo de representação antropológica, mediante experimentos textuais, como também a busca por novo estatuto epistemológico da pesquisa antropológica.

Buscam-se novas abordagens que priorizem as formas de construção da verdade nas diversas instituições e espaços culturais que compõem o tecido social contemporâneo. O conhecimento apresenta-se, pois, como um discurso necessariamente vinculado ao seu contexto original, pelo que a veracidade de uma proposição científica passa a depender das referências semânticas da linguagem utilizada.

Embora possam ser identificados muitos expoentes capazes de ilustrar as teses perfilhadas no referido contexto pós-moderno, foram doravante examinados os contributos de alguns dos mais notórios e representativos pensadores da contemporaneidade, com significativos impactos na redefinição disciplinar e paradigmática da antropologia geral e jurídica na pós-modernidade, a saber: Clifford Geertz (1926-2006), Max Gluckman (1911-1975), Paul Bohannan (1920-2007), Laura Nader (1930) e Boaventura de Sousa Santos (1940).

Clifford Geertz (1926-2006) oferece uma proposta de uma antropologia simbólico-interpretativa dos sistemas culturais.

Max Gluckman (1911-1975) e Paul Bohannan (1920-2007) realizam o debate universalismo *x* relativismo das culturas humanas.

Laura Nader (1930) propõe uma análise antropológica dos meios alternativos de solução de conflitos sociais.

Boaventura de Sousa Santos (1940) desenvolve reflexões críticas sobre o pluralismo jurídico e as epistemologias do Sul.

Entre as diversas críticas que podem ser apontadas contra as vertentes da pós-modernidade antropológica, merecem registro as seguintes: as correntes pós-modernas revelam-se aptas no diagnóstico das imperfeições das narrativas tradicionais e dos paradigmas epistemológicos anteriores, mas não logram formular modelos científicos dotados de abrangência global e de utilidade prática para a solução dos problemas que acometem o cotidiano social da humanidade; a ênfase na interpretação dos fenômenos e processos socioculturais acaba por privilegiar uma abordagem excessivamente subjetiva do pesquisador, comprometida com uma determinada tábua de valores, solapando as exigências metodológicas de lastro experimental e de objetividade que se afiguram necessárias para a construção do conhecimento científico; a valorização do relativismo cultural nas abordagens contemporâneas pode legitimar a realização de comportamentos humanos eticamente reprováveis e atentatórios contra os direitos humanos fundamentais, mormente de minorias, embora justificados, em tese, pela falsa ideia de um princípio ilimitado de autodeterminação dos povos; e a concepção do pluralismo jurídico acaba por cristalizar uma percepção parcial e reducionista das complexas relações entre o Direito estatal e o Direito não estatal, como sendo inexoravelmente fadada a reproduzir conflitos, ou gerar uma ambiência sociocultural desfavorável à coesão grupal, potencializando a insegurança, a desordem e o aumento das tensões sociais.

Por sua vez, Stuart Hall (1932-2014), cientista social britânico-jamaicano, figura como um dos fundadores da corrente de pensamento conhecida como Escola Birmingham dos Estudos Culturais. Ele desenvolveu uma abordagem interdisciplinar sobre a cultura, articulando saberes como a sociologia, a antropologia, a filosofia, a literatura, a semiótica e a ciência política.

Influenciado pelas concepções marxista e gramsciana, Stuart Hall sustentava que a cultura não seria um mero objeto de estudo, mas, em verdade, um espaço crítico de ação social e de atuação política, onde as relações de poder seriam estabelecidas e modificadas. Sendo assim, a concepção de cultura foi alargada para contemplar os elementos do cotidiano e as diversas interações comportamentais dos atores sociais.

Com base numa abordagem multicultural, Stuart Hall desenvolveu estudos acerca da participação da mídia como instrumento de perpetuação da ideologia dominante, examinando o papel da indústria cultural como difusor de narrativas de dominação na sociedade contemporânea.

Além disso, Stuart Hall compreendia a linguagem como base para a construção de identidade cultural dos diferentes povos, a partir das percepções e dos respectivos modos de compreensão dos códigos linguísticos, dependendo da posição ocupada pelo sujeito numa dada relação comunicativa.

Por sua vez, Stuart Hall identifica também a presença de elementos econômicos, sociais e políticos que influenciam no processo de significação dos objetos culturais, constituindo sentidos dominantes, que se expressam nas chamadas leituras preferenciais, as quais figuram como interpretações legítimas realizadas sobre eventos, com base na influência dos fatores que constituem a realidade social.

Stuart Hall também se dedicou ao estudo sobre o feminismo e sobre a raça. Conforme a força do movimento negro e a representatividade do movimento feminista foram se afirmando no mundo ocidental, tornou-se necessário que as ciências sociais repensassem as questões de hegemonia e desigualdade, não somente através da ótica das sociedades culturalmente dominantes, mas também no sentido da dominação perpetrada pelos próprios representantes das instituições sociais, a fim de possibilitar a reflexão sobre como a população branca e masculina opera os mecanismos de dominação cultural.

De todos os temas explorados nas pesquisas desenvolvidas por Stuart Hall, merece, contudo, especial destaque sua reflexão sobre os contornos e dilemas da identidade cultural no panorama social da pós-modernidade.

A crise do conceito tradicional de identidade pode ser vista como parte de um processo mais amplo de mudança, que está deslocando as estruturas e processos centrais das sociedades modernas e abalando os quadros de referência identitária que davam aos indivíduos uma ancoragem estável no mundo social.

Ele procura demonstrar os contornos e os rumos desta crise de identidade, que vem acometendo o sujeito na atualidade, o qual se encontra cindido, fragmentado, deslocado e descentrado em uma miríade de identidades culturais, tais como a nacionalidade, de classe, de etnia, de religiosidade, de língua, de sexualidade e de gênero.

Outro grande expoente da Antropologia Geral e Jurídica contemporânea é Axel Honneth (1949), filósofo e cientista social germânico, que desenvolve pesquisas no âmbito do Instituto para Pesquisa Social da Universidade de Frankfurt. Este importante pensador propõe uma releitura da Teoria Crítica da Escola de Frankfurt. Os seus estudos concentram-se nas áreas da filosofia social, da ciência política e da ética, tratando, principalmente, da explicação teórica e crítico-normativa das relações de autoridade, dominação e poder na sociedade atual, a partir do advento dos novos movimentos sociais nas décadas de 1970 e 80.

Axel Honneth defende que falhas internas aos modelos teóricos de Horkheimer, Adorno, Foucault e Habermas foram responsáveis por um verdadeiro déficit sociológico da teoria crítica. Apesar de proporem paradigmas teóricos explicativos da integração social, a atividade cotidiana ficava de lado, em favor de uma teorização mais profunda acerca da dominação. Com isso, a própria teoria crítica se colocava problemas que não poderia resolver. Daí a necessidade de uma atualização que se pautasse pela solução desta lacuna por meio de uma teoria da integração cujo centro ativo fosse a atividade cotidiana.

Com base nos ensinamentos de Hegel, Mead, Habermas e Winnicott, Axel Honneth propõe então o conceito de reconhecimento, derivado principalmente dos trabalhos de filosofia social de Hegel, da psicologia social de Mead, da ética comunicativa de Habermas e da teoria da relação de objeto de Winnicott. Este conceito apresenta a ideia de que expectativas normativas morais conformam a autopercepção dos indivíduos e que, uma vez desrespeitadas, tornam-se combustível dos conflitos sociais.

Axel Honneth resgata a centralidade da filosofia política enquanto ciência capaz de desenvolver conhecimentos que possam efetivamente compreender as novas lutas sociais que se desenvolviam no interior de sociedades cada vez mais complexas e plurais. A teoria crítica passa a associar-se, também, aos processos de construção social da identidade, tendo em sua gramática uma luta por reconhecimento e atribuindo grande ênfase à noção de um conflito enquanto elemento constitutivo da subjetividade e da identidade pessoal e coletiva dos membros de determinada sociabilidade.

Ele destaca a importância da identidade subjetiva dos sujeitos, dos seus valores, caracterizando, inclusive, uma luta para que liberdade e justiça possam estar permanentemente expandindo-se. Trata-se de uma luta pelo direito de ser livre e reconhecido como igual, pelo que a construção do reconhecimento recíproco gera o progresso moral e substancialmente político, vale dizer, uma nova totalidade que tem a capacidade de unificar os diversos sujeitos e sociedades humanas.

A concepção de reconhecimento poderia ser dividida em três esferas: o amor, o direito e a solidariedade. A luta pelo reconhecimento sempre inicia pela experiência do desrespeito dessas formas de reconhecimento. A autorrealização do indivíduo somente é alcançada quando há, na experiência de amor, a possibilidade de autoconfiança, na experiência de direito, o autorrespeito e, na experiência de solidariedade, a autoestima.

Com efeito, Axel Honneth pretende explicar as mudanças sociais por meio da luta por reconhecimento e propõe uma concepção normativa de eticidade a partir de diferentes dimensões de reconhecimento. Os indivíduos e os grupos sociais somente podem formar a sua identidade quando forem reconhecidos intersubjetivamente. Esse reconhecimento ocorre em diferentes dimensões da vida: no âmbito privado do amor, nas relações jurídicas e na esfera da solidariedade social. Essas três formas explicam a origem das tensões sociais e as motivações morais dos conflitos.

Por sua vez, o pensamento de Nancy Fraser (1947) procura harmonizar os contributos da Teoria Crítica e do Pós-Estruturalismo, superando a falsa antítese entre estas vertentes intelectuais, a fim de oferecer importantes instrumentos críticos de avaliação da realidade social e possibilitar a formulação das políticas públicas voltadas para o reparo de injustiças econômicas, sociais, políticas e históricas.

Decerto, Nancy Fraser contribuiu para o debate sobre as novas lutas sociais surgidas a partir das décadas de 1960 e 70, tendo como eixo central os conceitos de reconhecimento e de redistribuição. Fraser diverge, todavia, de Honneth no tocante à concepção de justiça social, criticando a prioridade que ele atribui à categoria ética do reconhecimento, em detrimento da categoria político-social da redistribuição.

A concretização da justiça social requer um arranjo institucional que garanta tanto a distribuição quanto o reconhecimento, a fim de que os pilares se apoiem e não se excluam, vale dizer, uma concepção bidimensional da justiça orientada para a norma da paridade de participação, que leve em consideração tanto o aspecto econômico, quanto a dimensão cultural de justiça.

Com efeito, a sua proposta de uma paridade participativa figura como o critério de justiça mais adequado, por abarcar tanto as condições da justiça distributiva, quanto de reconhecimento, em detrimento da pura política do justo como reconhecimento.

Sendo assim, haveria duas modalidades de injustiça. A primeira seria a injustiça socioeconômica, arraigada na estrutura político-econômica da sociedade. A segunda forma seria a injustiça cultural. A solução para a injustiça econômica corresponderia a um tipo de restruturação político-social, centrada na noção de redistribuição. Por sua vez, a solução para injustiça cultural consistiria na mudança das relações simbólicas entre os indivíduos, em torno da noção de reconhecimento.

Ao privilegiar as questões culturais de reconhecimento, mitigando a relevância das questões de distribuição econômica, o feminismo teria se tornado um discurso mais restrito ao mundo acadêmico, distanciando-se da compreensão das desigualdades econômicas e das injustiças praticadas contra as mulheres nos âmbitos local e global.

CAPÍTULO 19

A Decolonialidade como Projeto Inclusivo- -Humanista-Pluralista da Antropologia Geral e Jurídica

1. COLONIALIDADE, COLONIALISMO E MODERNIDADE: O PENSAMENTO DECOLONIAL COMO TEMÁTICA DA PÓS- -MODERNIDADE ANTROPOLÓGICA

No contexto da transição pós-moderna, os estudos jurídico-antropológicos aprofundaram as reflexões sobre a decolonialidade e os seus respectivos impactos no âmbito das ciências sociais. O exame desta nova vertente de pesquisa jurídico-antropológica pressupõe a compreensão dos significados de colonialidade e do colonialismo, bem como o entendimento da relação entre colonialidade e o projeto da modernidade ocidental.

Conforme salienta Walter Mignolo[1], pensar em colonialidade é em si uma derivação do pensamento decolonial, assim, vale dizer, o ato de questionar a colonialidade que caracteriza o pensamento decolonial, porquanto ela expressa a continuidade de um processo colonizador amplo e que está ainda presente nas sociedades atuais.

Esta colonialidade se afigura como o produto e a justificação das hierarquias e desigualdades entre as zonas centrais e as zonas periféricas

---

[1] MIGNOLO, Walter D.; WALSH, Catherine E. *Ondecoloniality*: concepts, analytics, praxis. Durham: Duke University Press, 2018. p. 13.

do mundo, geralmente a partir de um discurso eurocêntrico, que se manifesta política, econômica e culturalmente, influenciando os modos de pensar, falar e agir de povos dominados.

Ocorre, todavia, que a noção de colonialidade não se confunde com a concepção de colonialismo, embora sejam conceitos similares e convergentes.

Com efeito, o colonialismo se refere ao processo e ao sistema colonial em si e que foi empregado para dominação e exploração do trabalho e das riquezas dos colonizados. Trata-se de uma prática que envolve dominação e, por conseguinte, a subjugação de um povo por outro, um sistema que é complemento do imperialismo. As práticas de colonialidade não se findaram, portanto, com a superação histórica do colonialismo.

O fenômeno da colonialidade compreende as seguintes dimensões: a colonialidade do poder, a colonialidade do ser e a colonialidade do saber.

A colonialidade do poder traduz o fenômeno da continuidade das formas coloniais de dominação após a independência dos países historicamente subjugados, bem como evoca a necessidade de preservação da memória de processos históricos intencionalmente degenerados pelo discurso da modernidade, implicando o controle da economia, da autoridade, da natureza e dos recursos naturais, do gênero e da sexualidade, da subjetividade e do conhecimento.

Como leciona Walter Mignolo[2], a colonialidade do poder implica um contexto histórico mundial no qual todos os países lidam com a invasão da Europa ocidental e dos Estados Unidos. Ocorre então a interferência cultural e econômica das antigas metrópoles, fortalecidas por meio das estruturas atuais do sistema capitalista, que têm, como grandes representantes, a Organização das Nações Unidas, o Banco Mundial e o Fundo Monetário Internacional, além das empresas multinacionais e do alto grau de dependência tecnológica, econômica e financeira.

---

[2] MIGNOLO, Walter. El pensamiento decolonial: despredimiento y apertura. In: CASTRO--GÓMES, Santiago; GROSFOGUEL, Ramón. *El giro decolonial*: reflexiones para una diversidad epistémica más allá del capitalismo global. Bogotá: Siglo del Hombre Editores; Universidad Central; Instituto de Estudios Sociales Contemporáneos y Pontifícia Universidad Javeriana; Instituto Pensar, 2007. p. 12.

Cumpre ressaltar que concepção de raça articula-se com a dimensão da colonialidade do poder, sendo um elemento fundante do processo colonizador, porquanto tal fenômeno decorre da inserção da formação de uma economia capitalista em escala mundial, a qual inicia o processo de subalternização e obliteração de povos dominados, mediante o uso de uma narrativa racista.

A concepção de raça remonta ao século XVI, consolidando-se no século XIX com o desenvolvimento do capitalismo moderno e a chegada dos povos europeus nas Américas. As ideias de raça e de racismo não restam vinculadas somente à noção de cor da pele, mas também estão relacionadas ao próprio desenvolvimento histórico-cultural do sistema capitalista de produção.

Para Aníbal Quijano[3], a partir do domínio do continente americano, houve uma classificação social da população mundial de acordo com a ideia de raça. Trata-se de uma construção mental que expressa a experiência básica da dominação colonial e que, a partir daí, perpassa as dimensões mais importantes do poder mundial. Tal concepção serviu para naturalizar o processo de dominação baseada em um pressuposto de relação superioridade/inferioridade entre dominantes e dominados.

O capitalismo logo se apropriou dessa noção para impor uma sistemática divisão racial do trabalho: índios – servidão; negros – escravidão; europeus – assalariados, donos de meios de produção e classe dirigente. Desenvolveu-se, assim, a percepção de que o trabalho pago era privilégio dos brancos, pois os novos colonizados eram raças inferiores.

Seguindo os ensinamentos de Luciana Ballestrin[4], a ideia de raça se constituiu em um processo crucial para o efetivo domínio europeu tornando-se um importante elemento de subjugação social. Trata-se, por conseguinte, de uma classificação social que viabiliza a construção da

---

[3] QUIJANO, Aníbal. Colonialidade do poder, eurocentrismo e América Latina. In: LANDER, Edgardo. *A colonialidade do saber*: eurocentrismo e ciências sociais – perspectivas latino-americanas. Buenos Aires: CLACSO, 2005. p. 108.

[4] BALLESTRIN, Luciana. A América Latina e o giro decolonial. *Revista Brasileira de Ciência Política*, Brasília, n. 11, maio-ago. 2013. p. 91.

noção de superioridade e da pureza sanguínea da raça branca que justificava sua intervenção como uma via necessária para desenvolver povos naturalmente inferiores, mediante uma benfazeja transferência cultural.

Neste sentido, as relações intersubjetivas e culturais entre a Europa e o restante do mundo se deram a partir de novas categorias conceituais eurocêntricas. Tal eurocentrismo possibilitou uma articulação peculiar entre estes dualismos e um evolucionismo linear unidirecional de algum estágio de natureza à sociedade moderna europeia, oportunizando a naturalização das diferenças culturais por meio da ideia de raça e um estereótipo de que tudo que não fosse europeu seria concebido como a reminiscência de um passado remoto.

Por sua vez, a colonialidade do ser refere-se à experiência vivida da colonização e seu impacto na linguagem, compreendendo como o ser se reconhece, qual é a sua percepção de si mesmo. Ela implica a ruptura com a ideia de diferenciação natural entre os sujeitos, com a rejeição da ideia de raça, além da renegação de sentimentos de superioridade e inferioridade.

A seu turno, a colonialidade do saber se manifesta com uma expansão da produção intelectual marcada pelo eurocentrismo, com visões de mundo, métodos e técnicas produzidas na Europa e difundidas em todo globo terrestre, afirmando-se o predomínio de pensadores europeus nas mais diversas modalidades de conhecimento.

Segundo Ramón Grosfoguel[5], a colonialidade do saber se manifestaria em quatro genocídios/epistemicídios associados ao racismo/sexismo epistêmico que ocorreram ao longo do século XVI, quando a Europa estava no auge da colonização. Trata-se, assim, de genocídio/epistemicídio contra muçulmanos e judeus na conquista de Al-Andalus, contra os povos nativos na conquista das Américas, contra os africanos na conquista da África, a sucessiva escravização e descolamento dos africanos como escravos para as Américas.

Decerto, estas estruturas de dominação cultural marcaram o modo de produzir e de se apropriar das expressões cognitivas dos ex-povos

---

[5] GROSFOGUEL, Ramón. A estrutura do conhecimento nas universidades ocidentalizadas: racismo/sexismo epistêmico e os quatro genocídios/epistemicídios do longo século XVI. *Revista Sociedade e Estado*, v. 31, n. 1, jan./abr. 2016. p. 26.

dominados pelos europeus, vale dizer, uma colonialidade do saber associada com a diferença colonial e com a geopolítica dos modos de conhecimento. Isto permite reconhecer a crítica ao conhecimento produzido na Europa, exportado como um produto universal, bem como a legitimidade dos povos americanos produzirem seus próprios saberes, com as características singulares de cada localidade.

Ademais, assim como é importante entender as noções de colonialidade e de colonialismo para a apreensão da decolonialidade, também é essencial assimilar a relação entre colonialidade e modernidade.

Com efeito, a modernidade compreende dois momentos, o primeiro entre os séculos XV e XVI, e o segundo no século XVIII. A primeira modernidade se assinala com o mercantilismo mundial ocorrido no fim do século XV e início do século XVI, enquanto a segunda se inscreve pela Revolução Industrial do século XVIII e a Ilustração.

Do ponto de vista conceitual, a modernidade foi imaginada a partir de quando a Europa definiu a si mesma a posição de centro do mundo, consubstanciando promessas emancipatórias de salvação, progresso, civilização, desenvolvimento, mas, contraditoriamente, escondendo o programa repressivo e excludente do sistema capitalista ocidental.

Seguindo os ensinamentos de Quijano[6], pode-se afirmar que a ideia de modernidade apresenta-se como indissolúvel à ideia de colonialidade, como parte da mesma moeda do programa moderno, mas apresentando-se como o lado obscuro, uma vez que é por ela que a colonialidade emerge como meio de manter o sistema capitalista então implantado. Os dois fenômenos complementam-se, ou seja, o primeiro só ocorre com a existência do segundo, e o segundo pela existência do primeiro.

Sendo assim, o movimento decolonial promove uma crítica consistente à modernidade e à racionalidade, que foram imaginadas, até então, como experiências e produtos exclusivamente europeus. Não se trata de rompimento, mas de uma ressignificação libertária, a qual implica constatar que a modernidade resultou de todas as culturas e não apenas do modelo ocidental europeu, reivindicando que as ideias de cientificidade

---

[6] QUIJANO, Aníbal. Colonialidad del poder, eurocentrismo y América Latina. In: LANDER, Edgardo; CASTRO-GÓMEZ, Santiago. *La colonialidad del saber*: eurocentrismo y ciencias sociales: perspectivas latinoamericanas. Buenos Aires: Consejo Latinoamericano de Ciencias Sociales – CLACSO, 2000. p. 195.

e de laicidade também podem ser apropriadas por outros movimentos, sujeitos e espaços sociais da periferia mundial.

Com efeito, o pensamento decolonial critica a modernidade e a correlata racionalidade eurocêntrica por conta da irracionalidade que elas dissimulam, procurando fazer da epistemologia um instrumento político para aqueles grupos e sujeitos marginalizados e subalternizados ao longo do processo histórico iniciado desde a idade moderna.

Como bem refere Walter Mignolo[7], o pensamento decolonial é um modo de compreensão da realidade que se desprende de uma lógica de um único mundo possível, moldada pela modernidade capitalista, abrindo-se para uma pluralidade de vozes e caminhos. Trata-se de uma busca pelo direito à diferença e a uma abertura para um pensamento-outro.

Apesar de a colonização oficial ter terminado formalmente com a descolonização das Américas durante os séculos XVIII e XIX e a descolonização de grande parte do Sul Global no final do século XX, o imperialismo e a globalização continuaram com este processo etnocêntrico de hierarquização de culturas, ampliando a desigualdade entre diferentes classes, povos e nações.

Deveras, estas matrizes integradas de colonialidade do poder, do ser e do saber produziram as condições objetivas e subjetivas necessárias para uma discriminação econômica, social e política de diferentes sujeitos, grupos e nações, de acordo com contextos culturais, históricos e geográficos específicos.

2. OS CONTORNOS CONCEITUAIS DO PENSAMENTO DECOLONIAL

A decolonialidade figura como uma escola de pensamento gestada essencialmente pelo movimento latino-americano emergente que tem como objetivo libertar a produção de conhecimento da matriz

---

[7] MIGNOLO, Walter. El pensamiento decolonial: despredimiento y apertura. In: CASTRO-GÓMES, Santiago; GROSFOGUEL, Ramón. *El giro decolonial*: reflexiones para una diversidad epistémica más allá del capitalismo global. Bogotá: Siglo del Hombre Editores; Universidade Central; Instituto de Estudios Sociales Contemporáneos y Pontificia Universidad Javeriana; Instituto Pensar, 2007. p. 27.

eurocêntrica. Criticando a pretensa universalidade e o suposto predomínio da cultura ocidental, as pesquisas decoloniais vislumbram essa hegemonia como base de uma dominação ocidental, especialmente de matriz europeia.

O movimento decolonial abrange diversas formas de crítica teórica, articuladas por várias correntes de pensamentos, que têm como principal intuito emancipar o campo do conhecimento das ciências sociais, desvinculando-as de uma matriz da modernidade enraizada no colonialismo.

O pensamento decolonial contempla os seguintes aspectos: a crítica às concepções dominantes de modernidade; as situações de opressões vivenciadas na América como consequências do colonialismo; o conceito de raça como importante instrumento de dominação europeia; a superação da colonialidade do poder, colonialidade do ser e colonialidade do saber; a ruptura com o eurocentrismo; bem como a interculturalidade e a transculturalidade como importantes pilares para um novo projeto de organização social.

No âmbito das práticas dos coletivos e movimentos sociais, a decolonialidade figura como um projeto político, sendo considerada um programa de desvinculação dos legados contemporâneos da colonialidade, uma resposta às necessidades não atendidas pelos governos, ou, de forma mais ampla, movimentos sociais em busca de uma nova humanidade ou a busca pela quebra com a desigualdade, discriminação, exploração e dominação.

Logo, o pensamento decolonial objetiva reconhecer que a instrumentalização da razão pela matriz colonial do poder produziu paradigmas distorcidos no âmbito do conhecimento e comprometeu a realização das promessas emancipatórias da modernidade ocidental.

Para tanto, o pensamento decolonial supera a visão convencional do muliculturalismo para articular as noções de interculturalidade e de transculturalidade. A interculturalidade implica o diálogo de iguais, no qual culturas distintas realizam trocas materiais e simbólicas, superando a simples justaposição de experiências. Por sua vez, a transculturalidade promove a abertura de todas as culturas a tudo aquilo que a atravessa, permitindo a valorização da cultura alheia como ponto de partida para a construção dialógica de uma ordem cultural integrada de valores.

Conforme o magistério de Catherine Walsh[8], trata-se de um paradigma epistêmico não apenas multicultural, no sentido de reconhecer a diferença e a coexistência de diversas culturas, sem necessariamente resultar em uma interação entre elas, o que remete à falsa ideia de democracia cultural, mas, em verdade, de um modelo intercultural, que articula o significado relacional do intercâmbio entre culturas com o sentido funcional de reconhecimento da diversidade cultural, tendo em vista a transformação social e a reinvenção do modelo civilizatório em sociedades periféricas.

Com efeito, todos estes aspectos do paradigma decolonial objetivam a transformação da realidade vigente para que sejam contempladas vozes, identidades e saberes das diferentes culturas humanas, a fim de propiciar o desenvolvimento de um projeto de transformação estrutural de povos historicamente subjugados, explorados e oprimidos.

3. O PENSAMENTO DECOLONIAL COMO NOVO INSTRUMENTAL EPISTEMOLÓGICO PARA A PESQUISA JURÍDICO-ANTROPOLÓGICA DAS REALIDADES LATINO-AMERICANA E BRASILEIRA

Como já visto, a decolonialidade permite a problematização das manifestações de poder oriundas do solo europeu, que embasaram a lógica da civilização ocidental, oferecendo abordagens críticas sobre os pilares eurocêntricos do ocidente.

Deveras, o pensamento decolonial questiona os processos históricos de estratificação eurocêntrica estabelecida a partir do processo de colonização do continente americano, espelho do projeto etnocêntrico da modernidade ocidental.

Deveras, a Europa Continental ganhou privilegiada posição global com o controle da América e de suas vastas riquezas naturais e minerais, possibilitando o controle do comércio mundial e ultrapassando as potências orientais da época.

---

[8] WALSH, Catherine. Interculturalidad y (de)colonialidad: perspectivas críticas y políticas. *Visão Global*, Joaçaba, v. 15, n. 1-2, p. 61-74, jan./dez. 2012. p. 63.

Com efeito, a exploração do continente americano, durante a idade moderna, acarretou a produção de identidades sociais historicamente novas, como o índio, o negro e o mestiço, no contexto de um sistema hierárquico de dominação, no qual o europeu foi entronizado como suposta raça superior.

A constituição do Estado-nação na América permitiu a centralização de um poder sobre um território e sua população em um dado espaço/tempo para uma dominação elitista, a partir de um discurso eurocêntrico e da concepção de raça como discurso de naturalização dessas relações coloniais de poder entre europeus e não europeus.

Como salienta Aníbal Quijano[9], a consolidação do Estado-nação na América Latina ocorreu pela homogeneização de seus membros e pela eliminação massiva de índios, negros e mestiços, e não através de uma democratização fundamental destes grupos socioculturais diversos.

Na América Latina e, particularmente no Brasil, a constituição deste Estado-nação foi baseada na violenta exclusão dos povos subjugados. Os índios e afrodescendentes não foram vistos como sujeitos de direito, tampouco reconhecidos como cidadãos, a fim de que participassem da tomada das decisões fundamentais da coletividade.

Com efeito, o processo de independência não rompeu com as engrenagens da colonização, uma vez que começaram a atuar sobre o território nacional organismos internacionais e empresas multinacionais. A pequena minoria branca permaneceu no controle dos Estados independentes e das novas sociedades, compostas majoritariamente por índios, negros e mestiços. O grau de dependência das ex-colônias ainda permaneceu elevado, porquanto a elite dirigente ainda se considerava mais próxima dos antigos colonizadores europeus do que da população nativa.

Deveras, os efeitos excludentes e assimétricos deste processo de colonização ainda revelam-se visíveis nas estruturas de poder, de ser e saber dos países da América Latina. Problemas como a concentração

---

[9] QUIJANO, Aníbal. Colonialidade do poder, eurocentrismo e América Latina. In: LANDER, Edgardo. *A colonialidade do saber*: eurocentrismo e ciências sociais – perspectivas latino-americanas. Buenos Aires: CLACSO, 2005. p. 110.

agrária, as desigualdades sociais, o coronelismo, o racismo, o machismo, o patriarcalismo e o lugar subalterno ocupado pelos países latino-americanos no sistema mundial capitalista são provas incontestáveis dos reflexos maléficos deste modelo colonial eurocêntrico.

Conforme ressalta Darcy Ribeiro[10], não foi diverso o caso pátrio, porquanto o processo de formação histórica do Brasil ocorreu sob as bases do colonialismo, do patriarcado e do escravismo, sendo visto por seus colonizadores como uma terra exótica, ocupada por povos inferiores, que não mereciam o mesmo tratamento concedido aos portugueses. O real interesse da metrópole era impulsionar o poderio marítimo europeu e garantir o enriquecimento a partir da exploração da colônia.

Nesse sentido, desde a colonização, o Estado, o Direito e o Poder foram pautados em uma ideologia racista, havendo uma contínua reprodução para os sistemas político, econômico e jurídico deste modelo de segregação étnica, implantado desde os primórdios da colonização brasileira.

Seguindo a lição de Rafael Anjos[11], contraditoriamente, o discurso da democracia racial passou a fazer parte da cultura brasileira e a sociedade o incorporou no senso comum, sendo um dos responsáveis pelo não reconhecimento da essencialidade dos valores negros, mestiços e indígenas.

Historicamente, além de afrodescendentes e de indígenas, outros grupos sociais excluídos, como mulheres, homossexuais, bissexuais, travestis, transexuais, camponeses sem-terra, quilombolas, ciganos e outras comunidades tradicionais foram também integrando o amplo rol dos excluídos, sendo sistematicamente afastados dos processos decisórios de construção institucional do Brasil.

Ademais, o pensamento decolonial fornece também uma crítica ao modelo de desenvolvimento eurocêntrico, aplicado após a constituição dos Estados-nação na América Latina, mediante a imposição econômica,

---

[10] RIBEIRO, Darcy. *O povo brasileiro*: a formação e o sentido do Brasil. São Paulo: Companhia das Letras, 1995. p. 447.

[11] ANJOS, Rafael Sanzio Araújo dos. *O Brasil africano*: geografia e territorialidade. Brasília: CIGA/CESPE/UnB, 2010. p. 21.

política e ideológica dos países centrais, situados no norte global, cuja versão mais atualizada pode ser encontrada na globalização neoliberal, em curso desde os anos noventa.

Neste diapasão, após realizarem suas reformas liberais em prol do mercado, os países do norte global buscam viabilizar o mesmo processo em âmbito internacional, mantendo, contudo, a divisão social e territorial da economia internacional, através de uma estrutura verticalizada/centralizada que subjuga os países periféricos, em nome de um mercado autorregulador de uma nova ordem político-econômica mundial.

Com efeito, aos países centrais interessa a modernização da economia e das relações de trabalho, a abertura ao capital transnacional, a mitigação do papel do Estado na economia, a diminuição do déficit público e a redução de investimentos em políticas públicas sociais nas nações subdesenvolvidas e em desenvolvimento da América Latina.

Neste sentido, tal concepção de desenvolvimento único e linear pode ser entendida como uma narrativa de origem ocidental, que subordina a produção cultural, social e econômica dos países periféricos do sistema capitalista mundial. Este discurso desenvolvimentista, corolário do modelo civilizatório ocidental, apresenta caráter elitista e excludente, servindo para legitimar a operacionalização do modelo neoliberal nestes países explorados pelo norte global.

Não é outra a percepção de Arturo Escobar[12], ao sustentar a urgente reinvenção do nosso modelo civilizatório latino-americano, descortinando alternativas que afirmam a multidimensionalidade da existência e realçam múltiplas concepções de nação, natureza, economia, de tempo e de cidadania, tais como o Estado plurinacional, a sociedade intercultural, as inovações multiculturais e o fortalecimento de redes ecológicas.

Sendo assim, com o fecundo debate sobre outras vias de desenvolvimento, torna-se possível reconhecer o direito dos povos em debater e decidir a respeito de sua identidade, território, soberania, justiça, paz e qualidade de vida, através de um novo paradigma de sustentabilidade,

---

[12] ESCOBAR, Arturo. *Sentipensar con la tierra*: novas lecturas sobre desarrollo, territorio y diferencia. Medellín: UNAULA, 2014. p. 10.

dotado de orientação descolonizadora nos campos econômico, social e ambiental, que viabiliza alternativas concretas ao desenvolvimento latino-americano e brasileiro.

Deste modo, urge o fomento do debate sobre reais alternativas de desenvolvimento que possam levar em conta as cosmovisões e práticas de comunidades e de grupos historicamente excluídas, a fim de que sejam descortinadas novas possibilidades de implantação de um modelo civilizatório mais inclusivo, humanista e pluralista para os povos da América Latina e do Brasil.

4. OS CONTRIBUTOS DA DECOLONIALIDADE PARA A RECONFIGURAÇÃO DA ANTROPOLOGIA GERAL E JURÍDICA PÓS-MODERNA

Após o exame minudente das noções de colonialidade, colonialismo e modernidade, tornou-se possível delinear os contornos conceituais do pensamento decolonial, enquanto expressão de um paradigma pós-moderno aplicado às ciências sociais.

Decerto, reflexões decoloniais como o papel da América no sistema capitalista mundial, o eurocentrismo, a ideia de raça associada a um projeto de dominação, a colonialidade do poder, colonialidade do ser, colonialidade do saber, a interculturalidade, a transculturalidade, a desmistificação do Estado moderno e a crítica ao modelo de desenvolvimento dos países centrais afiguram-se como vetores importantes para que os cientistas sociais repensem os conhecimentos produzidos e as suas práticas cotidianas.

Postas as referidas diretrizes teóricas, cumpre examinar então os reflexos diretos da decolonialidade no âmbito das investigações desenvolvidas pelos estudiosos da Antropologia Geral e Jurídica na contemporaneidade.

Em primeiro lugar, pode-se afirmar que o pensamento decolonial permite desmitificar a centralidade cultural do norte global e, particularmente, da Europa nas formulações conceituais levadas a cabo pelas pesquisas jurídico-antropológicas.

Noutro giro, a decolonialidade possibilita a atribuição de maior importância ao estudo sobre a América Latina no plano jurídico-antropológico, ensejando a abordagem de temas como colonização, subdesenvolvimento, escravidão, racismo, patriarcalismo, sexismo e exploração de comunidades tradicionais.

Outrossim, o modelo decolonial permite demonstrar como as diferentes modalidades de colonialismos influenciaram a formação histórica do continente latino-americano, promovendo desigualdades e injustiças sociais.

Por sua vez, decolonialidade enseja a reflexão crítica sobre o genocídio dos povos indígenas, dos afrodescendentes e de outras minorias, enquanto projeto de poder excludente, valorizando assim a história e os saberes de povos subalternizados, vulnerabilizados e invisibilizados pelas elites dominantes.

De outro lado, o paradigma decolonial permite questionar o modelo civilizatório hegemônico, propondo o resgate e a valorização das noções de multiculturalismo, interculturalidade e transculturalidade.

Ademais, o pensamento decolonial possibilita considerar o conceito de raça como categoria de análise das estruturas de dominação social, a fim de desconstruir preconceitos e estereótipos ainda presentes na mentalidade coletiva.

Além disto, a decolonialidade leva em conta o processo de dominação que envolveu a consolidação do Estado-nação moderno, discutindo formas alternativas de organização territorial, a fim de respeitar as culturas de minorias e de povos tradicionais.

Por derradeiro, o modelo decolonial permite resgatar e considerar outros doutrinadores do campo antropológico que estejam fora do eixo cultural hegemônico, permitindo o uso da produção intelectual latino-americana, africana e asiática.

Eis aqui, em apertada síntese, um esboço sobre os contributos da decolonialidade para uma Antropologia que esteja antenada com uma nova consciência ético-jurídica e comprometida com um projeto inclusivo-humanista-pluralista, voltado à mudança dos modos de sentir-pensar-produzir os diferentes saberes e espaços de convivência humana, nos âmbitos global, regional e local.

SINOPSE

No contexto da transição pós-moderna, os estudos jurídico-antropológicos aprofundaram as reflexões sobre a decolonialidade e os seus respectivos impactos no âmbito das ciências sociais. O exame desta nova vertente de pesquisa jurídico-antropológica pressupõe a compreensão dos significados de colonialidade e do colonialismo, bem como o entendimento da relação entre colonialidade e o projeto da modernidade ocidental.

O fenômeno da colonialidade compreende as seguintes dimensões: a colonialidade do poder, a colonialidade do ser e a colonialidade do saber.

Deveras, estas matrizes integradas de colonialidade do poder, do ser e do saber produziram as condições objetivas e subjetivas necessárias para uma discriminação econômica, social e política de diferentes sujeitos, grupos e nações, de acordo com contextos culturais, históricos e geográficos específicos.

Ademais, assim como é importante entender as noções de colonialidade e de colonialismo para a apreensão da decolonialidade, também é essencial assimilar a relação entre colonialidade e modernidade.

A decolonialidade figura como uma escola de pensamento gestada essencialmente pelo movimento latino-americano emergente que tem como objetivo libertar a produção de conhecimento da matriz eurocêntrica. Criticando a pretensa universalidade e o suposto predomínio da cultura ocidental, as pesquisas decoloniais vislumbram essa hegemonia como base de uma dominação ocidental, especialmente de matriz europeia.

O pensamento decolonial contempla os seguintes aspectos: a crítica às concepções dominantes de modernidade; as situações de opressões vivenciadas na América como consequências do colonialismo; o conceito de raça como importante instrumento de dominação europeia; a superação da colonialidade do poder, colonialidade do ser e colonialidade do saber; a ruptura com o eurocentrismo; e, ainda, a interculturalidade e a transculturalidade como importantes pilares para um novo projeto de sociedade.

Para tanto, o pensamento decolonial supera a visão convencional do muliculturalismo para articular as noções de interculturalidade e de transculturalidade. A interculturalidade implica o diálogo de iguais, no qual culturas distintas realizam trocas materiais e simbólicas, superando a simples justaposição de experiências. Por sua vez, a transculturalidade promove a abertura de todas as culturas a tudo aquilo que as atravessa, permitindo a valorização da cultura alheia como ponto de partida para a construção dialógica de uma ordem cultural integrada de valores.

Com efeito, todos estes aspectos do paradigma decolonial objetivam a transformação da realidade vigente para que sejam contempladas vozes, identidades e saberes das diferentes culturas humanas, a fim de propiciar o desenvolvimento de um projeto de transformação estrutural de povos historicamente subjugados, explorados e oprimidos.

As reflexões decoloniais como o papel da América no sistema capitalista mundial, o eurocentrismo, a ideia de raça associada a um projeto de dominação, a colonialidade do poder, colonialidade do ser, colonialidade do saber, a interculturalidade, a transculturalidade, a desmistificação do Estado moderno e a crítica ao modelo de desenvolvimento dos países centrais afiguram-se como vetores importantes para que os cientistas sociais repensem os conhecimentos produzidos e as suas práticas cotidianas.

O pensamento decolonial permite desmitificar a centralidade cultural do norte global e, particularmente, da Europa nas formulações conceituais levadas a cabo pelas pesquisas jurídico-antropológicas.

A decolonialidade possibilita a atribuição de maior importância ao estudo sobre a América Latina no plano jurídico-antropológico, ensejando a abordagem de temas como colonização, subdesenvolvimento, escravidão, racismo, patriarcalismo, sexismo e exploração de comunidades tradicionais.

O paradigma decolonial permite demonstrar como as diferentes modalidades de colonialismos influenciaram a formação histórica do continente latino-americano, promovendo desigualdades e injustiças sociais.

A decolonialidade enseja a reflexão crítica sobre o genocídio dos povos indígenas, dos afrodescendentes e de outras minorias, enquanto projeto de poder excludente, valorizando assim a história e os saberes de povos subalternizados, vulnerabilizados e invisibilizados pelas elites dominantes.

O modelo decolonial permite questionar o modelo civilizatório hegemônico, propondo o resgate e a valorização das noções de multiculturalismo, interculturalidade e transculturalidade.

O pensamento decolonial possibilita considerar o conceito de raça como categoria de análise das estruturas de dominação social, a fim de desconstruir preconceitos e estereótipos ainda presentes na mentalidade coletiva.

A decolonialidade leva em conta o processo de dominação que envolveu a consolidação do Estado-nação moderno, discutindo formas alternativas de organização territorial, a fim de respeitar as culturas de minorias e de povos tradicionais.

O modelo decolonial permite resgatar e considerar outros doutrinadores do campo antropológico que estejam fora do eixo cultural hegemônico, permitindo o uso da produção intelectual latino-americana, africana e asiática.

QUESTÕES DE SOCIOLOGIA E ANTROPOLOGIA DO DIREITO: EXERCÍCIOS DE FIXAÇÃO

1. (Formulada pelo autor-2018) No tocante ao pensamento social antigo, é correto afirmar que:
a) sofistas contribuíram para o pensamento social por acreditar na capacidade racional do ser humano de conceber estruturas de poder essencialmente justas.
b) a maiêutica socrática é marcada por um dogmatismo que inviabiliza a reflexão crítica do fenômeno social.
c) Na República ideal de Platão, a relação política seria marcada pela superioridade do Filósofo-Rei, cujo conhecimento garantiria a organização social de um governo perfeito.
d) Aristóteles oferece um tratamento menos realista e indutivo aos estudos sobre os fenômenos sociais.
e) Segundo Aristóteles, tirania, oligarquia e demagogia seriam caracterizadas pela prevalência do bem comum da sociedade em detrimento do interesse particular dos governantes.

2. (Formulada pelo autor-2018) No que se refere ao pensamento social medieval em contraponto ao pensamento social renascentista, afirma-se que:
a) Santo Agostinho e São Tomás de Aquino procuraram justificar a autoridade do governante por meio de uma fundamentação teológica que valoriza o poder temporal em detrimento do poder espiritual.
b) Tanto a patrística quanto a escolástica contribuíram para a racionalização da pesquisa do fenômeno social.
c) Nicolau Maquiavel promoveu a dessacralização dos estudos sociais, demonstrando como os governantes se orientam eticamente na busca de meios socialmente legítimos que garantem sempre o respeito à dignidade da pessoa humana.
d) O Príncipe virtuoso, na visão maquiavélica, é o governante que atua em conformidade com os preceitos de moralidade cristã.

e) A doutrina maquiavélica pode ser considerada como pioneira das Ciências Sociais em bases modernas, visto que se propôs a descrever como se desenvolvia concretamente as relações entre governantes e governados na sociedade civil.

3. (Formulada pelo autor-2018) Sobre o contratualismo social moderno, afirma-se que:
a) Thomas Hobbes pressupôs o estado de natureza, com a guerra permanente de todos contra todos, para conceber o pacto social que criaria o Estado liberal.
b) John Locke defendia a concepção de um Estado hipertrofiado e capaz de eliminar os direitos naturais dos governados.
c) John Locke admitia a faculdade inata de revolução para a derrubada de governos tirânicos.
d) J. J. Rousseau recusa a ideia de vontade geral como fundamento dos Estados democráticos.
e) J. J. Rousseau sustentava que o poder soberano devia ser personificado na figura de um monarca esclarecido.

4. (Formulada pelo autor-2018) No que concerne ao pensamento de Augusto Comte, pode-se dizer que:
a) reconheceu a influência dos valores no conhecimento científico.
b) admitiu a proximidade sujeito-objeto como base para a construção da ciência.
c) sustentou a religião como a única via para alcançar a verdade racional.
d) concebeu a lei dos três estados de evolução social, que culminaria com o estágio metafísico.
e) criou a Sociologia como uma espécie de física social, caracterizada pela objetividade e pela exatidão científica.

5. (Formulada pelo autor-2018) Sobre a obra de E. Durkheim, pode-se afirmar que:
a) representou a ruptura com o positivismo científico no campo sociológico.
b) negou a natureza coercitiva do sistema jurídico.
c) minimizou o aparecimento da divisão social do trabalho na evolução dos modelos de solidariedade.
d) considerou que as sociedades avançadas seriam caracterizadas pela solidariedade mecânica.
e) estudou a transição histórico-social do Direito punitivo para o Direito restitutivo.

6. (Formulada pelo autor-2018) No que se refere ao pensamento sociológico de Max Weber, pode-se dizer que:
a) a legitimidade legal-burocrática é um modelo político-social típico das modernas democracias representativas.
b) a legitimidade carismática figura como uma garantia de fortalecimento das instituições contra o personalismo político.
c) a legitimidade tradicional repousa na observância de procedimentos previstos pela ordem jurídica.
d) a legitimidade legal-burocrática e a legitimidade carismática não podem conviver no exercício do poder governamental.
e) na visão weberiana, o catolicismo teria favorecido o desenvolvimento dos Estados capitalistas.

7. (Formulada pelo autor-2018) Sobre a contribuição de Karl Marx para a Sociologia, pode-se afirmar que:
a) o materialismo histórico-dialético aponta para a primazia concedida à superestrutura político-ideológica na condução da infraestrutura econômica.
b) o Estado e o Direito se afiguram como aparelhos institucionais de realização e legitimação da violência organizada, espelhando a luta entre as classes sociais.
c) na visão marxista, as sociedades políticas antiga e medieval não se influenciaram pela estratificação classista.
d) a ditadura do proletariado seria uma via de passagem para a etapa final da sociedade capitalista.
e) sob a ótica marxista, a estatização dos meios de produção seria vedada na fase transitória da ditadura do proletariado.

8. (Formulada pelo autor-2018) Sobre o controle social e o fenômeno jurídico, pode-se assinalar que:
a) as normas jurídicas são as únicas instâncias éticas de controle social.
b) a sociedade humana pode dispensar o controle oferecido pelas normas éticas.
c) a norma jurídica pressupõe a orientação comportamental pelo determinismo biológico.
d) a organização jurídica do controle social independe da noção de liberdade humana.
e) a normatividade jurídica é, geralmente, a última barreira do sistema de controle social.

9. (Formulada pelo autor-2018) No tocante ao papel das normas éticas no sistema de controle social, é correto assegurar que:
a) a descortesia configura a mais grave forma de infração social.
b) a imoralidade é punida geralmente com uma sanção de natureza organizada.

c) a ilicitude se origina do simples descumprimento de normas morais.
d) a falta de etiqueta gera a aplicação de uma sanção institucional pelo Estado.
e) a descortesia pode configurar uma ação lícita.

10. (Formulada pelo autor-2018) Sobre o Direito e a mudança social, pode-se dizer que:
a) a reforma é a modalidade mais incisiva de mudança social, alterando a totalidade do quadro político-econômico de uma sociedade.
b) a revolução é a modalidade mais branda de mudança social, não alterando a totalidade do quadro político-econômico de uma sociedade.
c) a estrutura normativa do Direito melhor se adapta a uma proposta reformista de mudança social.
d) a estrutura normativa do Direito melhor se adapta a uma proposta revolucionária de mudança social.
e) o direito de revolução é aceito pelas diversas correntes do positivismo jurídico.

11. (Formulada pelo autor-2018) O método de estudo da Sociologia geral e jurídica que enfatiza o exame das contradições existentes na sociedade e na configuração do ordenamento jurídico pode ser denominado de:
a) funcionalista.
b) dedutivo.
c) indutivo.
d) compreensivo.
e) dialético.

12. (Formulada pelo autor-2018) Aquele mecanismo que integra o chamado controle social preventivo, inibindo a ocorrência de infrações sociais por meio do oferecimento de um estímulo, pode ser denominado de:
a) sanção premial.
b) sanção difusa.
c) sanção organizada.
d) coação.
e) socialização.

13. (Formulada pelo autor-2018) Sobre as relações entre a mudança social e o fenômeno jurídico, pode-se asseverar que:
a) a mudança social é um processo sociológico que se verifica somente nas sociedades ocidentais.
b) a mudança social é um processo sociológico que contradiz a noção de liberdade humana.
c) a reforma é uma modalidade de mudança social mais branda e superficial que a revolução.

d) a reforma é aquela modalidade de mudança social que compromete a estrutura econômica de uma sociedade.
e) a revolução é aquela modalidade de mudança social que modifica somente os elementos político e ideológico de uma sociedade.

14. (Formulada pelo autor-2018) A Sociologia Geral e Jurídica pode ser caracterizada como uma disciplina:
a) zetética, porque reflete criticamente sobre as relações entre Direito e o mundo social.
b) propedêutica, porque nega a relação necessária do Direito com a Sociedade.
c) enciclopédica, porque não possibilita a reflexão crítica do fenômeno jurídico.
d) epistemológica, porque aborda as condições de cientificidade do saber jurídico.
e) dogmática, porque reproduz somente o conteúdo positivado das normas jurídicas.

15. (Formulada pelo autor-2018) A perspectiva metodológica utilizada nos estudos sociológicos de Boaventura Santos para exprimir a tensão entre Direito estatal e Direito não estatal é considerada:
a) escolástica.
b) positivista.
c) culturalista.
d) dialética.
e) funcionalista.

16. (Formulada pelo autor-2018) Pode-se dizer que a Sociologia do Direito e a Antropologia Jurídica, ao estudarem criticamente a relação do fenômeno jurídico com a sociedade e a cultura, afastam-se de uma abordagem de natureza:
a) dogmática.
b) especulativa.
c) zetética.
d) reflexiva.
e) crítica.

17. (Formulada pelo autor-2018) Nas sociedades ocidentais contemporâneas, o mecanismo que integra o chamado controle social repressivo e que viabiliza a punição dos infratores que cometem ilicitudes, pode ser denominado de:
a) sanção premial.
b) coerção psicológica.

c) sanção organizada.
d) sanção difusa.
e) mudança social.

18. (Formulada pelo autor-2018) A modalidade de controle social, baseado numa interação comportamental marcada pela afetividade e pela proximidade dos indivíduos, pode ser definido como:
a) controle social primário.
b) controle social secundário.
c) controle social formal.
d) controle social preventivo.
e) controle social repressivo.

(Defensoria Pública da União 2010 – CESPE) A partir dos conceitos de estratificação e mobilidade sociais, julgue os itens subsequentes.

19. Max Weber faz distinção entre três dimensões da sociedade: ordem econômica, representada pela classe; ordem social, representada pelo *status* ou estamento; ordem política, representada pelo partido. Cada uma dessas dimensões possui estratificação própria.

20. A mobilidade social implica movimento significativo na posição econômica, social e política de um indivíduo ou de um estrato.

(Defensoria Pública da União 2010 – CESPE) A respeito das relações de poder e legitimação, julgue o próximo item.

21. A forma legítima de dominação carismática, de acordo com Max Weber, está baseada na designação do líder pela virtude da fé na validade do estatuto legal.

(Defensoria Pública da União 2010 – CESPE) Considerando a social-democracia, o estado de bem-estar social e os estudos de Adam Przeworski, julgue o próximo item.

22. Os social-democratas defendem a não abolição da propriedade privada dos meios de produção em troca da cooperação dos capitalistas na elevação da produtividade e na distribuição dos ganhos.

(Defensoria Pública da União 2010 – CESPE) Com relação às concepções teóricas de Estado, julgue os itens subsequentes.

23. Para Thomas Hobbes, com a criação do Estado, o súdito deixa de abdicar de seu direito à liberdade natural para proteger a própria vida.

24. De acordo com a teoria política de John Locke, a propriedade já existe no estado de natureza e, sendo instituição anterior à sociedade, é direito natural do indivíduo, não podendo ser violado pelo Estado.

(Defensoria Pública da União 2010 – CESPE) De acordo com as concepções teóricas do marxismo, julgue o item seguinte.

25. Segundo Louis Althusser, o aparelho ideológico de Estado dominante para a burguesia era a Igreja.

26. (Defensoria Pública de São Paulo 2010 – FCC) No ensaio *A Política como vocação*, Max Weber realiza uma caracterização de três tipos de dominação legítima, a saber:
– A dominação que repousa sobre a "autoridade do 'passado eterno', isto é, dos costumes santificados pela validez imemorial e pelo hábito, enraizado nos homens, de respeitá-los".
– A dominação que se funda em "dons pessoais e extraordinários de um indivíduo", na "devoção e confiança estritamente pessoais depositadas em alguém que se singulariza por qualidades prodigiosas, por heroísmo ou por outras qualidades exemplares que dele fazem o chefe".
– A dominação que se impõe "em razão da crença na validez de um estatuto legal e de uma 'competência' positiva, fundada em regras racionalmente estabelecidas".
Estes modos de dominação correspondem, respectivamente, ao que Weber entende por dominação
a) legal, tradicional e carismática.
b) carismática, tradicional e legal.
c) tradicional, carismática e legal.
d) carismática, legal e tradicional.
e) tradicional, legal e carismática.

27. (Defensoria Pública de São Paulo 2010 – FCC) "A intelectualização e a racionalização crescentes não equivalem, portanto, a um conhecimento geral crescente acerca das condições em que vivemos. Significam, antes, que sabemos ou acreditamos que, a qualquer instante, poderíamos, bastando que o quiséssemos, provar que não existe, em princípio, nenhum poder misterioso e imprevisível que interfira com o curso de nossa vida; em uma palavra, que podemos dominar tudo, por meio da previsão. Equivale isso a despojar de magia o mundo. Para nós não mais se trata, como para o selvagem que acredita na existência daqueles poderes, de apelar a meios mágicos para dominar os espíritos ou exorcizá-los, mas de recorrer à técnica e à previsão. Tal é a significação essencial da intelectualização."
No trecho citado acima, retirado do ensaio "A Ciência como vocação", Max Weber caracteriza aquilo que entende ser um processo "realizado ao longo dos milênios da civilização ocidental", do qual a ciência participa como "elemento e motor". Weber denomina este processo
a) sistematização.
b) desencantamento.
c) tecnocracia.

d) descrença.
e) democratização.

28. (Companhia de Águas e Esgotos do Rio Grande do Norte 2010 – FGV) Com base no materialismo histórico de Karl Marx, o estudo da sociedade deve ter como ponto de partida
a) uma ideia ou conceito previamente fixado pelo pesquisador.
b) o entendimento das intenções subjetivas dos atores sociais.
c) as ideias da classe dominante e sua relação de dominação com a sociedade.
d) a análise das relações do homem com a natureza e das relações entre homens na atividade produtiva.
e) o comportamento humano diante dos problemas nascidos nas relações familiares.

29. (Companhia de Águas e Esgotos do Rio Grande do Norte 2010 – FGV) De acordo com Weber, o fenômeno burocrático típico do Estado Moderno se caracteriza por todas as alternativas a seguir, À EXCEÇÃO DE UMA. Assinale-a.
a) há a possibilidade de promoção dos funcionários com base em critérios subjetivos e pessoais.
b) é regida por regulamentos, ou seja, leis ou normas administrativas.
c) é marcada pela hierarquia das funções entre funcionários.
d) há a proteção dos funcionários no exercício de suas funções.
e) há recrutamento por meio de concurso.

30. (Companhia de Águas e Esgotos do Rio Grande do Norte 2010 – FGV) Max Weber define o Estado Moderno não pelos seus fins, mas pelos seus meios. Qual das dimensões abaixo NÃO caracteriza o Estado Moderno para o autor?
a) território delimitado.
b) monopólio do uso legítimo da força.
c) democracia.
d) racionalização do direito.
e) administração racional.

31. (Companhia de Águas e Esgotos do Rio Grande do Norte 2010 – FGV) A respeito do liberalismo e do socialismo, ideologias poderosas desde o século XVIII, analise as afirmativas a seguir.
   I. Elas incorporam, de maneiras diferentes, os ideais do iluminismo.
   II. Elas apelaram para os grupos sociais que tinham sido impulsionados pela Revolução Industrial.
   III. Elas foram expostas, em uma série de textos clássicos, por grandes pensadores.

Assinale:
a) se somente a afirmativa I estiver correta.
b) se somente as afirmativas I e II estiverem corretas.
c) se somente as afirmativas I e III estiverem corretas.
d) se somente as afirmativas II e III estiverem corretas.
e) se todas afirmativas estiverem corretas.

(Defensoria Pública da União 2007 – CESPE) A respeito do peso das Ciências Sociais e da Sociologia em suas relações com as demais áreas do conhecimento humano, julgue os itens que se seguem.

32. Nascida como uma espécie de física social, a sociologia desenvolveria seus cânones e modelos por meio de um processo de adaptação metodológica mecânica ao mundo das ciências exatas.

33. A historicidade dos conceitos nas ciências sociais exige do pesquisador da sociologia a cautela que leva à relativização de ideias, modelos e paradigmas que, mesmo apresentados muitas vezes como universais, refletem o ambiente no qual foram gerados.

34. O conceito de relações de poder confere mobilidade ao conceito tradicional de poder, relacionando-o à ideia de exercício e saber.

35. Os temas da estratificação, da mobilidade e das desigualdades sociais são recorrentes na tradição sociológica, embora também sejam encontrados em quase todas as ciências sociais e humanas.

36. (Exame Nacional de Desempenho dos Estudantes – ENADE 2003) Quando a Sociologia Jurídica tematiza a questão da burocratização dos tribunais, enfatizando que a forma e o procedimento estão acima da eficácia dos direitos humanos e sociais, expressa uma preocupação com
a) o rigor que o magistrado deve necessariamente possuir ao interpretar com literalidade os textos de lei, para produzir segurança e certeza jurídicas.
b) o controle externo da magistratura, que seria a solução única e definitiva para as dificuldades da justiça brasileira.
c) o papel social do Judiciário na garantia de acesso à justiça e de afirmação dos direitos humanos.
d) as ameaças à justiça brasileira pelo crime organizado.
e) as dificuldades de aplicação da legislação esparsa do direito brasileiro.

37. (Exame Nacional de Desempenho dos Estudantes – ENADE 2002) Estudiosos do direito destacam a diferença entre o direito "nos livros" e o direito "em ação". Temas como o cumprimento (ou não) das normas e a aplicação (ou não) de sanções sempre aparecem nesses estudos que se integram na
a) Sociologia do Direito que trata da validade das normas.

b) Filosofia do Direito centrada nos exames valorativos da justiça e da moralidade do ordenamento.
c) Teoria Geral do Direito que vê na relação entre o ilícito e a sanção o núcleo da normatividade jurídica.
d) Teoria Geral do Direito que privilegia o aspecto positivo do ordenamento jurídico.
e) Sociologia do Direito que investiga a eficácia do direito.

38. (Exame Nacional de Desempenho dos Estudantes – ENADE 2000) Com as mudanças em curso na sociedade – especialmente a globalização econômica e a propalada crise da soberania dos Estados nacionais – algumas correntes da sociologia jurídica tiveram, nos últimos dez anos, renovado impulso. Dentre elas, podemos destacar
a) as abordagens marxistas de crítica ao direito burguês.
b) o jusnaturalismo católico.
c) as análises neoweberianas do direito material.
d) o "psicologismo" social.
e) as correntes defensoras do pluralismo jurídico.

39. (Exame Nacional de Desempenho dos Estudantes – ENADE 1998) A eficácia do direito, enquanto tema privilegiado da sociologia jurídica, implica:
a) o estudo da eficiência dos magistrados.
b) o exame dos efeitos e consequências das regras jurídicas.
c) o reconhecimento da legitimidade do direito estatal.
d) a desqualificação dos elementos formais e valorativos do direito.
e) a análise da estrutura lógica da norma jurídica.

40. (Exame Nacional de Desempenho dos Estudantes – ENADE 2006) A coisa é muito distinta no Estado nacional, o único no qual pode prosperar o capitalismo moderno. Funda-se na burocracia profissional e no direito racional.

(WEBER, Max. *Sociologia del derecho*. Granada: Comares, 2001. p. 24-32 nossa tradução).

A partir da leitura do texto acima, NÃO pode ser atribuída ao pensamento de Max Weber a
a) dependência do capitalismo moderno com relação ao Estado nacional.
b) teoria funcionalista do Direito como sistema autopoietico, ao lado de outros subsistemas sociais.
c) concepção de que o Direito racional substitui a moral e a religião no regramento da vida social.
d) ideia de que a burocracia estabiliza um modo de dominação novo na história.
e) diferenciação dos sistemas sociais, com crescente processo de laicização e de juridificação na justificação do poder.

41. (CESPE – 2010 – DPU – Sociólogo) Na perspectiva da sociologia jurídica
a) o direito é um aprimoramento do caráter humano.
b) o direito é uma função da sociedade.
c) o direito é proveniente de uma autoridade bem formada (Deus, Natureza ou Razão humana).
d) Deus e a Natureza são objetos de estudo, porque o são de todas as áreas relacionadas ao direito.
e) a lei escrita é objeto de estudo.

42. (CESPE – 2010 – DPU – Sociólogo) No Brasil, a inclusão da sociologia jurídica em currículos de cursos de nível superior derivou da necessidade de reflexão crítica sobre o direito e as instituições jurídicas. Com relação a esse assunto, é correto afirmar que a sociologia jurídica
a) é área que exige professores que tenham concluído, necessariamente, os cursos de direito e de sociologia.
b) passou a constituir disciplina obrigatória em todos os cursos brasileiros de direito a partir de 2002.
c) foi incluída, oficialmente, em currículos de cursos de nível superior em 1994.
d) passou a ser área oficial de estudos jurídicos em razão de exigências de movimentos sindicais a partir da década de 80 do século passado.
e) limita-se ao estudo das instituições jurídicas.

43. (CESPE – 2010 – DPU – Sociólogo) A sociologia jurídica surgiu devido
a) à necessidade de explicar o direito para a população de baixa escolaridade.
b) ao crescimento vertiginoso de conhecimentos na área jurídica.
c) às disputas conceituais intermináveis entre acadêmicos de direito.
d) ao interesse epistemológico na relação entre direito e sociologia.
e) ao descompasso entre direitos assegurados e prática concreta de atores sociais.

44. (CESPE – 2010 – DPU – Sociólogo) Uma das dificuldades epistemológicas referentes à sociologia jurídica é a ausência de definições claras, objetivas e consensuais. Essa dificuldade ocorre porque
a) a sociologia jurídica exclui do âmbito de sua investigação a análise de adesão de atores sociais a normas jurídicas.
b) a sociologia jurídica é uma ciência humana carregada de subjetividade.
c) há um pluralismo jurídico e modelos de interlegalidades que nele se fundamentam.
d) sociólogos e juristas divergem, academicamente, quanto às metodologias de trabalho na área.
e) a sociologia jurídica constitui apenas interpretação da lei.

45. (CESPE – 2010 – DPU – Sociólogo) Os objetos de estudo da sociologia jurídica incluem
a) os mesmos objetos de estudo do direito.
b) as circunstâncias jurídicas.
c) a consolidação da legislação, da jurisprudência e da dogmática jurídica.
d) as formas com que o direito opera socialmente e a explicação sociológica do direito.
e) a designação dos valores e ideologias não explicitados e que estão contidos na legislação, na jurisprudência e na dogmática jurídica.

46. (CESPE – 2010 – DPU – Sociólogo) Entre os programas e ações do Conselho Nacional de Justiça, destaca-se a advocacia voluntária, que visa prestar assistência jurídica tanto aos presos quanto aos seus familiares. Devido à situação carcerária do Brasil, esse programa tem como objetivo
a) aliviar o trabalho dos juízes.
b) compensar o número insuficiente de advogados no Brasil.
c) facilitar o trabalho dos defensores públicos nos estados.
d) dar cumprimento pleno às sentenças de condenação.
e) fornecer meios para o exercício dos direitos dos mais pobres.

47. (FCC – 2012 – DPE-SP – Defensor Público) Em *Vigiar e punir*, Michel Foucault explicita os mecanismos disciplinares de poder que, segundo o filósofo, caracterizam a forma institucional da prisão do início do século XIX. De acordo com as análises deste autor, pode-se afirmar que a modalidade panóptica do poder disciplinar
a) não está na dependência imediata nem é o prolongamento direto das estruturas jurídico-políticas de uma sociedade e, portanto, é absolutamente independente destas estruturas.
b) está na dependência imediata e é o prolongamento direto das estruturas jurídico-políticas de uma sociedade e, desse modo, é absolutamente dependente destas estruturas.
c) está na dependência imediata, mas não é o prolongamento direto das estruturas jurídico-políticas de uma sociedade e, desse modo, é absolutamente dependente destas estruturas.
d) não está na dependência imediata, mas é o prolongamento direto das estruturas jurídico-políticas de uma sociedade e, entretanto, não é absolutamente dependente destas estruturas.
e) não está na dependência imediata nem é o prolongamento direto das estruturas jurídico-políticas de uma sociedade e, entretanto, não é absolutamente independente destas estruturas.

48. (FCC – 2012 – DPE-SP – Defensor Público) "Toda a atividade orientada segundo a ética pode ser subordinada a duas máximas inteiramente diver-

sas e irredutivelmente opostas." Esta afirmação precede as análises de Max Weber, no ensaio *A Política como Vocação*, acerca da oposição entre, de um lado, a atitude daquele que, convencido da justeza intrínseca de seus atos, é indiferente aos efeitos que estes atos podem acarretar e, de outro lado, a atitude daquele que leva em conta as consequências previsíveis de seus atos. Segundo a terminologia empregada por Weber no ensaio mencionado, estas duas atitudes referem-se, respectivamente, àquilo a que o autor denomina
a) ética de justeza e ética de consequência.
b) ética de justeza e ética de responsabilidade.
c) ética de convicção e ética de responsabilidade.
d) ética de convicção e ética de consequência.
e) ética de responsabilidade e ética de convicção.

49. (FCC – 2012 – DPE-SP – Defensor Público) Um dos instrumentos do poder disciplinar, caracterizado por Michel Foucault em seu livro *Vigiar e punir*, consiste em uma forma de punição que é, ao mesmo tempo, um exercício das condutas dos indivíduos. Este instrumento da disciplina é denominado, pelo autor,
a) pena capital.
b) sanção normalizadora.
c) execução normativa.
d) sanção repressora.
e) poder soberano.

50. (FCC – 2002 – TRT 20ª – Analista Judiciário (administrativa) – Superior) Emile Durkheim, considerado o precursor da sociologia jurídica, afirmava que o direito
a) é uma ciência neutra.
b) pressupõe continuidade e estabilidade social.
c) é extemporâneo à sociedade.
d) consiste em relações de poder que dependem da vontade e dos desejos dos indivíduos.
e) torna visível a estrutura social existente e varia de acordo com as relações sociais que rege.

51. (FCC – 2002 – TRT 20ª – Analista Judiciário (administrativa) – Superior) No Brasil, a inclusão da sociologia jurídica em currículos de cursos de nível superior derivou da necessidade de reflexão crítica sobre o direito e as instituições jurídicas. Com relação a esse assunto, é correto afirmar que a sociologia jurídica
a) é área que exige professores que tenham concluído, necessariamente, os cursos de direito e de sociologia.

b) passou a constituir disciplina obrigatória em todos os cursos brasileiros de direito a partir de 2002.
c) foi incluída, oficialmente, em currículos de cursos de nível superior em 1994.
d) passou a ser área oficial de estudos jurídicos em razão de exigências de movimentos sindicais a partir da década 80 do século passado.
e) limita-se ao estudo das instituições jurídicas.

52. (FCC – 2002 – TRT 20ª – Analista Judiciário (administrativa) – Superior) O tráfico de drogas nas favelas do Rio de Janeiro é apontado como exemplo da ausência do Estado, que, ao negligenciar a garantia dos direitos sociais, abandona parcelas da população à violência e ao embate entre traficantes e policiais. Os traficantes resolvem conflitos entre moradores e assistem famílias desamparadas pelo Estado, desenvolvendo fortes laços de solidariedade com os moradores. Nesse contexto, a situação é sociologicamente definida como
a) fenômeno psicossocial em que o aspecto emocional prevalece sobre o jurídico.
b) fenômeno normal, devido à particularidade de cada pessoa e de cada grupo social.
c) fenômeno patológico, porque representa desvio da função do Estado.
d) conflito entre a autonomia dos grupos sociais e a heteronomia que caracteriza o direito estatal.
e) conflito entre a justiça dos traficantes e a representação social de justiça dos moradores.

53. (FCC – 2002 – TRT 20ª – Analista Judiciário (administrativa) – Superior) O acesso à justiça por comunidades tradicionais, como as de indígenas, quilombolas, ribeirinhos, vaqueiros etc., é realizado por meio da justiça comunitária. Os julgamentos são feitos com base nos símbolos, mitos e rituais desses grupos. Acerca desse assunto, assinale a opção correta.
a) A justiça comunitária foi criada para atender, exclusivamente, indígenas e ciganos.
b) Por formarem comunidades com cultura diferente da cultura da etnia dominante no local onde vivem, os grupos citados necessitam de justiça específica.
c) A justiça comunitária complementa o atual modelo jurídico ao mitigar a crise do ordenamento jurídico-estatal diante das formas alternativas de solução para litígios que têm surgido.
d) Povos de etnias não dominantes atuam como apêndices da sociedade dominante, o que justifica a criação de estrutura jurídica específica.
e) O multiculturalismo e o pluriculturalismo dos diversos grupos étnicos resultam em tratamento jurídico igualitário para os grupos não dominantes em determinada sociedade.

54. (FCC – 2002 – TRT 20ª – Analista Judiciário (administrativa) – Superior) A produção de conhecimentos sociológicos e antropológicos acerca da realidade do sistema e dos ritos judiciários esbarra na dificuldade de se obter a colaboração dos magistrados. Com base nessas informações, assinale a opção correta.
a) A inclusão da sociologia e da antropologia no direito é desnecessária. O direito é uma das disciplinas mais antigas e consolidadas.
b) A colaboração dos magistrados não tem influência na produção de conhecimento sociológico e antropológico sobre o sistema e os ritos jurídicos.
c) Apesar dos problemas de cooperação dos magistrados em pesquisas sociológicas e antropológicas, é possível conhecer a realidade do sistema judiciário por meio, por exemplo, da análise de processos.
d) A prática jurídica está alicerçada em preceitos científicos e técnicos, não havendo necessidade de maiores esclarecimentos sobre ela.
e) A realidade dos ritos judiciários pode ser conhecida entrevistando-se pessoas que tenham sido vítimas de erros jurídicos.

55. (Formulada pelo autor-2018) O fenômeno sociológico de hierarquização dos indivíduos e de diferenciação dos papéis, deveres e privilégios dos agentes sociais pode ser definido como:
a) estratificação social.
b) revolução social.
c) reforma social.
d) ascensão social.
e) estratificação social.

56. (Formulada pelo autor-2018) Essa comunidade se caracteriza pela imobilidade social e pela diferenciação dos indivíduos com base na maior ou menor proximidade em face de uma suposta Divindade que fundou a sociedade. Trata-se aqui da seguinte modalidade de estratificação social:
a) estratificação social sexual.
b) estratificação social classista.
c) estratificação social etária.
d) estratificação social estamental.
e) estratificação social de castas.

57. (Formulada pelo autor-2018) Este pensador notabilizou-se pelo estudo da microfísica dos poderes, prenunciando a formação de uma sociedade de monitoramento, baseada na utilização de mecanismos de controle social simbólico. Trata-se do seguinte expoente da sociologia contemporânea:
a) Antonio Gramsci.
b) Boaventura Santos.

c) Jürgen Habermas.
d) Ortega y Gasset.
e) Michel Foucault.

58. (Formulada pelo autor-2018) Este pensador notabilizou-se pelo estudo da hegemonia e da função do intelectual orgânico na sociedade de classes. Trata-se do seguinte expoente da sociologia contemporânea:
a) Antonio Gramsci.
b) Boaventura Santos.
c) Jürgen Habermas.
d) Ortega y Gasset.
e) Michel Foucault.

59. (Formulada pelo autor-2018) Este pensador utiliza uma abordagem dialética para estudar o pluralismo jurídico e o conflito permanente entre o Direito estatal e o Direito não estatal, notadamente no contexto das sociedades periféricas. Trata-se do seguinte expoente da sociologia contemporânea:
a) Antonio Gramsci.
b) Boaventura Santos.
c) Jürgen Habermas.
d) Ortega y Gasset.
e) Michel Foucault.

60. (Formulada pelo autor-2018) O método de estudo da Sociologia geral e jurídica que enfatiza a apreensão do significado cultural das ações sociais pode ser denominado de:
a) estruturalista.
b) dedutivo.
c) indutivo.
d) compreensivo.
e) dialético.

61. (Formulada pelo autor-2018) O método de estudo da Sociologia geral e jurídica que enfatiza os pilares da neutralidade axiológica e do distanciamento do cientista social pode ser denominado de:
a) estruturalista.
b) dedutivo.
c) indutivo.
d) compreensivo.
e) positivista.

62. (Formulada pelo autor-2018) O método de estudo da Sociologia geral e jurídica que examina as contradições e conflitos entre grupos e instituições existentes na realidade social pode ser denominado de:
a) estruturalista.
b) dialético.
c) indutivo.
d) compreensivo.
e) positivista.

63. (Formulada pelo autor-2018) O método de estudo da Sociologia geral e jurídica que identifica a unidade subjacente à diversidade cultural das sociedades humanas pode ser denominado de:
a) estruturalista.
b) dedutivo.
c) indutivo.
d) compreensivo.
e) positivista.

64. (Formulada pelo autor-2018) O método de estudo da Sociologia geral e jurídica que extrai conclusões a partir da aplicação de proposições genéricas a situações particulares pode ser denominado de:
a) estruturalista.
b) dedutivo.
c) indutivo.
d) compreensivo.
e) positivista.

65. (Formulada pelo autor-2018) Sobre o fenômeno jurídico na concepção sociológica de Augusto Comte, pode-se afirmar que:
a) o Direito desapareceria no estágio teológico das sociedades humanas.
b) o Direito desapareceria no estágio metafísico das sociedades humanas.
c) o Direito desapareceria no estágio científico das sociedades humanas.
d) o Direito substituiria a Ciência no estágio científico das sociedade humanas.
e) o Direito criaria uma Religião da Humanidade no referido estágio científico.

66. (Formulada pelo autor-2018) O método de estudo da Sociologia geral e jurídica que nega as contradições e conflitos entre grupos e instituições existentes na realidade social, priorizando os fatores de estabilização e harmonização comportamental, pode ser denominado de:
a) estruturalista.
b) dedutivo.

c) funcionalista.
d) compreensivo.
e) positivista.

67. (OAB – Exame de Ordem Unificado – I – Primeira Fase – FGV/2015) Rudolf Von Ihering, em *A Luta pelo Direito*, afirma que: " O fim do direito é a paz, o meio de atingi-lo, a luta." Assinale a afirmativa que melhor expressa o pensamento desse autor.
a) O Direito de uma sociedade é a expressão dos conflitos sociais desta sociedade, e ele resulta de uma luta de pessoas e grupos pelos seus próprios direitos subjetivos. Por isso, o Direito é uma força viva e não uma ideia.
b) O Direito é o produto do espírito do povo que é passado de geração em geração. Por isso, quando se fala em Direito, é preciso sempre olhar para a história e as lutas sociais. O Direito Romano é a melhor expressão desse processo.
c) O Direito é parte da infraestrutura da sociedade e resulta de um processo de luta de classes, em que a classe dominante o usa para manter o controle sobre os dominados.
d) O Direito resulta da ação institucional do Estado, e no parlamento são travadas as lutas políticas que definem os direitos subjetivos de uma sociedade.

68. (DPU – Defensor Público de Segunda Categoria – CESPE/2015) Quanto à sociologia jurídica, julgue o item subsequente. Apesar de suas singularidades, o direito é uma ciência social aplicada, e sua aplicação depende de outras ciências sociais; entretanto, essa dependência recai, em sua quase totalidade, sobre a sociologia.
( ) certo   ( ) errado

69. (DPU – Defensor Público de Segunda Categoria – CESPE/2015) Quanto à sociologia jurídica, julgue o item subsequente. A afirmação de que, no funcionamento da sociedade, o conflito é permanente, pois a interação social é sempre conflituosa, é uma premissa sociológica. Por meio dela, considera-se que o direito não é capaz de resolver conflitos, já que estes não desaparecem do contexto social e podem, ainda, provocar novas situações conflituosas.
( ) certo   ( ) errado

70. (DPU – Defensor Público de Segunda Categoria – CESPE/2015) Quanto à sociologia jurídica, julgue o item subsequente. No que se refere à ideia de direito como ciência, o formalismo jurídico, que surgiu no século XIX e serviu para constituir a ciência jurídica, teve seus fundamentos a partir da ciência empírica da realidade social, ou seja, da sociologia.
( ) certo   ( ) errado

71. (DPU – Defensor Público de Segunda Categoria – CESPE/2015) Quanto à sociologia jurídica, julgue o item subsequente. Sob o ponto de vista da teoria marxista, a ideologia pode ser compreendida como uma falsa representação. De acordo com esse entendimento, a ideologia jurídica pode ser um instrumento de dominação exercido pelo Poder Judiciário em relação aos seus jurisdicionados.
( ) certo ( ) errado

72. (Unimontes 2015) O positivismo foi a corrente de pensamento que teve forte influência sobre o método de investigação na Sociologia, por propor um sistema geral do conhecimento com a pretensão de "organizar" a sociedade. São aspectos fundamentais do positivismo, EXCETO
a) Para o positivismo clássico, é impossível conhecer o estado de um fenômeno social particular se não for considerado cientificamente o todo social.
b) Na concepção positivista, graças à aplicação da ciência à organização do trabalho, a humanidade desenvolve suas potencialidades.
c) As ideias na Sociologia positivista tentam descobrir qual é a ordem social que orienta a história humana.
d) O positivismo fundamenta-se na concepção dialética de Georg Wilhelm F. Hegel (1770-1831), originária do Idealismo alemão. Propõe um método interpretativo de sociedade baseado na ideia de contrato social.

73. (Formulada pelo autor-2018) A Sociologia do Direito apresenta uma natureza:
a) normativista.
b) transcendental.
c) empírica.
d) dogmática.
e) abstrata.

74. (Formulada pelo autor-2018) Sobre as escolas do pensamento jurídico, pode-se afirmar que:
a) o sociologismo jurídico valorizava a jurisprudência como fonte de criação e de aplicação direito.
b) o historicismo jurídico negava o papel da sociedade civil na produção do direito costumeiro.
c) o positivismo legalista reconhecia a existência de lacunas jurídicas no plano normativo da legislação.
d) o positivismo legalista admitia a necessária ocorrência de antinomias jurídicas no diploma legislativo.
e) o jusnaturalismo não discutia o problema da legitimidade das normas jurídicas.

75. (Formulada pelo autor-2018) No tocante às fontes das normas jurídicas, afirma-se que:
a) as normas legislativas, produzidas somente pelos parlamentos, figuram como fontes materiais do direito.
b) as normas jurisprudenciais resultam geralmente do exercício da autonomia privada dos particulares.
c) a súmula vinculante desponta como uma espécie normativa que integra o conceito de negócio jurídico.
d) a doutrina expressa um conjunto normativo de decisões judiciais reiteradas pelos Tribunais.
e) o reconhecimento do poder normativo dos grupos sociais permite superar a concepção positivista do monismo estatal na produção da normatividade jurídica.

76. (Formulada pelo autor-2018) Questão extra – Sobre o problema da completude da ordem jurídica, afirma-se que:
a) o argumento culturalista reforça a concepção doutrinária de um sistema jurídico lacunoso.
b) a proibição do "julgador deixar de decidir" permite conceber a ordem jurídica como um sistema composto de lacunas normativas.
c) o argumento de que "tudo que não está juridicamente proibido, está juridicamente permitido" implica a possibilidade de um sistema jurídico permanentemente aberto.
d) os defensores da incompletude da ordem jurídica admitem somente a existência de lacunas fáticas.
e) as lacunas valorativas não podem ser preenchidas pelos instrumentos de integração jurídica.

77. (Formulada pelo autor-2018). No que se refere à teoria da justiça preconizada por John Rawls, é incorreto afirmar que:
a) Rawls sustenta que a justiça deve ser vislumbrada no plano institucional, não estando, pois, circunscrita à esfera moral dos indivíduos. A justiça das instituições é que beneficia ou prejudica um agrupamento humano.
b) Rawls se vale da posição original das partes no momento da celebração do contrato social, simulando condições ideais de igualdade que permitiriam aos homens a escolha dos padrões civilizatórios. Seria esta a concepção de justiça a definir os alicerces da estrutura societária.
c) Segundo Rawls, cada pessoa deveria ter um direito igual ao mais amplo sistema total de liberdades básicas. De outro lado, as desigualdades socioeconômicas deveriam ser distribuídas de forma que, não só redundassem nos maiores benefícios possíveis para os menos assistidos, como também fossem minoradas pela abertura de oportunidades.

d) Rawls propõe uma ética do altruísmo, fundada na abdicação consciente de certos privilégios e vantagens materiais em função dos desfavorecidos. Verificando-se qual o grupo socialmente preterido (em face da raça, sexo, cultura ou religião), mecanismos legislativos compensatórios seriam utilizados para reparar as eventuais injustiças (*affirmative action*).

e) Rawls concorda plenamente com o pensamento idealista de Platão, afirmando que a sociedade justa aloca seus integrantes, segundo aptidões e habilidades, nos termos de uma verdadeira meritocracia.

78. (Formulada pelo autor-2018) Sobre os atributos das normas jurídicas, pode-se afirmar que:

a) a vigência corresponde ao tempo de efetividade de uma norma jurídica.

b) o conceito de vigor implica a hierarquização piramidal das normas jurídicas.

c) o conceito de legitimidade expressa a compatibilidade vertical das normas que compõem a ordem jurídica.

d) a norma jurídica é efetiva quando seus preceitos são inobservados pela sociedade.

e) a norma jurídica é válida quando sua produção observa os parâmetros formais e materiais estabelecidos por uma norma jurídica superior.

79. (OAB – Exame de Ordem Unificado – III – Primeira Fase – FGV/2016) Há um limite para a interferência legítima da opinião coletiva sobre a independência individual, e encontrar esse limite, guardando-o de invasões, é tão indispensável à boa condição dos negócios humanos como a proteção contra o despotismo político (John Stuart Mill). A consciência jurídica deve levar em conta o delicado balanço entre a liberdade individual e o governo das leis. No livro *A liberdade – Utilitarismo*, John Stuart Mill sustenta que um dos maiores problemas da vida civil é a tirania das maiorias. Conforme a obra citada, assinale a opção que expressa corretamente a maneira como esse autor entende o que seja tirania e a forma de proteção necessária.

a) A tirania resulta do poder do povo como autogoverno porque o povo não é esclarecido para fazer suas escolhas. A proteção contra essa tirania é delegar o governo aos mais capacitados, como uma espécie de governo por meritocracia.

b) A deliberação de juízes ao imporem suas concepções de certo e errado sobre as causas que julgam, produz a mais poderosa tirania, pois subjuga a vontade daqueles que estão sob a jurisdição desses magistrados. Apenas o duplo grau de jurisdição pode proteger a sociedade desta tirania.

c) Os governantes eleitos impõem sobre o povo suas vontades e essa forma de opressão é a única tirania da maioria contra a qual se deve buscar a proteção na vida social, o que é feito por meio da desobediência civil.

d) A sociedade, quando faz as vezes do tirano, pratica uma tirania mais temível do que muitas espécies de opressão política, pois penetra nos detalhes da vida e escraviza a alma. Por isso é necessária a proteção contra a tirania da opinião e do sentimento dominantes.

80. (OAB – Exame de Ordem Unificado – I – Primeira Fase – FGV/2014) Em seu livro *Levando os direitos a sério*, Ronald Dworkin cita o caso Riggs contra Palmer, em que um jovem matou o próprio avô para ficar com a herança. O Tribunal de Nova Iorque (em 1889) julga o caso considerando que a legislação do local e da época não previa o homicídio como causa de exclusão da sucessão. Para solucionar o caso, o Tribunal aplica o princípio, não legislado, do direito que diz que ninguém pode se beneficiar de sua própria iniquidade ou ilicitude. Assim, o assassino não recebeu sua herança. Com esse exemplo podemos concluir que a jusfilosofia de Ronald Dworkin, dentre outras coisas, pretende

a) revelar que a responsabilidade sobre o maior ou menor grau de justiça de um ordenamento jurídico é responsabilidade exclusiva do legislador que deve se esforçar por produzir leis justas.

b) mostrar como as cortes podem ser ativistas quando decidem com base em princípios e não com base na lei e que decidir assim fere o estado de direito.

c) defender que regras e princípios são normas jurídicas que possuem as mesmas características e, por isso, ambos podem ser aplicados livremente pelos tribunais.

d) argumentar que regras e princípios são normas com características distintas e em certos casos os princípios poderão justificar de forma mais razoável a decisão judicial, pois a tornam também moralmente aceitável.

81. (OAB – Exame de Ordem Unificado – II – Primeira Fase – FGV/2014) O filósofo inglês Jeremy Bentham, em seu livro *Uma introdução aos princípios da moral e da legislação*, defendeu o princípio da utilidade como fundamento para a Moral e para o Direito. Para esse autor, o princípio da utilidade é aquele que

a) estabelece que a moral e a lei devem ser obedecidas porque são úteis à coexistência humana na vida em sociedade.

b) aprova ou desaprova qualquer ação, segundo a tendência que tem a aumentar ou diminuir a felicidade das pessoas cujos interesses estão em jogo.

c) demonstra que o direito natural é superior ao direito positivo, pois, ao longo do tempo, revelou-se mais útil à tarefa de regular a convivência humana.

d) afirma que a liberdade humana é o bem maior a ser protegido tanto pela moral quanto pelo direito, pois são a liberdade de pensamento e a ação que permitem às pessoas tornarem algo útil.

82. (OAB – Exame de Ordem Unificado – II – Primeira Fase – FGV/2014) O jusfilósofo alemão Gustav Radbruch, após a II Guerra Mundial, escreve, como circular dirigida aos seus alunos de Heidelberg, seu texto Cinco Minutos de Filosofia do Direito, na qual afirma: "Esta concepção da lei e sua validade, a que chamamos positivismo, foi a que deixou sem defesa o povo e os juristas contra as leis mais arbitrárias, mais cruéis e mais criminosas". De acordo com a fórmula de Radbruch,
a) embora as leis injustas sejam válidas e devam ser obedecidas, as leis extremamente injustas perderão a validade e o próprio caráter de jurídicas, sendo, portanto, dispensada sua obediência.
b) apenas a lei justa pode ser considerada jurídica, pois a lei injusta não será direito.
c) o direito é o mínimo ético de uma sociedade, de forma que qualquer lei injusta não será direito.
d) o direito natural é uma concepção superior ao positivismo jurídico; por isso, a justiça deve sempre prevalecer sobre a segurança.

83. (OAB – Exame de Ordem Unificado – II – Primeira Fase – FGV/2015) "Mister é não olvidar que a compreensão do direito como 'fato histórico-cultural' implica o conhecimento de que estamos perante uma realidade essencialmente dialética, isto é, que não é concebível senão como *processus*, cujos elementos ou momentos constitutivos são fato, valor e norma (...)" (Miguel Reale, *Teoria tridimensional do direito*) Assinale a opção que corretamente explica a natureza da dialética de complementaridade que, segundo Miguel Reale, caracteriza a *Teoria tridimensional do direito*.
a) A relação entre os polos opostos que são o fato, a norma e o valor, produz uma síntese conclusiva entre tais polos.
b) A implicação dos opostos na medida em que se desoculta e se revela a aparência da contradição, sem que, com esse desocultamento, os termos cessem de ser contrários.
c) A síntese conclusiva que se estabelece entre diferentes termos, conforme o modelo hegeliano de tese, antítese e síntese.
d) A estrutura estática que resulta da lógica de subsunção entre os três termos que constituem a experiência jurídica: fato, norma e valor.

84. (MPE-SC – Promotor de Justiça-Matutina – 2014) Na obra de Jean-Jacques Rosseau, nota-se a preocupação com o respeito à vontade geral dos indivíduos que compõem o Estado, além de uma constante crença na bondade da natureza humana, ao contrário do que defendeu Hobbes. Para Rousseau o homem nasce bom, porém, com as disputas existentes no meio em que se encontra inserido, acaba se degenerando. Enfatizando o valor ao predomínio da vontade individual, defende que direitos essenciais possam ser renunciados, como a liberdade e igualdade.
( ) certo ( ) errado

85. (CESPE – 2010 – MPU) Acerca da antropologia jurídica, julgue o item subsequente. O contexto moderno tem estimulado a relação entre antropologia e direito no que diz respeito a políticas de identificação ou de reconhecimento.
( ) certo ( ) errado

86. (CESPE – 2010 – MPU) Os estudos da antropologia contribuem para a naturalização da noção de universalidade dos direitos humanos.
( ) certo ( ) errado

87. (CESPE – 2010 – MPU) Alguns estudos no campo da antropologia jurídica têm ressaltado os paradoxos embutidos no código jurídico, os quais tendem a exigir normas uniformes de procedimentos.
( ) certo ( ) errado

88. (CESPE – 2010 – MPU) Na atualidade, a diferença cultural é elemento que muitas vezes fundamenta a demanda por direitos feita por movimentos sociais organizados.
( ) certo ( ) errado

89. (CESPE – 2010 – MPU) O campo da antropologia do direito é o estudo das leis e costumes das sociedades denominadas primitivas.
( ) certo ( ) errado

90. (CESPE – 2010 – MPU) O objetivo da antropologia jurídica é possibilitar a compreensão de como e de que modo, no decorrer de um contexto sociocultural, determinados costumes, regras e normas se transformam em leis e, enquanto tais, em fatos sociais.
( ) certo ( ) errado

91. (CESPE – 2010 – MPU) As abordagens predominantes do direito no campo da antropologia jurídica são: como cultura, como dominação e como resolução de conflitos.
( ) certo ( ) errado

92. (CESPE – 2010 – MPU) Sob a perspectiva antropológica, o direito é um dos muitos sistemas normativos existentes na sociedade, e suas ferramentas conceituais e metodológicas são adequadas para lidar com os demais sistemas.
( ) certo ( ) errado

93. (CESPE – 2010 – MPU) A antropologia jurídica é o resultado de uma integração entre o direito e a antropologia que resultaram na configuração de uma nova disciplina caracterizada pelo
a) estudo comparativo e contemplativo entre o direito e a etnologia.
b) trabalho com instituições tradicionais de direito.

c) emprego de métodos quantitativos compatíveis com a área do direito.
d) emprego de métodos antropológicos de pesquisa, observação participante e comparação com modernas instituições de direito.
e) estudo circunscrito às tradições ligadas ao direito dos povos minoritários.

94. (CESPE – 2010 – MPU) Quanto à antropologia jurídica, assinale a opção correta.
a) A antropologia jurídica visa resgatar o bom selvagem que existe em todo ser humano.
b) Os estudos de antropologia jurídica contribuíram para a explicitação dos conceitos de transgressão e castigo, independentemente do conteúdo moral do comportamento desviante, conforme explicitado por Émile Durkheim.
c) Trabalhos de antropologia jurídica com grupos socialmente marginais, de baixa escolaridade e renda, demonstram que é necessária uma única oportunidade para que tais grupos deixem de ser transgressores.
d) A antropologia jurídica coloca em prática os ensinamentos de Claude Lévi-Strauss e Maurice Godelier.
e) A contribuição de Jean-Jacques Rousseau constitui o eixo norteador da antropologia jurídica.

95. (CESPE – 2010 – MPU) Os principais temas de estudo da antropologia jurídica incluem
a) as normas jurídicas de diferentes culturas.
b) as concepções das normas e a compreensão do saber jurídico.
c) os usos e costumes de punição entre os povos indígenas.
d) os comportamentos de indivíduos oriundos de comunidades socialmente marginalizadas, como os indígenas.
e) os conflitos e as razões pelas quais as normas são ou não aplicadas.

96. (Formulada pelo Autor – 2021) A corrente da Antropologia Jurídica que concebe a existência de uma espécie humana idêntica, submetida a leis de mudança universal e unilinear, a partir das quais os grupos humanos vivenciariam as mesmas fases de transformação até o alcance de uma suposta etapa civilizatória mais avançada, pode ser definida como:
a) Evolucionismo
b) Difusionismo
c) Funcionalismo
d) Estruturalismo
e) Configuracionismo

97. (Formulada pelo Autor – 2021) A Escola da Antropologia do Direito, que busca compreender os processos de influência recíproca e de transmissão mútua dos elementos culturais entre as diversas sociedades humanas, é conhecida como:

a) Evolucionismo
b) Difusionismo
c) Funcionalismo
d) Estruturalismo
e) Configuracionismo

98. (Formulada pelo Autor – 2021) A vertente da Antropologia do Direito que, vinculada ao positivismo, considera a sociedade e a cultura como uma totalidade integrada, cujas partes encontram-se conectadas, tal como um ente biológico composto por seus respectivos órgãos, pode ser denominada de:
a) Evolucionismo
b) Difusionismo
c) Funcionalismo
d) Estruturalismo
e) Configuracionismo

99. (Formulada pelo Autor – 2021) A corrente da Antropologia Jurídica que prioriza o estudo da estrutura, enquanto conjunto de regras de organização sistemática dos elementos de uma dada parcela da convivência social, identificando os níveis de realidades a serem comparadas e os fenômenos socioculturais mais relevantes de uma dada comunidade humana, pode ser definida como:
a) Evolucionismo
b) Difusionismo
c) Funcionalismo
d) Estruturalismo
e) Configuracionismo

100. (Formulada pelo Autor – 2021) No contexto pós-moderno, merece registro o implemento de pesquisa jurídico-antropológica sobre as diferentes formas de resolução dos conflitos e as respectivas condutas das partes nos casos concretos de disputa por interesses, a fim de identificar princípios estruturais que expressassem padrões de equacionamento de litígios capazes de serem generalizados para outras sociedades e culturas humanas. Esta relevante investigação científica foi desenvolvida com maior ênfase no pensamento de:
a) Clifford Geertz
b) Max Gluckman
c) Paul Bohannan
d) Laura Nader
e) Boaventura de Sousa Santos

GABARITO

01. C	02. E	03. C	04. E	05. E	06. A	
07. B	08. E	09. E	10. C	11. E	12. A	
13. C	14. A	15. D	16. A	17. C	18. A	
19. Certo	20. Certo	21. Errado	22. Certo	23. Errado	24. Certo	
25. Errado	26. C	27. B	28. D	29. A	30. C	
31. E	32. E	33. C	34. C	35. C	36. C	
37. E	38. E	39. B	40. B	41. B	42. C	
43. E	44. C	45. D	46. E	47. E	48. C	
49. B	50. E	51. C	52. D	53. D	54. C	
55. A	56. E	57. E	58. A	59. B	60. D	
61. E	62. B	63. A	64. B	65. C	66. C	
67. A	68. Errado	69. Certo	70. Certo	71. Errado	72. D	
73. C	74. A	75. E	76. A	77. E	78. E	
79. B	80. D	81. B	82. A	83. B	84. Errado	
85. Certo	86. Errado	87. Certo	88. Certo	89. Errado	90. Certo	
91. Certo	92. Errado	93. D	94. B	95. E	96. A	
97. B	98. C	99. D	100. D			

REFERÊNCIAS DA PARTE I

Sociologia do Direito

AARNIO, Aulis. *Lo racional como razonable*: un tratado sobre la justificación jurídica. Madrid: Centro de Estudios Constitucionales, 1991.

ADEODATO, João Maurício. *Filosofia do direito*: uma crítica à verdade na ética e na ciência. São Paulo: Saraiva, 2005.

ADORNO, Theodor W.; HORKHEIMER, Max (Orgs.). *Temas básicos de sociologia*. Trad. Álvaro Cabral. São Paulo: Cultrix, 1978.

ALEXY, Robert. *Constitucionalismo discursivo*. Porto Alegre: Livraria do Advogado, 2007.

_____. *Teoria da argumentação jurídica*. São Paulo: Landy, 2001.

_____. *Teoría de los derechos fundamentales*. Madrid: CEPC, 2002.

AMARAL, Gustavo. *Direito, escassez e escolha*. Rio de Janeiro: Renovar, 2001.

ANDRADE, Christiano José de. *O problema dos métodos da interpretação jurídica*. São Paulo: Revista dos Tribunais, 1992.

ARIZA, Santiago Sastre. La ciencia jurídica ante el neoconstitucionalismo. In: CARBONELL, Miguel (Org.). *Neoconstitucionalismo(s)*. Madrid: Trotta, 2003.

ARON, Raymond. *As etapas do pensamento sociológico*. São Paulo: Martins Fontes, 2007.

ARRUDA ALVIM, Angélica. Princípios constitucionais do processo. *Revista de Processo*, São Paulo, ano 19, n. 74, 1994.

ARRUDA ALVIM, Teresa. *Nulidades da sentença*. 3. ed. São Paulo: Revista dos Tribunais, 1993.

ARRUDA JÚNIOR, Edmundo Lima de. *Lições de direito alternativo II*. São Paulo: Acadêmica, 1992.

_____; GONÇALVES, Marcus Fabiano. *Fundamentação ética e hermenêutica – alternativas para o direito*. Florianópolis: CESUSC, 2002.

ASSIS, Olney Queiroz; KÜMPEL, Vitor Frederico. *Manual de antropologia jurídica*. São Paulo: Saraiva, 2011.

ATIENZA, Manuel. *As razões do direito* – Teorias da argumentação jurídica. São Paulo: Landy, 2003.

ÁVILA, Humberto. *Teoria dos princípios*. São Paulo: Malheiros, 2005.

BANDEIRA DE MELLO, Celso Antônio. *Discricionariedade e controle jurisdicional*. São Paulo: Malheiros, 1998.

BARACHO, José Alfredo de Oliveira. *Processo constitucional*. Rio de Janeiro: Forense, 1984.

BARCELLOS, Ana Paula de. *A eficácia jurídica dos princípios constitucionais*: o princípio da dignidade da pessoa humana. Rio de Janeiro: Renovar, 2002.

BARBOSA MOREIRA, José Carlos. A função social do processo civil moderno e o papel do juiz e das partes na direção e instrução do processo. *Revista de Processo*. São Paulo, ano 10, n. 37, 1985.

BARROSO, Luís Roberto. *A nova interpretação constitucional*. Rio de Janeiro: Renovar, 2006.

_____. *O direito constitucional e a efetividade de suas normas*. 5. ed. Rio de Janeiro: Renovar, 2001.

_____. *Interpretação e aplicação da Constituição*. São Paulo: Saraiva, 2002.

BAUMAN, Zygmunt. *Comunidade*: a busca por segurança no mundo atual. Rio de Janeiro: Jorge Zahar, 2003.

_____. *Confiança e medo na cidade*. Rio de Janeiro: Zahar, 2009.

_____. *Modernidade líquida*. Trad. Plínio Dentzien. Rio de Janeiro: Zahar, 2001.

_____. *O mal-estar da pós-modernidade*. Rio de Janeiro: Jorge Zahar, 1998.

BEDAQUE, José Roberto dos Santos. *Direito e processo* – Influência do direito material sobre o processo. São Paulo: Malheiros, 1995.

BERGEL, Jean-Louis. *Teoria geral do direito*. São Paulo: Martins Fontes, 2001.

BERMAN, Marshall. *Tudo o que é sólido desmancha no ar*: a aventura da modernidade. São Paulo: Companhia das Letras, 1986.

BETTI, Emilio. *Interpretación de la ley y de los actos jurídicos*. Madrid: Editoriales de Derecho Reunidas, 1956.

BITTAR, Eduardo Carlos Bianca. *Curso de filosofia do direito*. São Paulo: Atlas, 2001.

BOBBIO, Norberto. *A era dos direitos*. Trad. Carlos Nelson Coutinho. Rio de Janeiro: Campus, 1992.

_____. *O positivismo jurídico*: lições de filosofia do direito. São Paulo: Ícone, 1999a.

_____. *Teoria da norma jurídica*. Bauru: Edipro, 2003.

_____. *Teoria do ordenamento jurídico*. Brasília: UnB, 1996.

_____. *Teoria generale del derecho*. Santa Fé de Bogotá: Temis, 1999b.

BONAVIDES, Paulo. *Curso de direito constitucional*. 11. ed. São Paulo: Malheiros, 2001.

BOTTOMORE, Tom; NISBET, Robert. *História da análise sociológica*. Rio de Janeiro: Zahar Ed., 1990.

BRASIL. Constituição (1988). *Constituição da República Federativa do Brasil*. Brasília: Senado Federal, 1988.

BRITO, Edvaldo. *Limites da revisão constitucional*. Porto Alegre: Sérgio Antônio Fabris Ed., 1993.

_____. Teoria da decisão. *Revista do Magistrado*. Salvador: Tribunal de Justiça, n. 2, 2005.

CAMARGO, Marcelo Novelino. *Leituras complementares de direito constitucional*. Salvador: JusPodivm, 2007.

CAMPILONGO, Celso Fernandes; FARIA, José Eduardo. *Sociologia jurídica no Brasil*. Porto Alegre: Fabris, 1991.

CANARIS, Claus Wilhelm. *Pensamento sistemático e conceito de sistema na ciência do direito*. Trad. A. Menezes Cordeiro. Lisboa: Fundação Calouste Gulbenkian, 1989.

CANOTILHO, J. J. Gomes. *Direito constitucional e teoria da constituição*. Coimbra: Almedina, 1991.

_____. *Direito constitucional e teoria da constituição*. 3. ed. Coimbra: Almedina, 1998.

_____; MOREIRA, Vital. *Fundamentos da constituição*. Coimbra: Coimbra Ed., 1991.

CARBONIER, Jean. *Sociologia jurídica*. Trad. Diogo Leite Campos. Coimbra: Almedina, 1979.

CASTRO, Ana Maria de; DIAS, Edmundo Fernandes. *Introdução ao pensamento sociológico*. São Paulo: Centauro, 2005.

CASTRO, Auto de. *A ideologia jusnaturalista*: dos estoicos à ONU. Salvador: Artes Gráficas, 1954.

CASTRO, Celso Pinheiro de. *Sociologia do direito*. São Paulo: Atlas, 1985.

CAVALIERI FILHO, Sérgio. *Programa de sociologia jurídica*. Rio de Janeiro: Forense, 2004.

CHAUÍ, Marilena et al. *Primeira filosofia*: lições introdutórias. São Paulo: Brasiliense, 1984.

CHINOY, Ely. *Sociedade*: uma introdução à sociologia. São Paulo: Cultrix, 1975.

CINTRA, Antonio Carlos de Araújo; GRINOVER, Ada Pellegrini; DINAMARCO, Cândido Rangel. *Teoria geral do processo*. 14. ed. São Paulo: Malheiros, 1997.

COELHO, Fábio Ulhoa. *Roteiro de lógica jurídica*. São Paulo: Max Limonad, 1997.

COHN, Gabriel (Org.). *Sociologia*: para ler os clássicos. Rio de Janeiro: Livros Técnicos e Científicos, 1977.

COMPARATO, Fábio Konder. *A afirmação histórica dos direitos humanos*. São Paulo: Saraiva, 2005.

_____. *Ética*: direito, moral e religião no mundo moderno. São Paulo: Companhia das Letras, 2006.

CORREAS, Oscar. *Pluralismo jurídico, alternatividad y derecho indígena*. México: Fontamara, 2003.

COSSIO, Carlos. *La valoración jurídica y la ciencia del derecho*. Buenos Aires: Arayú, 1954.

COSTA, Maria Cristina Castilho. *Sociologia*: introdução à ciência da sociedade. São Paulo: Moderna, 1987.

CUNHA JÚNIOR, Dirley da. *Controle de constitucionalidade*: teoria e prática. Salvador: JusPodivm, 2006.

_____. *Controle judicial das omissões do poder público*. São Paulo: Saraiva, 2004.

DANTAS, David Diniz. *Interpretação constitucional no pós-positivismo*: teoria e casos práticos. São Paulo: Madras, 2005.

DE GIORGI, Raffaele. *Scienza del diritto e legittimazione*. Lecce: Pensa Multimedia, 1998.

_____. *Temi di filosofia del diritto*. Lecce: Pensa Multimedia, 2006.

DIDIER JÚNIOR, Fredie. *Curso de direito processual civil*. 6. ed. Salvador: JusPodivm, 2006. v. 1.

DIMOULIS, Dimitri; MARTINS, Leonardo. *Teoria geral dos direitos fundamentais*. São Paulo: Revista dos Tribunais, 2007.

DINIZ, Maria Helena. *Compêndio de introdução à ciência do direito*. São Paulo: Saraiva, 2005.

DURKHEIM, Émile. *A divisão do trabalho social*. São Paulo: Martins Fontes, 1995.

_____. *As regras do método sociológico*. 1. ed. São Paulo: Martin Claret, 2001.

_____. *O suicídio*. 2. ed. São Paulo: Martins Fontes, 2001.

DWORKIN, Ronald. *Los derechos en serio*. Trad. Marta Guastavino. Barcelona: Ariel, 1997.

_____. *O império do direito*. Trad. Jefferson Luiz Camargo. São Paulo: Martins Fontes, 1999.

_____. *Uma questão de princípio*. Trad. Luís Carlos Borges. São Paulo: Martins Fontes, 2000.

EHRLICH, Eugen. *Fundamentos da sociologia do direito*. Trad. René Ernani Gertz. Brasília: UnB, 2006.

ENGISCH, Karl. *El ambito de lo no jurídico*. Córdoba: Universidad Nacional de Córdoba, 1960.

_____. *Introdução ao pensamento jurídico*. Lisboa: Fundação Calouste Gulbenkian, 1988.

ENTERRÍA, Eduardo García. *Reflexiones sobre la ley y los principios generales del derecho*. Madrid: Civitas, 1986.

ESPÍNDOLA, Ruy Samuel. *Conceitos de princípios constitucionais* – elementos para uma dogmática constitucionalmente adequada. São Paulo: Revista dos Tribunais, 1999.

FARIA, José Eduardo. *Sociologia jurídica*. Rio de Janeiro: Forense, 1984.

FERRAJOLI, Luigi. *Direito e razão* – teoria do garantismo penal. São Paulo: Revista dos Tribunais, 2002.

FERRAZ JUNIOR, Tercio Sampaio. *A ciência do direito*. São Paulo: Atlas, 1980.

_____. *Introdução ao estudo do direito*: técnica, decisão e dominação. 2. ed. São Paulo: Atlas, 1994.

_____. *Introdução ao estudo do direito*: técnica, decisão e dominação. 5. ed. São Paulo: Atlas, 2007.

FICHTER, J. H. *Sociologia*. São Paulo: Herder, 1972.

FLEINER, Thomas. *O que são direitos humanos?* São Paulo: Max Limonad, 2003.

FORACCHI, Marialice Mencarini; MARTINS, José de Souza. *Sociologia e sociedade*: leituras de introdução à sociologia. Rio de Janeiro: LTC, 1992.

FOUCAULT, Michel. *A ordem do discurso*. São Paulo: Loyola, 2002.

_____. *A verdade e as formas jurídicas*. 3. ed. Rio de Janeiro: NAU Ed., 2002.

_____. *Microfísica do poder*. Organização, introdução e revisão técnica de Renato Machado. 26. ed. São Paulo: Graal, 2013.

_____. *Vigiar e punir*: história da violência nas prisões. 31. ed. Petrópolis: Vozes, 2006.

GADAMER, Hans-Georg. *Verdade e método*: fundamentos de hermenêutica filosófica. Petrópolis: Vozes, 1997.

GIDDENS, Anthony. *As consequências da modernidade*. 2. ed. Trad. Raul Fiker. São Paulo: UNESP, 1991.

GOMES, Orlando. *A crise do direito*. São Paulo: Max Limonad, 1955.

_____. *Raízes históricas e sociológicas do Código Civil brasileiro*. São Paulo: Martins Fontes, 2003.

GRAU, Eros Roberto. *Ensaio e discurso sobre a interpretação:* aplicação do direito. São Paulo: Malheiros, 2002.

GRENZ, Stanley J. *Pós-modernismo*: um guia para entender a filosofia do nosso tempo. Trad. Antivan Guimarães Mendes. São Paulo: Vida Nova, 1997.

GRINOVER, Ada Pellegrini. *Garantia constitucional do direito de ação*. São Paulo: Revista dos Tribunais, 1973.

_____. *Teoria geral do processo*. São Paulo: Malheiros, 1997.

GUERRA FILHO, Willis S. *Autopoiese do direito na sociedade pós-moderna*. Porto Alegre: Livraria do Advogado, 1997a.

_____. *Dos direitos humanos aos direitos fundamentais*. Porto Alegre: Livraria do Advogado, 1997b.

_____. Sobre o princípio da proporcionalidade. In: LEITE, George Salomão (Coord.). *Dos princípios constitucionais*: considerações em torno das normas principiológicas da Constituição. São Paulo: Malheiros, 2003.

GUIBOURG, Ricardo A. et al. *Introducción al conocimiento científico*. Buenos Aires: Editoria Universitaria de Buenos Aires, 1996.

GUIMARÃES, Aquiles Côrtes. *Fenomenologia e direitos humanos*. Rio de Janeiro: Lumen Juris, 2007.

GUSMÃO, Paulo Dourado de. *Filosofia do direito*. Rio de Janeiro: Forense, 1985.

_____. *Introdução ao estudo do direito*. Rio de Janeiro: Forense, 2003.

HÄBERLE, Peter. The constitutional state and its reform requirements. *Ratio Juris*, Oxford, v. 13, n. 1, 2000.

HABERMAS, Jurgen. *A crise de legitimação no capitalismo tardio*. Trad. V. Chacon. Rio de Janeiro: Tempo Brasileiro, 1980.

_____. *A inclusão do outro*: estudos de teoria política. São Paulo: Loyola, 2002.

_____. *Direito e democracia*: entre facticidade e validade. Trad. Flavio Beno Siebeneichler. Rio de Janeiro: Tempo Brasileiro, 1997. v. 1.

_____. *Mudança estrutural da esfera pública*: investigações quanto a uma categoria da sociedade burguesa. Rio de Janeiro: Edições Tempo Brasileiro, 1984.

_____. *Sociedade da transparência*. Trad. Enio Paulo Giachini. Petrópolis: Vozes, 2017.

_____. *Teoría de la acción comunicativa*: racionalidad de la acción y racionalización social. Madrid: Taurus, 1987.

HAN, Byung Chul. *Sociedade do cansaço*. Trad. Enio Giachini. Petrópolis: Vozes, 2015.

HEIDEGGER, Martin. *Ser e tempo*. Petrópolis: Vozes, 1997.

HOLMES, Stephen; SUNSTEIN, Cass R. *The cost of rights*: why liberty depends on taxes. Nova Iorque-Londres: Norton, 1999.

HORKHEIMER, Max. *Eclipse da razão*. Rio de Janeiro: Labor, 1976.

JORGE JÚNIOR, Alberto Gosson. *Cláusulas gerais no novo Código Civil*. São Paulo: Saraiva, 2004.

KANT, Immanuel. *Crítica da razão prática*. Trad. Rodolfo Schaefer. São Paulo: Martin Claret, 2005.

KELSEN, Hans. *O problema da justiça*. São Paulo: Martins Fontes, 2003.

_____. *O que é justiça?* São Paulo: Martins Fontes, 2001.

_____. *Teoria pura do direito*. 4. ed. São Paulo: Martins Fontes, 1994.

_____. *Teoria pura do direito*. 4. ed. São Paulo: Martins Fontes, 1995.

_____. *Teoria pura do direito*. 7. ed. Trad. João Baptista Machado. São Paulo: Martins Fontes, 2006.

KRELL, Andreas Joachim. *Direitos sociais e controle judicial no Brasil e na Alemanha*: os (des)caminhos de um direito constitucional comparado. Porto Alegre: Sérgio Fabris Ed., 2002.

KUHN, T. S. *A estrutura das revoluções científicas*. São Paulo: Perspectiva, 1994.

LACERDA, Galeno. O Código como sistema legal de adequação do processo. *Revista do Instituto dos Advogados do Rio Grande do Sul* – comemorativa do cinquentenário, Porto Alegre, 1976.

LARENZ, Karl. *Derecho justo*: fundamentos de ética jurídica. Madrid: Civitas, 1993.

_____. *Metodologia da ciência do direito*. Lisboa: Fundação Calouste Gulbenkian, 1989.

LATORRE, Angel. *Introdução ao direito*. Coimbra: Almedina, 2002.

LEAL, Rosemiro Pereira. *Teoria processual da decisão jurídica*. São Paulo: Landy, 2002.

LUHMANN, Niklas. *El derecho de la sociedad*. México: Universidad Iberoamericana, 2002.

_____. *Legitimação pelo procedimento*. Trad. Maria da C. Corte-Real. Brasília: UnB, 1980.

_____. *Sistema jurídico y dogmática jurídica*. Madrid: Centro de Estudios Constitucionales, 1983.

_____. *Sociologia do direito I e II*. Rio de Janeiro: Tempo Brasileiro, 1983.

MACHADO NETO, Antônio Luís. *Compêndio de introdução à ciência do direito*. São Paulo: Saraiva, 1988.

_____. *Dois estudos de eidética sociológica*. Salvador: Universidade Federal da Bahia, 1975.

_____. *Sociologia do direito natural*. Salvador: Progresso, 1957.

_____. *Sociologia jurídica*. São Paulo: Saraiva, 1987.

_____; MACHADO NETO, Zahidé. *O direito e a vida social*: leituras básicas de sociologia jurídica. São Paulo: Nacional, 1966.

_____; _____. *Sociologia básica*. São Paulo: Saraiva, 1982.

MARCONDES, Danilo. *Iniciação à história da filosofia*. Rio de Janeiro: Jorge Zahar Ed., 1997.

MARINONI, Luiz Guilherme. *A jurisdição no estado contemporâneo*. Estudos de direito processual civil. Homenagem ao Professor Egas Dirceu Moniz de Aragão. São Paulo: Revista dos Tribunais, 2005.

MARMOR, Andrei. *Direito e interpretação*. Trad. Luís Carlos Borges. São Paulo: Martins Fontes, 2000.

MARQUES, Cláudia Lima. *Contratos no Código de Defesa do Consumidor*. São Paulo: Revista dos Tribunais, 2002.

MARTINS-COSTA, Judith; BRANCO, Gerson Luiz Carlos. *Diretrizes teóricas do novo Código Civil brasileiro*. São Paulo: Saraiva, 2002.

MARX, Karl. *Manuscritos econômico-filosóficos e outros textos*. São Paulo: Abril Cultural, 1978.

MENDONÇA, Paulo Roberto Soares. *A argumentação nas decisões judiciais*. Rio de Janeiro: Renovar, 1997.

MIAILLE, Michel. *Introdução crítica ao direito*. Lisboa: Estampa, 2005.

MIRANDA, Jorge. *Manual de direito constitucional*. Coimbra: Coimbra Ed., 2000. t. IV.

MONTESQUIEU, Charles de Secondat, Baron de. *O espírito das leis*: as formas de governo, a federação, a divisão dos poderes, presidencialismo *versus* parlamentarismo. Introdução, tradução e notas de Pedro Vieira Mota. São Paulo: Saraiva, 1996.

MORAES, Alexandre de. *Direito constitucional*. São Paulo: Atlas, 2006.

MORAES, Maria Celina Bodin de. O conceito de dignidade humana: substrato axiológico e conteúdo normativo. In: SARLET, Ingo Wolfgang (Org.). *Constituição, direitos fundamentais e direito privado*. Porto Alegre: Livraria do Advogado, 2003.

MORIN, Edgar. *Para sair do século XX*. Trad. Vera Harvey. Rio de Janeiro: Nova Fronteira, 1986.

MOURULLO, Gonzalo Rodríguez. *Aplicación judicial del derecho y lógica de la argumentación jurídica*. Madrid: Civitas, 1988.

NADAL, Fábio. *A constituição como mito*: o mito como discurso legitimador da Constituição. São Paulo: Método, 2006.

NADER, Paulo. *Filosofia do direito*. Rio de Janeiro: Forense, 2000.

_____. *Introdução ao estudo do direito*. Rio de Janeiro: Forense, 2003.

NEDEL, José. *John Rawls*: uma tentativa de integração de liberdade e igualdade. Porto Alegre: EDIPUCRS, 2000.

NERY JUNIOR, Nelson. *Princípios do processo civil na Constituição Federal*. 3. ed. São Paulo: Revista dos Tribunais, 1996.

NEVES, Marcelo C. P. *A constitucionalização simbólica*. São Paulo: Acadêmica, 1994.

_____. Constitucionalização simbólica e desconstitucionalização fática: mudança simbólica da Constituição e permanência das estruturas reais de poder. *Revista de Informação Legislativa*. Brasília: Senado Federal, n. 132, out.-dez. 1996, p. 321-330.

NINO, Carlos Santiago. *Consideraciones sobre la dogmática jurídica* (con referencia particular a la dogmática penal). México: UNAM, 1974.

NUNES, Luiz Antonio Rizzatto. *Manual de introdução ao estudo do direito*. São Paulo: Saraiva, 2003.

_____. *O princípio constitucional da dignidade da pessoa humana*. São Paulo: Saraiva, 2002.

OLIVEIRA, Marcelo Andrade Cattoni de. *Devido processo legislativo*. Belo Horizonte: Mandamentos, 2000.

PALMER, Richard E. *Hermenêutica*. Lisboa: Edições 70, 1999.

PARDO, Davi Wilson de Abreu. *Os direitos fundamentais e a aplicação judicial do direito*. Rio de Janeiro: Lumen Juris, 2003.

PASQUALINI, Alexandre. Hermenêutica: uma crença intersubjetiva na busca da melhor leitura possível. In: BOUCAULT, Carlos E. de Abreu; RODRIGUEZ, José Rodrigo (Org.). *Hermenêutica plural*. São Paulo: Martins Fontes, 2002.

PECES-BARBA, Gregorio Martínez. *La dignidad de la persona desde la filosofía del derecho*. Madrid: Dykinson, 2003.

PERELMAN, Chaïm. *Ética e direito*. Trad. Maria Ermantina Galvão. São Paulo: Martins Fontes, 1999.

_____. *Lógica jurídica*: nova retórica. Trad. Virginia Pupi. São Paulo: Martins Fontes, 1998.

PETRINI, João Carlos. *Pós-modernidade e família*: um itinerário de compreensão. Bauru: Edusc, 2003.

PINTO FERREIRA. *Manual de sociologia e de pesquisa social*. Rio de Janeiro: Forense, 1988.

PIOVESAN, Flávia. *Direitos humanos e o direito constitucional internacional*. 4. ed. São Paulo: Max Limonad, 2000.

POPPER, Karl. *O mito do contexto*. Lisboa: Edições 70, 1999.

QUINTANEIRO, Tânia; BARBOSA, Maria Lígia de Oliveira; OLIVEIRA, Márcia Gardênia de. *Um toque de clássicos*: Durkheim, Marx e Weber. Belo Horizonte: UFMG, 1995.

RAWLS, John. *Justiça e democracia*. São Paulo: Martins Fontes, 2003.

_____. *Uma teoria da justiça*. São Paulo: Martins Fontes, 2002.

REALE, Miguel. *Filosofia do direito*. São Paulo: Saraiva, 1995.

_____. *Fundamentos do direito*. São Paulo: Revista dos Tribunais; Universidade de São Paulo, 1972.

_____. *Lições preliminares de direito*. 22. ed. São Paulo: Saraiva, 1995.

_____. _____. 23. ed. São Paulo: Saraiva, 1996.

_____. *Teoria tridimensional do direito*. São Paulo: Saraiva, 1994.

RICOEUR, Paul. *Do texto à acção*. Porto: Rés, 1989.

ROSA, F. A. de Miranda. *Sociologia do direito*: o fenômeno jurídico como fato social. 5. ed. Rio de Janeiro: Zahar Ed., 1977.

ROUANET, Paulo Sérgio. *Mal-estar na modernidade*. São Paulo: Companhia das Letras, 1993.

ROUSSEAU, Jean-Jacques. *Do contrato social*. Trad. Pietro Nassetti. São Paulo: Martin Claret, 2006.

SÁ, Djanira Maria Radamés de. *Teoria geral do direito processual civil*. 2. ed. São Paulo: Saraiva, 1998.

SABADELL, Ana Lucia. *Manual de sociologia jurídica*: introdução a uma leitura externa do direito. 2. ed. São Paulo: Revista dos Tribunais, 2002.

_____. _____. 4. ed. São Paulo: Revista dos Tribunais, 2008.

SALDANHA, Nelson. *Ordem e hermenêutica*. Rio de Janeiro: Renovar, 1988.

_____. *Sociologia do direito*. São Paulo: Revista dos Tribunais, 1989.

SANTOS, Boaventura de Sousa. *Crítica da razão indolente*: contra o desperdício de experiência. São Paulo: Cortez, 2001.

_____. *Pela mão de Alice*: o social e o político na pós-modernidade. São Paulo: Cortez, 1996.

SARLET, Ingo Wolfgang. *A eficácia dos direitos fundamentais*. Porto Alegre: Livraria do Advogado, 1998.

_____. *Dignidade da pessoa humana e direitos fundamentais na Constituição Federal de 1988*. Porto Alegre: Livraria do Advogado, 2001.

SCHLEIERMACHER, Friedrich. *Hermenêutica*. Petrópolis: Vozes, 1999.

SCURO NETO, Pedro. *Sociologia geral e jurídica*. São Paulo: Saraiva, 2004.

SECCO, Orlando de Almeida. *Introdução ao estudo do direito*. Rio de Janeiro: Lumen Juris, 2009.

SICHES, Luís Recasens. *Nueva filosofía de la interpretación de derecho*. México: Fondo de Cultura Económica, 1980.

_____. *Tratado general de filosofia del derecho*. México: Porruá, 1959.

SILVA, José Afonso da. *Aplicabilidade das normas constitucionais*. 7. ed. São Paulo: Malheiros, 2007.

SOARES, Ricardo Maurício Freire. *Curso de introdução ao estudo do direito*. Salvador: JusPodivm, 2011.

SOUSA, António Francisco de. *Conceitos indeterminados no direito administrativo*. Coimbra: Almedina, 1994.

SOUTO, Cláudio; SOUTO, Solange. *Sociologia do direito*: uma visão substantiva. 2. ed. Porto Alegre: Fabris Ed., 1997.

SOUZA, Carlos Aurélio Mota de. *Segurança jurídica e jurisprudência* – um enfoque filosófico-jurídico. São Paulo: LTr, 1996.

STRECK, Lenio Luiz. *Hermenêutica jurídica e(m) crise*: uma exploração hermenêutica da construção do direito. Porto Alegre: Livraria do Advogado, 2001.

TEPEDINO, Gustavo. *A parte geral do novo Código Civil*: estudos na perspectiva civil- -constitucional. Rio de Janeiro: Renovar, 2002.

TEUBNER, Gunther. *O direito como sistema autopoiético*. Lisboa: Fundação Calouste Gulbenkian, 1993.

TOMAZI, Nelson Dácio. *Iniciação à sociologia*. São Paulo: Atual Ed., 1993.

TORRES, Ricardo Lobo (Org.). *Legitimação dos direitos humanos*. Rio de Janeiro: Renovar, 2002.

TOURAINE, Alain. *Crítica da modernidade*. Petrópolis: Vozes, 1994.

_____. *O pós-socialismo*. Porto: Afrontamento, 1981.

TREVES, Renato. *Sociologia do direito*: origens, pesquisas e problemas. Barueri: Manole, 2004.

TUCCI, Rogério Lauria; TUCCI, José Rogério Cruz. *Constituição de 1988 e processo*. São Paulo: Saraiva, 1989.

VALDÉS, Joaquín Arce y Flóres. *Los principios generales del derecho y su formulación constitucional*. Madrid: Civitas, 1990.

VENOSA, Sílvio de Salvo. *Introdução ao estudo do direito*. São Paulo: Atlas, 2006.

VERDÚ, Pablo Lucas. *Teoria de la constitución como ciencia cultural*. 2. ed. Madrid: Dykinson, 1998.

VIEHWEG, Theodor. *Tópica e jurisprudência*. Brasília: Departamento de Imprensa Nacional, 1979.

VIEIRA, Oscar Vilhena. *Direitos fundamentais*: uma leitura da jurisprudência do STF. São Paulo: Malheiros, 2006.

WARAT, Luis Alberto. *Filosofia do direito*: uma introdução crítica. São Paulo: Moderna, 1996.

_____. *Lenguaje y definición jurídica*. Buenos Aires: Cooperadora de Derecho y Ciencias Sociales, 1973.

WATANABE, Kazuo. *Da cognição no processo civil*. 2. ed. Campinas: Bookseller, 2000.

WEBER, Max. *A ética protestante e o espírito do capitalismo*. 2. ed. Trad. M. Irene de Q. F. Szmrecsányi; Tomás J. M. K. Szmrecsányi. São Paulo: Pioneira; Brasília: UnB, 1981.

_____. *Economia y sociedad*. 2. ed. Trad. José Medina Echevarria et al. México: Fondo de Cultura Económica, 1992.

_____. *Metodologia das ciências sociais*. Trad. Augustin Wenet. São Paulo: Cortez; Campinas: Universidade Estadual de Campinas, 1992.

WOLKMER, Antônio Carlos. *Pluralismo*: fundamentos de uma cultura no direito. São Paulo: Alfa Ômega, 1994.

WRÓBLEWSKI, Jerzy. *Constitución y teoría general de la interpretación jurídica*. Madrid: Civitas, 1988.

ZIULU, Adolfo Gambino. *Derecho constitucional*: principios y derechos constitucionales. Buenos Aires: Depalma, 1997.

REFERÊNCIAS DA PARTE II

Antropologia do Direito

ABBAGNANO, Nicola. *Dicionário de filosofia*. São Paulo: Martins Fontes, 2003.

_____. *História da filosofia* (col.). Lisboa: Presença, 1978.

AGRA, Walber de Moura. *Curso de direito constitucional*. Rio de Janeiro: Forense, 2006.

ALEXY, Robert. *Teoria da argumentação jurídica*. São Paulo: Landy, 2001.

_____. *Teoría de los derechos fundamentales*. Madrid: CEPC, 2002.

_____. *Constitucionalismo discursivo*. Porto Alegre: Livraria do Advogado, 2007.

ALVES, Elizete Lanzoni; SANTOS, Sidney Francisco Reis dos. *Iniciação ao conhecimento da antropologia jurídica*. Florianópolis: Conceito, 2007.

AMARAL, Gustavo. *Direito, escassez e escolha*. Rio de Janeiro: Renovar, 2001.

ANDERSON, Perry. *As origens da pós-modernidade*. Rio de Janeiro: Jorge Zahar Ed., 1999.

ANJOS, Rafael Sanzio Araújo dos. *O Brasil africano*: geografia e territorialidade. Brasília: CIGA/CESPE/UnB, 2010.

AQUINO, Santo Tomás. *Seleção de textos da Suma Teológica*. São Paulo: Abril, 1973.

ARENDT, Hannah. *Crises da república*. São Paulo: Perspectiva, 1973.

_____. *Entre o passado e o futuro*. São Paulo: Perspectiva, 1988.

ARIZA, Santiago Sastre. La ciencia jurídica ante el neoconstitucionalismo. In: ARON, Raymond. *As etapas do pensamento sociológico*. São Paulo: Martins Fontes, 1999.

ARNAUD, André-Jean; FARIÑAS DULCE, María José. *Introduction à l'analyse sociologique des systèmes juridiques*. Bruxelles: Bruylant, 1998.

ASAD, Talal. Introduction. In: ASAD, Talal (Ed.). *Anthropology & the Colonial Encounter*. 7. ed. New Jersey: Humanities Press: Atlantic Highlands, 1995.

_____. Two european images of non-european rule. In: ASAD, Talal (Ed.). *Anthropology & the Colonial Encounter*. 7. ed. New Jersey: Humanities Press: Atlantic Highlands, 1995.

ASSIER-ANDRIEU, Louis. *O direito nas sociedades humanas*. Trad. Maria Ermantina Galvão. São Paulo: Martins Fontes, 2000.

ASSIS, Olney Queiroz; KÜMPEL, Vitor Frederico. *Manual de antropologia jurídica*. São Paulo: Saraiva, 2011.

AUGÉ, Marc. Dos lugares aos não lugares. *Uma introdução a uma antropologia da supermodernidade*. Campinas: Papirus, 1994.

ÁVILA, Humberto. *Teoria dos princípios*. São Paulo: Malheiros, 2005.

AVRUCH, Kevin. *Culture and conflict resolution*. Washington DC: United States Institute of Peace, 1998.

AZAN JÚNIOR, Celso. *Antropologia e interpretação:* explicação e compreensão nas antropologias de Lévi-Strauss e Geertz. Campinas: Unicamp, 1993.

BALLESTRIN, Luciana. A América latina e o giro decolonial. *Revista Brasileira de Ciência Política*, n. 11, Brasília, maio-agosto de 2013.

BARCELLOS, Ana Paula de. *A eficácia jurídica dos princípios constitucionais*: o princípio da dignidade da pessoa humana. Rio de Janeiro: Renovar, 2002.

BARROSO, Luís Roberto. *O direito constitucional e a efetividade de suas normas*. 5. ed. Rio de Janeiro: Renovar, 2001.

_____. *Interpretação e aplicação da Constituição*. São Paulo: Saraiva, 2002.

_____. *A nova interpretação constitucional*. Rio de Janeiro: Renovar, 2006.

BELLEY, Jean-Guy. Pluralismo jurídico. In: ARNAUD, André-Jean (Dir.). *Dicionário enciclopédico de teoria e de sociologia do direito*. 2. ed. Trad. Patrice Charles, F. X. Willaume. Rio de Janeiro: Renovar, 1999.

BENJAMIN, Walter; HORKHEIMER, Max; ADORNO, Theodor; HABERMAS, Jürgen. *Textos escolhidos*. São Paulo: Abril Cultural, 1983.

BERGER, Peter L. *A construção social da realidade:* tratado de sociologia do conhecimento. Petrópolis: Vozes, 1985.

BOAS, Franz. *Antropologia cultural*. Rio de Janeiro: Jorge Zahar, 2009.

BOBBIO, Norberto. *A era dos direitos*. Trad. Carlos Nelson Coutinho. Rio de Janeiro: Campus, 1992.

_____. *Teoria da norma jurídica*. São Paulo: Edipro, 1995.

_____. *Teoria do ordenamento jurídico*. Brasília: UnB, 1996.

BOHANNAN, Paul. A categoria injô na sociedade *Tiv*. In: DAVIS, Shelton (Org.). *Antropologia do direito*. Trad. Vera Maria Cândido Pereira, Alba Zaluar Guimarães, Neide Esterci e Tereza Cristina Araújo Costa. Rio de Janeiro: Zahar, 1973.

_____. Etnografia e comparação em antropologia do direito. In: DAVIS, Shelton (Org.). *Antropologia do direito*. Trad. Vera Maria Cândido Pereira, Alba Zaluar Guimarães, Neide Esterci e Tereza Cristina Araújo Costa. Rio de Janeiro: Zahar, 1973.

_____. *Justice and Judgment among the Tiv*. Oxford: Oxford University Press, 1957.

BONAVIDES, Paulo. *Curso de direito constitucional*. 11. ed. São Paulo: Malheiros, 2001.

BOTTOMORE, T. B. *Introdução à sociologia*. Rio de Janeiro: Zahar, 1967.

BRASIL. Constituição (1988). *Constituição da República Federativa do Brasil*. Brasília-DF: Senado, 1988.

BURKE, Peter. *Uma história social do conhecimento:* de Gutenberg a Diderot. Rio de Janeiro: Jorge Zahar Ed., 2003.

CALDEIRA, Tereza Pires do Rio. A presença do autor e a pós-modernidade em antropologia. *Novos Estudos. CEBRAP*, n. 21, p. 133-157, jul. 1988.

CAMARGO, Marcelo Novelino. *Leitura complementares de direito constitucional*. Salvador: Juspodivm, 2007.

CANARIS, Claus Wilhelm. *Pensamento sistemático e conceito de sistema na ciência do direito*. Trad. A. Menezes Cordeiro. Lisboa: Fundação Calouste Gulbenkian, 1989.

CANOTILHO, J. J. Gomes. *Direito constitucional e teoria da Constituição*. Coimbra: Livraria Almedina, 1991.

_____. *Direito constitucional e teoria da Constituição*. 3. ed. Coimbra: Almadina, 1998.

_____; MOREIRA, Vital. *Fundamentos da constituição*. Coimbra: Ed. Coimbra, 1991.

CARBONELL, Miguel (Org.). *Neoconstitucionalismo (s)*. Madrid: Editorial Trotta, 2003.

CARBONNIER, Jean. *Sociologie juridique*. 2. ed. Paris: PUF, 2008.

CARDOSO DE OLIVEIRA, Roberto. *Entre o estruturalismo e a hermenêutica antropológica*. Anuário Antropológico 85, Rio de Janeiro: Tempo Brasileiro, p. 289- 295, 1986.

_____. *Sobre o pensamento antropológico*. Rio de Janeiro: Tempo Brasileiro, 1988.

CASTRO-GÓMES, Santiago; GROSFOGUEL, Ramón. *El giro decolonial*: reflexiones para una diversidad epistémica más allá del capitalismo global. Bogotá: Siglo del Hombre editores; Universidade Central; Instituto de Estudios Sociales Contemporáneos y Pontificia Universidad Javeriana; Instituto Pensar, 2007.

CÉSAIRE, Aimé. *Discurso sobre o colonialismo*. Trad. Noêmia de Sousa. Lisboa: Ed. Livraria Sá da Costa Editora, 1978.

CHAUÍ, Marilena. *Convite à filosofia*. 12. ed. São Paulo: Ática, 2002.

CHILDE, Vere Gordon. *A evolução cultural do homem*. Rio de Janeiro: Zahar, 1971.

CHRÉTIEN-VERNICOS, Geneviève. *Anthropologies et droits:* état des savoirs et orientations contemporaines. Paris: Dalloz, 2009.

CLASTRES, Pierre. *La société contre l'État. Recherches d'anthropologie politique*. Paris: Les Éditions du Minuit, 2011.

CLIFFORD, James; MARCUS, George. *Retoricas de la antropologia*. Barcelona: Júcar, 1991.

COMAROFF, John L. L.; ROBERTS, Simon. *Rules and processes*: the cultural logic of dispute in an African context. Chicago: University Press, 1986.

COMPARATO, Fábio Konder. *A afirmação histórica dos direitos humanos*. São Paulo: Saraiva, 2005.

_____. *Ética:* direito, moral e religião no mundo moderno. São Paulo: Companhia das Letras, 2006.

COPANS, Jean. et al. *Antropologia:* ciência das sociedades primitivas? Lisboa: Edições 70, 1971.

COSSIO, Carlos. *La valoración jurídica y la ciencia del derecho*. Buenos Aires: Ediciones Arayú, 1954.

COULANGES, N. Fustel de. *A cidade antiga*. Lisboa: Clássica, 1929.

CUIN, Charles-Henry. *História da sociologia*. São Paulo: Ensaio, 00.

CUNHA JÚNIOR, Dirley da. *Controle judicial das omissões do poder público*. São Paulo: Saraiva, 2004.

_____. *Controle de constitucionalidade*: teoria e prática. Salvador: JusPodivm, 2006.

DANTAS, David Diniz. *Interpretação constitucional no pós-positivismo*: teoria e casos práticos. São Paulo: Madras, 2005.

DAVID, René. *Os grandes sistemas do direito contemporâneo*. 2. ed. Trad. Hermínio A. Carvalho. Lisboa: Meridiano, 1978.

DAVIS, Shelton. H. *Antropologia do direito:* estudo comparativo de categorias de dívida e contrato. Rio de Janeiro: Zahar, 1973.

DIMOULIS, Dimitri; MARTINS, Leonardo. *Teoria geral dos direitos fundamentais*. São Paulo: Revista dos Tribunais, 2007.

DURKHEIM, Émile. *As formas elementares da vida religiosa*. São Paulo: Abril, 1978b.

_____. *As regras do método sociológico*. São Paulo: Nacional, 1974.

_____. *Da divisão do trabalho social*. São Paulo: Abril, 1978a.

_____. *Da divisão do trabalho social; As regras do método sociológico; O suicídio; As formas elementares da vida religiosa*. São Paulo: Abril Cultural, 1983. (Coleção Os Pensadores).

DUSSEL, Enrique. *The Invention of the Americas*. Nova Iorque: Continuum, 1995.

DWORKIN, Ronald. *Los derechos en serio*. Trad. Marta Guastavino. Barcelona: Ed. Ariel, 1997.

_____. *Uma questão de princípio*. Trad. Luís Carlos Borges. São Paulo: Martins Fontes, 2000.

EBERHARD, Christoph. *Le droit au miroir des cultures. Pour une autre mondialisation*. Paris: LGDJ, 2010.

ELIAS, Norbert. *O processo civilizador*: uma história dos costumes. Trad. Ruy Jungmann. Rio de Janeiro: Jorge Zahar, 1994.

ENGISCH, Karl. *El ambito de lo no jurídico*. Córdoba: Universidad Nacional de Córdoba, 1960.

_____. *Introdução ao pensamento jurídico*. Lisboa: Fundação Calouste Gulbenkian, 1988.

ENTERRÍA, Eduardo García. *Reflexiones sobre la ley y los principios generales del derecho*. Madrid: Editorial Civita, 1986.

ERIKSEN, Thomas Hylland. *História da antropologia*. Petrópolis: Vozes, 2007.

ESCOBAR, Arturo. *Sentipensar con la tierra*: novas lecturas sobre desarrollo, territorio y diferencia. Medellín: Ediciones UNAULA, 2014.

ESPÍNDOLA, Ruy Samuel. *Conceitos de princípios constitucionais:* elementos para uma dogmática constitucionalmente adequada. São Paulo: Revista dos Tribunais, 1999.

FARIA, José Eduardo. *O direito na economia globalizada*. São Paulo: Malheiros, 1999.

FELDMAN-BIANCO, Bela (Org.). *A antropologia das sociedades contemporâneas*. São Paulo: Global, 1987.

FERRAZ JUNIOR, Tercio Sampaio. *Introdução ao estudo do direito*: técnica, decisão e dominação. São Paulo: Atlas, 1994.

FLEINER, Thomas. *O que são direitos humanos?* São Paulo: Max Limonad, 2003.

FISCHER, Michael. Da antropologia interpretativa à antropologia crítica. *Anuário Antropológico* 83. Rio de Janeiro: Tempo Brasileiro, 1985.

FOUCAULT, Michel. *A verdade e as formas jurídicas*. Rio de Janeiro: Nau, 1996.

_____. *A verdade e as formas jurídicas*. Rio de Janeiro: Nau, 2005.

_____. *Microfísica do poder*. Rio de Janeiro: Graal, 1988.

FRASER, Nancy. Feminism, capitalism and the cunning of history. *New Left Review*, 56, 2009.

_____. *Reconhecimento sem ética?* Trad. Ana C. F. Lima e Mariana P. Fraga Assis. *Lua Nova*, 70, São Paulo, 2007.

_____. Redistribución y reconocimiento In: *Iustitia interrupta*: reflexiones críticas desde la posición "postsocialista". Santafe de Bogotá: Siglo del Hombre Editores, Universidad de los Andes-Facultad de Derecho, 1997.

FRASER, Nancy. Redistribución y reconocimiento In: *Iustitia interrupta*: reflexiones críticas desde la posición "postsocialista". Santafé de Bogotá: Siglo del Hombre Editores, Universidad de los Andes-Facultad de Derecho, 1997.

GADAMER, Hans-Georg. *Verdade e método*. Petrópolis: Vozes, 1997.

GEERTZ, Clifford. *A interpretação das culturas*. Rio de Janeiro: Guanabara Koogan, 1989.

_____. *A interpretação das culturas*. Rio de Janeiro: Guanabara Koogan, 1989.

GELLNER, Ernest. *Antropologia e política. Revoluções no bosque sagrado*. Rio de Janeiro: Zahar Ed., 1997.

GLUCKMAN, Max. Obrigação e dívida. In: DAVIS, Shelton H. *Antropologia do direito:* estudo comparativo de categorias de dívida e contrato. Trad. Vera Maria Cândido Pereira. Rio de Janeiro: Zahar, 1973.

_____. *The judicial process among the Barotse of Northern Rhodesia*. Manchester: Manchester University Press, 1955.

GRAU, Eros Roberto. *Ensaio e discurso sobre a interpretação / aplicação do direito*. São Paulo: Malheiros, 2002.

GROSFOGUEL, Ramón. A estrutura do conhecimento nas universidades ocidentalizadas: racismo/sexismo epistêmico e os quatro genocídios/epistemicídios do longo século XVI. *Revista Sociedade e Estado*, v. 31, n. 1, jan./abr. 2016.

GUERRA FILHO, Willis S. *Autopoiese do direito na sociedade pós-moderna*. Porto Alegre: Livraria do Advogado, 1997a.

_____. *Dos direitos humanos aos direitos fundamentais*. Porto Alegre: Livraria do Advogado,1997b.

_____. Sobre o princípio da proporcionalidade. In: LEITE, George Salomão. *Dos princípios constitucionais*: considerações em torno das normas principiológicas da constituição. São Paulo: Malheiros, 2003.

GUIBOURG, Ricardo A. et al. *Introduccion al conocimiento científico*. Buenos Aires: Editoria Universitaria de Buenos Aires, 1996.

GUIMARÃES, Aquiles Côrtes. *Fenomenologia e direitos humanos*. Rio de Janeiro: Lumen Juris, 2007.

GODELIER, Maurice. *O enigma do dom*. Rio de Janeiro: Civilização Brasileira, 2001.

GOLDMANN, Lucien. *Ciências humanas e filosofia*. São Paulo: Difel, 1974.

GOYARD-FABRE, Simone. *Os fundamentos da ordem jurídica*. São Paulo: Martins Fontes, 2002.

_____. *Os fundamentos da ordem jurídica*. 2. ed. Trad. Claudia Berliner. Revisão da tradução Maria Ermantina de Almeida Prado Galvão. São Paulo: Martins Fontes, 2007.

HABERMAS, Jürgen. *Mudança estrutural da esfera pública:* investigações quanto a uma categoria da sociedade burguesa. Rio de Janeiro: Tempo Brasileiro, 1984.

_____. *O discurso filosófico da modernidade.* São Paulo: Martins Fontes, 2000.

HÄBERLE, Peter. The constitutional state and its reform requirements. *Ratio juris*, Oxford: Blackwell, v. 13, n. 1, 2000.

HALL, Stuart. *A identidade cultural na pós-modernidade.* Trad. Tomaz Tadeu da Silva & Guaciara Lopes Louro. Rio de Janeiro: DP&A, 2006.

HARARI, Yuval Noah. *Sapiens*: uma breve história da humanidade. Trad. Janaína Marcoantonio. Porto Alegre: L&PM, 2015.

HEGEL, Georg Wilhelm Friedrich. *Introdução à história da filosofia.* São Paulo: Abril, 1974.

HERSKOVITS, Melville J. *Antropologia cultural.* São Paulo: Mestre Jou, 1963.

HOLMES, Stephen; SUNSTEIN, Cass R. *The cost of rights.* Why Liberty Depends on Taxes. Nova Iorque-Londres: Norton, 1999.

HONNETH, Axel. *Luta por reconhecimento*: a gramática moral dos conflitos sociais Trad. Luiz Repa. São Paulo: Ed. 34, 2003.

IAMUNDO, Eduardo. *Sociologia e antropologia do direito.* São Paulo: Saraiva, 2013.

JAMES, Wendy. The anthropologist as reluctant imperialist. In: ASAD, Talal (Ed.). A*nthropology & the colonial encounter.* 7. ed. New Jersey: Humanities Press: Atlantic Highlands, 1995.

KANT DE LIMA, Roberto. *Ensaios de antropologia e de direito:* acesso à justiça e processos institucionais de administração de conflitos e produção da verdade em uma perspectiva comparada. Rio de Janeiro: Lumen Juris, 2008.

KLUCKHOHN, Clyde. *Mirror for man*: the relation of anthropology to modern life. New York: Whittlesey House, 1949.

KRELL, Andreas Joachim. *Direitos sociais e controle judicial no Brasil e na Alemanha*: os (des)caminhos de um direito constitucional comparado. Porto Alegre: Sérgio Fabris, 2002.

KROEBER, Alfred; KLUCKHOHN, Clyde. *Culture*: a critical review of concepts and definitions. New York: Vintage Books, 1952.

KROTZ, Esteban (Ed.). *Antropología jurídica:* perspectivas socioculturales en el estúdio del derecho. Barcelona: Anthropos, 2002.

KUMPEL, Vitor Frederico. *Teoria da aparência.* São Paulo: Método, 2007.

KUPER, Adam. *Cultura*: a visão dos antropólogos. São Paulo: EDUSC, 2002.

LANDER, Edgardo. *A colonialidade do saber*: eurocentrismo e ciências sociais – perspectivas latino-americanas. Buenos Aires: CLACSO, 2005.

LAPLANTINE, François. *Aprender antropologia*. São Paulo: Brasiliense, 1992.

_____. *Aprender antropologia*. São Paulo: Brasiliense, 2006.

_____. *Aprender antropologia*. São Paulo: Brasiliense, 2012.

LARAIA, Roque de Barros. *Cultura:* um conceito antropológico. 3. ed. Rio de Janeiro: Jorge Zahar, 1988.

_____. *Cultura:* um conceito antropológico. Rio de Janeiro: Jorge Zahar, 1992.

_____. *Cultura*: um conceito antropológico. Rio de Janeiro: Jorge Zahar, 1986.

LARENZ, Karl. *Metodologia da ciência do direito*. Lisboa: Fundação Calouste Gulbenkian, 1989.

_____. *Derecho justo*: fundamentos de ética jurídica.. Madrid: Civitas, 1993.

LEPENIES, Wolf. *As três culturas*. São Paulo: USP, 1996.

LE ROY, Étienne. *Le jeu des lois. Une anthropologie "dynamique" du Droit*. Paris: LGDJ, 1999.

_____. Le pluralisme juridique aujourd'hui ou l'enjeu de la juridicité. *Cahiers d'anthropologie du droit 2003. Les Pluralismes juridiques*. Paris: Karthala, 2003.

_____. Norma. In: ARNAUD, André-Jean (Dir.). *Dicionário enciclopédico de teoria e de sociologia do direito*. 2. ed. Trad. Patrice Charles, F. X. Willaume. Rio de Janeiro: Renovar, 1999.

LÉVY-BRUHL, Henri. *Sociologia do direito*. São Paulo: Martins Fontes, 1997.

_____. *Sociologia do direito*. São Paulo: Martins Fontes, 2000.

LÉVI-STRAUSS, Claude. *A noção de estrutura em etnologia*. São Paulo: Abril, 1980.

_____. *Anthropologie structurale*. Paris: Plon, 1974.

_____. *Anthropologie structurale* – Deux. Paris: Plon, 1996.

_____. *Antropologia estrutural*. Rio de Janeiro: Tempo Brasileiro, 2003.

_____. *Antropologia estrutural 2*. Rio de Janeiro: Tempo Brasileiro, 1989.

_____. *Antropologia estrutural 2*. Rio de Janeiro: Tempo Brasileiro, 1993.

_____. *Raça e história*. São Paulo: Abril, 1980.

LINTON, Ralph. *O homem*: uma introdução à antropologia. São Paulo: Martins Fontes, 1971.

LOPES, José Reinaldo de Lima. *O direito na história*. São Paulo: Max Limonad, 2000.

LOSANO, Mario G. *Os grandes sistemas jurídicos:* introdução aos sistemas jurídicos europeus e extra-europeus. Trad. Marcela Varejão. Revisão da tradução Silvana Cobucci Leite. São Paulo: Martins Fontes, 2007.

LOVELOCK, James. *As eras de Gaia*: biografia da nossa terra viva. Rio de Janeiro: Campus, 1991.

MACHADO NETO, Antônio Luís. *Sociologia do direito natural*. Salvador: Progresso, 1957.

_____. *Dois estudos de eidética sociológica.* Salvador: Universidade Federal da Bahia, 1975.

_____. *Sociología jurídica.* São Paulo: Saraiva, 1987.

_____. *Compêndio de introdução à ciência do direito.* São Paulo: Saraiva, 1988.

MAINE, Henry James Sumner. *Ancient law, its connection with the early history of society, and its relation to modern ideas.* Tucson, Arizona: The University of Arizona Press, 1986.

MALINOWSKI, Bronislaw. *A scientific theory of culture and other essays.* Chapel Hill: University of North Carolina Press; London: Humphrey Milford, Oxford University Press, 1944.

_____. *Crime and custom in primitive society.* 7. ed. London: Routledge & Kegan Paul, 1961.

_____. *Crimen y costumbre en la sociedad salvaje.* Barcelona: Ariel, 1973.

_____. *Diritto e costume nella società primitiva.* Roma: Newton Compton Italiana, 1972.

_____. *Os argonautas do pacífico ocidental.* São Paulo: Abril, 1978.

_____. *Uma teoria da cultura.* Rio de Janeiro: Zahar, 1970.

MARCONI, Marina de Andrade; PRESOTTO, Zélia Maria Neves. *Antropologia:* uma introdução. 6. ed. São Paulo: Atlas, 2008.

MARCUS, George. *Problemas de la etnografia contemporánea en el mundo moderno.* Barcelona: Júcar, 1991.

MARQUES GUEDES, Armando. *Entre factos e razões:* contextos e enquadramentos da antropologia jurídica. Coimbra: Almedina, 2005.

MARX, Karl. *O capital.* Rio de Janeiro: Civilização Brasileira, 1975.

_____. *Para a crítica da economia política; Salário, preço e lucro; O rendimento e suas fontes:* a economia vulgar. São Paulo: Abril Cultural, 1982.

MAUSS, Marcel. *Ensaio sobre a dádiva.* Lisboa: Edições 70, 2001.

_____. Ensaio sobre a dádiva. *Sociologia e antropologia.* São Paulo: EPU, 1974.

_____. Rapports réels et pratiques de psychologie et de la sociologie. *Journal de Psychologie Normal et Pathologique,* n. 21, 1924.

MELLO, Luiz Gonzaga de. *Antropologia cultural.* Petrópolis: Vozes, 1982.

MIGNOLO, Walter D.; WALSH, Catherine E. *On decoloniality*: concepts, analytics, praxis. Duke University Press, 2018.

MIGNOLO, Walter. Colonialidade: *o lado mais escuro da modernidade.* Trad. Marco Oliveira. Revista Brasileira de Ciências Sociais, 2017.

_____. El pensamiento decolonial: despredimiento y apertura. In: CASTRO-GÓMES, Santiago; GROSFOGUEL, Ramón. *El giro decolonial*: reflexiones para una diversidad epistémica más allá del capitalismo global. Bogotá: Siglo del Hombre editores; Universidade Central; Instituto de Estudios Sociales Contemporáneos y Pontificia Universidad Javeriana; Instituto Pensar, 2007.

_____. *Historias locales/disenos globales*: colonialidad, conocimientos subalternos y pensamiento fronterizo. Madrid: Akal, 2003.

_____. Te geopolitics of knowledge and the colonial difference. *Te South Atlantic Quarterly*, v. 101, n. 1, 2002.

_____. *Desobediencia epistémica*: retórica de lamodernidad, lógica de lacolonialidad y gramática de ladescolonialidad. Edicionesdel signo, 2010.

MONTESQUIEU, Charles de Secondat, Baron de. *O espírito das leis*. São Paulo: Martins Fontes, 2005.

MORAES, Maria Celina Bodin de. O conceito de dignidade humana: substrato axiológico e conteúdo normativo. In: SARLET, Ingo Wolfgang. *Constituição, direitos fundamentais e direito privado*. Porto Alegre: Livraria do Advogado, 2003.

MOORE, Sally Falk. Certainties undone: fifty turbulent years of legal anthropology, 1949-1999 (Huxley Memorial Lecture). *The Journal of the Royal Anthropological Institute*, v. 7, n. 1, 2001.

_____. *Law and anthropology:* a reader. Malden, MA: Blackwell Publishing, 2009.

MOURULLO, Gonzalo Rodríguez. *Aplicación judicial del derecho y lógica de la argumentación jurídica*. Madrid: Editorial Civitas, 1988.

NADAL, Fábio. *A constituição como mito*: o mito como discurso legitimador da constituição. São Paulo: Método, 2006.

NADER, Laura. *Law in culture and society*. Berkeley and Los Angeles: University of California Press, 1997.

NEVES, Marcelo C. P. *A Constitucionalização Simbólica*. São Paulo: Acadêmica, 1994.

_____. Constitucionalização simbólica e desconstitucionalização fática: mudança simbólica da Constituição e permanência das estruturas reais de poder. *Revista de Informação Legislativa*, Brasília-DF: Senado Federal, n. 132, out./dez. 1996, p. 321-330.

NUNES, Luiz Antonio Rizzatto. *O princípio constitucional da dignidade da pessoa humana*. São Paulo: Saraiva, 2002.

PARDO, Davi Wilson de Abreu. *Os direitos fundamentais e a aplicação judicial do direito*. Rio de Janeiro: Lumen Juris, 2003.

PECES-BARBA, Gregorio Martínez. *La dignidad de la persona desde la filosofía del derecho.* Madrid: Dykinson, 2003.

PACHUKANIS, Evgeni. *A teoria geral do direito e o marxismo.* 2. ed. Trad. Soveral Martins. Coimbra: Centelha, 1977.

PEIRANO, Mariza. *Uma antropologia no plural.* Brasília: UnB, 1991.

PIOVESAN, Flávia. *Direitos humanos e o direito constitucional internacional.* 4. ed. São Paulo: Max Limonad, 2000.

POIRIER, Jean. *Una historia de la etnologia.* México: Fondo de Cultura Económica, 1992.

QUIJANO, Aníbal. Colonialidade do poder e classificação social. In: SANTOS, Boaventura de Sousa; MENESES, Maria Paula. *Epistemologias do sul.* 2009.

_____. Colonialidade do poder, eurocentrismo e América Latina. In: LANDER, Edgardo. *A colonialidade do saber*: eurocentrismo e ciências sociais – perspectivas latino-americanas. Buenos Aires: CLACSO, 2005.

_____. Colonialidad del poder, eurocentrismo y América Latina. In: LANDER, Edgardo; CASTRO-GÓMEZ, Santiago. *La colonialidad del saber*: eurocentrismo y ciencias sociales: perspectivas latinoamericanas. Buenos Aires: Consejo Latinoamericano de Ciencias Sociales-CLACSO, 2000.

_____. Colonialidad del poder, cultura y conocimiento en América Latina. *Dispositio*, v. 24, n. 51, 1999.

RABINOW, Paul. *Antropologia da razão:* ensaios de Paul Rabinow. Rio de Janeiro: Relume Dumará, 1999.

RADCLIFFE-BROWN, Alfred R. *Estrutura e função na sociedade primitiva.* Petrópolis: Vozes, 1973.

_____. *Structure and function in primitive society.* Glencoe, Illinois: The Free Press, 1952.

REALE, Miguel. *Fundamentos do direito.* São Paulo: Revista dos Tribunais/ Universidade de São Paulo, 1972.

_____. *Teoria tridimensional do direito.* São Paulo: Saraiva, 1994.

_____. *Filosofia do direito.* São Paulo: Saraiva, 1995.

_____. *Lições preliminares de direito.* São Paulo: Saraiva, 1995.

_____. *Lições preliminares de direito.* 23. ed. São Paulo: Saraiva, 1996.

RIBEIRO, Darcy. *O povo brasileiro*: a formação e o sentido do Brasil. São Paulo: Companhia das Letras, 1995.

RICOEUR, Paul. *Interpretação e ideologias.* Rio de Janeiro: Francisco Alves Ed., 1988.

RIVIÈRE, Claude. *Introdução à antropologia.* Trad. José Frederico Espadeiro Martins. Lisboa: Edições 70, 2004.

ROCHA, Everardo P. Guimarães. *O que é etnocentrismo.* São Paulo: Brasiliense, 1984.

ROCHA, José Manuel de Sacadura. *Antropologia jurídica:* geral e do Brasil. Rio de Janeiro: Forense, 2015.

RODRIGUES, Guilherme Tavares Marques. *Antropologia e direito:* a justiça como possibilidade antropológica. São Paulo: UNESP, 2010.

ROSEN, Lawrence. *Law as culture*: an invitation. New Jersey: Princeton University Press, 2006.

ROULAND, Norbert. *Anthropologie juridique.* Paris: PUF, 1988.

_____. *Nos confins do direito.* Trad. Maria Ermantina de Almeida Prado Galvão. São Paulo: Martins Fontes, 2003.

_____. Pluralismo jurídico (teoria antropológica). In: ARNAUD, André-Jean (Dir.). *Dicionário enciclopédico de teoria e de sociologia do direito.* 2. ed. Trad. Patrice Charles, F. X. Willaume. Rio de Janeiro: Renovar, 1999.

ROUSSEAU, Jean-Jacques. *Discurso sobre a origem e os fundamentos da desigualdade entre os homens.* São Paulo: Abril, 1973.

_____. *Discurso sobre a origem e os fundamentos da desigualdade entre os homens.* São Paulo: Abril, 1983

_____. *Do contrato social; Ensaio sobre a origem das línguas; Discurso sobre a origem e os fundamentos da desigualdade entre os homens; Discurso sobre as ciências e as artes.* 3. ed. São Paulo: Abril Cultural, 1983. (Coleção Os Pensadores).

_____. *Ensaio sobre a origem das línguas.* São Paulo: Abril, 1973.

SACCO, Rodolfo. *Antropologia jurídica:* contribuição para uma macro-história do direito. Trad. Carlo Alberto Dastoli. São Paulo: Martins Fontes, 2013.

SANTOS, Boaventura de Sousa. *A crítica da razão indolente:* contra o desperdício da experiência (para um novo senso comum: a ciência, o direito e a política na transição paradigmática). São Paulo: Cortez, 2002.

_____. *A crítica da razão indolente:* contra o desperdício da experiência. Disponível em: <http://home.fa.utl.pt/~camarinhas/3_fl3.htm>. Acesso em: 28 dez. 2018.

_____. *Do pós-moderno ao pós-colonial:* e para além de um e de outro. Conferência de abertura do VIII Congresso Luso-Afro-Brasileiro de Ciências Sociais, Coimbra, 16 set. 2004. 45 p. Disponível em: <www.ces.uc.pt/misc/Do_pos-moderno_ao_pos-colonial.pdf>. Acesso em: 25 dez. 2018.

_____. *Para uma revolução democrática de justiça.* São Paulo: Cortez, 2011.

_____. *Um discurso sobre as ciências.* 7. ed. São Paulo: Cortez, 2010a.

_____. *Um discurso sobre as ciências*. 8. ed. Porto: Afrontamento, 1996.

_____; MENESES, M. P. (Org.). *Epistemologias do Sul*. São Paulo: Cortez, 2010b.

SANTOS, Milton. *A natureza do espaço*: técnica e tempo. Razão e emoção. São Paulo: Edusp, 2012.

SARLET, Ingo Wolfgang. *A eficácia dos direitos fundamentais*. Porto Alegre: Livraria do Advogado, 1998.

_____. *Dignidade da pessoa humana e direitos fundamentais na Constituição Federal de 1988*. Porto Alegre: Livraria do Advogado, 2001.

SCHRITZMEYER, Ana Lúcia Pastore. *Jogo, ritual e teatro:* um estudo antropológico do Tribunal do Júri. São Paulo: Terceiro Nome, 2013.

SICHES, Luís Recasens. *Tratado general de filosofía del derecho*. México: Editorial Porruá, 1959.

_____. *Nueva filosofía de la interpretación del derecho*. México: Fondo de Cultura Económica, 1980.

SILVA, José Afonso da. *Aplicabilidade das normas constitucionais*. 7. ed. São Paulo: Malheiros, 2007.

SHIRLEY, Robert Weaver. *Antropologia jurídica*. São Paulo: Saraiva, 1987.

SOARES, Ricardo Maurício Freire. *Curso de introdução ao estudo do direito*. Salvador: JusPodivm, 2009.

_____. *Direito, justiça e princípios constitucionais*. Salvador: JusPodivm, 2008.

_____. *O devido processo legal: uma visão pós-moderna*. Salvador: JusPodivm, 2008.

_____. *Sociologia do direito*. São Paulo: Saraiva, 2012.

SOUTO, Cláudio; FALCÃO, Joaquim (Org.). *Sociologia e direito:* textos básicos para a disciplina da sociologia jurídica. São Paulo: Pioneira, 1999.

SUPIOT, Alain. *Homo juridicus:* ensaio sobre a função antropológica do direito. São Paulo: WMF Martins Fontes, 2007.

TORRES, Ricardo Lobro (Org). *Legitimação dos direitos humanos*. Rio de Janeiro: Renovar, 2002.

TYLER, Stephen. *Etnografia postmoderna:* desde el documento de lo oculto al oculto documento. Barcelona: Júcar, 1991.

TYLOR, Edward B. *Primitive culture*. Londres: 1871.

VACHON, Robert. L'étude du pluralisme juridique: une approche diatopique et dialogale. *Journal of Legal Pluralism and Unofficial Law,* n. 29, 1990.

VALDÉS, Joanquín Arce y Flórez. *Los principios generales del derecho y su formulación constitucional*. Madrid: Editorial Civitas, 1990.

VANDERLINDEN, Jacques. *Anthropologie juridique*. Paris: Dalloz, 1996.

VERDÚ, Pablo Lucas. *Teoría de la constitución como ciencia cultural*. 2. ed. Madrid: Dykinson, 1998.

VIEIRA, Oscar Vilhena. *Direitos fundamentais*: uma leitura da jurisprudência do STF. São Paulo: Malheiros, 2006.

WALSH, Catherine. Interculturalidad y (de)colonialidad: perspectivas críticas y políticas. *Visão Global*, Joaçaba, v. 15, n. 1-2, p. 61-74, jan./dez. 2012.

WALSH, Catherine E.; MIGNOLO, Walter; LINERA, Álvaro García. *Interculturalidad, descolonización del estado y del conocimiento*. Ediciones del Signo, 2006.

WARAT, Luis Alberto. *O direito e sua linguagem*. Porto Alegre: Sergio Antonio Fabris Ed., 1995.

WEBER, Max. A ciência como vocação. In: GERTH, Hans; MILLS, Wright. Max Weber. *Ensaios de sociologia*. Rio de Janeiro: Zahar Ed., 1979.

_____. *A ética protestante e o espírito do capitalismo*. São Paulo: Pioneira, 1981.

_____. A "objectividade" do conhecimento nas ciências e na política sociais. *Sobre a teoria das ciências sociais*. Lisboa: Presença, 1974.